本书系湖北大学高等人文研究院

中华文化发展湖北省协同创新中心

湖北文化建设研究院资助出版

思想文化史书系·西方系列

湖北大学高等人文研究院
中华文化发展湖北省协同创新中心 ◎编
湖北文化建设研究院

THE HISTORY OF WESTERN METAPHYSICAL THOUGHT

西方形而上学思想史

强以华　唐东哲　著

张传有　　审定专家

人民出版社

contents
目　录

第二篇　先验论：形而上学的挽救

第三篇　辩证论：形而上学的复辟

第一篇
唯理论：形而上学的危机

形而上学在经历了柏拉图的发源、亚里士多德的确立和托马斯·阿奎那的发展后，在近代有了新的特征，随着文艺复兴的启蒙，人们在哲学领域中重新发现了"人"的主体地位和价值，人们不再朝向上帝而生活，而是向着现实世界而生活。人们将视角转向了自身和现实世界也就暗示了形而上学的特征将要发生转换。新时代的哲学家们一致同意的是，在进行哲学上的解释时要排除一种神圣的权威，要将哲学完全建立在人类的理性思维之上，他们渴求一种知识，一种关于整个世界的知识，这一知识的源泉要在自身中寻找而不是在外部信仰中所确立。这样的一种通过理性建立起"绝对知识"的渴望引起了形而上学主题的变化，随着近代人文精神的兴起和科技的进步，古代形而上学的固有矛盾逐渐显现出来，也即是人类认识必须从经验出发（它不可能获得超验对象的确定知识）但又要获得超验对象的确定知识的矛盾。近代整个哲学都是围绕这个问题展开的，其中十分坚定的形而上学家（唯理论）采取了一条完全向内的方式，他们完全抛弃了经验的有效性，而是从心灵中的天赋观念出发，以一种独断的方式确立了形而上学对象的存在，并且坚信，在纯粹的思维内部我们能以一种直接的方式把握这些实体，这种探求形而上学的方式最终使唯理论陷入了神秘主义和独断论，并且在经验论的攻击下，形而上学陷入了濒临瓦解的危机。与此相反，另外一些哲学家（经验论）则尝试从实际经验出发来探求形而上学的对象，最终这种尝试导致了经验论对（典型）形而上学的否定，这种通过两种相反的路径去探求形而上学的思想最终被康德哲学所吸收，并加以改造，试图在吸收和改造中转换传统形而上学的意义以重新挽救形而上学。

第一章　形而上学认识论的转向

近代的形而上学由古代和中世纪的形而上学发展而来，形而上学在近代以前更侧重于存在论的研究，也即是将工作放在对形而上学对象的建立上，而近代随着理性精神的闪耀和科学技术的飞速发展，形而上学内部所固有的认识论维度也逐步凸显出来，而近代的哲学则主要围绕着认识论的维度来展开。近代形而上学将研究重点放在认识论问题上的这一努力被称为"认识论转向"，他们集中力量研究对世界（特别是实体）的认识理论和认识方法，研究思维与存在之间的相互关系。在后面我们可以看到，正是这一转向（集中对思维和存在的研究）才导致了形而上学的危机，促使形而上学家对形而上学进行挽救，并推动了形而上学意义的转换。

一、思维与存在统一的问题

认识论的中心问题是思维与存在的统一问题，即关于实体、世界本质的知识体系与实体自身、世界本质的一致问题，即通过某种方法努力尝试建立起一个与实体、世界本质相一致的绝对知识体系。在进行这样的一种建构时，近代哲学对思维与存在统一问题的解决有四种观点，分别是经验论的观点、唯理论的观点、先验论的观点和辩证法的观点。前两种观点属于近代早期的形而上学观点，后两种观点属于近代晚期的形而上学观点。

但是，无论是哪一种观点，在解决思维与存在的统一问题时，它们都不同程度地遇到了当时自然科学为思维与存在的统一所设置的障碍。一方面，当时的科学为哲学的认识理论和方法理论提供了理论基础。但是，另一方面，近代科学将研究领域严格地限制在了经验领域，这就必然地给形而上学提出了挑战。科学为哲学所提供的自然观基础是一种以牛顿（Isaac Newton 1642—1727）的力学为代表的自然观。甚至在 19 世纪，"科学的主要倾向，是把动力学的实验与数学方法逐渐推广到物理学的其他学科中去"[①]。牛顿在《自然哲学的数学原理》中，综合了前人的研究成果，提出了万有引力理论，向世人展示了一幅完整的关于世界的力学图景。在牛顿所提出的这个关于世界的力学图景中，自然界中除了力学之外的任何其他性质都被排除了，其中包括人的精神等一切主观因素。而那时的哲学家们则对代表当时科学最高成就的牛顿力学所提供的世界图景深信不疑，因此在他们的心目中，整个世界就是一个机械运动的世界，它的根本性质就是广延性以及与之相关的形状、大小、数量之类的几何性质。在这个声、色、味俱无的物质世界中，更不用说有人的主观精神因素了。这个世界没有任何与精神、思维相统一的根据，没有任何能动的精神性因素。这就为哲学家们寻求思维与存在的统一设置了困难，对形而上学家当然也是如此，这就使坚定的形而上学家（唯理论者）到上帝那里去寻找消解这个困难的根据。

二、唯理论和经验论的分化

形而上学的"认识论转向"使西方近代早期形而上学一开始就把认识论问题放到研究的中心地位上。在认识论问题的研究中，形成了两条不同的研究方向，产生了两个不同的研究派别，这就是我们已提到的经验论哲学和唯理论哲学。经验论指这样一种哲学派别：它认为一切观念和知识都起源于经验，用一句他们所共同认可的话来说即是"凡是在理智中的，无不先在感觉中"。唯理论则是指这样一种哲学派别：它并不必然排斥感性

[①]　[英] 丹皮尔：《科学史》，李珩译，商务印书馆 1975 年版，第 285 页。

知识，但认为从感官出发我们不可能获得确定的知识，可靠的知识是由纯粹的理性自身提供的，理性自身可以按照某种方式把握实体。

经验论哲学和唯理论哲学的分化既有自然科学的基础，也是形而上学自身的发展规律造成的。近代自然科学虽然为解决思维与存在的统一提供了可供总结的认识理论和方法理论，但由于在理论上阐述经验（实验科学）和理性（数学）有不同的着重点，所以哲学家们在总结自然科学认识理论和方法理论以解决思维与存在的统一时，沿着不同的途径在前进。一般来说，近代科学乃至一般的自然科学都是以自然的物理世界为研究对象的，它在实验、观察的基础上，通过运用数学等方法来揭示物理世界的本质和规律。虽然物理世界及其本质也包括了观察所不可及的领域，但总体来说，它们仍是以经验世界的形式呈现给我们的。所以，物理世界就是经验对象，科学的知识就是经验的知识。正如丹皮尔所说："科学也要运用理性来解决确定的谜团问题，并形成唯一可能的有限的综合和学说；但是，观察和实验既是研究的起点，也是最后的裁判者"[1]。当然，这并不排斥理性方法特别是数学方法在科学中的运用。数学方法虽然必须从观察所得的资料出发，但它可以在各个不同的实验结果之间建立联系，并作为向导以追求新的观察发现。"现代意义的经验科学是数学方法和观察方法的成功结合"[2]，而近代物理学则是这种成功结合的一个十分好的例子。

当哲学家们总结近代自然科学的研究方法时，由于他们在理论上无法说明科学中理性方法和经验方法的关系，不知道经验方法何以能和数学方法结合起来，特别是他们把理性方法和形而上学的追求绝对知识的信念结合起来，使哲学家们在经验方法和理性方法上各执一端。有些哲学家更倾向于现代科学本身，他们虽然在不同程度和不同意义上仍抱有形而上学的信念，但他们更重视经验的方法，更注重经验的归纳，为此他们制订了系统的经验论和经验归纳法，从而形成了经验论学派。有些哲学家则更执着于形而上学的信念，他们坚信理性可以获得关于宇宙的绝对知识，所以更注重数学方法，制订了系统的唯理论的认识论和理性演绎法，从而形成了

---

①　[英] 丹皮尔：《科学史》，李珩译，商务印书馆 1975 年版，第 12 页。

②　[德] 赖欣巴哈：《科学哲学的兴起》，伯尼译，商务印书馆 1991 年版，第 27 页。

5

唯理论学派。

正如近代自然科学不仅推动了近代形而上学的认识论转向，而且决定了认识论转向的方向一样，形而上学理论自身发展的逻辑和要求也影响到了认识论转向的方向，即影响了近代形而上学家采取什么样的途径去解决思维和存在的统一问题。当他们展开自己的认识论时，首先面对的是古代哲学家、特别是中世纪哲学家所讨论的"实体"。早在亚里士多德哲学中，或者说在亚里士多德和柏拉图哲学之间，就有着实体是个别抑或一般的混乱，这种情况在中世纪哲学中曾以典型而又极端的形式（唯名论和实在论之争）表现出来。近代的哲学家们在表述自己的认识理论时，有些人把个别作为认识对象，认为认识必然导源于感性经验，从而走向经验论的认识论；有些人则把一般作为认识对象，认为只有超感性的理性才能获得关于对象的可靠知识，从而走向了唯理论的认识论，而以上这两种认识论正是康德哲学由以出发的理论前提。

唯理论的认识理论和经验论的认识理论，由于是循着不同的方向前进的，所以，尽管唯理论也在一定的程度上承认经验认识和归纳方法，经验论也在一定的程度上承认理性认识和演绎方法，但从根本上说，它们的认识理论是对立的。实际上，唯理论、经验论自身认识理论的发展过程，一直是与双方相互的论战过程交织在一起的。

唯理论和经验论认识理论的对立主要表现在三个方面：第一，在知识的起源问题方面，唯理论者认为，知识可以有经验的起源，但由于经验的不可靠性，所以，起源于经验的知识，也是不可靠的知识；可靠的真理性的知识只能起源于理性自身，或依据理性自身的知识，通过严格的理性演绎而获得。经验论则认为，一切知识都来源于经验，无论它们看起来可能离经验有多远，但归根到底还是导源于经验的；第二，在认识的途径和方法方面，唯理论和经验论从相反的知识起源说出发，运用相反的方法，朝着相反的方向展开各自的认识过程。唯理论运用理性演绎的方法，按照从一般到个别的方向展开自己的认识，经验论则运用经验归纳的方法，按照从个别到一般的方向展开自己的认识；第三，在认识的结果方面，不同的知识起源和相反的认识途径，造成了唯理论和经验论对认识结果的不同理解。① 唯理论者认为，他们用自己的方法所认识的结果是绝对必然的真理，他们建立了关于世界本质的绝对确定的知识体系。他们的理论是"科学"或"科学之科学"。经验论者的看法则要复杂一些，在培根和霍布斯那里，他们仍然对世界本质的可知性持有乐观态度，洛克则指出，确定的知识不能超出经验范围，超越经验的知识都是不确定的知识，休谟则认为从经验出发，我们不可能得到任何确定的知识，从而陷入不可知论。

　　形而上学的认识论在近代早期哲学中集中表现为唯理论，唯理论哲学家都抱有坚定的形而上学信念，他们提出自己的认识理论，就其主观目的说，恰恰是为了完成形而上学的核心任务，从认识论上论证形而上学的两个预设——世界是可知的，并且我们关于世界的知识是绝对的，从而通过这一努力使形而上学成为现实的"科学之科学"，保证形而上学的求真意义和求善意义得到实现。然而，经过一百多年的探索，唯理论哲学家非但没有完成形而上学的核心任务，反倒使自己的认识理论陷入了重重困难，他们非但没有证实、反而在客观上动摇了形而上学的意义，迫使后来的形而上学家重新思考形而上学问题。同时，唯理论者在其认识理论的系统展开中，对人的理性、人的认识能力的自信，对"理性之光"在认识实体、支撑形而上学中的作用的肯定，则又支配着后来的形而上学家实行形而上学意义转换的方向。

　　早期唯理论的认识理论，从纵向来说，它经历了一个由笛卡尔到斯宾诺莎再到莱布尼茨的发展过程；从横向来说，它重点从三个方面来完成形而上学的核心任务：第一，从存在论或认识论出发试图完成思维与存在的统一，以保证关于世界本质的知识体系的客观有效性；第二，通过寻求最确定、最普遍与必然的知识来作为真理大厦的基础和形而上学的理性演绎的知识体系的总前提；第三，从上述前提出发，用理性演绎法建构关于世界的绝对知识体系。

---

① 参见陈修斋主编：《欧洲哲学史上的经验主义和理性主义》，人民出版社 1986 年版。

第二章　笛卡尔的形而上学思想

勒奈·笛卡尔（Rene Descartes，1596—1650）是近代早期唯理论哲学的开创者，和培根同是近代哲学的最早代表。在某种意义上，笛卡尔也可以被称作为近代哲学之父。这是因为，笛卡尔身上所体现的精神足以代表一个时代，这一精神常常被学者们概括为：运用一种确实可靠的科学方法来探求真理。哲学的研究不再依靠圣经神启中的依据，而是从人类的智慧之光——理性出发，照耀整个自然界。这一精神几乎撼动了托马斯·阿奎那费尽心血建立起来的经院哲学体系，那种神学目的论的哲学陨灭了，取而代之的是一种新的"思辨哲学"，这一哲学的核心是"自我"，终点是"上帝"，这种依靠科学方法的从"自我"出发的形而上学追问一直波及到了康德。

一、笛卡尔的方法论

笛卡尔所处的时代是经院哲学衰落、自然哲学兴起的时代。亚里士多德的目的论哲学在经由托马斯的极致发挥后统治了大半个中世纪的思想领域，宗教上的"上帝"作为逻辑上在先的存在，指导了一切尘世间的生活方式和律法体系，托马斯也巧妙地利用"理性"的外衣将这一目的论体系悄无声息地遍布到了哲学的各个领域，上帝作为第一真理是所有真理的终极标准，哲学所能解释的可以在《圣经》中找到依据，哲学所不能解释的则全部依靠信仰。这种双重真理体系是托马斯所代表的经院哲学的核心所在，而笛卡尔则提出了要用理性去取代神启，将经院哲学中的非理性因素予以剥除。需要特别注意的是，这位经院哲学的掘墓人在摧毁信仰主义时，却完满地保留了"上帝"的地位，更进一步地，笛卡尔作为一个虔诚的天主教徒，希望用一种更为可靠和令人信服的方法，而不是以一种令人困惑的姿态为上帝做出完满的论证。他所期望建立的真理体系是自然科学和信仰的完美契合，是中世纪和近代的无缝衔接。在众多的方法论中，笛卡尔着重考察了数学的方法和物理学的方法。近代科学兴起以来，数学的方法和实验（物理学）的方法被作为基础的逻辑来使用。培根的物理学方法在笛卡尔看来是并不恰当、不可靠的，外部世界常常欺骗我们，甚至就我们自身来说，感觉上的一时紊乱也会给我们的认知带来重大影响。而就数学而言，这门古老的学科可能是在漫长的哲学思想的考验中唯一能够独善其身的存在。这仅仅是因为它的直观性和演绎性，能直观到的是不会错的，从直观演绎出的就是真的。正因如此，笛卡尔放弃了培根和伽利略所倡导的从现象出发的归纳法（它与物理性密切相关），而是求助于数学，一种从某种程度上只需在心灵中"计算"就可以获取准确无误答案的方法。

（一）数学的原则

笛卡尔的数学兴趣起始于他年轻时投笔从戎的经历，他在一次偶然的机会中碰到了此后对他的哲学思想的形成有重要影响的伊萨克·贝克曼，一位年轻的军官。史书上对贝克曼的记载并不多，唯一可以明确的是，他是以私人札记和书信留下有关笛卡尔的第一手材料而闻名于世。在和这位富有数学才华的年轻军官交往时，笛卡尔逐渐意识到数学的重要性和基础作用。经院哲学在知识领域中除了教导我们上帝是初因和至善，其他一无是处。更多地呈现给我们的是繁琐的同语反复的形式逻辑论证，这一论证是基于亚里士多德三段论的，在托马斯哲学中，它以一种繁琐的方式被用作了理性论证的工具，希望最终掩饰"上帝至真至善"这一逻辑预设的真理，笛卡尔认为，以这样一种方式建立起来的真理体系是令人困惑和不明确的。在笛卡尔看来，一定有某种普遍科学能够以一种明晰和确切不移的方式解释人们想要探求的一切，这一普遍科学即是数学。因此，在笛卡尔看来，为了找到哲学的明晰性和确定性，必须依靠数学的方法。数学的两个基本特征在笛卡尔所要进行的尝试中是大有裨益的，一个是直观，它不会给我们留下关于起始原则的任何形式的怀疑；另一个是演绎，它使我们从直观得出更远的具有确定性的推论，并且有可能的话，直至真理，这也即是数学的本质所在。

（二）具体的规则

经过对经院哲学的反思和对培根伽利略实验的考察，笛卡尔建立起了这一数学原则。他希望能够将数学作为"指导心灵的原则"，来建立起严密的真理大厦。原则下的具体规则在《谈谈方法》中有详细的记述：

第一条：凡是我没有明确地认识到的东西，我决不把它当成真的接受。

第二条：把我所审查的每一个难题按照可能和必要的程度分成若干部分，以便一一妥为解决。

第三条：按次序进行我的思考，从最简单、最容易认识的对象开始，一点一点逐步上升，直到认识最复杂的对象。

第四条：在任何情况之下，都要尽量全面地考察，尽量普遍地复查，做到确信毫无遗漏。[1]

用通俗一点的语言来说，笛卡尔所要确立的是这样一套规则，首先我们所从事哲学研究的起点是清楚明白的观念，起点的清晰性保证了推论的可靠性；其次，按照次序，从我们最简单明了的概念出发开始延伸到更高层级概念的论证。这是一套规则的方法，也是一套数学的方法。笛卡尔与培根和伽利略不同，他一开始不是从杂多出发，进而前进到真理。与之相

---

[1]　参见 [法] 笛卡尔：《谈谈方法》，王太庆译，商务印书馆 2000 年版，第 16 页。

反，他这是从一个真的命题出发的探索，这样的从简单的真理到更高层级的真理的推断方式保证了思路和逻辑的连贯性。这样的一个工作在经院哲学的体系中是无法完成的，这一体系充斥了各种各样的意见和判断，我们很难从中得出一贯的清晰明确的知识，我们最终被包围在怀疑、迷茫和错误中。笛卡尔坚信，在数学中发现的这种逻辑规则可以扩展到人类的整个知识的组织方式上去，它能够成为我们心灵指导自然的原则。

（三）规则的应用

笛卡尔的工作是通过数学式的"直觉—演绎"的逻辑来进行哲学的构建，其目标是建立起确真无疑的知识体系。笛卡尔曾把哲学作为一个整体比作一棵树，其中树根是形而上学，树干是物理学，而从树干上生出的分枝则是其他具体科学。笛卡尔的工作不是要从树枝出发，在错综复杂的密林里找到树根，而是从一开始就要保证这一树根的确定无疑性。在形而上学的部分，笛卡尔主要讨论了两个方面的内容，第一个方面是实体，笛卡尔通过普遍怀疑的方法和数学演绎的原则确立起灵魂、上帝和外部世界这三个真实的存在，这即是实体——形而上学的对象；第二，如何认识这一终极对象的问题，这也即是我们所说的思维与存在的统一问题，笛卡尔既然采取的是数学的方法，那么注定他就是非经验主义的，从外部世界给对象予以合理说明在这里是行不通的。唯有通过直觉，确立起观念和原则自身的"清楚"，从而将理性之光引向更高处，这一数学的应用是纯粹的，不掺杂任何的经验，在形式上保证了结论和始点的一致性。这一应用的最高处即是对上帝的论证，笛卡尔在发现了和哲学之间这种强力的刚性联系后，十分激动地发出了近代以来第一次强有力的号召，"我们可以撇开经院中讲授的那种思辨哲学，凭着这些看法发现一种实践哲学，把火、水、空气、星辰、天宇以及周围一切物体的力量和作用认识得一清二楚，就像熟知什么匠人做什么活一样，然后就可以因势利导，充分利用这些力量，成为支配自然界的主人翁了"[①]。数学对于笛卡尔而言，就如圣奥古斯丁和

---

① ［法］笛卡尔：《谈谈方法》，王太庆译，商务印书馆 2000 年版，第 49 页。

圣托马斯一样，是"神圣光照"，后人则更愿意把它叫作"理性之光"，这一理性之光也将在人的心中照亮整个自然界，并最终在笛卡尔称之为"不可思议的事业"——用数学方法论证上帝之上开花结果。

二、笛卡尔的存在论

依照数学方法，笛卡尔开始了他的形而上学构建。就其存在论的思想，有人曾将笛卡尔体系称为"二元论"的体系，因为他同时确立了物质和精神的彼此平行的客观存在，但这一体系的顶端即是上帝，所以，笛卡尔也把物质和精神称为有限实体，并把上帝称为无限实体。这一体系模式类似于托马斯的形而上学中所确立的复合实体和精神实体同为真实存在的思路。所不同的是，托马斯的出发点是回答在他那个时代所不可逃避的理性和信仰关系为何的问题，而笛卡尔的出发点则是回答近代以来信仰和科学关系为何的问题。从上述那著名的四则数学规则出发，笛卡尔向整个世界发出了质疑，在这一质疑中，他发现了"自我"、"物质世界"和"上帝"的客观存在，这也是笛卡尔存在论研究的全部工作。

（一）精神的存在

经院哲学在内容上的晦涩和论证上的同语反复是笛卡尔所厌恶的。在对经院哲学作了彻底的审视后，有两点笛卡尔是铭记于心的，首先，亚里士多德—托马斯的目的论方法无法带给我们任何清晰的知识，因为在这一目的论论证本身中就先天地蕴含了一种逻辑假设，这是值得怀疑的；其次，除了遵从我们人类的理性之光——数学原则外，并不存在其他的外在权威来确立起知识的可靠性和真实性。"要想追求真理，我们必须在一生中尽可能地把所有的事物都来怀疑一次"①，这是一次对旧哲学和偏见的全面清算，而他所要怀疑的对象即是感官和与之相关的物质对象，对于笛卡

---

① ［法］笛卡尔：《哲学原理》，见《笛卡尔哲学著作集》（英文版）第一卷，剑桥大学出版社 1986 年版，第 219 页。

尔来说，所有旧的见解都是值得怀疑的，而这些旧的见解有一个共同的特点就是它们都是来自于感官的，"直到现在，凡是我当作最真实、最可靠而接受过来的东西，我都是从感官或通过感官得来的"①，对感官知识的怀疑也扩展到了对经验世界怀疑，在笛卡尔看来，一切的物质性实体的实在和由它而来的与人相作用的感官经验（例如广延、大小等物质性状）都是不可靠的，甚至我们无法在做梦和清醒之间作出什么明显的区分。总之，在笛卡尔这一普遍怀疑的审视下，我们被这个感官世界所捉弄了，"我要认为天、空气、地、颜色、性状、声音以及我们所看到的一切外界事物都不过是妖怪用来骗取我轻信的一些假象和骗局"②。在进行了这一清扫之后，剩下的是什么？在笛卡尔看来，即使我们受到所有的这些假象的欺骗，也都是在"我"这一基础上受到欺骗的，有一确定的事实是我在怀疑、在思考，即是我在思维，这一思维被笛卡尔赋予了两个方面的含义，首先从内容上来说，"我思"是观念的存在，这一观念既包括了"我"对自身认识的观念和知觉，也包括我在思维活动时出现在我们思维样式中的全部表象；但笛卡尔并不打算将它这一观念意义上的我思作为它的整个严密体系的基本真理，因为"观念"也常常会欺骗我们，例如在梦中，长着翅膀的马会作为一种表象被我们知觉到，而任何常识都告诉我们，这一飞马是不存在的。就像他在方法论中所说的那样，他要建立起的是一个严格科学，而纯粹形式上的"我思"满足了这一条件，纯粹的我思是不包含任何内容质料的我思，是"思"的活动和事实，是不停地在怀疑、在领会的东西。它不以一种观念的方式在心灵中被知觉，而我们只能通过反思的方式从观念的"我思"中推论出纯粹的"我思"，实际上，后来的德国哲学家康德也按照同样的方法从经验的心理学的"我思"推论出了先验的形而上的"先验统觉"。这样，笛卡尔就发现了在逻辑上类似于数学公理那样的真理性的标准和起点——"我思"。对这一"我思"的进一步说明是恰当并且必要的，就如我们在前面来说，思维与存在的统一问题是认识论的中心问题，认识论的最终目的是要表达思维与存在的同一性，否则我们应

---

① [法] 笛卡尔：《第一哲学沉思集》，庞景仁译，商务印书馆 1986 年版，第 17 页。
② [法] 笛卡尔：《第一哲学沉思集》，庞景仁译，商务印书馆 1986 年版，第 22 页。

用理性之光的愿望的目的就会落空。"思"是"我"的一个不可分割的属性，我们说到"思"总是有"我"的"思"，并且，从更为深远的探索上我们可以发现，"我思维多长时间，就存在多长时间；因为假如我停止思维，也许很可能我就同时停止了存在"，因此笛卡尔直接从这一论证得出了他那条足以代表他哲学的那个名言："我思故我在"。怀疑就意味着思维，而思维就意味着思维者，即一个思维着的实体或存在，这即是笛卡尔存在论中首先发现的实体，因为它清晰而明确地呈献给我们，所以是真理。

（二）上帝的存在

笛卡尔对于数学的方法如此自信，以致使他认为凭借着这个指导原则，我们可以穷尽一切，甚至运用在那一项"不可思议的事业"——获取上帝的知识上也是恰当的。笛卡尔在早年碰到了他后来称之为"精神导师"的梅森时，从他那里学到了类似的教诲：数学的真理有助于宗教的虔诚。笛卡尔是一个虔诚的天主教徒，从信仰上来说，上帝存在是无须证明的，但是对科学同样抱有极大虔诚之心的笛卡尔，试图以一种更加明确和严格的方式将这一"存在"的证明落实在我们的理智之中。真正的知识就是明晰的观念，而笛卡尔对上帝的论证也是从观念出发的。在上面一小节我们可以看到，笛卡尔把人领会成一个在怀疑、在否定、在思考的主体，这就说明"我"是有限的、不完美的，而我们平时所说的上帝的观念指的就是这样一种观念，"用上帝这个名称，我是指一个无限的、永恒的、常住不变的、不依存于别的东西的、至上明智的、无所不能的以及我自己和其他一切东西由之而被创造和产生的实体说的"①。笛卡尔说，我们心中天生地就有这样一个完满的上帝的观念，我们之所以是不完满的就是因为我们不停地在思考、在领会，在怀疑；我们不停地在思考、在领会、在怀疑恰恰就是我们在内心中与一个完美无限的观念与作比较。现在的问题是，这一观念是如何来的？运用充足理由律：每一观念必有原因，在全部充足

---

① ［法］笛卡尔：《第一哲学沉思集》，庞景仁译，商务印书馆1986年版，第49页。

的原因中，至少一定拥有与结果中一样多的实在。在这里也即是，一个圆满的无限的观念不可能来自于一个有缺陷的有限的观念。那么关于这一无限的上帝的观念，一定是上帝置于我心中的，因此上帝一定存在。笛卡尔的这一论证与其前辈们证明上帝存在所采取的方法都不同，首先，既然笛卡尔怀疑了整个物质世界，那么圣托马斯的由果到因的后天证明就是不适用的，这也表明笛卡尔也将在纯粹形式逻辑的思辨领域去展开他的论述，但是这一证明与安瑟伦的本体论也有着明显的不同，首先，"上帝"在这里不是作为安瑟伦语境中的纯粹概念出现的，而是在笛卡尔看来客观存在于我们心灵中的观念，是经过我们意识不自觉地反思过的产物；其次，安瑟伦所采用的是一种本体论的论证，更多的是由一种预设的前提出发的论证；而笛卡尔所使用的因果论证，是对类似于莱布尼茨的充足理由律的贯彻。在这之后，笛卡尔又作出了第二个论证上帝的方法，和安瑟伦类似的本体论论证，从概念的本质到上帝的存在。上帝作为一个完满的概念，具有任何方面的属性，存在也是上帝的一个属性，因此上帝是存在的。

（三）物质世界的存在

自我（我思）和上帝是真实存在的，那么外部世界的状况是怎么样的呢？笛卡尔认为有必要对这一问题作出恰当的说明，特别是近代科学兴起后，科学家们把外部世界当成了一个主要的认识对象。在普遍怀疑中，外部世界首先遭到了质疑，但是笛卡尔并没有匆忙地否定它，因为它对物质世界与物质世界和我们相交互而出现的感觉之间作出了明显的区分。虽然我们的感觉经常欺骗我们，但是我们却真实地拥有感觉，无论这一感觉是指向真理或者错误，至少作为表象，它出现在了我们的心灵当中。那么这些冷、热、味觉的感觉是怎么来的呢？我们的精神有几种能力，它们分别是领会、意志想象和感觉。我们在前面讨论过，领会是对观念的直接思考的能力、意志是对观念的真假进行判断的能力，而想象和感觉在笛卡尔看来都是向我们呈现出物体性观念的能力，关于想象，笛卡尔说"当我仔细考虑什么是想象时，我看出它不过是认识功能对向它直接呈现的物体的某种运用"①，领会和想象作为精神的两种能力，它们的区别在于：当我们领会的时候，"我"作为精神实体是完全转向自身的领会，自身在自身内部的领会；而当我们想象的时候，"我"作为精神实体是完全转向物体性的观念的，它是"主动地"面向外部的。在想象中呈现给我们的都是一些物质性的观念，这些物质性的观念不是先天地存在于我们心灵当中的，它是取决于在精神的"我"之外的一些东西，但是，由于我们的想象经常会主动地虚构一些物质性的观念，例如会飞的马等不在实际中存在的东西，所以想象当中所呈现给我们的物质性的观念并不能当作物质实体在实际中真实存在的一个充要的依据。对于感觉来说，由感觉能力所形成的观念不是我们思维的结果，也即是说不是"我"主动的产物，在大多数情况下，"我"相对于这些感官观念而言都是被动的，也即是说"它并不事先根据我的思维，而那些观念也绝不经我协助，甚至经常和我的意愿相反而呈现给我"②，因此笛卡尔认为我们在感觉中所呈现出的这些物质观念既然不是来自于"我"的，那么它们必定是来自于"我"以外的世界的，这就是与作为精神的"我"相对的物质世界，因此笛卡尔认为物质实体确实在实际中存在。这一"存在"仍然需要上帝来为我们保障，既然上帝使我们心中产生了一种强烈的倾向使我们相信外部世界真实存在，那么如果我们否认外部世界的存在，就等于说上帝将是一个"骗子"，这和他的至善本性是相违背的，因此，外部世界必然地存在着。这样，笛卡尔又在上帝的保证下肯定了物质实体的存在。严格的科学不仅要指出物质世界的真实存在，还要指出物质世界的本质是什么。物质世界的本质和我们的感觉什么关系？虽然我们从我们的或对或错的观念中能够知道外部世界是真实存在的，但感官却无法带给我们任何关于外部世界的本质的知识，更多的是错误。因此，对外部世界本质探索的工作只能在思维的分析中进行，结合了近代几何学和物理学的启示，笛卡尔认为，物质实体的本质属性是广延，而广延是由长宽高构成的三度空间。而外部世界的一切过程都是广延的改变所带来的结果，它可以偶性地展现为性状、大小、运动等。精神世

---

① ［法］笛卡尔：《第一哲学沉思集》，庞景仁译，商务印书馆 1986 年版，第 79 页。

② ［法］笛卡尔：《第一哲学沉思集》，庞景仁译，商务印书馆 1986 年版，第 87 页。

界和物质世界是两个完全封闭的系统，笛卡尔反对通过古代形而上学中的"形式"来为物质世界做依托，"广延性"是外部世界的唯一本质，而"思维"是精神实体的唯一本质，两者间是有严格的界限所存在的。这两类实体其本质属性不同，它们之间便毫不相干，也无任何统一性。所以，当"单独考虑思维的实体时，我一点都没有看到它能够属于物体，而在物质的本性里，当我单独考察它时，我一点没有找到什么东西是能够属于思维的"①。

三、笛卡尔的认识论

在认识的方法上，笛卡尔没有像亚里士多德主义的圣托马斯那样有一套从外部感官的交汇到内部知性的处理的复杂方法。"理性直观"在认识精神实体与物质实体的统一关系中占据了仅有的作用，而这一理性直观自身的合法性则从"上帝不是骗子"这一无论是基于信仰抑或科学的论据中得到支持，在心灵中最为清晰地展现出来的也一定在外部世界中最为真实的存在着，这个二元论的平衡体系最为显著的影响到了斯宾诺莎，他在《伦理学》中提出在物质和精神这两条相互平行的序列当中存在着各个环节相一致的两条因果链条。

（一）精神实体和物质实体的统一

在近代形而上学这里，思维与存在的统一亦即精神与物质的统一，这是认识论哲学的核心问题。从更为宽泛的角度上来说，它是指思维、精神与自然、物质的统一；具体就人来说，则是指灵魂与肉体的统一。就如我们在前面所说，笛卡尔作出了一个严格的二元论体系，精神的归精神，物质的归物质，这样他就为精神实体和物质实体的关系定下了基本的基调。但是，认识论的任务不是要分离思维与物质，心灵与肉体，而是力图统一它们；从更为深远的要求来说，形而上学就其本意来说就是要寻求最大的

---

① ［法］笛卡尔：《第一哲学沉思集》，庞景仁译，商务印书馆1986年版，第421页。

普遍性、最高的一般性。因此，笛卡尔力图从实体自身寻求思维与物质、心灵与肉体的统一性。作为一个大胆尝试将信仰和科学契合在一起的改革家，笛卡尔分别从"上帝"和"生物学"的理论提供给我们两种方法。

实际上，笛卡尔只承认这样一个存在者——上帝在绝对的意义上是实体，也即是说，严格地来讲，笛卡尔承认一个绝对的实体和两个相对意义上的实体——自我和外部世界。这两个实体相互独立而存在，但都依赖于上帝的存在。因此，首先，像古代形而上学家那样，笛卡尔试图在物质和精神之上寻求一个更高的实体来统一精神世界和物质世界，他说，"所谓实体，我们可以理解为其存在并不需要别的事物而能存在的东西，实际上只有一种实体能清楚地理解为无须别的事物而能存在的东西，即上帝"①。上帝是全智、全能、全善的，他不仅是两个相对实体即精神和物质存在的根据，也是二者相统一的根据。通过自我反思，笛卡尔从经验的心理学中发现了一些清晰得不能再清晰的观念，上帝的观念、外部世界客观存在的观念和一个"自我"的观念，既然我们已经确证上帝作为无限完满的实体不仅存在于我们的观念中，也是真实客观存在的，那么，我们就不能有任何理由来指控上帝是一"骗子"，因此，我们观念中清晰呈现给我们的也一定是外部世界中客观存在的，我们理智中的清晰部分和外部世界有一种直接的映照关系，我们只需要通过理性直觉稍加反思就可以发现这种精神与物质统一的逻辑关系，"因为上帝一方面把这些规律建立在自然之中，一方面又把它们的概念印入我们的心灵之中，所以我们对此充分反省之后，便决不会怀疑这些规律之为世界上所存在、所发生的一切事物所遵守"②。正是借助于上帝的帮助和保证，我们才能统一思维和存在。另一个方面，作为近代哲学之父，笛卡尔清楚地意识到在经院哲学行将崩坏之际，打着上帝的旗号建立起自己的体系是不充分的，他要构建的是信仰和科学的统一综合体，并且作为一个兴趣广泛的科学家，笛卡尔进行了广泛的物理学、医学以及天文学研究。而在物质实体和精神实体统一关系的反

---

① ［法］笛卡尔：《哲学原理》，见《笛卡尔哲学著作集》（英文版）第一卷，剑桥大学出版社1986年版，第239页。

② 《十六—十八世纪西欧各国哲学》，商务印书馆1975年版，第152页。

思上，笛卡尔认为从生物学出发的探讨对这样一种形而上的思考是卓有成效的，这也即是"松果腺"。

"我"是什么？笛卡尔在普遍怀疑的进程中对此发出了追问，在旧的见解中，首先会告诉我们的是"我们是一个身体"。这在笛卡尔看来这一"身体的我"并非终极的我，也就是说，是没有理性尊严的我，因为"我"如果被看成一个身体的话，就马上被纳入机械世界的范畴中了，这一身体是物质性的，也即是"能为某种性状所限定的东西"，这一身体的运动往往是靠其他的东西推动的，并且吃饭、走路和感觉都是依靠身体来进行的，感官经验的不可靠决定了它们的载体严格来说这些都是值得怀疑的，都不属于真正的"我"的，通过反思，笛卡尔发现了精神的"我思"，它是不能够和我分开来看的，并且"我"根本上来说就是一个纯粹的心灵。"心灵"的属性是思维，是自由和积极的；"身体"的属性是广延，是被动和消极的。据此可以得出的结论是，"我"自身作为一个完整体，是由两种完全不同的系统所构成的。身体和心灵是相互对立的两种系统，但是它们之间的交互确是完全可能的。上帝指导下的精神实体和物质实体在关系上的对应性表明了我们的心灵和身体也存在着一个沟通协调的进程，这是上帝所造的普遍规律中的在"我"之上的特殊化。其实，通过对经验的心理学反思我们也可以发现这样一些事实，情感、欲望等是无法在单一系统中得到解释，"饥饿的感觉"作为一个表象出现在了我们的思维当中，与此同时我们能听到我们的胃在咕咕叫，如何解释这种现象？心灵是人的本质，是和"我"直接相关的，凡是我们在思考、在领会、在感觉的过程中，我们无法不设想一个"我"的存在。作为身体的"我"，在本质上和动物以至于机械没有什么太大的区别，它是被刺激的、被推动的，是有血有肉的。"人"之中必然有某种构造能够沟通纯粹的"我"和血肉的"我"。可能是出于解剖学的发现，笛卡尔在人的大脑中发现了他称之为"松果腺"（pineal gland）的组织，它承担着普遍领域中上帝的职责，沟通精神和物质。它是一个灰色物体，准确的位置在脑体正中，两个脑半球之间，距离后颈 6—10 厘米，它的机理是血气的运动，身体的运动是由可感物体引起的，并被传递到松果腺中，由此产生了感觉和欲望。相反的方向，我们的松果腺也可以发出指令，并通过气血的运动传递到身体的各个肌肉组织。松果腺是一种器官，更是灵魂的主要居所，是一切心理表象以及思想的形成之地，"精神并不直接受到肉体各个部分的感染，它仅仅从大脑或者甚至大脑的一个最小的部分之一，即行使他们称之为'共同感官'的那一部分受到感染，每当那一部分以同样方式感受时，就使精神感觉到同一的东西"①。因此，意识到"我"之中有两个严格区分的部分是十分必要的，它不仅确证了"我"作为宇宙实体中"精神"的一个成员，也将我们划归到了"物质世界"的构成当中，这种经由辩证的反思而意识到的"人"在精神领域的积极自由的地位和在物质世界生活中的消极被动的地位此后被康德作为其先验哲学体系的一条普遍方法来应用。在借助于上帝来求达思维与存在、精神与物质，心灵与肉体的统一大前提下，笛卡尔作为生活在科学昌盛时代的科学家，又力图超越古代形而上学，为心灵与肉体的统一作出某种"科学"的解释，从而为思维与存在、精神与物质的统一，在上帝之外找到某种突破口，虽然这种尝试已经被现代神经生物学证实为错误的，但是这种从《圣经》之外为经验世界寻求根据的做法足以体现笛卡尔所代表的那种精神，也为将形而上学从经院哲学的迷雾中拯救出来提供了一条宝贵的思路。

（二）观念的知识体系

"上帝不是骗子"这一论断不仅保证了精神和物质的一致性，同时也提供了一条真理的标准，凡是清晰地被我们领会到的都是真理性的知识，从这些明晰的观念出发，我们可以获得在程度上更深刻的思想认知，这是我们在数学证明中常常用到的思路，公理的直观无疑性保证了结论的客观真实性，如果我们按照同样的思路，相同的成就在哲学中也是可能达成的。知识体系的建立依赖于认知对象的确立，上帝、物质世界和精神共同组成了世界，而我们的知识体系则与此相对应。

上帝作为绝对实体保证了相对实体中的那种强有力的一致性联系，但

---

① 　[法] 笛卡尔：《第一哲学沉思集》，庞景仁译，商务印书馆1986年版，第94页。

是我们可以说这是在"存在"意义上的对应关系，也即是说，凡是我通过感官或者理性直观获得的存在于心灵中的某种观念，在世界中是与其有着对应的"真实存在"。但是我们不能将这种"存在"的关系同样运用到知识体系的构建上，我们心灵中所呈现的观念虽然有"真实存在"与其对应，但是我们不能以全称命题的方式说它们全部正确地反映了真实存在，只有那些被我们清楚地领会到的观念才是真正的知识，因为它们严格、真实地反映了世界。所有我们领会到的真实清楚的观念都是"真"，而这一"真"也即是最终的存在，"这些东西当然一定都是真的，因为我把它们领会得非常清楚，因为它们都是什么东西而不是纯粹的无；因为显然，凡是真的都是什么东西"①，在法文第二版中，笛卡尔在这段话的后面还加了一句"因为真实和存在是一回事"，这一观念上的真理和真实实存之间的关系我们可以在圣托马斯的《神学大全》中找到几乎相同的论述，所不同的是圣托马斯按照亚里士多德的认识论确保了这一联系的紧密性，而笛卡尔则完全排斥了感性认识能力在知识体系构建中的合法地位，依靠一种基于内心的理智直观赋予真理以合法性地位。

在普遍怀疑的进程中，笛卡尔首先发现了观念在来源上可以分为三类：由我产生的观念、来自外部世界的观念、与生俱有的观念。由我产生的观念从内容上来说我们可以将其归之于"幻象"，例如我们在梦中产生的恶魔的观念、独角兽的观念等，这些观念来自捏造和理智的不在场，因此它们具有最低的实在性，无法给我们的理智带来任何客观程度的知识；其次，人和外部世界通过感官进行交流，我们以一种不自觉的方式在心灵中发现了那些自认为是外部世界性状的表象，但是常识告诉我们，一根棍子插入水中，看起来是弯的其实是直的，一座灯塔从远处看是圆的近处看是方的，感官带给我们的只有错误和不确定性，因此这些来自外部世界的观念也不具备完满的实在性，虽然它们能在一定程度上反映外部世界。真理不可能存在于感性认识中，因为感官并不向我们呈现事物自身，而是呈现给我们作为主体性的人是怎样受到外部世界的影响的。如果想象和感觉

---

① [法]笛卡尔：《第一哲学沉思集》，庞景仁译，商务印书馆1986年版，第72页。

不能带给我们任何可靠的知识，如果真正的知识是建立在某些像数学原理那样自明的原则之上的，那么我们必须把自己的心智提高到感性事物之外，专注于自己的心灵，因此，只有第一种与生俱有的观念（例如上帝、自我）才具有真理性的特征，自明是它在真理体系中的合法性的保障。正如伊恩·哈金（I.Harkin）针对笛卡尔的指导心灵的规则所指出的："笛卡尔的规则是一些纯粹象征性的指南，其要点是：为了避免错误，我们必须训练自己用坚定的心理注视细查我们的观念。停止说，开始看，看你自己"①。这种回归内心而观察到的我们与生俱有的观念，就是"天赋观念"。笛卡尔所谓的可靠的知识，就是绝对确定的知识，亦具有普遍必然性的知识，它是一种真理性的知识；既然它是由天赋的观念得出的知识，所以它的真理标准就只能是观念自身的"清楚"、"明白"。

笛卡尔对于数学原则的自信使他确信自己可以将这一原则应用到所有的知识领域，这些天赋观念在知识体系中的地位就如数学公理在论证中的地位，它们当然是知识，但是在哲学的追问中，笛卡尔更多地把它们当成前提来使用，从自明的"我思"到"我思故我在"；从上帝的观念到上帝的存在，这是一套基于数学原则的演绎，是理性的范式。因此，我们需要注意到的是，笛卡尔认为并非所有真理性的知识都是天赋的，天赋的知识包括那些最普遍的、最必然的知识（观念和原则）以及作为理论知识基础的几何学定理和逻辑学中的同一律、排中律等。就这个构想来说，哈金说笛卡尔的规则是一些纯粹象征性的指南。笛卡尔的兴趣不在于详细地告诉我们知识体系中的杂多内容，而在于发现一种真理方法，以此为框架构建起知识大厦。

以天赋观念为前提我们可以得出一些必然的推论（上帝存在等），这种理性演绎法以天赋的观念和原则为总前提，按照严格的推论，推出关于世界的绝对知识体系。这一套理性演绎法是一种哲学化了的数学方法，它以欧几里得几何学为典范。作为一名杰出的数学家，他尤其推崇数学，特别是几何学公理的"自明性"、"普遍性"以及数学推理方法的严密性。

---

① ［加］哈金：《语言为什么与哲学有关?》（英文版），剑桥大学出版社1975年版，第17—18页。

然而，他的理性演绎法并不是照搬数学的方法，作为一名哲学家，他又把数学方法加以哲学化了，具体来说，这一演绎法可以被描述为：首先凭精神直觉若干条"不证自明的"公理，然后由其出发通过分析和综合，每一步都清楚明白地推演出其他许多命题或定理，以构成一个确定的、普遍必然的关于世界本质的知识系统体系，由直觉获得演绎的前提，由演绎获得真理的体系，是笛卡尔理性演绎法的全部内容，也是他获得真理的途径。这也是为什么他说，"除了通过自明性的直觉和必然性的演绎以外，人类没有其他途径来达到确实性的知识"[①]。在这里我们能够以一种更加直观的方式发现笛卡尔和伽利略，以及他们所代表的精神之间的差异。伽利略作为一物理学家，其工作是观察客体和现象，这代表了一种归纳精神，其内部逻辑是从现象到真理；笛卡尔作为一名以数学为旨趣的哲学家，其工作是从自明的始点出发进而获得逻辑上一贯的结论，这代表了一种演绎精神，其内部逻辑是从真理到现象的知识。

（三）真理和错误

到现在，一整套科学的体系已经初具规模。作为一门严格的科学，形而上学在笛卡尔的方法中必然是在纯粹的思辨领域中展开的，它不牵扯，或者更严密地说是，笛卡尔故意绕开了整个经验世界来进行一种深远意义的思考，这完全是数学的方法。在这个体系大厦中，地基是"天赋观念"、钢架是"数学原则"，而具体的知识内容则被这两者划分出自己的领域。这是一真理的体系，信仰上来说，"上帝不是骗子"保证了这一大厦的安全性和稳固性。现在仍然存在着一个问题，既然上帝不会欺骗我们，那么我们时常犯的错误的来源在哪里？"我"作为一个不断在怀疑、在领会的人，是有缺陷的和不完满的，所以难免会犯错误，而错误的发生是和理智和意志相关的，理智就是"我"领会观念的官能，而意志则是对"我"所领会的观念做选择和判断的官能，也即是判断这些观念是真还是假的官能，笛卡尔认为意志的官能是"我"之中最为强大的能力，"我体验到，

---

① 〔法〕笛卡尔：《指导心灵的各种规则》，见《笛卡尔哲学著作集》（英文版）第一卷，剑桥大学出版社1986年版，第45页。

在我之内只有意志是大到我领会不到有什么别的东西比它更大，比它更广的了"①，笛卡尔之所以认为意志的能力如此之强大，是因为意志在关于真理和错误的判断上是起决定性作用的，我们要判断一个知识是正确的还是错误的，既要求理智对观念的领会也要求意志对观念的判断，单就理智来说，它只管领会、无论它在心灵中所领会的东西是真实的还是虚假的，而意志是选择和判断的官能，其作用的发生是在理智的领会基础之上的，我们只有先领会到观念，才能对这一观念进行判断，因此理智只管把观念呈现给我们，而这一观念是真理还是错误则全靠意志的抉择。

错误发生的直接原因则是意志的选择和判断，在笛卡尔看来，意志就其本性来说就是一种完全在自己的能力范围内自由判断的能力，因为它仅仅在于我们对同一件事能做或不能做，或者不如说，它仅仅在于为了确认或否认、追寻或逃避理智向我们提供的东西。笛卡尔也将这一能自由选择的态度称之为"无所谓的态度"，但是这一无所谓的态度虽然是意志的本性，但是这一种完全的形式上的自由是一种较低级的自由，"当我由于没有任何理由迫使我倾向于这一边而不倾向于那一边时，我所感觉到的这种无所谓的态度不过是最低程度的自由"②，因为这一意志在原则上来说是可以对一切观念进行判断的，无论这一观念是清晰的（例如"我"和"上帝"的观念）还是不清晰的（例如物质性的观念），因此我们在没有通过理智充分领会清楚哪些观念是清晰的哪些是不清晰的，我们就用这种"无所谓的态度"去对它们进行定夺，这样我们也难免会出错。而完全的自由不是这种无条件的自由、而是一种有条件的自由，这一条件即是基于理智的领会，如果理智能够对一观念清楚地领会清楚了，我们的意志就会作出正确的判断，"如果我总是清楚地认识什么是真，什么是善，我就绝不会费事去掂算我到底应该采取什么样的判断和什么样的选择了，这样我就完全自由"③。在笛卡尔看来，我们会犯错误的直接原因是意志的判断，但是就其根本来说是因为我们对意志的误用，就如我们在前面所说，意志的能

---

① ［法］笛卡尔：《第一哲学沉思集》，庞景仁译，商务印书馆 1986 年版，第 63 页。
② ［法］笛卡尔：《第一哲学沉思集》，庞景仁译，商务印书馆 1986 年版，第 64 页。
③ ［法］笛卡尔：《第一哲学沉思集》，庞景仁译，商务印书馆 1986 年版，第 64 页。

力既然是"我"之中的一个最为强大的能力，它要比理智所覆盖的领域要更广，而真理就其内容来说是以理智的领会为基础的，因此如果我们不把意志限制到理智的界限之内，我们就很容易把错误的当成真的、把恶的当成善的。而我们如果想要避免犯错误，理智的认识永远必须先于意志的决定。也即是说我们想要获得真理的判断，必须要先对一观念有一个十分清晰明白的领会。上帝赐予我们意志的自由判断的能力是为了使我们判断心中所领会到的清楚、明白的观念，如果在我们对这一观念搞清楚之前就对其鲁莽地下判断，这则是对自由意志的误用。

四、对笛卡尔《沉思》的诘难

《对笛卡尔〈沉思〉的诘难》是法国唯物主义哲学家伽桑狄（Pierre Gassend）的一部哲学著作，在该著作中，这位恢复了伊壁鸠鲁唯物主义的哲学家对笛卡尔在《第一哲学沉思集》中的六条论证集中进行了批驳，这大概是笛卡尔哲学遭受的最为系统的攻击，从后来哲学史的意义上来看，这一批驳也是影响深远的，它在某种程度上开启了经验论对唯理论旷日持久的批判。

第一，伽桑狄不承认笛卡尔那种开始哲学工作的普遍怀疑的方法，如果将一起都视为虚幻，这是一种不真诚的态度，真正的近代哲学精神应该是实事求是的精神，而不应该以一种自大的态度来蔑视一切，他的语言朴实而又强烈，"不管你怎么说，没有一个人会相信你会完全相信你所知道的一切没有一点是真的，都是感官，或是睡梦，或是上帝或是一个恶魔继续不断地捉弄你。对事情直截了当、老老实实、实事求是地加以说明，而不是像人们将会反对你的那样，借助于装腔作势，捏造那些幻觉，追求那些拐弯抹角、稀奇古怪的东西，岂不是更适合于一个哲学家的坦率精神，更适合于追求真理的热诚态度吗？"[①]

第二，伽桑狄作为一唯物主义者，否认有笛卡尔那种"我思"的实体

---

① ［法］伽桑狄:《对笛卡尔〈沉思〉的诘难》，庞景仁译，商务印书馆2012年版，第5页。

存在，在他看来，所谓的灵魂只不过是一种精细的物质，而整个世界都是物质的世界。"人是由两种物体合成的，一个是粗实的，另一个是精细的；既然把物体这一通常的名字给了前者，那么就把后者称为灵魂和心灵"①，伽桑狄的这个批驳是十分有力的。在笛卡尔看来，我们能够清晰地意识到作为身体的我是和作为肉体的我混合在一起的，但是伽桑狄问道：如果这两种东西不是同质的，又怎么能够混合在一起呢？因此灵魂和身体是同质的，也正是这种同质为它们的结合或混合提供了依据，"假如你是完全不同于这个物质，你怎么和它混合起来，和它合成一个整体呢？"②

第三，伽桑狄对笛卡尔天赋观念的批判为后来的经验论反驳唯理论开创了先河，伽桑狄从他的唯物主义立场出发，提出，既然整个世界全部是物质的世界，那么我们的观念只能来自于外部世界，"我们的全部知识似乎都来源于感官，虽然在这一点上你不同意一般哲学家的意见（他们说：在理智中的一切都是首先曾经存在于感官中的），这也仍然不失为真的，尤其是在理智里的东西没有什么不是首先提供给感官"③。

第四，关于真理和错误，伽桑狄反对笛卡尔关于真理的标准，在笛卡尔看来，初级的真理是那种我们领会得十分清楚、明白的观念，伽桑狄则说这种说法只不过是一种主观的臆断，对一个事物的领会是一回事，而事物本身则是另外一回事，我们可以将一个真实的事物领会为模糊不清的，我们也可以将一个模糊的东西领会为一个真实的、明白的，直到后来我们有了更多的知识，我们才会发现，但是所谓的清楚、明白只不过是自己的一种信念和武断。和其他的唯理论者一样，笛卡尔把真理的基础建立在直觉这样一种虚无缥缈的东西之上，必然会受到来自实事求是者的批判。而感官也不是错误的来源，感官只是一种被动的官能，它只是给我们呈现影像，"一切事物给我们表现得就像它们给我们表现的那样，而且它们那样

---

① 〔法〕伽桑狄：《对笛卡尔〈沉思〉的诘难》，庞景仁译，商务印书馆 2012 年版，第 92 页。

② 〔法〕伽桑狄：《对笛卡尔〈沉思〉的诘难》，庞景仁译，商务印书馆 2012 年版，第 94 页。

③ 〔法〕伽桑狄：《对笛卡尔〈沉思〉的诘难》，庞景仁译，商务印书馆 2012 年版，第 14 页。

地表现给我们也不可能不是非常真实的"。① 而错误的原因在于判断，判断没有对感官呈现给我们的影响作细致的对待。

第五，关于上帝的存在，伽桑狄揭露了笛卡尔那种先天证明的逻辑，那即是预设了上帝是一个什么样的东西。伽桑狄并不否认上帝的存在，只反对笛卡尔的那种论证方法，笛卡尔宣称，我们心中有一个上帝的观念，并且我们将这个观念领会为一种无限的、完满的观念，可是现在的问题是，我们都还不知道上帝是否存在，我们怎么说这样的一个观念具有什么样的属性呢？我们的人类的理智是有限的，那么在这个有限的理智里就不可能产生出一种无限的观念，也就更不能理解这样一种无限的观念。因为我们加到上帝身上的那种绝对无限的属性，只是将我们生活中的一些有限的属性无限地放大的结果，就我们的理智来说，我们永远不能领会到一个"无限"的上帝观念，我们的思维只是局限在"有限"的疆域里。

伽桑狄对笛卡尔的批判已经预示了晚期经验论者洛克和休谟对唯理论以及形而上学的批驳和否定，他贯彻了经验主义的一贯原则"凡出现在理智中的无不来自于感觉"，但是在结论上，受时代以及宗教的制约，他还不是一个彻底的经验论者，但是无论如何，我们会在后面看到，是伽桑狄给晚期经验论的代表提供了反驳唯理论者的有效论据。

五、总结和评价

笛卡尔在近代哲学史上的贡献是卓越的，他第一次提出了运用极少量的几条自明原则建立起哲学领域的方方面面，他的这一尝试至少在逻辑形式上是说得通的，这是一种新的科学方法论。与圣托马斯一样，笛卡尔处于一个思想交锋的时代，科学与信仰的交战使得经院哲学中的"上帝"不再以一种无可置疑的表象出现在人们的心灵中，而作为虔诚的天主教徒，笛卡尔担任起了和那位"天使博士"一样的角色——新时代的护教者，理性（广义的）与信仰的矛盾变为了科学与信仰的矛盾，笛卡尔坚信，新科

---

① ［法］伽桑狄：《对笛卡尔〈沉思〉的诘难》，庞景仁译，商务印书馆 2012 年版，第 83 页。

学与教会的重要教义可以协调起来。唯一所需要保留的是"上帝"的观念至上性，其他的一切都要接纳到我们普遍怀疑的检视中去，按照数学的构想，笛卡尔在普遍怀疑中清除出了那些不明确的、容易引人犯错的观念和意见，确立起唯一一个不可怀疑的实体"我思"，这一"我思"是精神性的，但更有深远影响的是，这一实体是"主体性"的，从普罗泰格拉以及苏格拉底之后，哲学又一次在人的主体性地位上得到了建立，这一主体性不再是普罗泰格拉的感性的主体性而是理性的主体性，笛卡尔我思的提出意味着近代以来直到现代的西方主体性哲学的崛起，并且这一次是以一种更严格、也更加具有真理形式的方式被建立起来的，这一发现被康德拿来作为了自己在思辨哲学中的顶点（先验统觉）来使用。虽然"我思"可以被称为知识的对象，但是它的重要作用在于由此出发的演绎推论，类似于公理在数学中的地位，它当初被建立起来的意图就在于发现一些深远的洞见，而这一洞见的终极在于发现上帝，从自我出发到对上帝的形而上的追问是笛卡尔哲学的独特魅力。我们可以说，笛卡尔所要建立的严格科学的旨趣在于发现神，但却并不依赖《圣经》的指示，因为我们可以从我们内心的纯粹领域中发现"神圣之光"，这就是颠扑不破的数学逻辑。哲学从神学领域转向了科学领域，从自然领域转向了自我领域，这也是为什么笛卡尔在《谈谈方法》中发出了要作宇宙的主人翁的号召，虽然这一口号从近代以来造成了人与自然关系的紧张，造成了一系列的伦理问题，但就从迎合科学精神，推进时代进步上来看，这一号召是起到了旗帜的作用的。既然真理的标准根植于人的理性，那么我们为什么不能从纯粹的思辨领域出发构建起整个知识体系呢？经验世界在知识的形成过程中并不重要。

　　另一方面，笛卡尔哲学中也的确存在着一些问题，一些在笛卡尔看来由论证的前提保证的可靠结论在后世哲学家的检视中是不可靠、不严密的。例如罗素等一些批评家反对笛卡尔在"我思"中出现"我"这个字眼，更严格地说，笛卡尔发现的是"有思维"。笛卡尔没有充足的论述来证明"思维"为什么需要一个"载体"。或许笛卡尔说，通过"我"反思到的"思维"一定是依附于"我"的，和我紧密地联系在一起的，但是就如我们在"上帝"概念的发现中那样，我们通过反思发现了上帝，我们就可以说上帝是依附于我们的，和我们紧紧地联系在一起么？这样来看，从"我思"出发的推论"我思故我在"也是有问题的，因为"我思"这个概念中已经蕴含了"我"的概念，所以等到我们再说"我在"的时候，只是一种把"我思"的内在逻辑展开的过程，实际上这一命题完全没有带给我们任何真正的新的知识，这一名义纯粹是分析的。

在上帝存在的证明中，笛卡尔也存在着一些经不起推敲的漏洞，他整个上帝证明的一个基点即是"我心中有一个自明的上帝的观念"，"这个观念是上帝放在我心中的"，这是十分令人困惑的，有时看起来是独断的。《第一哲学沉思集》的批评者之一伽桑狄认为，我们无法通过任何有根据的说明来证明我们心中有一个清晰的"上帝"的观念，即使我们有意义地使用"上帝"一词，也并不表明我们就拥有了一种无限完美存在的观念，况且这一论据在非天主教徒的视角里看来，将是多么的令人无法接受；其次，即使我们承认心灵中确实有一个无限完美的上帝的观念，但是就如笛卡尔所说，我们在理智中把自身领会成一个有缺陷的不完美者，那么这一有限的智力如何才能把上帝领会成"无限的"呢？更为深刻的问题是，我们既然无法理解"上帝"的观念，我们又怎么能说这一观念是清晰的和明确的呢？笛卡尔的第二个关于上帝存在的证明是安瑟伦的本体论证明的副本，在笛卡尔看来，"真实和存在是一回事"，凡是我们领会的十分清楚的都是真实的、也是存在的。"上帝的存在在我心里至少应该算是和我迄今所认为的仅仅有关数目和形状的一切数学真理同样可靠"[①]，笛卡尔进一步提出这一"存在"不仅是观念中的存在，更是实际中的存在，"仅仅由于我可以从我的思维中得出什么的观念就断言凡是我清楚、分明地认识到是属于这个东西的都实际属于这个东西"[②]，因此笛卡尔得出结论，在观念中存在的上帝一定也在实际当中存在，并且正是因为上帝在实际当中存在，我们才能在观念中领会到上帝的存在，"上帝的存在性，决定我的思维去这样领会他"[③]。这一长串的论证可以用安瑟伦的一句话概括，那就

---

① ［法］笛卡尔：《第一哲学沉思集》，庞景仁译，商务印书馆1986年版，第72页。
② ［法］笛卡尔：《第一哲学沉思集》，庞景仁译，商务印书馆1986年版，第72页。
③ ［法］笛卡尔：《第一哲学沉思集》，庞景仁译，商务印书馆1986年版，第74页。

是，"一个完美的存在物不仅在观念中存在，更在现实中是存在的"。笛卡尔像任何一位虔诚者一样信仰上帝，更确切地说，他需要上帝，否则笛卡尔的整个哲学体系就要崩溃。但笛卡尔就他所处的时代来看，他的工作一直是和寻求教会的支持的努力相结合的，但是他失败了，教会将其视为异端，将《沉思录》视为禁书。这仅仅是因为，他所祈求的已经不是基督教的上帝而是哲学家和科学家的上帝，他的目的是属人的尘世的，他靠上帝而生活而不是为了上帝而生活。

笛卡尔的二元论是富有启发的，但也是失败的。他在精神和物质之间作出了严格区分，从而也就把从柏拉图开始的那种形而上学思路清除了——作为纯粹的精神形式不再在任何复合实体上作为本质出现了，形式和质料成为了两个彼此分离的系统，我们依靠空间广延就能给予物质世界的存在确立性质。在近代科学精神兴起之际，这种系统的分离也造成了人与自然的分离，也不可避免地造就了笛卡尔所说的人类的"主人翁"地位的上升，世界被对象化了，人类思维成为了哲学的主要研究对象，这是唯理论哲学的主题。但是我们需要特别注意到的一点是，笛卡尔虽然意识到了这两种相互独立的系统，但是他也尝试为这种系统的沟通作出了尝试，这特别体现在"身心关系"的讨论之中，虽然存在两种本质不同的系统，但是我们确实能够体验到一些"交感"，比如我们饥渴的欲望，再比如从想法到行动的过渡，如果这种交流是存在的，那么一定存在着某种在属性上即是精神又是物质的存在担负着交感的功能，但是他最终也只是以一种想象性的描述提出了"松果腺"的运行方式，这个答案是无法令人接受的。实际上，无论是上帝还是松果腺，都无法解决笛卡尔实体学说中的内在矛盾，都无法使精神实体和物质实体得到统一。近代哲学在认识论上企图借助于上帝来解决思维与存在的统一，这已经是认识论之外的事情了，况且借助于上帝实际上也解决不了思维与存在的统一，因为上帝本身也是无广延的精神实体。而就松果腺来说，它是有广延的东西因而是物质性的东西，那么它又如何和心灵相互作用呢？可能笛卡尔在这里想要表达的是这一物质性的实体也分享了精神性的一个方面，但是他并没有给出令人信服的逻辑论证。最终，笛卡尔借助上帝来解决精神实体和物质实体的矛盾，其结果不但是原有的矛盾没有解决，反而造成了笛卡尔哲学中的绝对实体和相对实体的矛盾，从而使他从二元论走向了客观主义一元论。

笛卡尔对于知识体系的构建，理应受到更多的赞誉。他的目标是要获得清晰明确的知识，他也确实找到了这样一种方法，那就是几何学的原理。当我们断定一事物就是我们直觉到的那样的时候，这一判断就是一个真理。这种工作的尝试，抛开效果不说，其本身就是伟大的，他想要在人类自身理性之中，找到真理的典范，这一典范不依赖于任何神学上的启示，并且它甚至以一种直接的方式和上帝联系在了一起，人类理性的直觉是真理的唯一标准，这在形而上学史上是不可想象的，延续了柏拉图的传统，那些持有先天知识论观点的哲学家也没有作出这种从思维到知识的直接过渡，在他们眼里，知识是被"剥落"出来的，上帝的永恒法是以一种渐进的方式被我们领略到的。康德哲学对此的批驳是有效的，数学的直观永远只是感性的直观，我们相对于这一直观来说是被动的，它呈现给我们是什么就是什么；但理性的直观是笛卡尔哲学中所特有的，实际上理性的功能是逻辑推论的功能，它是我们思维的自主性运用。从这个角度上来说，笛卡尔的先天自明原则是一种独断论。经验归纳在笛卡尔的哲学中是没有任何的地位的，实际上，正是我们在经验界的工作阻碍了我们真理体系的构建。感官所带给我们的只有错误和不确定，只有完全摆脱了感官我们才可以获得一种明晰的真理，这又使笛卡尔带上了浓重的柏拉图色彩。从内容上来说笛卡尔并没有完全摆脱经院哲学，他提出的作为纯粹形式的思维、作为复合实体的物质实体和全知全能全善的上帝可以说是对托马斯存在论的改进，但是从精神上来说笛卡尔是近代哲学的先驱，这是毋庸置疑的。笛卡尔希望沿着一条可靠的、真理的路径对形而上学发起追问，但是我们在后来可以看出，这种寻找可靠性以及确真性的思路也被用作了摧毁形而上学的有力武器。

第三章　斯宾诺莎的形而上学思想

荷兰人本尼迪克特·斯宾诺莎（Bendictus Spinoza，1632—1677）是唯理论学派中又一重要的哲学家，从某种程度上来说，他是笛卡尔式的学者，他严格遵循了人类理性的典范——数学的方法，来构建起整个形而上学体系，这种由笛卡尔发端的思辨方式在斯宾诺莎的主要著作《伦理学》中达到了顶端，这是一本哲学的《几何原本》，"界说—公理—证明"的框架为其哲学提供了清晰的思路，这种演绎的方式也使其体系成为一个严密的体系，在漫长的时代之后，其思想仍旧闪耀着光辉。笛卡尔哲学是划时代的，但其中存在的问题也是明显的，斯宾诺莎的整个形而上学思想就来自于对笛卡尔哲学的反思，他在试图摆脱笛卡尔哲学的困境的努力中，开创了泛神论的一元体系。

一、笛卡尔与斯宾诺莎

斯宾诺莎学说的研究者曾试图从不同的方面来寻求斯宾诺莎哲学的理论渊源，例如中世纪的阿威洛伊学派和泛神论思想，但从斯宾诺莎的著作中，我们可以清晰看到的是，笛卡尔的哲学为斯宾诺莎的理论提供了基石。在最终目标上，斯宾诺莎和笛卡尔有着同样的信念，他们都以发现最为真实可靠的知识为核心任务，也即是以认识论为核心的。进一步说，他们都相信真正的可靠的知识是来自于理性（数学）的演绎的，只有依靠从自明原则出发的推理，我们才能建立起科学的普遍性的形而上学。斯宾诺莎形而上学的主要论点是对笛卡尔哲学的反思，笛卡尔明确地区分出了上帝、自我和外在世界三种实体，但在另外一些场合，他又将上帝称为绝对的实体，将物质和精神称之为相对实体。笛卡尔的意图是明确的，上帝作为信仰中的全知、全能和全善的存在必须要超出于世界之上的，一切实体只有依靠上帝才能获得其存在，这也因此是经院哲学式的。而这种二元论体系中的模糊性被斯宾诺莎敏锐地发现了，他由此针对性地提出了他的一元论的体系，只承认唯一的"神"，而这一"神"是上帝和世界的结合，上帝即是世界，世界也即是上帝，一切都在上帝之中，依赖上帝的生存而生存。这是一摆脱了信仰主义的立场，这一"神"明显和基督教之中的上帝区别开来，他并不是作为独立的实体超出于物质世界和精神世界的存在，他本身就是世界的集合，和世界融为一体，而每一存在物都部分地体现了"神"的属性，笛卡尔的二元论消失了。虽然斯宾诺莎只承认有唯一的一个实体，但是笛卡尔提出的两种实体的学说部分地被斯宾诺莎哲学加以保留和吸收，"思维"和"广延"不再是作为精神实体和物质实体的存在，而是共同体现于绝对实体之中、作为绝对实体的无限属性中的能为人类理智发现的两个最重要的属性而存在，因此，属性的二元论仍然存在。思维（心）和广延（身）的分离仍然存在，它们作为两个互相平行的领域并不存在着沟通的可能，如果说笛卡尔还试图通过提出松果腺的学说来为这一沟通作出尝试，那么斯宾诺莎则完全放弃了这种搭建"桥梁"的方法，而以一种更为深刻的方式建立起两者的联系。思维和广延虽然是平行的两个系统，但是他们都处于在性质上相同的因果链条之上，"观念的次序和联系与事物的次序和联系是相同的"①，并且分别从两个链条的相同环节来看，它们是存在着一致性的，具体来说，也即是反映着同一事物的两个不同的方面，"广延的一个样式和这个样式的观念亦是同一的东西，不过由两种不同的方式表达出来罢了"②，这是一种以"身心平行论"来克服近代哲学中思维与存在的矛盾的方法。

---

① ［荷］斯宾诺莎:《伦理学》，贺麟译，商务印书馆 2015 年版，第 48 页。
② ［荷］斯宾诺莎:《伦理学》，贺麟译，商务印书馆 2015 年版，第 48—49 页。

二、斯宾诺莎的方法论

与上一章对笛卡尔思想描述的逻辑相一致，在对斯宾诺莎的形而上学的主要思想介绍之前先对斯宾诺莎的方法论进行一个明显的阐释，这对我们更好地理解斯宾诺莎形而上学思想的框架是十分有益的。

（一）经验的不可靠

在《谈谈方法》中，笛卡尔系统地阐述了一套基于几何学的哲学探究方法，这是一种由确定的原则出发的演绎推理，前提的确真性确保了结论的可靠性，由此构建起来的形而上学体系是稳固的，避免了经院哲学体系中的分歧和模糊。这一项工作的起点是普遍怀疑，而怀疑的对象直指经验世界以及由此而来的感官知识，感觉在建立我们知识体系过程中的作用被完全排除了，而斯宾诺莎也是秉持了这样一种理念。斯宾诺莎的《知性改进论》是一部没有完成的著作，但是就如笛卡尔的《谈谈方法》一样，它起到了斯宾诺莎哲学思想的导言的作用，而关于方法论的内容也在书中有了明显的提示。在该书的导言部分，斯宾诺莎开始即说道，"当我们受到经验的教训之后，才深悟得日常生活中所见的一切东西，都是虚幻的、无畏的"[①]，斯宾诺莎否定了感性知识的合理性，在他看来，其否定的论点是和笛卡尔的一致的，那即是，感官带给我们的往往是虚假的和片面的，也即是说，它们不真实反映客观实在，"当人心在自然界的共同秩序下认识事物时，则人心对于它自身、它自己的身体，以及外物皆无正确知识，但仅有混淆的片段的知识"[②]。所谓的自然界的共同秩序，斯宾诺莎指的是人类作为一存在和其他的存在共享的认识属性，这一认识属性一般可被理解为感性认识，这是一种被动地接受的认识过程，很大程度上受到了自然界的进程和人类自身主观的干扰，因此是不正确的。在否定感性经验这一点上，斯宾诺莎是和笛卡尔有着一致性的，但是在方法上，斯宾诺莎并没有

---

① ［荷］斯宾诺莎：《知性改进论》，贺麟译，商务印书馆1986年版，第18页。
② ［荷］斯宾诺莎：《伦理学》，贺麟译，商务印书馆2015年版，第71页。

将笛卡尔的怀疑方法加以普遍应用。美国学者戴安娜·斯坦贝格（Diane Steinberg）对此有过详细的探讨，在她看来，斯宾诺莎的确受到了笛卡尔的普遍怀疑的影响，并将此作为一个排除感官经验的一个必要条件，但为什么斯宾诺莎没有将普遍怀疑纳入自己的方法论当中呢？在笛卡尔的体系中，怀疑的顶点表现为对物质世界的普遍怀疑，其中着重地体现为了对自己身体的怀疑，然而在斯宾诺莎看来，对自己身体的存在进行怀疑是不可能的，这是因为我们如果想要形成一个关于"身体不存在"的观念，那么首先我们必须有一个与"身体的存在"不相容的一个观念，这是因为我们要想具有这样一个观念，与这个观念相对应的事物必须刺激我们的身体才可以实现，而如果这与"身体的存在"不相容，那就是无法完成的，所以这也是斯宾诺莎拒绝将普遍怀疑作为自身方法论的原因。

（二）几何学的方法

笛卡尔给予了人类理性的极大认可，认为依照数学的典范，我们可以通过理性发现形而上学的原理。对于斯宾诺莎来说，哲学的目标在于对事物的完全认知，而为了达到这一目标，我们需要一条终极的方法，这一方法依靠自身就可以为真理提供范式，而无须寻求别的标准来建立起真理，这一终极的范式即存在于我们的心灵中。心灵的力量是强大的，其主要体现为理智的力量，"人的心灵是无限理智的一部分"[1]，在理性自身中我们的确可以发现一些确定无疑的观念，斯宾诺莎将其称之为"真观念"，意为正确地反映了客观事物本质的观念。而我们建立起知识大厦的唯一途径就在于我们的心灵按照一个真观念的规范去进行推理，这和笛卡尔是一致的，我们要建立起关于世界的绝对知识体系，我们就不能只满足于一些基础性的真观念（例如"我思"），我们还必须通过理性演绎的方法，运用严格的推理，去获取理性的知识，这也是几何学的证明方法。在斯宾诺莎的方法论中，"真观念"一方面构成了最高的真理本身，另一方面又构成了他的演绎知识的总前提，"因为如果不先有一个观念，就不会有观念的

---

[1] ［荷］斯宾诺莎：《伦理学》，贺麟译，商务印书馆 2015 年版，第 53 页。

观念，所以如果不先有一个观念，也就会没有方法可言"①。真观念是斯宾诺莎演绎知识系统的总前提，而真观念中首要的就是普遍实体"神"的观念，普遍实体是斯宾诺莎为自己的知识大厦奠定的第一块坚实的基础，他在这个基础之上，通过理性演绎法不断地推导出理性的知识，构建起牢固的形而上学的体系，用他的话来说即是，"知性凭借天赋的力量，自己制造理性的工具，再凭借这种工具以获得新的力量来从事别的新的理智的作品，再由这种理智的作品又获得新的工具或新的力量向前探究，如此一步一步地进展，直至达到智慧的顶峰为止"②。同样采取的是理性演绎法，斯宾诺莎与笛卡尔明显不同的地方在于，笛卡尔是从自我出发的形而上学追问，进而前进到上帝的知识。而斯宾诺莎一开始就勾勒出作为世界整体——"神"的性质，再由整体细化到部分，逐渐使知识体系完整起来。

三、斯宾诺莎的存在论

依照理性演绎法，斯宾诺莎需要从一个确定为真的原理出发进行推论，这一原理或知识必须是最完善的，这一最完善的观念被斯宾诺莎称为"神"的观念。

(一)"神"的学说

1."神"的存在

神即是普遍实体，是至真至善的存在。作为斯宾诺莎形而上学的核心，"神"这一概念被斯宾诺莎以一种绝对的方式提出，在《伦理学》的开头的界说中，斯宾诺莎便说道，"神，我理解为绝对无限的存在，亦即具有无限'多'属性的实体，其中每一属性各表示永恒无限的本质"③。斯宾诺莎直接预设了"神"，把他理解为一个无限的存在，也许在斯宾诺莎看来，神的存在并不需要作出说明，但在第一部分中斯宾诺莎仍旧提供

---

① ［荷］斯宾诺莎：《知性改进论》，贺麟译，商务印书馆 1986 年版，第 31 页。
② ［荷］斯宾诺莎：《知性改进论》，贺麟译，商务印书馆 1986 年版，第 28—29 页。
③ ［荷］斯宾诺莎：《伦理学》，贺麟译，商务印书馆 2015 年版，第 1—2 页。

了两条先天证明的线索，"既然能够存在就是有力，那么一物具有实在性愈多，它能够存在的力量也必定愈多；所以绝对无限之物或神其自身也必定具有绝对无限的能够存在的力量，所以它绝对地存在"①，这是一种先天证明的方法，是从神的概念推论出他实际存在，在界说中，神的本质已经包含了存在。这一先天推论依据的是这样一个原理，"一个事物具有的实在性愈多，它能够存在的力量愈多"，先天证明的方式我们在第一卷的圣托马斯部分有比较详细的介绍，归根到底，这种论证方式可以被归结为同语反复。因为在每一论证的概念的内部已经提前预设了推论的答案，斯宾诺莎在这里提出"绝对无限之物"之时，已经表明了神具无限多属性的本性，"存在"的属性必然是无限多属性中的一种，这是完全的安瑟伦式的论证，将知识和现实之间的界限模糊掉了，我们在先天论证的意义上唯一能够说的即是，"存在"作为观念上的"无限的属性"中的一种，其在观念上是必然存在的，如果将这一"存在"说成是现实的，那么就是在概念和现实之间做了未加解释的跳跃。即使我们承认这一先天论证的合法性问题，其论证所依赖的逻辑也是值得我们推敲的，即使我们承认神的本性是他具有绝对无限的存在力量，那么如何能够得出结论说神实际上存在，也许斯宾诺莎考虑到，设想一个具有绝对无限存在力量的存在不存在是一个矛盾的说法，因为那等于设想它存在的力量可能受到了一些限制，遗憾的是，斯宾诺莎并没有为此作出太多的解释。作为补偿的是，依据同样的一条原理，斯宾诺莎提出了一个明显不同的后天论证，由于存在的能力即是力量，如果承认我们自身存在，只承认有限事物存在，那么有限存在就比一个无限的存在更有力量，这是不可能的，所以无限的存在必然存在。

2."神"的属性

"神"即是实体，实体的定义是，"在自身内并通过自身而被认识的东西。换言之，形成实体的概念无须借助于他物的概念"②，从这个意义上来说，实体存在于自身中并独立于其他的事物，我们如果不先假定实体，那么没有任何事物能够被设想，实体是一个绝对独立的始基。这一"实体"

---

① ［荷］斯宾诺莎：《伦理学》，贺麟译，商务印书馆 2015 年版，第 10 页。
② ［荷］斯宾诺莎：《伦理学》，贺麟译，商务印书馆 2015 年版，第 1 页。

是唯一的，斯宾诺莎不满意笛卡尔的那种二元论的方式，在他看来，就实体来说，其在数量上只能是唯一的。这一论证在三个步骤下进行。第一，"属性"（attributus）被斯宾诺莎解释为，"由知性看来是构成实体的本质的东西"①，属性有了两个限定，首先，它是就实体来说的，其次，它是实体的本质，在一定的意义上可以代表一个实体，这也即是说，属性（本质）是实体区别于其他事物的根本性的标准，因此，不可能有两个具有相同属性的实体；第二，根据界说，神是具有无限多属性的实体；第三，据第二条理由我们可以说任何与神不同的实体必定与神具有相同的属性，而这与第一条理由是相冲突的，因为如果还有实体的话，那么构成这一实体的本质的属性必然已经包含在神的本质的属性之中了——神具有无限多的属性，而根据理由一，不可能存在两个具有相同属性的实体，综上，只能有一个实体（神）。

斯宾诺莎的所谓属性或本质指的是构成实体本身的那个东西，并非仅仅存在与我们的理智之中，我们的思维如果正确地理解了这一本质，那我们思维之中就有了与属性在知识内容上一致的真理，"神"具有无限多的属性，而就可被人类理智理解的属性而言，只有两种，思想和广延。首先，上帝具有无限多的属性，这不仅仅是说在数量上神有无限的属性，对神的每一个属性来说，其体现了某种属性的绝对完满性，就如"善"的属性在神之中表现为一种至善，但就神能被我们理解而言，只有"思维"和"广延"两个属性出现在我们的思维当中作为被理解的属性，因此，神至少既是精神性的，又是有形体的。需要特别留意的是，斯宾诺莎的哲学语言里，"广延"和"可分"并不是等同的，斯宾诺莎明确地提出这两种属性是相互平行的系统，它们并不是笛卡尔哲学意义上的两个相互独立的实体，而只是作为同一个实体中的两个互相平行的属性而言的，就人类理智来说，是我们在诉说实体的过程中的两个不同的角度。笛卡尔的二元论依旧存在，只不过实体的二元论消失了，取而代之的是属性的二元论。斯宾诺莎将笛卡尔的理论彻底化并且合理化，既然实体是一个不依存于其他之

---

①　[荷] 斯宾诺莎:《伦理学》，贺麟译，商务印书馆 2015 年版，第 1 页。

物的存在，那么从严格意义上来讲，处于上帝运筹下的外部世界和精神世界在笛卡尔的语境自身中便不能称之为实体，即使是用弱化的语气将其称之为"相对实体"，也将使自身的理论暴露无可消除的弱点。斯宾诺莎尝试解决笛卡尔哲学中的自相矛盾的观点可以说是评判性的，但是，从整个体系上来看，他坚持了笛卡尔的区分，在物质和心灵之间作出了严格的区分，这两种属性之间不能互相产生对方，一个属性不能构成另外一个属性的原因，一个属性的概念不能包含另一个属性的概念，这也就是说，思维和广延作为实体的两种属性，不能互相影响和相互作用，从更深的意义上来说，思维和广延的关系也不能用第一性和第二性来加以解释，它们具有同等重要的地位，精神的过程和物理的过程在内容和表现上是一致的，实质上它们统一于"神"之中，是同一个事物的不同面向。思维和广延的属性是自类无限的属性，也即是说它们以一种不受限的完满方式体现在神的本质之中。

（二）样式学说

样式（modus）即是"实体的分殊，亦即在他物内通过他物而被认知的东西"①，样式的定义以一种与实体的定义相对应的方式提出，而这两个定义之间，在逻辑上是互相否定的，也即是说，它们合在一起就构成了形而上学的整个体系。因此，在斯宾诺莎的形而上学中，世界就是由实体和实体的分殊构成的。分殊（affection）意为实体的影响状态或者改变，简单来说，就是实体的具体表现形式，在这个层面上来说，即是实体的样式。这也即是说，一个实体只有通过具体的表现形式才能够被我们了解，我们不能了解一个永恒普遍的抽象实体，而只有通过它的具体表现形式来了解。理智对于实体的目标是对其本质（属性）的了解，而我们要了解思维的属性必须借助于具体的一个观念；我们要了解广延的属性必须借助于一个具体的存在物，没有空洞的思维也没有抽象的广延。在逻辑上，实体和样式就构成了整个形而上学世界，实体是世界的最高表现形式，而样式

---

① ［荷］斯宾诺莎：《伦理学》，贺麟译，商务印书馆 2015 年版，第 1 页。

则是世界的具体表现形式。实体是自身决定自身的，而实体的分殊则是由他物决定的，"由他物决定"的意义是在全部的样式或分殊之间构成了一种因果性的链条，而它们是以神为最终原因的，神是绝对的第一因，"每个个体事物或者有限的且有一定的存在的事物，非经另一个有限的、且有一定的存在的原因决定它存在和动作，便不能存在，也不能有所动作，而且这一个原因也非经过另一个有限的，且有一定的存在的原因决定它存在和动作，便不能存在也不能有所动作；如此类推，以致无穷"①。任何事物之间都是决定与被决定的关系，这种严格的因果链条一直延伸到"神"，在神这里，决定与被决定的对立消失了，"神"是自由的，自由仅仅意味着由自身本性的必然性而存在、其行为仅仅由他自身决定。这一因果链条的更深层次的意义为，"一切存在的东西，都存在于神之内，没有神就没有任何东西存在，也不能有任何东西被认识"②，这里斯宾诺莎表达出的是经院哲学中的存在与本质的思想，"神"作为第一存在是存在与本质的同一，其本质中就包含着存在，在这个意义上"神"也被称为"自因"。而神的样式，也即具体的观念或事物，其本质中并不包含存在，万物的存在来自于对"神"的存在的领受，神是万物的"存在因"，不仅如此，神还是万物的"本质因"，万物的本质只有藉神的本质才可以理解。这是一种经院哲学式的表达，虽然在结论上我们可以在圣托马斯的著作中找到相同的对应，但斯宾诺莎完全是通过非信仰主义的方式提出的，"神"和"万物"的关系不是上帝和自然的创造与被创造的关系，它们是一个产生与被产生的关系，并且严格来说，神和自然之间并不能作出严格的区别，神作为绝对实体就是自然整体，自然整体表现了神的绝对无限性。神作为万物的本质因，也并非是因为经院哲学中所认可的"第一原型因"（作为完全现实的上帝），"神"成为本质因仅仅在于对其他事物本质的理解必须以神为前提，也即是说，没有神就不能有任何东西存在，也不能有任何东西被认识。"自因"是斯宾诺莎哲学中的一个核心观念，我们如何理解斯宾诺莎所提出的"自因"的定义？当斯宾诺莎说神是自因的原因在于神的

① ［荷］斯宾诺莎:《伦理学》，贺麟译，商务印书馆2015年版，第26页。
② ［荷］斯宾诺莎:《伦理学》，贺麟译，商务印书馆2015年版，第13页。

本质即包含着存在时，这实际上表达了一个阿奎那的观点，神的存在即是本质。首先，对于神以外的万物来说，其本质并不包含着存在，也即是说，万物的存在不是由自身的本性所产生的，万物的存在是从神那里所产生的，因此我们不能从万物自身的本性之中去发现万物的存在，而对于神而言，神的存在是自足的、不被他物所决定的，因此仅从神的本性之中就能够发现存在。其次，对于斯宾诺莎而言，所谓存在即是"有力"，而有力就是"实在性"，而神的本质因为是无限完满的，因此神的每一个属性都完满地被实现了，也因此神就内在地具有了所有的实在性，因此，神的本质也即是存在。当然，这样的一种观点不应与一般的基督教神学的观点——上帝是第一原型因相混淆，神的存在并非独立于万物，神的存在恰恰在于万物整体的存在，或者说神的完满性恰恰在于万物整体的完满性。

因此，神就是产生自然的自然，神在整体上就是自然整体。但是虽然如此，我们仍然可以在神和自然之间作出一定的区别说明。当我们从自然的角度出发看待，自然万物都是必然地被神（整体的自然）所决定的，而作为自然的整体——神则是自由的，其自身决定了自身，其本质即是绝对存在。还需要加以注意的是，斯宾诺莎区分了"作为整体的自然"和"作为样式的集合"，"普遍实体"——神并非个别事物的相加总和，而个别事物的变化从整体上也不会影响世界整体的变化，"我们不难理解整个自然界是一个个体，它的各个部分，换言之，即一切物体，虽有极其多样的转化，但整个个体可以不致有什么改变"[①]。

四、斯宾诺莎的认识论

斯宾诺莎的实体是唯一的，却能够在两个互相独立的视角下来理解，那么这两种视角是否存在着某种"一致"的可能性？这一问题是笛卡尔抛出来的，并且是斯宾诺莎所必须回答的，如果这样一个问题不解决，就表明了近代形而上学的核心问题没有得到解决，并且意味着斯宾诺莎所建

---

① ［荷］斯宾诺莎：《伦理学》，贺麟译，商务印书馆 2015 年版，第 60 页。

立起的泛神论形而上学体系将是内部逻辑不统一的哲学体系，对这一问题的回答也构成了斯宾诺莎认识论思想的核心内容。

（一）"心物平行论"

笛卡尔的二元论体系造就了近代唯理论哲学的核心问题意识，那就是努力在思维与存在的关系之间作出解释，一方面，笛卡尔承认有两个互相独立的实体，精神的和物质的；但在另一方面，笛卡尔藉由经验性的心理事实指出这两种相互独立的体系之间的确存在着某种相互影响，这似乎是矛盾的，但笛卡尔为了避免哲学上的困难诉诸了神经科学的松果腺来尝试为此作出解释，这在理论上是被斯宾诺莎所不可接受的。斯宾诺莎遵循笛卡尔开创的数学方法来进行形而上学的工作，思维和存在的关系必须按照严格的数学方法加以解释，并努力构建起一种内部逻辑相一致的形而上学体系。笛卡尔体系中的精神和物质作为相对实体的解释是矛盾的，在斯宾诺莎的理解中，不存在数量上是"多"的实体，所谓实体就是自身决定自身的绝对存在，因此，只有唯一的实体——"神"，而思维和广延的二重性关系依旧存在，它们依附于神的绝对存在，成为了解释神的本质过程中的两种不同面向，同时也是仅有的可被人类思维理解的两个本质属性。在一定程度上，斯宾诺莎承认它们是相互独立的两个系统，但是并不否认它们之间不存在一致性，它们各自所代表的因果序列关系在各个环节上是相一致的，哪里有物质存在，哪里就存在着与其相一致的精神属性的存在，反之亦然，就具体的身心关系而言，人身和人心不再分属于两个不同的体系，而是在"神"之中的同一个"自我"的两个不同面向，在这个意义上来讲，"人心就是人身的观念或知识"[①]。

在对笛卡尔存在论清理的根基之上，斯宾诺莎提出了他解决思维与存在关系问题的主要方式——通过一种以"神"为最终依据的个体事物的因果序列和思维观念的因果序列相平行一致来完成思维与存在的统一。斯宾诺莎所谓的实体是"普遍实体"，"普遍"不仅仅意味着普遍性的本质，

[①]　[荷] 斯宾诺莎：《伦理学》，贺麟译，商务印书馆 2015 年版，第 60 页。

在斯宾诺莎这里更意味着"实体"以一种整体的方式表现整个世界，实体就是世界整体，万物由实体产生，并在实体之中。在这种实体与万物的对应关系之中，斯宾诺莎表达的是决定论的思想。实体呈现给人类理智有两个属性——思维和广延，思维的样式（表现形式）是观念，广延的样式（表现形式）是具体事物，因此，从根本来说，思维和广延实际上是两个相互平行的因果序列。虽然个体事物和具体的观念从根本上来说以"神"为逻辑前提，但它们并不是以"神"为直接的原因，每一个个体事物和具体的观念都作为结果是被他物所决定的，而他物又以相同的方式被一种更高层级的事物所决定，这个序列可以一直延续到"神"，形成一个无穷的序列，"所以凡有限之物能够存在、能够动作，必定是被出于神或神的属性的有限性、且有一定存在的分殊所决定。这是第一点。然而这一原因或这一分殊本身又必定为其他有限的、且有一定存在的原因所决定，而后面这一原因（依照同样理由）又必定为另一原因所决定，如此递推（依同样理由），以致无穷"①。思维的属性和广延的属性从本质上来说就是一个由上至下的决定系统，万物依照这一秩序规律地排列着，它们藉"神"而存在，依赖"神"而被理解。出于"神"的本性中的逻辑完满一致，"神"的分殊——万物的由上而下的序列也是完满一致的，所谓思维和存在（广延）的系统，它们只是作为实体的分殊体现着实体的完满一致性，是表现同一个实体的两个不同面向，因此，在一定程度上我们可以说，在内容上，它们是一致的（虽然它们是平行的），当事物被认作思想的样式时，我们必须单用思想这一属性来解释整个自然界的次序或因果联系；当事物被认作广延的样式时，则整个自然界的次序必须单用广延这一属性来解释，观念的次序和联系与事物的次序和联系是相同的，具体就人来说，身心关系也是平行的。

"我"并不是一个思维的实体，相反，"我"作为无限之中的一个有限样式，从思维的属性来看，有一个"思维的我"；从广延的属性来看，有一个"身体的我"。心灵与身体是同一个体，只不过一方面通过思想这个

① ［荷］斯宾诺莎：《伦理学》，贺麟译，商务印书馆 2015 年版，第 26 页。

属性，一方面通过广延这个属性去认识。"人"是两个属性的存在，心灵和身体彼此之间互不影响，甚至没有任何的相互作用。心灵的变化与身体的变化的过程相一致，这个一致的最终依据在于"神"的保证下的观念的次序与事物的次序相一致。最终来说，心灵和身体是同一个东西以两种不同的方式表现的结果。这样"人"就是作为了两个世界的存在，"人"虽然分别存在于两个相互独立的系统之中，然而这两个系统却是相符的。"人"是内部逻辑的统一体，但不是以一种身心交感的方式的统一，而是以一种身心平行的统一，心里感受到的也真实地在发生，身体上发生的一切也被心灵所感知，虽然它们并没有直接的相互作用。在这种意义上，"人心就是人身的观念或知识"[①]，身体是在广延的系统中与观念相符合的个别事物。笛卡尔从精神的我思推出了物质世界的存在，斯宾诺莎按照此模式从作为真观念的"身体的观念"推出了现实存在的身体。在斯宾诺莎看来，在我们的思维中有一个清晰明确的身体观念是确真无疑，根据心物平行理论，哪里有思维过程，哪里就有广延的存在，所以有一个确实存在的身体存在着，因此"身体"是我们心灵的对象，并且是唯一的对象。"除了身体和思想的样式以外，我们并不感觉或知觉到任何个体的事物"[②]。心灵并不直接和个体事物打交道，它只和纯粹的观念或者和来自于身体的观念打交道，也就是说除了身体之外，人的心灵没有任何在广延系统中的对象，"人心除凭借其身体情状的观念外，不能知觉外界物体，当作现实存在"[③]。心灵不仅意识到身体，同时也意识到自身，意识到"心灵的我"是一个自我意识的个体，而这仅仅是在它理解身体变化的基础之上发生。虽然思维和广延的两个系统是相互平行的，但斯宾诺莎像他的前辈那样，依旧把形式的、心灵的看成是主动的和积极的，而把质料的、广延的看成是消极和被动的，人心具有认识许多事物的能力，而它常常被身体所拖累，这仅仅因为在心物平行的体系当中，它的身体的适应性没有达到和心灵一样的高度，所以人心在身心关系中依旧占有主动的地位。笛卡尔将外在世

---

① [荷] 斯宾诺莎:《伦理学》，贺麟译，商务印书馆 2015 年版，第 65 页。
② [荷] 斯宾诺莎:《伦理学》，贺麟译，商务印书馆 2015 年版，第 45 页。
③ [荷] 斯宾诺莎:《伦理学》，贺麟译，商务印书馆 2015 年版，第 69 页。

界确立为单独的实体时，也就排斥了精神性的因素在物质世界的位置，而在斯宾诺莎这里，万物都是神的分殊，与神处在同一系统当中，它们也必将受到神的广延和思维的属性所筹划，个体事物在物质方面有广延的存在，而与之相对的在思维的领域中也有与之相符的个体事物的观念的存在，从这个角度上来说，"一切个体事物都是有心灵的，只不过有着程度的差异罢了"①。

（二）知识的分类

斯宾诺莎是一个特别虔诚的形而上学家，在不同的著作中，他对知识有不同的分类，就一般的情况而言，可以说他把知识分为了三类：意见或想象、理性的知识和直观知识。

第一种知识包含了两个方面的内容，一方面是由泛泛经验得来的知识，另一方面是由传闻或某种任意提出的符号得来的知识；它们来自于感官、记号或者想象，受我们的身体所支配。笛卡尔把我们对外部世界的认知过程归纳为如下环节：首先我们作为肉体的身体受到了来自外部世界的刺激，而由此产生了我们神经和气血的运动，这一血液的运动达到了我们的松果腺形成了某种"精气"，进而产生某种感官的知识，斯宾诺莎以他的平行论反对笛卡尔的这种身心交互，"观念的次序和联系与事物的次序和联系是同一的"，身体是我们心灵的对象，我们的心灵必将知觉我们身体上所发生的一切，而身体在一定的程度上在广延系统中由外物所推动，所以我们也间接地认识了外界物体。但是，虽然我们的观念和身体上被激发的情状是一致的，但由于我们的身体并不是以一种本质的方式和外物相联系，所以我们与之相对的观念也是一种不充分的观念，从这个角度上来说，我们藉由身体的情状的观念获得的感官知识，不包含对于外界物体的正确知识，因而是以一种混淆的方式表现出的不充分的知识。想象则是一种把现实中不存在的或不在眼前的视为现实中存在的和在眼前的，而这种想象的来源不包含身体的来源，但依旧是不充分的，因为我们的心灵中可

---

① ［荷］斯宾诺莎：《伦理学》，贺麟译，商务印书馆 2015 年版，第 55 页。

能没有一个能够排除这一事物不在场的一个观念。由记号得来的观念同样具有想象的特征，例如我们在听到或者读到某一段文字时，在思维中我们回忆起与其相对应的事物并形成与它们类似的观念，借这些观念来想象事物，这也同样是不可靠的。在其中，斯宾诺莎着重批判了由感官而来的知识，他常常把这一知识称为是混淆的和片段的，说它是混淆的是因为，由感官而来的知识往往包含了三个方面的内容，一方面是自身身体的某种观念、一方面是外物的某些观念，最后还有外物刺激我们身体产生的某种情状的观念，而我们心灵往往无法正确地区分它们；说它是片段的是因为我们的感官知识往往缺乏对于外界物体的整体把握，它只是通过某一角度或某一性状出发获得的观念，缺乏对于物体整体的认知。简言之，这种知识只告诉我们偶然的性状，而不诉说必然的本质。

对于"理性的知识"，斯宾诺莎是这样定义的，"从对于事物的特质具有共同概念和正确观念而得来的观念"[1]，这是一种推论的知识，但并不是必然的正确，"一件事物的本质系自另一件事物推出，但这种推论并不必然正确"[2]。在斯宾诺莎看来，我们的观念要想是确真的，必须符合两个必要的条件，一个是该观念具有了与之相对的物的所有性质，另一个是该观念包含了与之相对的物的原因以及它的所有性质的原因，简而言之，所谓的共同概念指的就是包含了它所对应物的全部的、终极的原因，而我们的知识原则即是知其所是以及所以然。可见，斯宾诺莎同样认为，理智的对象是普遍的概念，像"广延"和"思维"这两种属性作为普遍的概念，解释了所有的物质事物以及观念的存在，而我们的心灵具有这样的充分的观念。所谓共同的概念虽然是普遍的，但是其区别了经院哲学中的"共相概念"，例如"人"、"马"等这一类共相概念，这一类概念的形成并不是人人的相同的，因为这种方法来自于经验的概括，而就经验而言，每个人都可以按照自己的身体被激动的方式去进行对外物的理解，例如，就两个人来说他们所生活的环境、所结交的人以及自身对交往的心态的不同，将会导致他们对"人"的概念的不同。而"共同概

---

[1]　[荷] 斯宾诺莎：《伦理学》，贺麟译，商务印书馆2015年版，第79页。

[2]　[荷] 斯宾诺莎：《知性改进论》，贺麟译，商务印书馆1986年版，第31页。

念"则是更普遍的例如"思维"、"广延"这样的概念，它们为一切事物所拥有。共同概念一定在我们心灵中被我们清晰地知觉着，我们理性推理的起点是一种由直观得来的概念，这一直观的形式依旧植根于心物平行的理论，在神之内的一切物体必然有相同之处，而这一相同之处不仅存在于广延系统中，也存在于思维系统中，而我们的心灵就分享了神的无限理智的一部分这一层面上来说，我们必然清楚明晰地知觉着共同概念，我们建立起的理性的知识体系也一定是具有确真性的，这完全是笛卡尔的方式，从类似于公理的自明真理出发进行的推理，前提的确真性保障了结论的确真性。

第三种知识是"由神的某一属性的形式本质的正确观念出发，进而达到对事物本质的正确知识"①，这是一种直观的知识，在这一认识过程中，人们可以超越绵延，在永恒的形式下把握身体及一切事物的本质，在这一永恒的形式下，事物不再以片段和零散的个体出现在我们的思维当中，而是以一个作为永恒上帝的无限样式的统一整体出现在我们思维当中，我们在这一直观下认识事物的本质，因为一切事物的本质都共同依赖于神的本质，所以有了这种知识，就必然有了对神的认识，并且知道它是在神之内，通过神而被认识的。这一知识是一种直接的理性知识即直观知识。值得注意的是，这一类知识并非必然可能的，他承认，"我们能用这种知识来认识的东西至今还很少"②。

第一种知识是错误的来源，第二种和第三种知识是真观念，前者人类按照自然的秩序来认识事物，后两者人类按照理智的秩序来认识事物。由感官而来的知识在一定程度上都可以称为想象，都是片段的和令人混淆的。在这个意义上，人的心灵不具有关于它的身体或其部分、外界物体、身体的样式的确真的观念，但斯宾诺莎不承认有绝对的错误的观念，因为一切观念都来自于神的本质的思维属性，而只就人的有限心灵来说，这一知识是以一种不清晰，不明确的方式呈现给我们的。第二种知识是真理性的知识，但并非在任何时候都可靠，它依靠间接推理的逻辑，但如果不是

---

① ［荷］斯宾诺莎：《伦理学》，贺麟译，商务印书馆 2015 年版，第 79 页。
② ［荷］斯宾诺莎：《知性改进论》，贺麟译，商务印书馆 1986 年版，第 26 页。

特别的谨慎，那么推理就会陷入错误。我们只是抽象地去理解事物，而非通过事物的本质去认识事物，在这样一个情况下，我们很容易将这种知识和想象相混淆，从而陷入错误。在知识的分类上，斯宾诺莎和他的前辈笛卡尔有许多相似之处，也因此对这两种知识体系作出一个区分是十分重要的。所一致的是，他们共同拒绝了感官知识的可靠性，将其排除于真理的体系之外，而天赋观念类似于共同概念，但也有区别，弗兰克·梯利曾说，很难区别斯宾诺莎知识体系中的理性知识和直观知识，原因就在于共同概念的基础是由直观而来的一些自明的观念，例如思维和属性。但是，观念虽然是自明和直观的，但是确实以一种与笛卡尔不同的方式出现在我们心灵中的，它本质上和神相联系，对于真观念而言，一切与神相联系的观念都是真观念。笛卡尔的形而上学所赖以建立的天赋观念被他承认为是"上帝放到其心中的"，它并没有斯宾诺莎的知识论中前后相连的逻辑一致性，而只是作为其理性推理的前提被上帝放入我们的心灵当中，是一种不可再追溯原因的前提。于此，笛卡尔的上帝的观念和斯宾诺莎的"神"的观念也相互区别，就知识而言，作为无限的上帝无法被我们有限的理智而完全知道，可就斯宾诺莎的"神"的知识而言，我们"人的心灵具有神的永恒无限的本质的正确知识"[①]，这仅仅就我们心灵中拥有广延和思维的清晰明确的观念而言。

（三）真理和错误

　　就观念本身而言，它们没有真假的区分，"错误是由于知识的缺陷"[②]，知识的缺陷指的是混淆的和片段的观念，它们也因此是不充分的观念，它们没有完全反映事物的性质，甚至以一种偏见的视角反映了事物的性质，它没有完全包含该物以及该物性质的所有原因。也正因此，这类混淆的观念不是我们真理的内容，真观念有两个标志，内在标志指的是与神的本质相联系，这一点保证了任何观念都不是错误的。外在标志指的是思维与客观的统一，这标示着仅仅就人的认识而言，其心灵中的观念没有完全反应

　　① ［荷］斯宾诺莎:《伦理学》，贺麟译，商务印书馆 2015 年版，第 75 页。
　　② ［荷］斯宾诺莎:《伦理学》，贺麟译，商务印书馆 2015 年版，第 73 页。

事物的性质，因此在这一层面上是错误的。笛卡尔阐述了错误发生的机理，在其中他尤其强调了理智和意志在功能运用上的不协调性，理智本身不会出错，他只提供给我们知识的题材和内容，而和错误直接相联系的是"意志的误用"。意志是肯定或否定的功能，在这种可能上说意志是自由的。而当我们自由地肯定一个并不以一种明晰的方式呈现给我们的观念并视其为真，错误就产生了。正如我们在前面所说，世界就其样式而言，是互相联系的因果链条，在链条上每一不充分的、较低级的事物或观念都由较充分的、较高级的事物或观念所决定，这是一个严格的决定论的体系，而"人"作为这因果链条中的一员，不存在自由意志这样的东西，也就在错误的发生上不存在"自由意志的误用"这样的说法，由中世纪而来的拥有悠久历史的关于自由意志的讨论到此终结。"意志"在奥古斯丁看来是心灵的三种基本能力——"记忆、理解和意志"① 之一，斯宾诺莎否认人的心灵具有能力，心灵是消极的，在因果链条上是被决定的，它没有主动的能力，心灵中除了观念之外不存在任何的东西，因此笛卡尔的理智和意志都并非心灵的能力的存在。与其相反，它们都是一种观念，在此意义上，"意志与理智是同一的"②。并没有绝对的意愿这个与意愿那个的能力，心灵中有的只是一个个特殊的作为观念的意愿，"观念中包含了意愿"，这似乎是令人费解的，我们通常认为"意愿中包含了观念"，也即是说我们意志的对象可以有一个观念。斯宾诺莎试图通过一个举例来解释这一学说，当一个孩童想象一匹有翅膀的马时，他的心灵中有一个"有翼的马"，当他的心灵当中并没有其他观念足以排除这一想象的观念时，这一观念对于孩童的效果就如"现实的马"对于孩童的效果一样，孩童没有理由对其排斥或怀疑，因此这一"有翼的马"的观念内部就包含了意志的因素。理智和意志作为观念是同一的，两者的关系不存在一种笛卡尔主义上的对应关系。

---

① ［古罗马］奥古斯丁：《论三位一体》，周伟驰译，上海人民出版社 2005 年版，第278页。

② ［荷］斯宾诺莎：《伦理学》，贺麟译，商务印书馆 2015 年版，第 73 页。

五、总结

斯宾诺莎作为哲学家在许多方面是伟大的，他运用了一套科学的方法建立起了一套完整的泛神论体系，这一体系或许是哲学史上最完善的泛神论体系。毋庸置疑，斯宾诺莎站在笛卡尔哲学的基础之上构建起自己的学说，他的主要目标是十分明确的——以一种逻辑上更加合理和内容上更加完备的方式解决思维与存在的统一问题，然而无论多么全面，其理论体系内部仍旧暴露出了一些问题。

（一）实体学说的内在矛盾

笛卡尔的二元存在论消失了，取而代之的是一元的泛神论和二元的属性论，但斯宾诺莎真正地解决了这个问题么？总的来说，斯宾诺莎并没有克服笛卡尔存在学说的内在矛盾。首先，既然思维只能思想而没有广延，物质只有广延而不能思想，那么，按照"相同的东西只能产生相同的东西"的信念，实体如果是神，作为精神性的东西，它就不能有广延性。实体如果是自然，作为物质性的东西，它就不能思想。所以，实体的"心物平行"还是一种"诗意的比喻"。与此相联系，笛卡尔的绝对实体和相对实体的矛盾也并没有被克服。其次，由于斯宾诺莎没有解决思维与存在的矛盾，所以他也没有解决身心关系的矛盾。根据"心物平行"的原则，他认为身心两种现象是同一种东西的不同方面，可以协调行动。不过他又认为，虽然如此，但身心互不相干，永远不能沟通，身体的运动和静止虽然可以使心灵产生爱和恨，但爱和恨的真正原因只能在心灵中找到；心灵虽然可使生命精气朝另一方向进行，"但既然这些（生命）精气也能为身体所转换，因而也就为身体所支配"[①]。再次，把实体和万物的关系以一种整体性的方式描绘成本质和本质的表现之间的关系将会导致这样一个困难，那即是作为无限的神如何逻辑合理地产生出有限的事物，即有限的分

[①]　[荷] 斯宾诺莎：《神、人及其幸福简论》，洪汉鼎、孙祖培译，商务印书馆1987年版，第159页。

殊如何从无限的属性中生出，按照逻辑的演绎，从无限的属性只能合理地衍生出无限的分殊，而有限的具体事物只是经验观察中的对象，这是一个经验事实。而为了公正地对待逻辑和事实，斯宾诺莎提出了"神的无限的属性的无限的分殊"和"神的有限的属性的有限的分殊"两种区分，而后者就如"方的圆"一样内部矛盾。最后，实体一元论需要解决的一个重要问题即是如何统一实体的一元性和实在的多元性之间的关系，在斯宾诺莎的形而上学中，实在的多样性是确证的，而它们又是神的表现形式，那么我们如何看待同样作为真实的存在的具体事物或观念之间的关系？又如何能够在一个"自然的统一体"中清晰地区别出"神"和"具体存在"？显然在这一点上，也许基督教的哲学更加具有说服力。心物平行论也是一种过于抽象的理论，观念的次序和物质的次序是相同的，这是可以接受的，但是既然两个因果链条完全平行没有互相作用，我们如何能够在观念的次序中发现广延的事物？又如何能够从我明白地知道我有一个身体的观念推出我现实中有一个身体？或许斯宾诺莎会说：它们以神的本质为最终的依据？但这又是一个过于抽象的解释，神的永恒本质以一种什么样的方式提供给思维和广延的一致性，这是需要加以解释的。显然思维的属性和广延的属性作为共同概念在我们心灵中是真观念，是我们进行知识推理的起点，这一切只是建立在一种独断之上，"就人能理解上帝的属性而言，我们知道思维和广延"，我们的心灵中为什么会有这么一种清晰的观念，如果它不能够被合理地解释，整个由此出发经过逻辑建立起来的知识体系大厦也是值得怀疑的。从唯理论形而上学家实体学说的发展看，斯宾诺莎实体学说的内在矛盾为后来哲学留下了契机，莱布尼茨的实体学说正是为了解决斯宾诺莎实体学说的内在矛盾，以及近代早期哲学中所有实体学说的矛盾而出现的。

斯宾诺莎的学说中虽然存在着种种矛盾，但是毋庸置疑的是，在近代笛卡尔抛出了唯理论的认识论问题以来，斯宾诺莎将这一问题的解决大大地向前推进了，这样一个体系表现为一个更为完整和前后一致的体系。不仅如此，斯宾诺莎还彻底地贯彻了古代形而上学的内在逻辑，即是我们在第一卷所反复讲到的"真善统一"的内在逻辑，而这一点是笛卡尔所忽视的。斯宾诺莎将其形而上学的著作命名为《伦理学》就表现出了斯宾诺莎想要作出这一努力的信念，实际上，作为形而上学的"神"在最为严格地方面来说是我们求真的对象，但是，在另一方面，这一"神"也在最具价值的方面来说是我们求善的对象，神的学说的建立不仅在于发现神，更在于劝诫我们趋向神。

（二）形而上学和伦理学

斯宾诺莎的形而上学思想主要记述在他的著作《伦理学》一书中，但这并不是一部道德哲学的著作。在斯宾诺莎这里，遵循了自古希腊开创的美德与知识的统一的传统，伦理学是和存在论以及认识论的学说以一种不可分割的方式联系在一起的。《伦理学》的核心内容是"神"，通过形而上学的重新建立，"神"或者"产生自然的自然"成为了唯一的实体，这一实体是最为真实的绝对存在，它不依赖于任何实在，自身决定自身。同时，"神"也是斯宾诺莎的伦理追求，感官的和暂时的快乐都是虚无的，像金钱、快乐这些追求只是作为手段的善，它们不是人生的目的，人生的目的在于获取永恒的善。唯有神才是永恒的，因此以某种方式和神融为一体就是斯宾诺莎的整个伦理目的。实体既是我们求真的对象，也是我们求善的对象。

"神"是"产生自然的自然"，而非超脱于世界的基督教的神，仅从这一点来看，斯宾诺莎的伦理方法和托马斯·阿奎那以及笛卡尔的伦理方法必将有显著的不同。排除了"神"的宗教性质，我们就不需要奢求以一种神秘的方式和神在来世融为一体了。人作为神的样式之一，和神共享同一个系统，因此人类完全有能力通过自身的努力获得至善，这是斯宾诺莎的伦理学显著的特征之一。神所创造的自然必定遵循着"神"的永恒法则，而为了获得至善，我们就要在自然中发现这些永恒的法则并按照永恒的法则去生活，这一法则即是永恒的真知，用斯宾诺莎的话来说即是"人的心灵与整个自然相一致的知识"[①]，即是真观念。

---

① ［荷］斯宾诺莎：《知性改进论》，贺麟译，商务印书馆 1986 年版，第 21 页。

因此，斯宾诺莎的伦理学和它的认识论有着极强的一致性。但是知识并不直接激发我们的行动，我们的行动是直接受我们的欲望或理性指导的。欲望的来源是片段的、混淆的知识，也即是我们在前所述的那种片面和错误地反映了自然的知识，在这种知识下，我们将作为工具的、短暂的和感官上的善看作至善，在欲望的支配下，人将自身想象为拥有自由意志一般可以为所欲为。理性的来源是真观念，真观念反映了"神"的永恒必然的法则，我们心中的真观念愈多，我们的理性能力就愈强，我们就愈加认识到自然中的一切都是在神的必然法则之下的，我们便会克制自身的欲望。理智的最高境界是对神的"爱"，"爱"产生于直观的知识，当我们直观到万物的一切都遵循神的必然的法则之时，我们便会对神产生出无限而永恒的"爱"，而我们的幸福即是对这种"爱"的体验。

(三) 自由和必然

自由和必然的关系命题在斯宾诺莎哲学中并非是一个单独的议题，而是其整个哲学思想的题中之意。所谓自由，指的是自身决定自身，而所谓必然，指的是自身被他物所决定。斯宾诺莎关于自由和必然的思想可以从两个方面得到理解：第一，存在论意义上的自由与必然的关系；第二，人的自由与必然。

实体是自由与必然的统一。实体是自身决定自身的绝对存在，在这个意义上讲是自由；而万物作为实体的分殊，全部通过因果序列而被他物决定，并以神为最终的原因，从这个角度上来讲，万物是必然的。而实体与万物的关系不是创造者与被创造者的关系，而是一种"产生自然的自然"与"被自然产生的自然"的关系，实体是世界的本质，而万物是实体的表现，从一种较为宽泛的角度来理解，实体即是万物，万物即是实体，因此，自由与必然在实体的范畴下没有绝对的区分。就人来说，人的自由同样在于自身决定自身。人依照两种秩序而生活，自然的秩序和理智的秩序。依照自然的秩序我们只能收获意见和想象，这种虚假的观念让我们以他物为目的，从而变成贪欲的奴隶。而人的自由在于自作主宰，这不是一种为所欲为，而是依赖理智的生活，我们所掌握的真观念愈多，我们就愈加发现永恒的法则。永恒的法则从形式上来说是"人的心灵与整个自然相一致的知识"。从内容上来说，即是了解到"万物处于神的必然性之下"。认识到这种必然性，我们便会以神为最高目的，依靠理智去克服欲望，按照理智的秩序去生活而不是按照自然的秩序去生活，摆脱了自然的束缚，以神为目的，我们便获得了自由。斯宾诺莎的自由观和其伦理观是一致的，也因此是和认识论一致的，三者"三位一体"统一于"神"之中，我们的心灵中有了真观念，就认识到了万物的必然性，我们服从于万物的必然性而以神为最终目的，我们就获得了自由，"自由是对必然的认识"也是从这一角度上来讲的，自由即是至真至善。

第四章　莱布尼茨的形而上学思想

　　哥特弗利德·威廉·莱布尼茨（Gottfried Wilhelm Leibniz，1646—1716）是近代早期唯理论的集大成者，他不仅仅是一位哲学家，他在数学和物理学方面的成就和他在形而上学上的成就同等重要，他甚至还是一名外交家，奔波于欧洲各国解决由"三十年战争"和新旧教的对立导致的政治和宗教上的冲突和矛盾。莱布尼茨的外交思想使他深刻认识到，唯有解决思想上的统一，才能结束现实中的纷争。莱布尼茨构建一个和平的欧洲的努力没有停歇，将哲学理解为一个统一体的尝试也从未间断。他期望基于唯心主义唯理论的基本立场建立一种新的哲学体系，来统一自然科学和神学、经验论和唯理论。莱布尼茨始终把整个宇宙理解为一个和谐统一的整体，在他看来，物质世界和精神世界并非两个不一致的矛盾世界，恰恰相反，它们在和谐宇宙的统一下表现出绝对的一致。在这一"和谐"的构想下，我们必须公正地看待经验的事实和形而上学的原理，他们不是两个相互分离的方面，经验世界固然可以依靠物理法则来加以解释，但这些法则必须有一个形而上学原理，否则它们将是凌乱和偶然的。精神世界确实是那个最为真实地存在着的世界，但是唯有来自经验的刺激，我们才能发现其中蕴含着的必然真理。在调和中，莱布尼茨开始了他的形而上学构建，在"前定和谐"中，莱布尼茨完成了这一构建。

一、从科学家到哲学家

　　想要透彻地理解莱布尼茨的形而上学思想是一项极其艰难的任务，原因在于，像他的前辈笛卡尔和斯宾诺莎一样，他也对数学以及自然科学做过详尽的研究，但他并没有仅仅停留在将其作为哲学的原则使用。莱布尼茨在这些科学的领域的贡献是十分卓越的，并且正是他对科学的反思为他提供了形而上学的方法，因此，要想全面了解莱布尼茨，就必须对他的科学上的理论做一个大致的、清晰的描述，这对于了解其形而上学思想不仅是有益的，而且是必要的。但本书并不是在做数学以及自然科学的工作，我们这里只是概括性地介绍他关于科学的思想和对科学的态度，并摘取出其中能为形而上学提供思路和方法的知识进行阐释。

　　莱布尼茨深刻反思了笛卡尔以及牛顿关于"力"的理论说明，由此提出他独特的"动力学"理论。笛卡尔的机械哲学中的一个重要理论即是"运动守恒定律"。笛卡尔的理论是，神在创世之后给了世界运动，虽然运动可以在不同物体之间进行着转换，但是运动的总量是保持不变的。莱布尼茨认为笛卡尔并没有在速度和运动之间作出区分，速度指的是对制定时间内和制定方向上的物体覆盖距离的测量，是完全受到规定的，而运动却不受这样一些规定，因此我们无法给出一个"运动"的定量，莱布尼茨拒绝了笛卡尔对物理学的这样一种模糊的解释。在莱布尼茨看来，实际上守恒的是关于"力"或"活力"的量，而非模糊的"运动"的量，而关于"力"到底在形而上学中意指什么，我们将在下一节进行讨论，总之，在莱布尼茨看来，在物理学中，运动守恒的定律必须让位于能量守恒的定律。"力"的原则的设想引发出了莱布尼茨对牛顿力学的反思，在莱布尼茨看来，牛顿力学中的"力"只是表达了一种关系，"力"既然与速度和质量有关，那么从某种程度上来说，"力"只是表达了质量和速度这两种真实存在的东西的一个符号，而不是一个真正的实在。但在莱布尼茨看来，一定存在着某种"绝对的力"，作为终极的法则指导着物理世界的变化，这一终极的力即是莱布尼茨的思想核心——"单子"，它是绝对真实的存在，而不是一种抽象的关系。总之，在莱布尼茨看来，物理学中我们所最为需要的是关于"力"的理论而非关于"运动"的理论，而对物理学的力的反思也最终为他的实体学说提供了资源和启示。

二、莱布尼茨的存在论

和笛卡尔以及斯宾诺莎一致的是，莱布尼茨对其整个哲学的展开也是基于对实体的讨论的。而从唯理论派的前后联系上来看，莱布尼茨也确实是在对这两位伟大的哲学家的实体学说反思的基础之上提出自己的观点的（历史也表明，莱布尼茨确实在荷兰拜访过斯宾诺莎）。笛卡尔根据精神和物质的区分提出了二元论体系，斯宾诺莎则藉由属性和分殊的联系提出了泛神论的一元体系，在某些方面，莱布尼茨的实体学说和他们有着强烈的一致性，而在某些方面，莱布尼茨则表达了对二元论体系和"神"的形而上学的否定和批判。

（一）实体和力的概念

笛卡尔和斯宾诺莎的实体学说都有其逻辑学来源，这要归功于亚里士多德。"实体"是自因，所谓自因指的即是自身的存在不需要依靠他者存在的那个东西，它最终依靠的是逻辑学中的主项和谓项之间的关系的解释，用逻辑学的语言来表达，实体就是那个"只能作主项而不能作谓项的东西"，谓项是用来诉说主项的，也即是说是作为主项的一个属性用来描述主项的，也正因此，它不是一个独立的存在。举例来说，我们说上帝是一个实体是因为我们只能说"上帝"是"全知、全能、全善的"，而不能说任何"其他东西"是"上帝"，相同的道理，"红色"之所以不是一个实体，是因为它必须依赖于其他事物的存在而不能独立地存在，我们只能说哪些东西是红色的，而不能说红色是什么。莱布尼茨同意这种观点，即实体必须是那个只能作主项而不能作谓项的独立存在，"当若干个谓词（属性）属于同一个主词（主体）而这个主词（主体）却不属于任何别的主词（主体）时，这个主词（主体）就被称作个体实体"①。但在这之后，莱布尼茨加上了一条附加的限定，按照罗素的总结，这个限定即是"变动的"，也即是说我们在诉说实体时，必须考虑到实体在时间的流变中始终保持不变。因为实体在时间的流变中必定被无数个偶然的属性所描述，比如"我是年轻的"、"我是年迈的"，但是这些变化着的属性必须描述的是同一个"我"，意味着一个主项在变化其性质的同时保持自身不变。从一个主项在时间的流动中必须保持自身的同一性也就必然意味着形容主项的所有谓词必然地包含在主项之中，"在实体中把属性或术语、和这些术语的共同主体这两样东西分开，这就无怪乎丝毫不能设想这主体中的任何特殊的东西"②。也就是从一个实体的概念出发，可以分析出它的所有的属性，从这个意义上讲，实体的概念是"完全的"概念，"一个个体实体或一个完全存在就具有一个非常全整的概念，以致它足以包含这个概念所属的主词的所有谓词，并且允许它演绎出这个概念所属的主词的所有谓词"③。因而也就只有作为全知的存在的"上帝"能够充足地了解到实体，而像具有有限理性的人只能获得不充分的实体概念。

简单来说，实体即是"变动着的主项"④。莱布尼茨认为，从对实体的界定之中，可以发现逻辑上悬设"力"的必要性。关于"力"的必要性问题，莱布尼茨从三个方面进行了解释——惯性定律、运动的相对性和形而上学的预设。而其中与我们工作相关的是第三个，而正因此我们的阐述也将集中在第三个，也即形而上学的意义上。在对实体的界定中，莱布尼茨赋予了实体内涵中的"变动的"本性，从变动着的角度上来说，如果实体内部没有一种持续性的倾向，那么也就不会有实体的诸多现象在不同时间里的变化（也即是实体的偶然的属性的变化），因为实体（主项）中已经

① ［德］莱布尼茨：《莱布尼茨早期形而上学文集》，段德智、陈修斋、桑靖宇译，商务印书馆2017年版，第12页。

② ［德］莱布尼茨：《人类理智新论》上册，陈修斋译，商务印书馆2016年版，第223页。

③ ［德］莱布尼茨：《莱布尼茨早期形而上学文集》，段德智、陈修斋、桑靖宇译，商务印书馆2017年版，第12—13页。

④ ［英］罗素：《对莱布尼茨哲学的批评性解释》，段德智、张传有、陈家琪译，商务印书馆2010年版，第51页。

内在地包含了它在自然秩序中的所有可能的偶然的属性（谓项），因此实体变化的原因便不在实体外部，而在实体内部，实体内一定有着某种要素或倾向，凭借着这种要素或倾向，实体从一个偶然状态过渡到下一个偶然状态。这个所谓的要素或倾向就是莱布尼茨的"力"，这并非一种物理的力（虽然它解释了物理现象），而是一种形而上学意义上的能动的力，它构成了实体中的那种内在的本性，实体的标志即在于它是能动的，"能动性是一般实体的本质"①。通过形而上学意义上的"力"的提出，莱布尼茨把笛卡尔和牛顿所重视的运动还原为了一种更为基本的东西，这东西作为实体的本质支配着物质现象（当然也支配着运动），莱布尼茨在某些重要的场合还将这一能动的"力"称之为"隐德莱希"，以显示其神圣性，"如果能力是被当作活动的源泉，它所说的就不只是前一章中用来说明能力的那样一种秉性或才具而另外还有点什么；因为它还包括倾向，如我不止一次地指出过那样。就是因为这样，在这意义下，我习惯于把它称之为隐德莱希，它或者是原始的，相应于当作某种抽象东西的灵魂，或者是派生的"②。莱布尼茨所谓的"隐德莱希"来源于亚里士多德，是古希腊语 *entelecheia* 的音译，它在通常的意义上指潜能的实现，也因此可被用来作为现实的同义语。

形而上学的"力"是在反思物理学上的"力"的结论之后提出的，但是这种形而上的力不仅仅是在逻辑上预示着实体的能动性的本能，它还要求能够现实地解释物理现象。也正是出于这种前后一致的考虑，莱布尼茨将"力"在性质上分为了两种，"原初的力"和"派生的力"。原初的力来源于实体的先天本性，它代表着一种内在的趋向，但也只是在逻辑上的原因，不能够作为解释物理现象的直接来源，而派生的力指的就是那种"动力"，是物理上实际地支配着活动的力，它依靠动力学的原理在事物之间来回传递和转换着，是通过科学的方法可以被测量到的力。但是无论如何，它都是以原初的力为最终依据的，原初的力相当于形式或者灵魂，

---

① ［德］莱布尼茨：《人类理智新论》上册，陈修斋译，商务印书馆2016年版，序言。
② ［德］莱布尼茨：《人类理智新论》上册，陈修斋译，商务印书馆2016年版，第221页。

而派生的力则是原初的力的具体表现形式，二者即是这样的一种关系。从这个意义上来讲，莱布尼茨认为，在通常的情况下，一个运动的物体撞击到另外一个静止的物体之后，后者才开始运动，但是从原初的意义上来讲，后者的运动的本始原因在于其内部的原初的力，严格上来说，它的运动是自发的，不存在直接的力的相互传递，这是对基本物理学的一个大胆的否定。

在理解这一部分的论述时，为了避免引起疑惑，有一些东西需要得到进一步的说明，首先在进行实体部分的界说时，我们使用了"我"的例子，这是在于莱布尼茨将"自我"或者"灵魂"看成了一个实体，进一步的解释将会在单子论的部分得到说明；其次，在力按性质划分为原初的力和派生的力的说明中，需要解释的是，这只是在一般地讨论"力"，而并非在实体的范畴下讨论里，严格来说，只有原初的力是直接地与实体的本性联系在一起的，而派生的力则是从物质现象的角度来说的，它的形而上学根源是原初的力，这里，我们想要表达的思路是，莱布尼茨通过把实体界定为活动的，从而发现了形而上学的力，这一形而上学的力不仅构成了实体的本性，还解释了物理活动。物理的现象虽然可以按照机械论的方式进行解释，但是它们都有一个形而上学的根源，这正是莱布尼茨所要表达的思想。按照不同的方式可以对"力"进行不同的种类的划分，按照功能，"力"还可以被划分为"主动的力"和"被动的力"，前者和单子相关，后者和复合物体相关，在下一节中，它们概念的意义将得到阐述。

（二）单子论

单子就是莱布尼茨所谓的实体，和笛卡尔和斯宾诺莎不同的是，莱布尼茨并没有从普遍性的角度去思索"实体"，而是以一种微观的视角来给实体以一个特殊的名称——单子，所谓单子也被莱布尼茨称为形而上学的点，它并非物理上的有广延的、可被无限分割的点，也非数学上的抽象的、观念中的点，它们虽然是真实的，但不是实在的。单子作为形而上学的点是一种纯粹不可分的、真实的，实在的点。而物体则是单子集合的结果。在莱布尼茨看来，我们物质世界中"呈现"给我们的具体事物都是以复合物体的样式出现的，说它们是复合的无非说的是单子的复合，也即是实体的复合，"单一实体必然存在，因为存在着复合的东西；复合的东西并非其他什么，它只是单一体之积累或者组合而已"①。

1. 走出连续体的迷宫

有一个问题需要在整个讨论之前予以说明，那就是外部世界的存在对于莱布尼茨来说是一个什么样的问题。对这个问题的思索是笛卡尔哲学的整个开端，在一定程度上，斯宾诺莎也通过思维和广延系统的平行表达了解决这一问题的明确意图。但莱布尼茨却没有在这个问题上停留过多，他所关心的是外部世界的本质是什么而不是外部世界存在与否的问题。所以，在某种程度上，外部世界的存在对莱布尼茨来说是一个自明的命题，就像上一段他提出的命题那样，"单一实体必然存在，因为存在着复合的东西"，他的这样一种观点也散见于他的著作之中，"尽管整个人生被说成只是一场大梦，而可见世界只是一个幻象，但是我还是认为这个梦和幻象相当真实。如果我们很好地运用理智的话，我们就绝不会蒙受它的欺骗"②。莱布尼茨并没有在这个近代哲学的基本问题上做过细致的思索，这也成为他的哲学体系的漏洞之一，也许是他对于物理学的深入理解使他认为外部世界以及物理现象的存在是一种毋庸置疑的命题，而他的具体的实体学说——单子论就是建立在这一外部世界是存在着的逻辑前提之上的。

承认外部世界的存在，莱布尼茨就必须解释连续体的问题。"连续"的意义是"那些其部分是无定限的，并且能够以无数种方式被设想的地方"③，说一个东西是连续体，其内在地就包含了两个要素：一个是其部分是无限得多，另一个是每一个部分都是无定限的（因为每一部分可以再被分割）。这本是一个数学上的概念，就如一条线段可以被分割为无限多的部分，而每一部分又可以无限可分下去，而将连续体的概念运用到物质哲学就出现了"连续体的困难"，因此他曾指出在哲学的发展历程中许多讨

---

① ［德］莱布尼茨：《神义论》，朱雁冰译，三联书店 2007 年版，第 481 页。

② Die Philosophischen Schriften von G.W.Leibniz, herausgegeben von C.J.Gerhardt, Berlin，1875–1890，p.320.

③ Die Philosophischen Schriften von G.W.Leibniz, herausgegeben von C.J.Gerhardt, Berlin，1875–1890，p.394.

论过"一"的哲学家都犯了错误，将连续体的概念运用到物质哲学当中会产生"无限可分割的物质事物"，这样在讨论物质到底是由什么构成的问题上就会产生一个困难，既然一个大的部分可以分割为无数个小的部分，而每一个小的部分又可以再分割为无数个更小的部分，这样我们就找不到最后的一个单元，也就不能说物质的基质是什么。笛卡尔比较重视连续体的思想，但是他无法解释事物到底是由什么所构成的。原子论者也无法解决这一个问题，"原子"意味着它是物质的，而物质的又都是有广延的，有广延的就是可分的，因此这是一种不充分的论证。莱布尼茨发明了"连续体的迷宫"这一说法，用来指称通过"分割"的方式去寻找物质的基质而产生出的困难。而哲学家所做的工作应该是"分解"的工作，正是由于混淆了分割的概念和分解的概念，才产生了连续体的迷宫，"连续体的迷宫来自在可能的东西的序列中寻找实际的部分，以及在实际物的集合中寻找无定限的部分的结果"①，莱布尼茨承认事物都是无限可分的（物理层面上的），但是并不意味着每一部分都是任意的，恰恰相反，它是完全被限定的，"实际存在的东西即使可能有无限多的部分，但是这些部分不是无定限的，或者任意的，而是完全限定的"②。这样莱布尼茨实际上承认了作为"连续"的要素的第一个方面而否认了第二个方面。而限定物质的那个最基础的"单元"即是"单子"。按照物理学的方法，我们永远无法在实际的事物中找到一个真正的基点，这样一项工作必须由形而上学来完成，这也即是在逻辑上的预设的方法，从根本上来说是一种独断论的方法。总之，单子是一种单纯的力，其不可分割也不可分解，它构成了事物的基本要素，而广延或是有广延的事物则是无限可分的。走出了连续体的迷宫，我们就发现了单子。

2. 物质和单子的本质

按照笛卡尔的解释，有两种独立平行存在的实体——物质和精神，对

---

① Die Philosophischen Schriften von G.W.Leibniz, herausgegeben von C.J.Gerhardt, Berlin, 1875–1890, p.282.

② Die Philosophischen Schriften von G.W.Leibniz, herausgegeben von C.J.Gerhardt, Berlin, 1875–1890, p.379.

于外部世界来说，广延是先于具体之物的存在的，也即是说广延构成了物质的本质。莱布尼茨否认了这样一种观点，他反对将广延看成是事物的本质的原因有三个：第一，将外部世界还原为广延是一种不充分的论证，他认为物质是有广延的，但是将广延作为物质的本质是不恰当的。从物理学的视角来看，物质都是具有复合性质的，也即是说是由某种事物的组合来构成的，一个事物可以分为两个部分，而每一个部分都可以无限地分下去。因此，广延不可能构成事物的本质，因为"组合的"就意味着"可分的"，这样一种不单纯的东西不可能成为物质的最终根据，也因此，"广延"就不可能是事物的一种根本属性。物质的根据必须是某种单纯的、终极的属性，在莱布尼茨的形而上学通信中明确表达出了这种思想。第二，"广延"仅仅是一种抽象，它表达了一种东西的重复和连续的增值，它并非像笛卡尔所认为的那样，先于实体而存在，而恰恰相反，是有了实体之后才有了"广延"，而广延就表达了对实体的重复和连续的增值的一种抽象，到这里，莱布尼茨就给"物质"下了一个定义，"复合的东西并非其他什么，它只是单一体之累积或者组合而已"①，"物质"即是实体集合的显像，广延表达了对这样一种集合的抽象，因此广延的概念是后于实体的概念的，它不可能构成事物的本质。第三，莱布尼茨反对将广延作为物质的本质属性的另外一个原因在于像诸如大小、性状和运动的概念并非像人们所设想的那样清楚明白，因为它是一种抽象，其中就包括了很多想象的成分，因此是不确定的，不能够作为物质的本质。

那么物质的本质到底是什么呢？莱布尼茨将物质的本质属性归为了"阻力"，是一种不可再被还原的属性，"力"是莱布尼茨形而上学的核心，其本人也是承认这一点的。因此一切出现在形而上学中的东西，无论是物质或是实体，都可以在"力"的学说中得到规定。"力"被莱布尼茨分为了两种，主动的力和被动的力。主动的力是一种活力，指的是实体藉以趋向完满性的那种活动，在这个意义上，它被称为"隐德莱希"。被动的力指的是"阻力"，在物理层面上，它使得物体抗拒运动。主动的力是单子

---

① ［德］莱布尼茨：《神义论》，朱雁冰译，三联书店2007年版，第481页。

的本质属性，而被动的力则是物质的本质属性，莱布尼茨将其称为"广延的原则"，简单来说是物质事物凭借这种力占据了空间和场所。主动的力和被动的力还可以在相对的情况下去设想，既然主动的力是一种单子趋向于自身完满性变化的那种活力，那么被动的力就是阻碍了这种进程的那种力，"正如一种真正实体的真正活动或者受动方面，我们可以把实体借以趋向完满性的变化看作它的活动，把它归之于实体自身，同样地，我们可以把实体借以发生相反的情况的变化看作受动，并归之于一个外部的原因"①。它们两者之间的联系还可以按照一种更为古老的亚里士多德的方式加以界说，莱布尼茨在《人类理智新论》中将单子的这种"隐德莱希"称为"形式"，而将"物质事物"称为"质料"，前者是积极的，后者是消极的。主动的力和被动的力的区分不仅是莱布尼茨构建其本身形而上学的需要，更是其解释物理学的基础，单子本性中的那种积极能动的力是从形而上学的意义上来说的，而物质中的那种阻力是从物理变化的角度上来提出的，但是也仅仅是从一般抽象的角度上来说的，它是"广延"的规定性。因此，从单子到物质、从隐德莱希到阻力，一个经由形而上学为物理学奠基的思路就显现了出来。从变革性上来说，莱布尼茨完全否认了笛卡尔的那种物质哲学，如果物质世界中排除了精神性的存在，那么整个物质世界就会被还原为机械，根本不存在什么寓于物质之中的"灵魂"，莱布尼茨在这一方面更像是亚里士多德主义者或柏拉图主义者。物质并非完全是消极的，其是由实体产生的，而实体自身是能动的，这样一种辩证法的展开也使其哲学内部呈现出逻辑一致的表现。

主动的力和被动的力的提出不仅是为了反对笛卡尔主义者的"广延即事物的本质"，在更重要的意义上，它论证了单子的本质，并否认了物质的严格意义上的实在。单子是积极的，而物质是消极的，它只是仅仅作为单子集合的现象存在于外部世界，莱布尼茨坚信，复数预设了单数，也即是说，有复合存在的地方，其要素就一定是单纯的。物质是单子的复

---

① ［德］莱布尼茨：《人类理智新论》上册，陈修斋译，商务印书馆 2016 年版，第 214 页。

合或堆积的产物，单子则作为物质的构成要素是一种单纯的不可分的实在。就如一支军队一样，其由军人复合而成，而个体的军人则构成了军队的要素。从严格的意义上来讲。物质虽然"存在"，但并非真正的"实在"，因为物质都是有广延的，而有广延的就又是可分的，可分的就意味着不确定性。用他那句富有辩证意味的话来说即是："并非真正'一个'存在物的东西就并不真是一个'存在物'"①。在莱布尼茨的逻辑当中，一个物质如果是复合的，那么其要素就一定是单纯的，也即是说，没有真正的不可分的存在，也就不会有可分的存在。这样一种可分的存在就其本身而言，没有真正的实在的统一性，而拥有实在的统一性的是其构成的要素"单子"，这样物质就不是作为笛卡尔主义中的实体存在了，而只是作为单子的一种"实体集合"，它只是一种"现象"，"这种集合物的观念的统一性是很真实的；但归根到底必须承认这种集合体的统一性只是一种联合或关系，它的基础是在那每一个分离独立的单个实体中所能找到的东西中的。因此这些集合成的东西，除了心理上的之外并无其他完成的统一性；所以它们的实质在某种方式下也只是心理的或只是现象，就像天上的虹似的"②。莱布尼茨将物质看作是现实存在的，又将物质称为单子集合的结果，而单子又是无广延的，通过"无广延"的单子的堆积如何能够成为一个"有广延"的呢？按照一种物理学的堆积方法就无法解释单子对复合物质的形成，两者的关系是逻辑上的。就存在而言，单子在逻辑上要优先于物质事物的存在，它起着本质的规定性作用。按照罗素的解释，单子不能够解释成物质的"部分"，我们要诉诸形而上学意义上的"基础"解释它们两者之间的关系，"严格地讲，物质并非由基本的单元所'组成'，而是由这些基本单元所产生的；因为物质或广延的团块，只是一种具有良好基础的现象，并且一切实在都是由单元所组成的。因此，凡现象总是能够被划分成较小的现象，但却永远没有什么最小的现象。实体性的单

---

① ［德］莱布尼茨：《莱布尼茨早期形而上学文集》，段德智、陈修斋、桑靖宇译，商务印书馆 2017 年版，第 203 页。

② ［德］莱布尼茨：《人类理智新论》上册，陈修斋译，商务印书馆 2016 年版，第 128 页。

元不是现象的部分，而是现象的基础"①。单子作为实体性单元是形而上学的基点，在它之前再无原因，这也是为什么莱布尼茨说单子来自于"神迹"，"一切有这种统一性的单纯实体，它们的开始和终结都只能是由于奇迹"②。实际上，在莱布尼茨这里，他所确信的物质的存在仍旧是一个"真实的梦"，也即是说是一种派生的存在，他不具备真正的实在性，整个世界在真正的意义上只是单子的世界，单子的完全的实在性保证了世界的一定意义上的实在性。

3. 单子的知觉和欲望

单子就是那一单一的不可分的实体，凡是有广延的东西都是可分的，广延性不是单子的属性，排除了广延的属性，那么单子自身中的唯一属性只可能是"精神性"，也正是在这个意义上，单子被称作形式、隐德莱希或者灵魂。单子中有两种基本的属性：知觉和欲望。前者是"表象"的能力，后者则作为一种"倾向"诉说着一个知觉向另外一个知觉的过渡。在《单子论》中，莱布尼茨给单子的知觉下了一个比较精确的概念，"这种自身在单一性或单一实体中包含和体现着众多性的暂时状态无非是人们称之为知觉的东西"③。这是一种表象的能力，将"众多"体现在"一"之中的能力。简单来说，知觉是这样一个东西，在一个实体中，通过一种主动的方式在其内部将外在的诸如可分的物质、广延的属性呈现出来。单子就如一面活生生的镜子，并且是被赋予了内在的能动性的镜子。这里知觉和感觉就明显地区别开了，知觉不是一种被动的能力，它不是由受外在的杂多的刺激而在内部产生出表象。表象的产生是自发的、主动的，单子凭借其本质反映着整个外在世界。莱布尼茨在单子论的基础之上明确反对了笛卡尔的灵魂学说，在笛卡尔看来，思维作为精神性的实体，其仅仅在于指称人的精神属性。就如我们前面所说，笛卡尔把外部世界看成是纯粹机械的，是和精神属性所完全分离的存在，外部世界的一切存在物就是无目

---

① [英]罗素：《对莱布尼茨哲学的批评性解释》，段德智、张传有、陈家琪译，商务印书馆 2010 年版，第 131 页。

② [德]莱布尼茨：《莱布尼茨早期形而上学文集》，段德智、陈修斋、桑靖宇译，商务印书馆 2017 年版，第 286 页。

③ [德]莱布尼茨：《神义论》，朱雁冰译，三联书店 2007 年版，第 483 页。

的、无意识的。莱布尼茨的实体学说为他反驳笛卡尔的这一论断提供了有利的支撑，既然外部世界的基础是单子，那么单子就应该是无处不在的，"每一个生命体都有一个主宰的隐泰莱希，它在动物中便是灵魂。但是，这一有生命的躯体的肢体却又充满着其他生命，充满着植物、动物，其中的每一个又都各有其隐泰莱希或者主宰的灵魂"①。而欲望或欲求指的是"那造成从此一知觉到彼一知觉的转换或者过渡的内在原则的活动，可被称为欲求"②，也即是前面我们所说的那种成为单子本质的规定性因素的"活动性"或"主动的力"。

　　莱布尼茨的关于单子的本性所要说的并不仅仅局限于此，单子的知觉能力是神奇的，因为每个单子不仅表象着自身的完全性，并且还表象着整个宇宙，"奇迹性的或者毋宁说是神奇的，是每一个实体从它的观点出发表象宇宙"③。这乍看起来是费解的和神秘主义的，但莱布尼茨为单子的这种超乎寻常的知觉能力作出了理性的论证，早在莱布尼茨提出实体的定义时，实体自身就成为了一个小的宇宙，实体作为一个主项其内容上是由其所有的变动的谓项所构成的，那么实体必然内在地知觉到它的所有谓项（无论是过去的、现在的抑或将来的），"每个灵魂其本身就是一个世界，除上帝外不依赖任何一个事物；它不仅是不朽的，可以说是完全不受外在事物的影响，而且它在其实体内蕴含有发生在其身上的一切事物的印记"④。实体或单子不仅仅知道自身的全部，还知道宇宙的全部，这里莱布尼茨诉诸了一个物理学或动力学的证明。他相信的是，世界上的所有物质事物都是以一种"充盈着"的方式排列在一起的，也即是说它们如肩并肩、脚挨脚这样一般排列着，也因此每一个事物的运动都会通过物理层面的"微粒"传递到和它相邻的一个事物上，以此类推，在一个充盈的宇宙之中，犹如蝴蝶效应一般，一个微小事物的变化便能被起整个序列所感

---

　　① ［德］莱布尼茨:《神义论》，朱雁冰译，三联书店 2007 年版，第 495—496 页。

　　② ［德］莱布尼茨:《神义论》，朱雁冰译，三联书店 2007 年版，第 483 页。

　　③ Die Philosophischen Schriften von G.W.Leibniz, herausgegeben von C.J.Gerhardt, Berlin, 1875–1890, p.464.

　　④ ［德］莱布尼茨:《莱布尼茨早期形而上学文集》，段德智、陈修斋、桑靖宇译，商务印书馆 2017 年版，第 125 页。

知，因此每一个物体不仅接受到了来自其他事物的刺激，作为其内在的机制，也感受到了其他事物的变化，即是有了关于他物的知觉。因此，每一个单子都可感知到世界上所发生的一切，以至于当我们了解到一个实体的特殊谓项之时，我们就进入了这一实体的序列之中，而每一实体中的偶然谓项都是由前一个偶然谓项所决定并决定了后一个偶然的谓项，因此，我们能够知觉到其他实体所发生的一切，无论是过去的，还是将来的。

这里会出现一个常识上的困难，既然我们包含了对宇宙的完全的"知觉"那么我们为什么不"知道"这些知觉，莱布尼茨出于一种理论完整性的考虑，也在其形而上学的著作中主动提出并回答了这个问题。莱布尼茨认为，在"知觉"和"察觉"这两个概念之间作出区分是十分必要的，大体上来讲，莱布尼茨认为我们能够"知觉"到宇宙中其他实体发生的一切，但是我们并没有"察觉"到，就如我们能听到大海的涛声，但是我们无法区分出每个海浪的声音，对于一些知觉之所以在我们看来是模糊的或是"无知的"，这只是因为我们无法清晰地将一个知觉从"无意识的知觉"之中分辨出来，能察觉到的知觉是那些能够被分辨出来的、较为清晰的知觉。这时，这个知觉就从被隐藏的众多的知觉之中挣脱出来，成为一个显著的特殊知觉。莱布尼茨特别强调那种"无意识的知觉"的重要性，在《人类理智新论》中，它也被用来反对洛克的经验主义的有力武器，在洛克看来，我们心灵中的没有什么是不被我们意识到的，洛克也将此作为反对天赋观念的有力武器。莱布尼茨将这种观点视为未加合理说明的意见。在他看来，我们总是在思想，并非像洛克认为的那样，只有来自于外部的刺激之后，我们才有了观念。在我们的思维中，永远存在着对全部宇宙的所有知觉，只不过我们没有"察觉"到它们罢了。"无意识的知觉"并不是一种消极的知觉，它毋宁说是知觉的基础，这是因为它预设了在实体之中，整个宇宙的观念都作为一种思想的样式存在于我们的知觉之中，在下文我们将会看到，单子知觉的这样一种完全性是如何构成了莱布尼茨那著名的"前定和谐说"的。除了"无意识的知觉"莱布尼茨还提出了"混乱的知觉"、"微知觉"、"心灵的禀赋"的概念，所谓"混乱的知觉"指的是当我们对一个知觉进行考察时，我们无法明确地"察觉"到这一知觉的各个部分，从而也就无法明确地将这一知觉和其他知觉所区别开了，这时，这一知觉就是模糊的或者混乱的，同时，在混乱的知觉中，那些无法清楚辨认的部分即是"微知觉"，正是由于它们太过于微小，而因此才不会被我们所精确察觉，"混乱的思想归根到底只不过是一大堆本身与那些清楚思想一样的思想，只是由于它们太小才致使每一个都不足引起我们的注意，也不可能使我们辨别它们"①。而心灵的禀赋指的即是那些先天的知识，也即是天赋真理。关于知识的区分以及认识的过程，我们将在莱布尼茨认识论的部分详加讨论。

（三）前定和谐说

莱布尼茨的前定和谐理论总的来说指的是这样一种理论：相互独立的实体（单子）之间在上帝的保证之下有着沟通交互，这一沟通交互的结果是，宇宙万物之间存在着一种和谐一致。莱布尼茨的单子或实体因为其是完全单一、不可分的，也就没有任何出入的"窗子"，因此，单子和单子之间完全不存在着相互的作用。但是，结合上面的论断，这里就会出现一个困难。既然单子之间完全没有相互作用（这是从单子的不可分性得出的结论），那么单子的知觉作用的合法性问题要建立在哪里呢？单子的"知觉"理论说明了这样一个事实，那即是每一个单子都在无时无刻地表象着宇宙，也在无时无刻地表象着其他单子，这似乎说明单子之间是有着某种"影响"的，但是，莱布尼茨基于他对单子的独立性论断提出这种相互影响是不存在的。因此，一定有某种至高的神圣力量使每一个单子都能在独立地状态下表象着其他的单子而又和其他的单子之间没有任何相互的影响，这一至上的力量即是"上帝"，而按照莱布尼茨在《新系统及其说明》中的说法，在上帝前定的作用下，单子之间有着"交通"，也即是有着"和谐"。

1."前定和谐"的四个内涵

"前定和谐说"即在单子的"独立但有交通"的观点上得到了表达。

---

① Die Philosophischen Schriften von G.W.Leibniz, herausgegeben von C.J.Gerhardt, Berlin，1875–1890，p.574.

莱布尼茨在他的形而上学著作中多次提到了实体之间的这种和谐一致的表现。在他的早期形而上学的著作中，我们可以发现莱布尼茨是至少从四个意义上来解释这种和谐一致的。

首先，在第一个意义上，从实体的概念出发，每个实体都包含了其所有的谓项，凭借着活动（欲望）的本性，一个谓项（偶然状态）倾向于过渡到下一个谓项（偶然状态），这样在实体的主动的活动性的保证下，各个谓项之间形成了一种和谐有序的"因果关系"，并且能在变动不定的状态中保持自身的不变（主项不变），这样就首先发现了"前定和谐"，如果不是上帝在创造单子的时候预先地预想到了单子本身的各种变化，那么单子本身便不可能在变动之中保持着自身的同一，从这个意义上来讲，前定和谐的提出是单子本质的合法性的一个保障。其次，在第二个意义上，单子不仅按照自身的法则形成了一个独立的宇宙，单子还通过知觉的作用反映了整个宇宙的图景，每一个单子都完整地表达了宇宙，也就同时地表达了不管在过去还是将来，在遥远的地方或是不曾肉眼见到的地方的特定时刻、特定地点的存在，也正因此，"既然所有受造的实体都是同一个至上存在依照同一个设计持续不断地创造出来的，而且它们也都表象着同一个宇宙或同样的现象，则它们之间便完全相互一致"①。再次，在第三个意义上，实体完满地表象了整个宇宙也就意味着实体表象了其他的实体，这也即是实体之间的"交通"，但是，这并非来自于一种物理层面上的影响（虽然我们从物理层面上解释，实体间可以通过微粒的传递而被感知），而是一种自发地"知觉"，这样也就解决了实体之间不可相互影响但又确实存在着某种联系的矛盾。在这一个论证中，莱布尼茨将要面临着许多的困难，这个论证的前提实际上是莱布尼茨关于物理学的一个理解：虽然物体的运动实际上看来是被他物的运动所推动的，但是其运动的根本原因在于其内部的原初的力，或者"活动性"，在《单子论》中，这种物理学的观点就得到了这样一个表达，"既然在充盈的东西中每一次运动对远处的物体都根据距离的不同而产生某些影响，以至每一个物体不仅受到

---

① ［德］莱布尼茨：《莱布尼茨早期形而上学文集》，段德智、陈修斋、桑靖宇译，商务印书馆 2017 年版，第 140 页。

众多与它接触的物体的刺激，并在某种程度上自身感觉到这些物体之内所发生的一切"①。力在逻辑上是优先于运动的，而不是运动产生力的，在一个事物中我们既可以看到那些"派生的力"——那些可以被描述为物理运动的原理的力，也可以从中发现"原初的力"，这是来自于形而上学的预设，严格上来说，"派生的力"不是事物运动或活动的根本原因，其根本原因仅仅在于其自身"原初的"、形而上学的力，一个球体被另外一个球体撞击后我们看到的运动，实际上是来自于被撞击的球体的内部，因此，一切运动都是自发的。在这个充盈的宇宙之中，虽然运动能够通过质料的"微粒"相互传递，但是单子感受到其他的单子仅仅是从其内部的知觉来说的，是一种完全自发的"感知"，因此，单子可以在不相互影响的意义上感受到遥远时空中其他单子发生的一切，这是前定和谐的第三个方面的内容。"前定和谐说"的第四个方面的内容来自于莱布尼茨将这一学说运用到解决近代哲学那一个著名的、困扰了许多哲学家的问题——思维与存在，具体来说，也即是身、心统一的问题上。

2. 思维和存在的统一

思维和存在的关系问题自笛卡尔开创了他的二元论以来就得到了广泛的讨论，笛卡尔一方面否定作为两个互相平行的实体——思维与物质有任何可能的相互影响，但在另一方面又拿出他所谓的"松果腺"的理论来说明，通过改变"精气"的方向，心灵仍然可以作用于物质。斯宾诺莎走得更彻底一点，他明确地表示，思维的系统和广延的系统是两个相互平行的序列，它们之间不存在着相互的交流，然而在"神"的保证之下，这两个序列在内容上呈现出了一致的和谐，也因此斯宾诺莎认为，凡是在思维中存在的，无不在物之中也存在。莱布尼茨关于解决思维和存在的统一的问题上，是基于对笛卡尔主义者以及斯宾诺莎的反思之上的。关于笛卡尔主义者，以阿诺德·海林克斯（Arnold Geulincx，1624—1669）为代表的"偶因论"对莱布尼茨的预定和谐说铺平了道路。海林克斯明确地否认了笛卡尔的那一"精气"理论，在他看来，精神（思维）和身体（存在）是

———————

① ［德］莱布尼茨：《神义论》，朱雁冰译，三联书店2007年版，第493页。

相互平行绝不互相影响的两种存在，但是它们能够协调一致地运动，其原因就在于上帝的作用，上帝藉我们的意志而推动我们身体的运动。偶因论者的推理逻辑是这样的，我的手在我想要运动的时候它就运动了，然而既然我们的想法和我们的身体之间没有任何必然的联系，那么使我们的手运动的真正原因必然是上帝了，海林克斯将这种理论以一种"钟表"的比喻表达了出来，思维和身体的运动之间没有任何必然的因果联系，就如同在两座钟表的情形中那样，它们都被精心的调整，当其中一座鸣响并告诉我们时间时，另一座也以同样的方式鸣响并指示相同的时间，这两者之间并不存在任何因果联系，而只是通过这一事实解释了两者之间的联系：它们都是由同一工匠按照同一工艺制造而成的。这一比喻中的"工匠"即是"上帝"，他以一种频繁持续的方式维持着思维和存在系统的平行，莱布尼茨也将这一偶因论中的上帝称为"急救神"，这一过程是一种神秘的过程，"那种'偶因系统'使上帝借另一实体的机缘而在一个实体之中产生运动，是根本不必要的；我认为只要有自发性那种假设就足以说明了，用不着总是叫一种神圣的力量，一个 Deus ex machina（急救神），以一种不可解释的奇迹般的方式介入其中"①，如果说上帝是一个钟表匠，那么他就是一个很坏的钟表匠。在某种程度上，这一偶因理论很像斯宾诺莎的那种序列的平行论，但是斯宾诺莎的学说似乎比海林克斯要更加自然，两个系统平行一致的原因不在于"神"的直接干涉，而是来自于"神"的必然本性，神的内在的逻辑一致性保障了这两个系统的平行一致性。莱布尼茨更倾向于斯宾诺莎的这种说法，斯宾诺莎主张心灵是身体的观念，凡在身体上发生的也必然被心灵所察觉，这同样是出自于"神"（上帝）的必然本性，只不过是以一种前定的方式安排了这些平行的结果。

　　莱布尼茨关于思维与存在矛盾的解决依赖于他的关于单子序列的理论，单子是分等级的。既然单子是非物质的，那么单子也就不可能有"量"上的区别，单子是精神性的，那么单子的区别也就必须从"质"上来说明，具体来说，也就是从单子的知觉的清晰程度加以区别。这样，在

---

① ［德］莱布尼茨：《莱布尼茨早期形而上学文集》，段德智、陈修斋、桑靖宇译，商务印书馆 2017 年版，第 310 页。

这一宇宙中就有了从知觉程度最低到知觉程度最高的单子排列的这样一个序列，这一序列是有两个端点的，最低级的单子和最高级的单子，但是这一序列中单子的数量是无穷的，这是因为"自然绝不作飞跃"，"我们永远要经过程度上以及部分上的中间阶段，才能从小到大或者从大到小"①。按照这一单子的序列，有一些"赤裸裸的单子"，它们只有着最低等级的知觉和欲望，像那些无意识的无机物以及植物，其所构成的单子就只有最不清楚的一些"微知觉"，可称为"隐德莱希"或"形式"；较高级的单子被称为"灵魂"，它们有着更为清晰的知觉；而人的灵魂作为更高级的单子可被称为"理性灵魂"或者"统觉"，在人之上，尚有无数更高级的生物如"天使"之类；在这个系列的最高点，便是作为一切单子的目的的最高单子——上帝。正是这样一种单子的层级序列为身心的统一提供了理论基础。我们必须要特别注意的是，身体和心灵之间的关系已经不是像笛卡尔哲学或者斯宾诺莎哲学中那样处在两个相互对立的系统中了，它们是"相互解释"的，单子是物质的基质，而物质是单子的集合，也因此，身心关系的问题就纯粹是单子之间的问题，是在身体里那个起支配作用的单子（理性灵魂）同其他的较低级的单子之间的一种关系。在身体中，灵魂是一种具有着最高的知觉能力的单子，和其他的单子相比较下，它是主动的，仅仅意味着它能够更为清晰和完满地知觉到其他单子所不能"察觉"或者模糊地察觉到的那些东西，在这个主动的意义下，理性灵魂作为一种"中心单子"，在身体中它能够以一种最为完善的方式知觉到其他的单子。通过这样一种主动性，理性灵魂赋予了身体以统一性，"与身体的感受相符合，支配的单子作为一个中心表象了它自身以外的东西"②，因此，灵魂和身体的关系在莱布尼茨的体系中就被还原为了单一单子同众多单子之间的关系。但是，中心单子是以一种怎样的方式赋予了身体的统一性呢？既然单子是单纯的、没有"窗户"的，因此，单子之间便绝不可能有相互

① ［德］莱布尼茨：《人类理智新论》上册，陈修斋译，商务印书馆 2016 年版，第 12 页。

② Die Philosophischen Schriften von G.W.Leibniz, herausgegeben von C.J.Gerhardt, Berlin, 1875–1890, p.598.

的影响，二者的这种统一性只能为"前定和谐"所预设，心灵和身体虽然在表现上是一致的，但是它们仍然是两个不同的、由同一设计者制造的"钟"，在同一时刻它们共同报时，上帝以一种预先的方式从一开始"设置"了二者的同步行动，而不是以一种持续的干涉来充当一种"很坏的钟表匠"的角色。通过这样一种"上帝无须插手的方式"，"这种在宇宙的每一实体中预先规定好了的相互关系产生了我们所谓的实体之间的交通，也就是这种关系独一无二地造成灵魂与形体之间的联系。由以上所说的我们就可以理解，灵魂是如何以一种直接的在场而在形体中有它的位置的，这种关系无法更密切了，因为灵魂在形体之中就像统一性在由各个单元所合成的复多之中一样"①。在前定和谐的设置下，整个宇宙就好像一个庞大的乐队，每一乐器都要照上帝事先谱好的乐谱演奏各自的旋律，而整个乐队所奏出的便是一首完整和谐的交响乐曲。在这幅"前定和谐"的宇宙图景中，无论是一般意义的思维和存在，还是专指身体和心灵的关系的思维和存在，都是和谐统一的。

这种前定和谐同样是一种平行论，"物质是单子集合的显像"已经使莱布尼茨与主张"心灵是身体的观念"的斯宾诺莎更为亲密了，而海林克斯的"钟表"说则为前定和谐的学说铺平了道路，莱布尼茨或许在解决思维与存在的统一当中并没有太多的创见，他只是使斯宾诺莎的理论和偶因论服务于他的单子学说。莱布尼茨的这样一个学说也统一了他的形而上学和物理学，就如他在单子论中所说，"灵魂按照目的理由法则通过欲求、目的、手段进行活动。躯体的活动则按照作用因法则或者运动法则。这两个领域，即作用因领域和目的理由领域，相互和谐一致"②。这样的一个机械论和目的论的调和也必将导致从更为宏大的角度上来定义的"和谐"，那即是物理的自然领域与道德的恩宠领域之间的一种和谐一致，上帝不仅是自然世界的最终原因，同时是伦理学中的"至善"，上帝是道德领域中的最高目的。

---

① 〔德〕莱布尼茨：《莱布尼茨早期形而上学文集》，段德智、陈修斋、桑靖宇译，商务印书馆 2017 年版，第 299—300 页。

② 〔德〕莱布尼茨：《神义论》，朱雁冰译，三联书店 2007 年版，第 497 页。

（四）上帝存在的证明

如果说，前定和谐说为莱布尼茨的单子论提供了保障，那么为这一前定和谐说提供保障的则是"上帝的存在"。也正因此，我们可以看出莱布尼茨和笛卡尔以及斯宾诺莎一致的地方，它们都将其形而上学建立在神学之上，上帝的必然存在以及其必然本性保证了这样一种学说的可靠性。解决了上帝存在与否的疑惑，也就消灭了任何质疑其理论合法性的可能性。莱布尼茨比笛卡尔和斯宾诺莎更重视上帝存在的证明，他曾通过了四种不同的方式或角度来对上帝的存在作出了一个说明，它们分别是本体论的角度、宇宙论的角度、必然真理的角度和前定和谐的角度。

1. **本体论证明**

莱布尼茨反对笛卡尔和安瑟伦的那种本体论论证，像我们在这两位哲学家那里看到的那样，本体论证明依赖一条这样的推理流程：上帝作为一个观念包含了所有完满性，而"存在"就是一种完满性，也正因此上帝是"存在的"。莱布尼茨认为，这样的一种论证逻辑中包含了一个前提，那即是它预设了"上帝是具有全部完满性的观念"这一个前提，而这一个前提是依赖于说明的，"这是一个不完善的推证，它假定了某种要使它具有数学式的显明性就还须加以证明的东西，这就是暗地里假定了这个关于具有全部伟大性或全部圆满性的东西的观念，是可能的和不蕴含矛盾的"[1]。同样的道理，在笛卡尔的那个"上帝将'上帝的观念'放入我们的有限心灵"证明中，预设了同样的一个前提。莱布尼茨并不反对本体论证明，他只是主张，这条论证中的那样一个前提还依赖于一个理性的说明，因此，我们的首要工作是证明"上帝的观念"是可能的。论证上帝的观念是可能的也即是论证上帝作为一个包含了一切完满性的观念是可能的，而这一推理的要点在莱布尼茨看来即是，上帝的各个完满属性之间是不矛盾的。"每一个"完满的属性都是完美的、单纯和不可分析的，我们首先来设想在上帝的观念之中，"两个"完满的属性是不可共存的，我们是否能证明它呢？

---

① ［德］莱布尼茨：《人类理智新论》下册，陈修斋译，商务印书馆2016年版，第528页。

实际上因为这两个属性作为完满的属性是简单的、不可分析的，因此，我们无法分析它们，进而也就无法证明它们是"不可共存"的，因此我们无法证明这样一个事实，所以上帝作为拥有了全部完满的属性的观念是"可能的"，那么"存在"也就是上帝的一个属性了。和笛卡尔的论证一样，莱布尼茨这个本体论论证并没有解决实际的问题。他的目标是想要给"上帝的完满性"作一个理性的论证，可莱布尼茨最终到达的却是"上帝作为完满的观念"是"可能的"，莱布尼茨相信的是我们无法证明两个完满的观念之间是矛盾的，也即是说，它们不矛盾是可能的，这不是一种真假判断，也因此它们之间的矛盾也是可能的，因为我们无法证明它们。莱布尼茨或许是想通过"矛盾律"来为这样一个论证提供逻辑，凭着这个原则，我们判定有矛盾者为假，与假的相对立或相矛盾者为真。但是现在莱布尼茨所面临的问题是，我们无法判定两者之间的矛盾为假，也就得不出，两者不矛盾为真的结论。这样的一种论证存在的一个更大的问题是，他们混淆了观念的存在和现实的存在，"存在"如果作为一个完满性存在于完满的上帝之中，那么这样的一种"存在"只能是观念的存在，而不能推出现实的存在。实际上，在莱布尼茨看来，对一个事物"存在"的判断完全是一"偶然性"的命题，或者只是假定为必然的，而不是绝对必然的，但是关于上帝的存在的命题是一个例外，它并非一个偶然的命题，而是绝对的必然真理，其绝对的必然性就在于上帝的现实存在能绝对地从上帝的概念中推演出来（关于偶然命题和必然命题的详细说明将会在认识论部分中展开）。

2. 宇宙论证明

莱布尼茨并没有满足于仅仅从上帝的概念出发进行的推理，上帝的存在必须要在和现实世界的相联系之中得到说明，这是来自于著名的圣托马斯的宇宙论证明，这样一种证明从后天出发，前进到先天的某种存在；从偶然性出发，前进到必然性。

莱布尼茨的论证是这样的，关于世界的"存在"的命题都是偶然的，也即是说世界在这一秒存在着，也在那一秒存在着，并且每一秒的存在的都可以在它先前存在的某种存在中找到理由。但是我们无法解释的是，世界为什么是"永恒地"存在着的，也即是说作为一个"系列的整体"是存在着的，它要求充足的理由去解释这个"世界"的存在，它所依赖的理由必定在这个"系列"之外，这是因为，在这个系列之中的每一项都是偶然的，并且其自身还需要一个理由（被前一个项）所决定，"因为存在物的充足理由既不可能在任何特殊事物中发现，也不可能在事物的整个堆积和序列中发现"①。又因为存在的理由必定来源于存在，因此世界的存在的理由必定在于"上帝"的必然存在，"他位于世界之上，也可以说是超越世界，他实际上是万物的终极理由"②。

就像我们在圣托马斯那里看到的一样，宇宙论证明有一种"先天的缺陷"，那即是它在偶然的序列中发现了一个最终的原因，并将这种最终的原因和那个他们想要证明的对象之间画了等号，也即是说，跟本体论证明一样，它预设了某种在论证的过程中不曾出现的某种存在作为逻辑前提。就如在圣托马斯的五路证明中出现的那样，它预设了上帝的存在，而在我们通过经验界的存在之间的推论推出了某种"第一存在"后，就直接将其和上帝之间画了等号。相同的错误也出现在了莱布尼茨的宇宙论证明中，"世界存在的偶然状态的集合"依赖于一个必然的充足理由，但是这一理由并不必然地指向"上帝"。莱布尼茨只是指出了一个偶然的存在的序列有一个必然的充足理由，而无法指出这一必然的充足理由就是上帝。我们也需要注意到莱布尼茨的论证和圣托马斯论证的两个区别，圣托马斯从这个世界中的具体事物出发进行的论证，并且在这一连串的推理中找到那个经验世界中具体事物的"第一事物"；莱布尼茨则变相地利用了这种"具体事物"的存在，它把世界的每一个存在状态当成是一个个具体的"逻辑要素"，而且我们并不是要去找这个具体序列中的"第一要素"，因为我们即使找到了第一要素，也没有办法说明世界为什么是（永恒地）存在的，上帝从整体上赋予了世界存在的充足理由。同时我们也要看出这种表

① Die Philosophischen Schriften von G.W.Leibniz, herausgegeben von C.J.Gerhardt, Berlin, 1875–1890, p.302.

② Die Philosophischen Schriften von G.W.Leibniz, herausgegeben von C.J.Gerhardt, Berlin, 1875–1890, p.302.

达展现出了莱布尼茨想要摆脱斯宾诺莎那种泛神论的一种尝试，世界的原因不能在世界之内寻找，神并不在世界之中，而在世界之外，这正是莱布尼茨想要说的。

3. 从必然真理出发的证明

简单来说，"必然真理"是排除了"存在"命题以外的所有命题，也即是说，它作为一种"观念"上的必然并不断言"存在"，也正是因此，所有命题（只要不断言"存在"）都是"可能的"。所谓"可能的命题"一方面是指它不"断言"存在，在更为重要的意义上来说，它先于"现实存在"而存在，也即是说凡是在现实中存在的无不在观念中有其对应的知识，这时，这样一种"必然真理"就是一个"现实存在"的充足理由。因此，我们肯定了"必然真理"的存在，我们也就发现了"上帝"的存在。有无数多的现实存在也就有无数多的必然真理，它们共同地构成了一个"永恒真理"的领域，"可见，事物的终极理由必然蕴含在一个必然的实体之中，在这一实体中，变化之纷繁多样只是'eminenter'（'超绝'），宛如包含在源头之中。我称这种实体为上帝。这一实体是全部纷繁多样之充足理由……"[1]。莱布尼茨的这样一种表述已经使其理论很明显地接近于圣托马斯讨论存在与本质的观点了，存在的根据在于本质的形式，这一本质的形式也作为一种真理存在于"第一原型"上帝之中，上帝不仅是存在的来源，也是本质的来源，"可以说，在上帝身上不仅蕴含着生存之源，而且也蕴含着实质之源，只要这些实质是实在的，即某种存在于可能性之中的实在的东西"[2]。莱布尼茨的从必然真理出发的证明实质上是他的宇宙论证明的一个延伸，这里必然真理被当作了充足理由来使用，不仅每一个存在的不同状态都能在上帝那里找到充足理由，作为整个序列的整体（例如世界的永恒）也能在上帝那里找到充足理由，上帝是"全知"。

4. "前定和谐"说的证明

前定和谐学说假设了上帝的存在，就如我们在前面论述到的，单子的学说中似乎存在着一个矛盾，就单子是一个实体来说，其是不可分的，没

---

① ［德］莱布尼茨：《神义论》，朱雁冰译，三联书店 2007 年版，第 488 页。

② ［德］莱布尼茨：《神义论》，朱雁冰译，三联书店 2007 年版，第 489 页。

有任何的"窗户"，那么也就不存在着任何的相互作用的可能性。但是从单子的知觉理论来看，每一个单子都反映了整个宇宙和整个时空，它们也就必然地反映了其他的单子，因此，单子似乎表现出了某种普遍的相互作用。正是有一种绝对的力量以一种预先的方式使无数个单子之间虽然没有相互的影响却又主动地表现出一致的"图像"，上帝就这么被悬设出来，"只有上帝（从上帝那里，所有个体连续不断地闪射出来，上帝不仅能够像它们那样看世界，而且也能以它们中的所有个体都完全不同的方式看世界）才是它们的现象的相互一致的原因也才是那对于一个（个体）来说是私有的对于全体来说是公共的东西；否则就不会有任何联系"[①]。这是一种被称为"设计论"的证明，用通俗的话来表达这一种证明所依赖的逻辑就是，这个世界之所以如此的美好和完善，其原因只可能在于它来自于一个至上完美的存在者的设计。这种证明是薄弱的，但是却是以一种独特的方式吸引着人们的关注，正如罗素所说，"由于比任何一个别的证明更加不充分，它就获得了别的证明从来不曾享受到的盛名"[②]。

三、莱布尼茨的认识论

（一）天赋原则和天赋观念

莱布尼茨的存在论已经预设了他的认识论，特别是在从对单子的知觉的论述中，我们可以分析出他的整个认识论的内容，这些内容以一种较为完满的方式呈现于他的《人类理智新论》中，这是莱布尼茨在和英国著名的经验主义者洛克论战的一个伟大产物，这本书以一种对话的形式将两人的观念和分歧展现出来，在这部著作中，他以"斐拉莱特"代表洛克，意为"热爱真理的人"，而以"德奥斐勒"自命，意为"热爱上帝的人"。"热爱真理的人"和"热爱上帝的人"之间的论战也就意味着经验论和唯理论

---

① Die Philosophischen Schriften von G.W.Leibniz, herausgegeben von C.J.Gerhardt, Berlin, 1875–1890, p.440.

② [英] 罗素：《对莱布尼茨哲学的批评性解释》，段德智、张传有、陈家琪译，商务印书馆 2010 年版，第 228 页。

的论战。洛克从亚里士多德那里继承了经验的认识方法，将人的心灵比作了一个白板，心灵在某种意义上只有一些"赤裸裸"的被动功能，凡是在心灵上被刻画的一定会被我们意识到。在这个意义上来说，没有任何的认识论上的"天赋观念"，如果有的话我们一定会知觉到。另一方面，我们的心灵只有再被外物刺激时才会产生观念，也即是说，凡是在灵魂中的，无不是来自于感觉的，也因此，我们的心灵并不是时刻在思想，"我们的心灵是'白板'；我们并不是永远在思维"①。在这个意义上，洛克否认有任何"无意识的知觉"的存在，但是莱布尼茨关于单子的"无意识的知觉"预示了这样的一种理论，那即是单子具备了一种完全的知觉能力，它无时无刻不在知觉着宇宙中发生的一切，只不过有一些知觉过于微小，以至于我们没有"察觉"到，知觉既有形式上的意义——就如"我思"作为纯粹的思维功能，也具有内容上的意义，单子知觉在内容上就表现为"观念"，凡是那些存在于我们灵魂中的，不管是否为当事人所知觉，都能够称之为"观念"，它们是天赋的。天赋观念的普遍存在的第二个理由在于单子的性质，既然实体是不可分的独立存在，那么它也就没有任何的窗户，所以，外面有什么东西想要进入到实体（理性灵魂）中便是不可能的，这样就在一定程度上阻断了我们认识中的经验来源，将知识的原则建立在心灵之中。

依照"知觉"和"察觉"的区分，这些"无意识的知觉"就它们以一种在先的方式预设了某种外在的现实而言，它们可以被称为"天赋的原则"。而就它们以一种清晰的方式被我们察觉到而言，它们就过渡到了"天赋的观念"。这些天赋真理是对笛卡尔和斯宾诺莎那些"先天观念"或"直观知识"的扩展，莱布尼茨在这条道路上似乎走得更加彻底，他主张一切观念都有一个"天赋的原则"，甚至是"感觉的观念"也有其先天的理由，这是对经验论原则的彻底否定，"我甚至认为我们灵魂的一切思想和行动都是来自它自己内部，而不能是由感觉给予了它的"②。这一点使莱布尼茨在认识论上十分接近于柏拉图，但是莱布尼茨自己也在《形而上

① ［德］莱布尼茨：《人类理智新论》上册，陈修斋译，商务印书馆2016年版，第31页。
② ［德］莱布尼茨：《人类理智新论》上册，陈修斋译，商务印书馆2016年版，第37页。

学谈》中声称，柏拉图的理论中似乎蕴含着某种错误，在柏拉图的主张中，灵魂由于有在先的不朽性，它也在和肉体的结合之前有了一种完备的知识，而在结合之后由于肉体的遮蔽作用，这种先天明了的知识被我们遗忘了，而认识论的任务即是在于重新发现这些被掩埋起来的知识，这一过程也即是回忆的过程。而在莱布尼茨看来，柏拉图实际上混淆了他经常提到的"知觉"和"察觉"的区分，进而混淆了"天赋的原则"和"天赋的观念"。一些观念在被我们明确地分辨之前只是作为一种"天赋的原则"，它表现为"无意识的知觉"，这并不是柏拉图所谓的清晰明确的知识而后来又被遗忘了。而那些被我们清楚地察觉到的"无意识的知觉"才能被称作"天赋观念"，它实际上是一种依赖于先天原则的后天构建，这是莱布尼茨和柏拉图在认识论上的根本区别，心中并非所有的知识都是先天现成的，在很大程度上就像他所说的那样是"思想得以形成的质料"，只有当我们明确地察觉到这些观念时，我们才具有了真正的知识，"心灵每时每刻都依靠这些原则，但它并不容易把它们区别出来和清晰、分明地表象出来。因为这要求这样做的人有一种很大的注意力"[①]。

（二）"大理石纹路说"

莱布尼茨关于"天赋原则"和"天赋观念"的区分是十分重要的，两者的关系在亚里士多德的术语中可以表述为潜能和现实的对应关系（莱布尼茨在某些场合也确实这么做了）。就如莱布尼茨所说，从"从天赋原则"过渡到"天赋真理"需要的是一种"察觉"的能力，那么这一具体过程是如何呢？在莱布尼茨看来，这依赖"感觉的刺激"。心灵远不是一块被动消极的白板，而是一种有纹路可循的大理石，莱布尼茨继斯宾诺莎以后，一方面把唯理论的认识理论推向极端；另一方面，由于笛卡尔的"天赋观念论"受到了霍布斯等人、特别是洛克的系统批判，这些批判表明了认识过程中"经验"的不可避免性，所以，莱布尼茨的唯理论在极端的形式下又带有某种中和"经验"和"理性"的特征。

---

① ［德］莱布尼茨:《人类理智新论》上册，陈修斋译，商务印书馆 2016 年版，第 41 页。

　　知识被莱布尼茨划分为了两类，理性的真理和事实的真理，前者是必然的，而后者则是偶然的。理性的真理表达的是算数学的（例如1+1=2）、几何学的（例如两条平行直线永不相交）或者逻辑学的（例如矛盾律下的"方不是圆"）命题，它们之所以是必然的是因为它们的定义或概念以一种自明的或是依赖数学推理的方式呈现给我们。而偶然的真理是关乎于外在经验的那么一些观念，之所以说它们是偶然的，不仅在于我们无法以一种必然的方式证明它们，还在于它们以一种模糊地方式在心灵中呈现给我们。实际上在莱布尼茨的认识论体系中没有讨论过真理和错误的问题，一切观念作为其有一个先天的来源都是真理，但是就我们的知觉的方式不同，有了清晰的和混乱的观念，而感官世界所呈现给我们的则是这样一种"混乱的观念"，因为我们无法清楚地辨别出这一观念中的每一个部分，也因此，它们对我们来说是混乱的不可靠的，就如一座灯塔在远处看是圆的在近处看是方的那样。

　　理性的真理是纯然天赋的也即是说它们并不和经验世界中的实际存在有一个对应，它们完全产生于内心，"全部算数和全部几何学都是天赋的和以潜在的方式在我们心中的，所以我们只要注意地考虑并顺次序安排好那已在心中的东西，就能在其中发现它们，而无须乎利用任何凭经验或凭旁人的传统学到的真理"①，但是我们"察觉"到这些真理则需要"经验"的引导，就像我们平时在数学中所做的那样，数学的真理都是先天地存在于我们心中的，而这些真理往往是通过老师的教授才被我们心灵所了解的，或者我们不大熟悉一些数学的公理或原则时，它们通过一些具体实例或数据的推理去验证它们。再如"矛盾律"，矛盾律是内心的一条先天的法则，虽然我们很少地意识到这一法则，但是我们无时无刻不在运用着这个法则，当一个人告诉我们有一个图形叫"圆的方"时，我们马上就意识到了他的错误，因为它是天然地自相矛盾的，而如果我们稍加反思便可以发现，矛盾律作为一条逻辑的真理是以怎样的一种先天的方式存在于我们的心灵之中的。

---

　　① ［德］莱布尼茨：《人类理智新论》上册，陈修斋译，商务印书馆2016年版，第47页。

感觉并不产生我们的观念，它只是刺激我们的灵魂并使我们在无知觉的意识中混乱地知觉着的那些观念以一种清晰明确的方式展现出了，也正因此，感觉在我们的思维活动起到的是一种"暗示"的作用，"因为无可争辩的是感觉不足以使人看出真理的必然性，而因此心灵有一种秉性（既是主动的也是被动的），来自己从自己内部把这些必然真理抽引出来；虽然感觉也是必需的，为的是来给心灵这样做的机会和注意力，使它把注意力放在某些方面而不放在另外的方面"①。我们不要忘记我们所说的莱布尼茨的存在论学说是如何为他的认识论内容奠基的，在他的关于单子的知觉理论和"前定和谐说"中，他告诉我们了这样的一个道理，世界从表象上来看是一个机械的世界，它们能用物理的法则进行解释，运动在物体之间来回传递着，这也因此使一个单子能够被另外的单子在一定的意义上被"刺激"，但是这一刺激，并不是单子产生知觉的本质原因，一切运动或者知觉能力皆是自发的，只不过它们在上帝的保证下，主动的能力和被动的能力在表现上完满的一致。这也是为什么莱布尼茨把心灵的秉性既看成主动的又看成被动的，这是由于在上帝的前定和谐的预设下，我们虽然被外物所刺激，但是我们的观念产生则是完全依赖于内在的天赋原则，而就它能够表象外物来说，也是一种被安排了的"和谐"，也正是因此，所有事实真理只是表面上来源于经验，而实际上仍然是天赋的真理。

莱布尼茨的这一学说一方面将唯理论的学说推向了极致，但另一方面在和洛克的论战中使他吸取了经验论的有效因素，经验是必要的，但其必要性仅仅在于增进我们那些形式上的知识，使它们过渡到实质的知识。心灵不再是一种消极的白板，而是一种"禀赋"，它永远是自发的，但是又表象为被激发地，心灵就是一块"有纹路的大理石""这不是仅在于只是理解这些真理的可能性的一种赤裸裸的功能；这是一种禀赋，一种才能，一种先已形成的东西，它决定着我们的灵魂，并使得这些真理能够从灵魂中被抽引出来。这正如在那些人们不管怎样把一块石头或大理石雕成的形象，和那些工匠若加以利用，则大理石的纹路已经显出或生好了可以显出

---

① 　[德] 莱布尼茨：《人类理智新论》上册，陈修斋译，商务印书馆 2016 年版，第 50 页。

的形象之间，是有区别的"①。莱布尼茨的这个理论已经暗示了康德哲学的
到来，我们内心一方面是具有主动提供知识原则的能力，在另一方面又接
受着经验世界的刺激，感官带给我们的只是一种混乱的杂多，它们并不是
具有统一性的东西，是我们的先天的一些"知识"为它们提供了原则，例
如范畴这样一种被康德当作了先天知性概念的知识。莱布尼茨的认识论是
如此之近地达到了康德哲学的高度，但是他被他学说中的两个固有的缺陷
所限制住了，一种是他的单子理论，因为单子没有窗户，也就拒绝了任何
经验材料的进入，而知识的产生只能依靠上帝前定和谐的"奇迹"，以一
种不可解释的方式使思维和存在达成一致；另一方面，由于悬设了上帝的
存在，因此一切真理的最终合法性都依赖于上帝，就真理问题来看，之所
以有表现为偶然的事实的真理，那是针对人而言的，因为"在创造物的宇
宙中，由于自然界的事物极其繁多，以及物体可以无穷分割，所以对特殊
理由的分析是可以达到无穷的细节的"②，但这是人力所不能及的，所以就
对人出现了"偶然性"。而对全能的上帝来说，一切都清楚了然，一切都
是必然的。

（三）必然真理和偶然真理

就像我们在莱布尼茨提出他的实体概念时看到的那样，如果一个实体
的概念作为一个主项已经内在地包含了它的所有概念，那么对实体的任何
陈述都将是真理了。如果我们具有了对一个实体的充足的知识，就可以分
析出它的所有谓项。莱布尼茨实际上是把必然真理看作是陈述概念或命题
之词的蕴含关系的条件句了，在一定的意义上，所有的关于主谓关系的命
题都是必然的，例如"恺撒明天将会成为独裁者"，这并不是对将来的一
种预测，而是"恺撒成为独裁者"作为实体的"恺撒"的一个偶然谓项已
经必然地包含在了"恺撒"的定义里去了，这也是莱布尼茨在他的实体理
论中所想要反复想要表达的：个体一旦被设定，它的所有属性就都随之而
来了。"每个谓项，不管是必然的还是偶然的，过去的、现在的还是将来

---

① ［德］莱布尼茨：《人类理智新论》上册，陈修斋译，商务印书馆 2016 年版，第 51 页。
② 《西方哲学原著选读》上卷，商务印书馆 1982 年版，第 482 页。

的，都包含在主项的概念中"①。但是在这种主谓关系的命题中，有一种情况是特殊的，那即是关于"存在"的论断，"存在"是一个谓项，但每当我们说一具体之物存在时，这都是偶然的真理，关于偶然命题，一般来说，莱布尼茨指的是断言主项"存在"的命题，"哲学家们也常常在那属于本质的和属于存在的之间作了区别，而把一切偶然的或可有可无的归于存在"②，任何关于一个"主项"存在的断言都是在时间的流逝中的断言，它不具有绝对的必然性，我们所断言的那个存在只不过是实体展现出来的偶然状态。之所以是偶然的，其原因在于，对于有限理智的人类来说，对这样一种偶然的存在的证明是一个无限延长永远没有终点的过程，我们要想充分地证明一个事物的现实存在，就要为其找到充足理由，然而这样做就要把这一存在纳入到整个世界的秩序之中考察，不仅如此，还要纳入到所有可能世界的秩序之中去考察，换句话说，如果有限理性的人类想要知道一个偶然的现实存在的充足理由，我们就要证明这个事实如何是所有可能的世界之中的一个环节，这无非是说，我们能够像上帝那样。然而，在所有断定存在的命题之中，有一个命题是必然的，这即是"上帝存在"。"存在"并非必然地包含在了实体作为主项的概念之中，但是关于上帝，我们却不能这么说，上帝的存在是绝对必然的存在，我们仅仅从它的绝对的必然本性就能说明这一点。需要注意的一点是，当我们说到一个命题是偶然的时候，这一"偶然性"仅仅是针对有限理性的存在者——人而言的，而对于上帝而言，一切命题都是必然的。

从莱布尼茨的关于偶然命题和必然命题的划分实际上为康德哲学的到来铺平了道路，虽然没有明确的表述，但偶然命题已然是"综合命题"，而必然命题已然是"分析命题"，只不过在莱布尼茨看来，像算数那样的命题也是分析的，像 2+1=3 这样一个命题，在莱布尼茨看来是分析的必然的，而在康德看来是综合的必然的。必然命题所依赖的是矛盾律，其反

① Die Philosophischen Schriften von G.W.Leibniz, herausgegeben von C.J.Gerhardt, Berlin, 1875–1890, p.46.

② ［德］莱布尼茨：《人类理智新论》下册，陈修斋译，商务印书馆 2016 年版，第521 页。

面是不可能的。实际上,莱布尼茨的必然命题就是依据的形式逻辑的论断,它不与经验的、具体存在打交道,一切都出自自身概念的必然本性,这也是为什么说"我们能有一种确定知识的那些普遍命题,并不关联于存在"①。分析命题或者是明确地可分析的,如"所有圆都是圆"这样一种同语反复,或者是可以通过还原的方法,将这一命题解析为一些原初性的概念或基本原理,这些原初性的概念或基本原理被莱布尼茨成为"人类思想的字母",例如我们说苏格拉底会死,我们可以将这一命题还原为"苏格拉底是人",我们又可以将其还原为"人是会死的",又如数学的公理可被还原为一些定理那样。但是这里一定要注意的是,当我们说"苏格拉底会死"的时候,并没有断言一个苏格拉底现实存在着,我们一切都只是在和精神打交道。

(四) 知识的有效性

知识的有效性问题指的是关于"存在"我们能说什么的问题,一切认识论的问题都是要经由思维指向存在的。关于思维,我们在上面已经有了一个较为完整的论述,理性灵魂作为一种较为高级的单子,它是一块有纹理的大理石,那心灵在展开自身的知觉能力的过程中,对于存在我们能够有哪些知识?

有三类"存在"、"我的存在"、"上帝的存在"和"外部世界的存在",这与笛卡尔的划分是一致的。关于它们我们能说些什么?莱布尼茨在《人类理智新论》同意了笛卡尔的观点,那即是将"我存在"看成是精神的存在,这一"存在"对我们来说是直觉的。我思故我在是一个在结构上类似于 1+1=2 的数学命题,当我们看到这一命题时,其成立的可能性立即显示出来时,这样一种知识就是直觉的知识。我思故我在就这样来自于一种"感受的直接性",因为这一命题中的两个项"我思"和"存在"是以一种先天地方式被我们直接地知觉到的,"不仅我思想对我来说是直接地明明白白的,而且我有不同的思想,以及有时我想着 A,有时我想着

---

① [德] 莱布尼茨:《人类理智新论》下册,陈修斋译,商务印书馆 2016 年版,第521 页。

B，如此等等，也都对我来说是完全明明白白的。因此笛卡尔的原理是对的"①。这里，莱布尼茨将人的存在仅仅视为了"精神的存在"，这一点是完全继承了笛卡尔的思想。但是，我们不要忘了在莱布尼茨看来，任何关于"现实存在"的论断都是偶然的，也即是说是不自明的或不必然的。但是，人在本质上是一个精神的存在，而人的现实的存在只是这个精神存在的一个外部表象，前者是必然的，后者是偶然的，这是作为一个精神的我在一个偶然的时刻的一个特殊的表象。

关于上帝的知识则是推理的知识，莱布尼茨将笛卡尔和斯宾诺莎确立的逻辑信念继承了下来，那即是，凡是从明晰的观念或原理出发进行的推证即是可靠的，前提的这样一种确真性保证了结论的那样一种可靠性。而在莱布尼茨看来，所谓推理的论证无非是以某种方式连接了那些自明的"直觉知识"，这种连接的方式即是找到一个"中介"的观念，这即是在三段论中出现的那个小前提，由于推理的知识本质上是自明的，但是这种自明性并不以一种明确的方式显像给我们有限的人类，就像用许多面镜子一面对着另一面反复映照出来的影像那样，每照一次就逐渐减弱一次，以致我们不再立刻看得清那影像了，而对于那些在理智上训练有所欠缺的人来说，便更加地不易被我们所认知。而推理的知识即是这样的一种显现的过程，"推证的知识（connoissance demonstrative）无非是在中介观念的种种联系中的一连串直觉知识的一种连接。因为心灵常常不能直接地把一些观念彼此加以结合、比较或适应，这样就迫使人想要用其他中介的观念以便来发现所寻求的符合或不符合；而这就是人们所说的推理"②。在莱布尼茨看来，关于上帝的存在的知识依靠的就是这样一种途径，他所期望的是依靠笛卡尔那样从自明的方式出发来建立起一种可靠的结论，但就如我们在莱布尼茨关于上帝存在的四个证明中所发现的那样，这样一种期望只是一种幻象。理性的推论只是一种形式逻辑的分析，是完全基于心灵的，关

---

① ［德］莱布尼茨：《人类理智新论》下册，陈修斋译，商务印书馆 2016 年版，第 428 页。

② ［德］莱布尼茨：《人类理智新论》下册，陈修斋译，商务印书馆 2016 年版，第 428 页。

于现实的存在我们不能说什么。在更为精确的意义上来说，在我们提到的关于上帝存在的四个证明中，推理的论证在首要的意义上适用于本体论的论证，莱布尼茨在前人本体论证明的基础之上只是将其前提的"可能性"解决了，但是就如我们所指出的那样，这样的一种解决办法无法挽救本体论证明中的根本的错误倾向——那即是混淆了观念中的存在和现实中的存在的根深蒂固做法。关于宇宙论和必然真理的证明中，莱布尼茨所依据的仍然是形式逻辑的分析的方法，其中依赖地更多的是矛盾律，一个序列的理由不在序列之中便在序列之外，它不可能在序列之中，因此便在序列之外。讲到此，是不会出现任何问题的，但是这一个序列的必然理由在上帝之中则是需要解释的。关于上帝存在的前定和谐说的证明，是莱布尼茨四个理论最为混乱的证明，因为在这个论证中出现了反复论证，用前定和谐说根本不能够解释上帝的存在，因为前定和谐说已经本身假定了上帝的存在，没有这个前提，前定和谐说是根本不成立的，也因此绝对不能当作理性推理所赖以出发的那个自明的基点来使用。

莱布尼茨所期望的建立一种有效可靠的关于上帝存在的知识必然是会和他的前辈们一道，在康德哲学的批判中被视为一种"谬论"。其实，莱布尼茨已经十分接近于康德的认识论思想了，他提出的"偶然真理"是十分具有批判意义的，在他看来，必然真理都是分析的，而偶然真理都是综合的，凡是关于"现实存在"的论述都是偶然的不具备必然性的，如果他将这样一种观点进行彻底的贯彻，从而延伸到关于上帝存在的论述上，莱布尼茨将会站在康德的前列。但也许正是莱布尼茨像笛卡尔那样怀着一种宗教的热诚，使他无法客观地面对上帝存在这个命题，这不仅在知性上是不允许的，更在道德上是不允许的。关于存在的论断，在莱布尼茨使用的意义上，更多地指向了"可感事物"的存在。关于可感事物的知识，我们永远不能期望找到一个必然可靠的观点，一种感性观念必然依赖于另外的一个感性感念，也就是建立在另外一个偶然性上，这样在感性观念中我们无法找到事物的必然性，我们以一种混乱的和模糊地方式知觉着感性观念，从而也就以一种不完善的方式知觉着事物。但是莱布尼茨并没有像休谟那样陷入一种不可知论中，莱布尼茨看来，随着时间的进展我们在解释自然现象并且扩展人类的认识领域中将会不断地取得成就，我们将更清楚地知觉那些原本混乱的观念，也即是具备了更强的分析能力，我们可以将一个混乱观念中的不同的部分清晰地分辨出来，就如莱布尼茨在他讨论人类知识的范围中所说的那样，"我相信我们永不能进到我们所希望的那样远；可是我觉得随着时间的进展我们在对某些现象的解释方面将能有相当大的进步"①。

（五）莱布尼茨认识论的逻辑

莱布尼茨关于真理的区分也暗示了唯理论学派和经验论学派论战的主题，按照莱布尼茨的话来说，"究竟是一切真理依赖经验，也就是依赖归纳与例证，还是有些真理更有别的基础"②。莱布尼茨的大理石纹路说是对这一论战的总结，一切的知识都有一个先天的原则，而就其能够被我们清晰地察觉到而言，是来自于经验的刺激。正是有了先天和经验的两个领域，莱布尼茨才区分了理性的真理和事实的真理，就其内部逻辑来说，前者依赖的是矛盾律，"我们根据这个原则宣布自身含有矛盾的东西是虚假的，而与虚假相对立或相立矛盾的东西则是真实的"③，理性真理也就是那些对立面不可能成立的真理，这些真理诸如数学，几何学，形而上学的关于"实体"、"知觉"的概念，还包括了从那些自明的、清晰的观念出发所作出的推理，这依赖的是一个分析过程，所有的理性真理都只是在思维中的，其并不断言现实的存在，它们只能有唯一的答案，其反面是不可能的。事实的真理所依赖的是充足理由律，充足理由律指的是，"凭着这个原则，我们认为一件事情如果是真实的，任何一个陈述如果是真的，就必须有一个为什么这样而不那样的理由"④。充足理由律不仅在存在论中起着作用——每一个存在都有其充足的理由，我们由此可以追溯到上帝；充足

①　［德］莱布尼茨：《人类理智新论》下册，陈修斋译，商务印书馆2016年版，第458页。

②　［德］莱布尼茨：《人类理智新论》上册，陈修斋译，商务印书馆2016年版，第6—7页。

③　［德］莱布尼茨：《神义论》，朱雁冰译，三联书店2007年版，第487页。

④　《西方哲学原著选读》上卷，商务印书馆1982年版，第482页。

理由律也在认识论中起着作用，它要求我们一个判断必须有充分的根据，在事实的真理中，我们这一个充足的理由可以无限地追溯下去，因为每一个谓项的充足理由都要在其主项的序列中，这一过程是可以无限地追溯下去的。也正因此，对我们人类的理智来说，我们不能够达到一个必然的结论。但是对于上帝来说却不是这样的，一切知识，无论是事实的真理还是理性的真理，无论是在先发生的还是在遥远的未来发生的，都被上帝所完满的察觉，一切知识只有在上帝这里才以一种完备清晰的状态展现出来。

四、总结

莱布尼茨在和洛克的论战中试图调和唯理论和经验论之间的矛盾，虽然他作出了一定的让步，但是这一让步从整个理论体系来说，并不是十分必要的。康德在很多方面都受到了莱布尼茨的启示，并在对经验论的考察中，将调和两者的矛盾的任务完成了。莱布尼茨哲学的起点源于对思维与存在关系的解决，这是发端于笛卡尔、困扰了整个近代哲学的难题。在论述上，莱布尼茨的逻辑显然要比他的前辈笛卡尔和斯宾诺莎更为缜密，但是在最终的效果上，它不可避免地失败了，只有在思维中的才是最为真实的存在，外部世界只不过是思维的一种显像，就我们的心灵而言，它们是混乱的，我们并不能正确地反映它，这也使莱布尼茨超越了他的前辈们，把唯理论哲学推向了顶峰，在一定的程度上我们可以说，他是近代早期唯理论学派的集大成者。莱布尼茨调和唯理论和经验论的内在逻辑是将整个宇宙理解为一个和谐整体的尝试，就哲学而言，即是调和近代由伽利略牛顿所代表的自然哲学和以笛卡尔斯宾诺莎所代表的那种新的"神学"之间的矛盾，世界呈现给我们的是一个机械的世界，我们可以按照物理的法则来对它们解释，但是这种解释无法告诉我们一些真理，那即是世界来自于哪里？世界内部的统一性何在？这些都是自然科学所不能解释的，我们如果只停留在对现象的解释，哲学必将会枯竭。我们必须给现象求得一个基础，他在这里发现了形而上学的必要性，宇宙如果想要和谐一致，我们必须要调整自己的视角，从一种更加微观，但微观中又充盈着整个宏观的视角去审视整个哲学，单子就被这样悬设出来，单子不仅构成了世界的基础，单子之中就是整个世界，单子不仅解释了整个世界的物理现象，同时又将宇宙联结成为了一个整体，这个宇宙在这一视角下，就是"和谐"的。

第五章　唯理论的逻辑和困难

近代早期唯理论的思想经由笛卡尔的开端和斯宾诺莎的发展后，在莱布尼茨这里达到了顶峰。相一致的是，他们三者在理论构建的过程中，将宇宙划分为了三个类别的存在，分别为物质的存在、精神（自我）的存在和上帝的存在，它们都是真实的现实存在（虽然在莱布尼茨那里，物质只是作为一种"现象"）。不一致的是，在究竟这三类存在中的哪一类才是"绝对存在"的问题上，这三位唯理论的先驱们出现了分歧，笛卡尔在某些场合只承认物质世界和"自我"作为实体相互平行地存在，但是在他的理论中有一个更重要的前提，那就是上帝绝对必然地存在着，这样实际上在笛卡尔的哲学中有三个实体，一个是绝对实体，另外两个是相对实体。斯宾诺莎的一个理论在某些地方十分类似于莱布尼茨，并为莱布尼茨的哲学提供了理论渊源，这一理论即是将世界作为一个整体来理解，世界即是"神"，是绝对的唯一实体，不存在其他的实体，物质和思维只是实体无限多的属性中的可被人的理智所发现的两个属性而已，不存在实体的平行论，而只有属性的平行论。而物质世界中的具体事物只是神的一种具体表现，神存在于万物中，万物在整体上表现了神。这种一体观的哲学方法影响到了莱布尼茨，莱布尼茨承认宇宙只是由的'单子'构成的，宇宙整个来说就是单子的集合，但是单子在数目上是"无限"的，这样斯宾诺莎的实体"神"就被莱布尼茨无情地打碎为无数的单子，根据连续律的原则，单子构成了一个无限的集合，但是用数学的用语来说，这只是一种"实无

限"，而非"潜无限"，也即是说，这一个序列是一个闭合的区间，而不
是一个无限向上追溯或向下追溯的过程，我们一定可以发现一个等级最低
的单子和一个等级最高的单子，前者是"赤裸裸"的单子，拥有最低等级
的知觉能力；后者是"上帝"，是全知全能全善。但每一个单子都内在地
以一种或多或少或无的方式知觉着整个宇宙，这一点是对斯宾诺莎的改
进，一个单子不再是"神"的一个特殊表现，而是"神"的整体表现。

一、唯理论的逻辑

确立了宇宙中的三类实体之后，我们对它们能说些什么？对实体的
认识是近代认识论的中心问题，这一中心问题也决定了唯理论的逻辑就是
唯理论认识的逻辑。一方面，唯理论者和经验论者共同排斥经院哲学的神
启，他们有一个信念，世界上发生的一切都可以在人类理智的范围内得到
解释，而不需要依靠于神启。但另一方面，唯理论者反对经验论者的那种
"凡存在于理智中的无不来自于感觉"的那种唯经验论的方法，首先是因
为"经验"告诉我们往往是不可靠的，其次是因为在唯理论所确立的那些
认知对象——实体中，它们的存在完全超出了经验的范围，也正因此我们
无法凭感官达至它们。鉴于这两个方面的考虑，唯理论者将认识论转向了
思维自身，在纯粹的思维中，我们能对实体能说什么？在对实体的定义
上，唯理论者都认为实体只有依赖于逻辑学的解释才是纯粹充足的，实体
就是那个在一个命题中只能充当主词而永远不能充当谓词的那一个东西，
因此无论是笛卡尔的上帝、物质和精神，还是斯宾诺莎的"神"，实体指
称的都是这样一种"主词"，因此实体就是那种绝对必然的存在。那么在
纯粹的思维中，我们对绝对必然的存在的认知就自然地想要建立起一种绝
对必然的知识，唯理论的形而上学趣旨就由此而来，唯理论者作为坚定的
形而上学家，要获得关于世界本质的绝对确定的知识，这种绝对确定的知
识必须普遍有效，即它必须具有最广大的普遍性和最严格的必然性，虽然
他们也承认，关于实体我们并不能获取其全部的必然的知识，但是在一定
的程度上，我们可以获得一部分的关于实体的必然知识。因此，唯理论者

的宗旨就是这样一种尝试，建立起关于世界的绝对的知识体系，就如我们所说，所有的尝试都有一个目标，而在内容上就有一个"模型"，唯理论者找到了构建起绝对知识体系的那样一个模型，那即是数学，由此出发确立了他们逻辑的一个原则，即是数学原则。

（一）数学作为原则

无论是作为唯理论者的笛卡尔、斯宾诺莎和莱布尼茨，还是作为经验论者的洛克和休谟，它们都将数学知识视为可靠的知识、将其视为知识的典范，而唯理论者则在数学的概念中发现了建立绝对必然知识的可能性，笛卡尔曾说，"我特别喜爱数学，因为它的推理确切明了；可是我还看不出它的真正用途，想到它一向只是用于机械技术，心里很惊讶，觉得它的基础这样牢固，这样结实，人们竟没有在它的上面造起崇楼杰阁来"[①]。数学既然可以在经验世界中带来技术的进步从而增进我们的福祉，那么为什么不能将它用在纯粹的领域，来达到某种更加巨大的成就呢？这一纯粹的领域即是哲学领域，具体来说即是我们的认识论领域。既然数学的可靠性我们在经验世界中得到了证实，那么在纯粹的思维领域，我们凭着这一有效性能最大程度地扩展我们的知识。在斯宾诺莎看来，数学具有表达本质的特征，而真理即是建立在对本质的认识之上，"因为数学不研究目的，仅研究行相的本质和特质，可提供给我们以另一种真理的典型"[②]。莱布尼茨在多数场合并没有直接表明数学和他的形而上学之间的关系，而是将其作为一个不论断于"现实存在"的命题包含在了必然真理中。

笛卡尔、斯宾诺莎和莱布尼茨将数学作为原则的理由通过三个不同方面表达出来了，并且呈现出一种能够逐渐递增的认识过程，在笛卡尔那里，数学只是一种可靠的工具，它的可靠性来自于数学的应用在经验世界中被视为是必然的；斯宾诺莎则发现了数学可以表达为一种形式上的真理，并且暗示了凡是关于事物本质的知识都是一种形式上的表达，这个论断给莱布尼茨的必然真理的提出提供了契机。一切可靠的观念都是纯粹出

---

① ［法］笛卡尔：《谈谈方法》，王太庆译，商务印书馆 2000 年版，第 7 页。
② ［荷］斯宾诺莎：《伦理学》，贺麟译，商务印书馆 2015 年版，第 37 页。

现在思维当中的，凡是那些论述现实存在的判断都是偶然的，这就进一步在构建绝对的知识体系中排除了经验领域中的任何东西。唯理论者仿佛是在说，经验带给我们的都是不确定的，但数学是纯粹的形式，因此不包含有任何的经验成分，因此，数学是可靠的，可以被用作建立绝对的必然知识体系的工具。

（二）直觉作为起点

数学作为一种真理的标准，其特性是什么？关于 1+1=2 这一类的命题，我们无法给出任何经验的证明，它自身的可靠性绝不来源于经验的归纳，而是有一种内在标准，它是不证自明的，从信念上来说，是我们一定要相信而绝对不能够怀疑的那样一些公理或定理。就像我们在《伦理学》中所看到的那样，数学的知识体系按照这样一种方式建立起来，首先提出一般的公理或公则，它们是一些不证自明的命题，进而从这个命题出发进行推理，从而得到其他的一些命题，这些命题是必然可靠的，并且其可靠性的来源就在于公理的不证自明。唯理论者发现了这样一种纯粹的形式上的论证的神奇，便迫不及待地想要将它们应用在哲学之中。笛卡尔等人致力于发现那些类似于公理的形而上学原理，在认识论中，它们就是我们认识过程中的不证自明的起点，笛卡尔将这一类原理命名为了"天赋观念"。

"我思"是首先被发现的一个天赋观念，就像我们指出的那样，笛卡尔的哲学起始于对世界的普遍怀疑，普遍怀疑的进程所要发现的就是那种不证自明的东西，"我思"就是这样一种东西，任何值得怀疑的东西都不是可靠的，而"我思"之所以不证自明，按照笛卡尔的并被莱布尼茨所继承的术语来说，就是因为它是"清晰的"，在思维中清晰地呈现给我们的。我们可以怀疑外部世界的存在，但是我们不能够怀疑我在思维，笛卡尔的哲学就建立在这样一种信条之上，那么"我思"是可靠的，由这个观念所出发推导出来的知识也都是必然可靠的，笛卡尔从中推导出了上帝的存在，他又将上帝的存在作为另一个理性推理的前提，既然上帝不可能是骗子，那么外部世界必然是像上帝想让我们相信的那样真实地存在着。斯宾诺莎在有些场合被称之为"笛卡尔主义者"，这是因为，斯宾诺莎和笛卡尔有着同样的信念，也即是建立起一种绝对的、具有普遍性的知识体系，而感官呈现给我们的是混乱的一些观念，我们只能在思维中完成这样一种构建，斯宾诺莎将笛卡尔的数学方法以一种更为彻底和系统的方式建立了下来，一切都依赖于"神"的必然存在，这是所有推理的起点，这也是为什么斯宾诺莎将《伦理学》的第一章命名为《论神》，斯宾诺莎的论证逻辑同时依赖于一种"因果联系"，一个必然的原因必然产生一个必然的结果，而这个结果又可以作为下一个结果的必然原因，世界就是这么按照因果的逻辑构建起来的，存在着两个相互平行的因果链条，一个是"存在"的，另一个是"观念"的，每一个序列都是按照层级被严格地决定的，它们以神为最终的原因，一切在神的必然性下都是必然的。斯宾诺莎的这种论证方式只是在用逻辑学的术语表达出了数学论证的原理，在他的哲学中，"神"是一切推理的起点，从"存在"上讲，"神"是一种清晰明确的存在，它在某种程度上被理解为"无限"，"神，我理解为绝对无限的存在，亦即具有无限'多'属性的实体，其中每一属性各表示永恒无限的本质"[①]；从"观念"上讲，"神"的这样一种存在也可以被理解为永恒的真理。莱布尼茨在《人类理智新论》中也谈到了"直觉"，在他看来，当我们考察一个观念时，该观念以一种直接的方式被我们所理解了，那么这一观念就是直觉的知识，这些知识包含了数学原理、逻辑学原理等一些在我们理智中先天地存在的真理，我们可以完全脱离经验去思考它们，它构成了"理性真理"的基础部分，而其余的部分则是从由它出发的推论得出的。

（三）形式逻辑的演绎

"天赋观念"既是作为唯理论者所希望建立的绝对知识体系的第一级知识，同时也是他们整个体系所依赖的工具，他们的做法是：从自明的观念出发，进行形式逻辑的演绎，将其他的整个知识携带出来。

---

① ［荷］斯宾诺莎：《伦理学》，贺麟译，商务印书馆 2015 年版，第 1—2 页。

笛卡尔首先发现了"我思"，而"我思"在心灵中首先是一种有限的东西，笛卡尔根据一项逻辑原则——原因中必然包含着比结果更多的实在性，推导出一定有一个无限的观念的存在，而一个无限的观念包含着所有的完满性，所以它不仅仅在观念中存在，更在现实中存在，这是一个本体论证明，笛卡尔的意图是应用一条矛盾律：一个拥有无限多属性的观念一定不会没有"存在"的属性，实际上，笛卡尔在这里已经偏离了形式逻辑的论证，将纯粹思维和现实存在的领域之间作了"跳跃"。斯宾诺莎关于形式逻辑演绎的使用则相比较下更为明显，整个《伦理学》体系就是这么建立起来的，他首先发现了"神"，在演绎的过程中，他将其作为一个绝对可靠的起点，从而将其他的各个命题分析出来。莱布尼茨在他的认识论中表达了这样一个思想，凡是不涉及现实经验的命题，都是必然真理，这里他其实表达的即是对形式逻辑的认同，形式逻辑是纯粹思维中的运行机制，它不必要、也不需要现实经验来为其服务，形式逻辑的内在标准只有一个——矛盾律，它要求将一切项还原为字符 A、B、C，在三者之间做一种必然的联结，而就如我们在莱布尼茨哲学体系中看到的那样，它将必然真理的内在逻辑仅仅归结为——矛盾律。关于实体（单子），根据一种前定和谐，如果我们的理性能力足够强大，我们将可以通过实体的一个谓项知道它的所有谓项，甚至在整个宇宙的图景下，我们可以借助于实体间的"交通"知道遥远的过去或为来发生的一切，莱布尼茨的这些论断表明了他的整个世界观都是一个"形式逻辑"的体系。

二、唯理论的困难

唯理论者们建立起知识大厦所依赖的仍旧是从遥远的古希腊就开始使用的形式逻辑，它们所提出的数学证明的方式实际上就是形式逻辑演绎的变相，这一变相的应用在近代认识论思潮出来之后显得格外重要，唯理论者在数学之中看到了建立绝对的知识体系的可能性，他们在数学中发现了真理的光芒，他们就奢求这种光芒能够同样地照耀在哲学之上。但是他们把数学作为原则来套用在形而上学上根本无法解决思维与存在的关系，这种逻辑上的误用也导致了唯理论体系内部的自相矛盾。他们稍加谨慎就会发现，形而上学讨论的基础永远是关于"真实存在"的论断，而如果数学也包含着这样一种范围，那么数学必将不是一种必然真理。数学和形而上学间的这种内在性质之间的割裂，注定了将数学的方法"嫁接"到形而上学上的任何企图都将是失败的。

（一）数学原则的纯粹观念性

思维和存在的统一问题是唯理论体系的中心问题，这表明了在唯理论的哲学大厦中，纯粹的观念和实在的现实是整个大厦不可或缺的两个地基。就像我们在上面所指出的那样，当唯理论者在数学中发现了一种构建真理的可能性时，他们就迫不及待地将其应用到形而上学上了，他们所希望找到一个类似于 1+1=2 的形而上学公理，通过这一公理用演绎的方式得出关于世界实在的必然绝对的知识。这种尝试必将会是失败的，甚至在某种程度上，唯理论者所发现的这一希望将使他们的体系走入灭亡，数学的应用是纯粹观念上的，它不涉及现实存在的问题，虽然我们在生活中可以发现数学的应用有着观念到现实的一种过渡，例如 1棵树 +1 棵树 =2 棵树，但是这样的一种应用并不要求这些"树"现实地出现，我们也可以说 1 匹飞马 +1 匹飞马 =2 匹飞马，这在数学上同样是成立的。因为它不包含对现实存在的一种论断，但是形而上学是不一样的，严格地来说，走向近代的形而上学才明显地突出了认识论问题，它们要求人类理性自身的知识能够准确地描述世界的"实在"中所发生的事情，它们要求观念和实在的统一，这样的一种任务是数学的原则所无法做到的。莱布尼茨已经很接近于揭露出这一唯理论体系的内在矛盾了，但是他关于绝对知识体系的信念使他又搬出了上帝，一切关于现实存在的论断在上帝这里都是必然的，而仅仅在人类有限的理智里是偶然的。

（二）前提的悬设

唯理论者的困难其次在于他们在其理论中悬设了前提，这一前提有两个方面的内容：其一，从存在论上来说，唯理论者悬设了实体的存在；其二，从认识论上来说，唯理论者悬设了"天赋观念"的存在作为理性演绎的前提，这种悬设也是无法证实的，这种做法也使唯理论的体系陷入了独断论的批判之中。

形而上学的对象是"存在"，这一对象不是具体的可感存在，而是一种世界整体的抽象"存在"，这也导致了形而上学本身就蕴含着一种独断论的倾向，因为形而上学的前提已经超出了理智的范围之内了，任何对世界的本原存在的一种是说明都依赖于一条"内在的标准"，这个内在的标准即是唯理论者所坚信的"理性之光"或直觉，在笛卡尔看来，直觉是像数学公理一样无须加以怀疑的那样一类能力，"我所了解的直觉，不是感官所提供的恍惚不定的证据，也不是幻想所产生的错误的判断，而是由澄清而专一的心灵所产生的概念。这种概念的产生是如此简单而清楚，以致对于认识的对象，我们完全无须加以怀疑"①。理性之光是一种不证自明的发现真理的能力，从积极的意义上来看，它发现了一种无须证明的东西；从消极的意义上来看，它发现了一种无法证明的东西。实体如果依靠这种办法被悬设出来，那么这就是一种独断论。就像奥古斯丁的神圣光照一样，它照耀出真理，它是基于信仰的，而非基于理性的（广义）。通过理性之光，笛卡尔在心灵中所发现了"我思"，斯宾诺莎在作为整体的世界中发现了"神"，而莱布尼茨在走出连续体的迷宫后发现了"单子"，它们都是来自于一种悬设。之所以说是一种"悬设"，是因为对它们存在的判断已经超出了我们的经验或者理性能力范围了，任何基于所谓"直觉"的命题都是一种独断。独断论是形而上学的典型特征，但是在近代认识论意识兴起后，这一特征引起了更多的关注，特别是遭到了经验论的批判，洛克相信唯理论提出的三类真实的存在，但是把"实体"仅仅看成我们思维中所假设的一种基质，我们不能获得任何关于这一基质的确定的知识。休谟将经验主义的原则贯彻到底，实体不仅仅是我们思维中的一种基底性的观念，并且我们根本无法知道在现实世界中是否有与其对

① ［法］笛卡尔：《指导心灵的各种规则》，见《笛卡儿哲学著作集》（英文版）第 1 卷，剑桥大学出版社 1986 年版，第 7 页。

应的存在，这已经完全超出了我们的能力范围，我们的知识，甚至是关于现实存在的知识被完全严格地限定在经验领域，超出了这个领域，我们只能抱持沉默。

如果说关于实体的独断论是形而上学的固有特征，那么天赋观念的悬设则是近代形而上学的显著特征。天赋观念的提出是唯理论者解决思维与存在的基石，它们内在地表达了与实体相一致的知识，他们宣称，天赋观念的发现同样是基于"理性之光"，在笛卡尔那里首先被发现的是"我思"，"我思"既是实体，也是理性演绎所由以出发的真理，从我思出发，笛卡尔发现了上帝，从上帝出发，笛卡尔又发现了物质世界的存在。斯宾诺莎则直接从作为一个无限的观念——神出发进行论证。莱布尼茨显得委婉一些，在某种程度上他在和洛克的争论中汲取了经验论的一些成分，他承认一切真理都是天赋的，但是是以一种潜在的方式存在与我们的心灵当中不被我们知觉到，而经验的作用即是将它们携带出来。这些天赋原则同唯理论者所悬设的实体一样是无法证明的，笛卡尔将其称为是最为清晰、明白的观念，而莱布尼茨将其称之为不可能不被理解的基于"矛盾律"的真理。这样的一种悬设在唯理论者与经验论者的论战中也受到了激烈的批判，洛克不承认有任何的天赋原则，如果有任何的天赋原则一定会被我们意识到，并且不是后天地被意识到，而是先天地被意识的，他主张，凡是存在于思维中的无不来自于经验。休谟则对唯理论思想否定地更加彻底，他将思维中的一切都还原为观念，并且，在唯理论的体系中所被广泛加以使用的必然的因果原则被休谟视为了一种任意的想象，没有所谓的"有因必有果"，这只是我们对前后相继出现的观念的一种人为赋予的联系，因果联系不是事物内部的固有属性，它只是我们主观的联想，并且是一种不具备任何必然性的联想。从对因果观念的批判出发，休谟几乎摧毁了整个形而上学，实体的存在是不知道的，关于实体我们也不能说什么，除了数学外，我们甚至没有任何必然的知识。总之，唯理论者对天赋原则的悬设实际上使自身陷入了自相矛盾的境地，他们的目标是建立起一种关于世界的可靠的知识大厦，可是这个大厦的地基——天赋观念则是经不起推敲的。

（三）演绎的空洞

在莱布尼茨看来，一切的必然真理都是分析命题，他的这一论断表达的正是唯理论所普遍使用的形式逻辑的根本特征，形式逻辑的运转所依靠的是矛盾律，一切通过了形式逻辑的检验的命题都是"形式上的真理"，之所以是"形式上"的，按照莱布尼茨的话说即是，它们排除了关于现实存在的论断，一切都是在思维中运行的，只要在观念层面上论证不出现自相矛盾，那么这一命题就是可靠的。实际上，这样的一种论证只是从前提中推出结论的推理，其结论蕴含于前提之中，所以演绎推论的结果无非是把早已包含在前提中的内容明白地发挥出来，并没有在前提之外增加什么新的内容，就如我们说"物体是有广延的"，实际上，"广延"已经内在地包含在"物体"的概念之中了。换言之，单纯的演绎推理只能是证明真理的工具，而不是发现真理的工具，仅仅依靠演绎推理，我们是不能获得关于世界的任何新知识的。唯理论者欲单纯依靠理性演绎来建立一个关于世界本质的知识体系，这是不可能的。

所以严格来说，唯理论者所使用的形式逻辑的演绎只是为了"证明"一个个的被他们预设了的真理，他们一方面否定经院哲学的空洞，自身却陷入了空洞，只不过这一次，他们伪装地比圣托马斯更好，甚至不惜将"数学"拿出来作为自己的工具。上帝的观念是一种包含了所有多的属性的观念，因此他也包含"存在"的属性，但是论证到此就应该结束了，我们不能将这一存在指向"现实中"的存在，因为这已经逾越了存在和思维的界限，超出了这个界限，形式逻辑将不再起作用。莱布尼茨对于这一界限把握得很好，但是他却不应该把上帝搬出来，去给事实真理提供一个"合法性"保障，莱布尼茨的整个存在论和认识论都是形式逻辑的贯彻，实体（单子）是一个变动着的主项，一个主项已经内在地包含了他的所有的谓项，并且无意识地知觉到这些谓项。实体每一个状态靠充足理由律连接着，因此，如果我们的理性能力足够强大，我们就能够依靠推理获取关于实体的一切知识。甚至依靠分析的方法，我们从一个实体的一个谓项出发就能够知道整个宇宙中所发生的一切，这一切都是在上帝那里被必然地预设了。

（四）思维与存在的矛盾

唯理论的中心任务是解决思维与存在的统一问题，即关于实体、关于世界本质的知识体系与实体自身、世界本质的一致问题，亦即力图建立一个与实体、世界本质相统一的绝对知识体系。唯理论者在存在论上悬设了三个种类的实体——精神实体、物质实体和上帝，它们互相独立并且互不影响，这一存在论上的预设给认识论的任务造成了严重的阻碍，这是唯理论体系自身的矛盾之处。唯理论者作为坚定的形而上学家，要获得关于世界本质的绝对确定的知识，这种绝对确定的知识必须普遍有效，即它必须具有最广大的普遍性和最严格的必然性，如果思维（精神实体）和其他存在处在两个完全平行的系统中，它就不能获得关于世界整体的任何命题，更不用说获得关于世界的最广大的普遍性和最严格的必然性的知识了。特别是，如果不说明思维与存在是统一的，便不能保证理性所掌握的实体知识及由其演绎出来的知识体系何以能对客观世界有效。

就如我们所看到的那样，唯理论者自身给自身设置了障碍，实体间是平行互不影响的，但是它们之间如果不存在着协调一致，关于世界我们就不能有任何可靠的知识，因此，如何在理论上表明实体间是平行但却是统一的，是唯理论者在完成它们的中心任务中所要处理的核心问题，笛卡尔首先拿出上帝保证了物质世界的客观存在，同时又拿出了神奇的松果腺，承认在人的身体机理中确实存在着某种思维和存在的转化器，它们的沟通是可能的。笛卡尔这样做已经陷入了神秘主义，斯宾诺莎则用一种更为显明的方式尝试解决思维与存在的统一问题，他的心灵和物质不再是作为两个互相平行的实体，而是作为互相平行的实体的属性出现，而在思维和广延这属性之间，他提出"心灵是身体的观念"力图统一思维和存在，即是说，在思维中出现的无不在广延中出现。但是这样一种一致出现的机制是什么？这同样是斯宾诺莎无法解决的，从根本上来说，也是一种神秘主义的独断论。莱布尼茨关于思维与存在统一的处理则更为精细，莱布尼茨将物质看成了精神的单子集合的结果，企图把整个世界还原为单子的世界，但是在单子和物质之间仍然有着巨大的区别，单子是主动的，而物质是被动的，这表明物质虽然是单子的集合但是和单子仍然有本质的差别。在莱布尼茨哲学体系中很有典型特征的是单子和单子之间的和谐问题，这是之前唯理论者所不具有的，也即是同质实体之间的交通和统一问题。在莱布尼茨这里，存在论同样为他的认识论设置了障碍，既然单子是没有窗户的，他们之间不存在着互相影响的可能，那么他们如何才能知觉到遥远宇宙发生的一切呢？莱布尼茨承认物理层面的相互作用，单子在某种程度上在它的物质表象的层面上互相"影响"着，但是这一影响只不过是一种刺激，将单子的知觉能力逐步完善地携带出来。单子先天地就知觉了一切，这是上帝前定和谐的结果。到这里，莱布尼茨在处理思维与存在的关系上并没有表现出比他的前辈们有太多的创建，他们的存在论悬设为他们的中心任务的解决设置了不可逾越的障碍，这迫使他们不得不"请出"一个超理性的存在者或是某种神秘的存在去说明这个问题。

（五）形而上学意义的动摇

唯理论者凭借其对建立"科学之科学"的坚定信念，不惜陷入独断论和神秘主义，这已经使他们偏离了原始的初衷，对人类理智而言，形而上学对人有"求真"的意义，又有"求善"的意义。可是，唯理论的逻辑表明，世界的可知性实际上来自于独断，而存在着绝对的关于世界本质的知识体系只不过是一种美好的想象。这样，形而上学的"求真"的意义就被完全动摇了。既然形而上学的对象是"至真"和"至善"的统一，并且"善"是以"真"为基础的，那么这样形而上学的求善意义也必将被动摇。

形而上学意义的动摇不仅仅来自于唯理论内部逻辑的矛盾，更为直接地来自于经验论对唯理论的批判。经验论在经由培根霍布斯的发展后，在洛克的体系中达到了比较系统的表达，洛克否定了任何可能的天赋原则或天赋知识，这样就完全拒绝了唯理论者试图在纯粹的思维中建立起一种绝对知识体系的可能性，凡是在心灵中出现的无不来自于经验，我们的知识领域被严格地限制在经验的领域，对超出了这个领域的任何对象我们都无法形成一种有效必然的知识，这样就否认了唯理论者试图在实体之上建立一种绝对知识体系的可能性。休谟则将批判进行得更为彻底，关于世界的三种存在我们甚至都不能确知，我们只有经验，但是经验并非必然地来自于物质世界，"经验来自于物质世界"在洛克的体系中是一个自明的前提，而对休谟来说，我们知道的只有思维中的经验，对于外部世界的客观存在，我们无从可知，更不用谈获取关于这些实体的知识，休谟的这种不可知论也将形而上学的两个悬设连根拔起。休谟虽然瓦解了形而上学，但是又给形而上学的复苏留下了种子，他进而划分了哲学的两个领域，一个是思辨的，一个是实践的，前者和事实相关与而后和实践相关，这样的一种观点影响到了康德，并且促使他对形而上学的意义进行转换，并且在新的时代下挽救形而上学。

第六章 经验论对唯理论的批判

在莱布尼茨的《人类理智新论》中，我们看到了洛克和莱布尼茨那旷日持久的争论，他们争论的焦点在于经验的来源以及实体的有关问题上，从更为广泛的角度来看，这个争论体现了经验论和唯理论之间的矛盾和斗争。培根（Francis Bacon）、霍布斯（Thomas Hobbes）已经为经验论提供了理论基础，但是将其系统化形成一个理论体系是在洛克那里才完成的，在某种程度上来说，完整意义上的经验论是在和唯理论论战的过程中逐渐完整起来的，这一论战在与笛卡尔同时代的法国唯物主义学者伽桑狄那里就开始了，只不过伽桑狄的哲学体系还是以唯物主义的存在论为主，在认识理论上并没有完全贯彻经验论的传统。洛克系统地总结了前人的经验论思想并提出了自己的完整的认识论体系，这一体系被休谟所扩展并最终构成了对形而上学的否定。因此，经验论对唯理论的批判在更为深远的意义上来讲，是经验论对形而上学的否定。

一、洛克对唯理论的批判

洛克系统的经验论的认识论思想主要表述在他花了近 20 年时间写就的著作《人类理解论》。这本著作分为四卷：第一卷批判了笛卡尔的"天赋观念论"；第二卷探讨了观念问题，其中比较重要的探讨了观念的形成过程以及身心的关系问题；第三卷探讨了表达观念的文字和语言问题；第四卷则探讨了由观念构成知识的问题。总的来说，第一卷是全书的总纲，是洛克在本书中所极力想表达的，第一卷的问题也统摄着其他三卷的问题，从历史上来看，第一卷虽然在全书的开头，但却是洛克最后写的那一部分。

（一）洛克的观念论

洛克在有一点上是和唯理论者一致的，那即是将观念视为我们思维的直接对象，从认识论的角度上来说，洛克承认，认识或知识都是由观念开始的，虽然这些观念会以某种方式指向外部，但是我思维所直接处理的还是观念以及观念之间的关系，"这个名词，我想足以代表一个人在思想时理解中所有的任何物象；因此，我就用它来表示幻象（phantasm）、意念（notion）、影像（species）"①，在关于什么是观念上，洛克的理解和唯理论者的理解是一致的，那即是凡是出现在我们心灵当中的都可以被称为观念，在更为直观的意义上，观念即是"表象"。

1. 不存在天赋的观念

但是洛克在关于观念的来源上有着完全不同的意见，观念并不来自于"天赋"。观念的载体是我们的心灵，心灵既不是柏拉图意义上的充满着先天知识的容器，也不是莱布尼茨意义上的有纹路的大理石，它只是一块白纸，先天地来说，它什么都没有，"我们可以假定人心如白纸似的，没有一切标记，没有一切观念"②。莱布尼茨的必然真理体系中的那些自明的、无须推理的天赋原则——例如矛盾律都被洛克所无情地的批判了，莱布尼茨认为矛盾律被人们潜在地所理解了，并且在实际生活中被不自觉地所运用了，但是洛克却从一个完全相反的路径批驳了这个论述，既然大部分人都不知道矛盾律这回事，那么它完全就不是天赋的。并且像儿童这样的不具有十足理性的人，往往会说出"反矛盾律"的话，这都表明了即使那些人们普遍统一的准则也不是先天的。更进一步，像算数学还有几何学这样的知识，也不是先天的自明的，而是有赖于后天的学习的，儿

① ［英］洛克：《人类理解论》，关文运译，商务印书馆1983年版，第5页。
② ［英］洛克：《人类理解论》，关文运译，商务印书馆1983年版，第68页。

童并不是一生下来就知道 3+4=7 的，他也不能先天地分析出 7=3+4，这依赖于后天的教导。不仅那些在唯理论者看来是自明的必然真理不是天赋的，并且，由他们的理性演绎法所作出的根据这些自明知识作出的推理的结论也不是天赋的，这就导致了一个十分重要的命题——上帝的观念不是天赋的，上帝的观念在笛卡尔的理论体系中是先天地自明的，每个人的心中有一个天赋自明的上帝的观念，莱布尼茨对笛卡尔的这一观点进行了矫正，上帝的观念是"后天地"自明的，但依然是天赋的。洛克认为，如果上帝的观念是先天的，那么儿童从一生下来就应该知道这样的一种观念，但是就如把儿童都移居到一个没有火的岛屿上那样，他们完全不会有关于"火"的观念，同样的道理，他们如果不经受经验的教导，也就完全不会有关于上帝的观念。即使整个人类都有关于上帝的观念，也不能说是这一观念是天赋的，因为人类往往是在对原因的推理和追溯中发现了上帝。洛克并不是反对上帝的存在，他只是反对笛卡尔而对那种人天生地就有一个清晰明白的上帝的观念这样一种观点。

　　针对"观念是天赋的"，洛克提出了可能的反对意见，莱布尼茨的"大理石纹路说"告诉我们观念或原则是先天地存在于我们的心中的，但是我们的理性还没有发现它，后天的经验刺激我们发现了原本藏在内心的天赋观念或原则，洛克认为这种论断实则是一种诡辩，因为它完全混淆了"天赋观念"和后天学习的观念，把一切经由学习来的都当成是天赋的，这仿佛是在说"眼睛要凭着理性才能发现可见的物象一样"①，而这显然是荒谬的，凡是先天地存在于我们理智之中的一定能被我们所熟知，并且不是在后天所熟知，而是先天地所熟知，而我们先天地不熟知这些东西，因而思维中也就没有什么东西是先天存在着的。

　　2. 观念来源于经验

　　观念既然不起源于"天赋"，那么观念的来源在哪里呢？排除了天赋的来源，观念只能来自于经验，"他在理性和知识方面所有的一切材料，都是从哪里来的呢？我可以一句话答复说，它们都是从'经验'来的。

----

　　① ［英］洛克：《人类理解论》，关文运译，商务印书馆 1983 年版，第 10 页。

我们的一切知识都是建立在经验上的，而且最后是导源于经验的"。① 经验是什么？经验就是由感觉和反思带给我们并在我们心灵中出现的那些东西，感觉告诉了我们"冷"、"热"、"软"和"硬"这样一些观念，而反思则给了我们一个抽象的观念，例如作为观念的"观念"还有"思维"这样的观念，在这个意义上，洛克把经验看作了我们知识的来源。来自感官的观念是先于反省的观念的，洛克依旧拿出他十分喜爱的关于儿童的例子来论证，在一个儿童很小的时候便会在心灵中发现很多来自感官的观念，因为它们全部地来自于外界的刺激，虽然这些观念可能表现得不那么清晰，等到儿童逐渐成长成人，心智逐渐成熟，这个时候他们就有了更多的反省的观念，因为他们不再将注意力放在了外部世界，而是专注于了自己的内心。在将观念的来源确立为经验后，洛克作出了和莱布尼茨完全相反的论断，那即是"心灵并不永远在思想"，心灵作为一张白纸，其最初的来源只能是来自于感官的刻画，没有任何潜在的、不为我们察觉到的"知觉"，"如果人们要问，一个人什么时候才开始有了观念？则我可以说，真正的答复，一定是说，他在开始有感觉时，才有观念的"②。

3. 观念的分类

在洛克看来，所有的观念都可以还原为两类最为基础的性质，"简单的"和"复杂的"，像前面那样由感官和反省所得来的观念都是简单观念，它们形成的机理有四个：第一，通过单一的感官得来，例如红色、绿色等这样一些单由视觉来的观念；第二，通过不止一个感官得来，例如空间的观念、静止和运动的观念；第三，经由反省得来的观念，例如"思维"、"意欲"这样的一些观念；第四，在感官和反省的共同作用下得来的观念，像快乐或者痛苦这样的观念。这些观念的特点是清楚明白、单纯不杂、不可再分。这种观念与理智的关系是：第一，它是一切知识的材料，理智可以复述、比较、结合它们，以作出无限花样；第二，正像用 26 个字母来产生许多文字而这些文字不能超出 26 个字母一样，理智不能超出少数的

① [英] 洛克：《人类理解论》，关文运译，商务印书馆 1983 年版，第 68 页。
② [英] 洛克：《人类理解论》，关文运译，商务印书馆 1983 年版，第 82 页。

简单观念，更不能发明新的简单观念或毁灭简单观念。理智在接受简单观念时，大部分是被动的，因为它不能拒绝接受呈现于理智的简单观念。但是，理智在复述、分辨、比较、组合、命名或抽象这些简单观念时，则是主动的。正是通过这些主动的能力，理智才使为数不多的简单观念构成了各种复杂观念。

复杂观念来自于简单观念的组合，在分类上有三种复杂观念：实体观念、样式观念和关系观念。实体观念代表着独立自存的一些特殊的事物，它来自于我们对许多简单观念的一种归类，当我们接受许多由感官和反省而来的简单观念后，我们的理智发现它们经常是一起出现的，我们就假设它们是属于同一种事物的，因此，我们就用一个名称来代表那类能够承担其他简单观念的一种观念，这个名称就是"实体"，在这种意义上，实体是一个"假设的基质"，它是其他所有简单观念的支撑点。总的来说，"实体"只是一种假设了能够支撑那些作为简单观念的一种"基础"，"我们以概括的实体一名所称的那种观念，只是我们所假设而实不知其如何的一种支托"①，洛克承认，我们具有物质实体的观念、精神实体的观念和上帝的观念，仅仅在于，我们假定了一种基质，它承载了或者是物质的属性（广延、运动等）或者是精神的属性（思维、欲望等），或者是一切的有限的属性。样式观念指的是只能依附于实体的那种属性观念，它不具有自己存在的假定，有两类样式观念，一类是简单的样式观念，它来自于我们对同一种简单观念的重复。另一类是混合样式，它来自于不同种类的简单观念的结合，比如"美"的观念来自于"颜色"和"形状"的某种组合。最后，关系观念来自于对不同观念的比较，"人心在思考一个事物时，如果把它同别的事物在一块考究，并且在两物之间来回观察，这就叫作关系"②，例如大、小、原因和结果这些观念都是比较性的。因果的观念是最为广泛的关系观念，任何能产生简单观念或复杂观念的那个东西，称为原因，而所产生的，则称为结果。

---

① [英] 洛克：《人类理解论》，关文运译，商务印书馆 1983 年版，第 266 页。
② [英] 洛克：《人类理解论》，关文运译，商务印书馆 1983 年版，第 292 页。

（二）洛克的知识论

我们思维的对象只有观念，而观念的来源只有经验，那么这就决定了我们的知识的材料也必定由经验所赋予。

1.知识的形式和分类

既然思维的对象只有观念，那么毋庸置疑，我们的知识的内容也就仅仅在于观念，知识是什么？洛克把知识界定为对我们的观念之间的一致或不一致的认识，"所谓知识，就是人心对两个观念的契合或矛盾所产生的一种知觉——因此，在我看来，所谓知识不是别的，只是人心对任何观念间的联络和契合，或矛盾和相违而生的一种知觉"①。因此，知识就是对观念间一致或不一致的真实判断。这样的一种判断有四个形式：第一，基于同一性或差异性的判断，这是人的心灵在构成知识上的首要步骤，基于同一性或差异性的判断就是告诉我们这一观念是其自身，而能够与其他观念区别开来，例如我们的心中有了"白"、"圆"的观念我们就会立刻知道这些就是这些，而不是"红"、"方"；第二，基于关系的判断，我们在各种途径下比较各个观念从而发现它们之间是相合或者相违的，例如我们说"三角形的三角之和等于两直角之和"就是这样一种知识；第三，基于共存性的判断，就如我们在实体观念中看到的那样，我们把实体中所包含的那些简单观念理解为可共存的；第四，对现实存在的判断，也即是指现实的存在和观念的契合，例如"上帝是存在的"，这样一类命题。

知识有这四种形式，在类型或等级上又可分为三种，第一等级是直觉的知识，它是心灵直接比较两个观念间的契合或相违而得出的知识，获得这种知识并不要费力很大，但它却是最明白、最确定的知识，例如我们"存在"，这是和笛卡尔的理解所一致的；第二等级是解证的知识，它是心灵在无法直觉的情况下，借推论或解证，即以其他观念为媒介来考察两个观念间的契合和相违而得来的知识，例如我们关于上帝存在的知识，这种知识没有直觉的知识那样自明。除此之外，洛克认为还有感觉的知识，它

---

① ［英］洛克：《人类理解论》，关文运译，商务印书馆 1983 年版，第 515 页。

是一种特殊的知识，即人心在运用于外界的特殊的存在时所获得的知识，它在可靠性上要明显的低于直觉的知识和推证的知识。但是就感觉知识在一定程度上表象了外物，它也可被称为知识，因为它在一定程度上符合了那四种知识形式的最后一种，"这虽然不如解证一样确实，可是亦可以叫作知识，而且证明外界事物的存在——我们藉感官对各种外物的存在所发生的知识，虽然不如我们的直觉的知识那样确定，虽然不如理性在心中的明白抽象的观念方面所有的推论那样确定，可是它仍然是配得上称为知识的一种确信"①。

2. 知识和真理

如果细心观察我们就可以发现，其实在洛克对知识的界定中有着两种标准，它既然把知识界定为"观念之间的契合或矛盾"，那么知识就应该停留在纯粹的思辨领域，但是在具体的划分中他又把第四种知识的形式划定为对现实存在的判断，虽然这种判断只是对"存在"的判断，而不是对"存在是什么"的判断。但是，洛克在知识的定义上表现出的不严谨也实质上暗含了他对知识的划分实际上有两种不同的标准：一种是纯粹在心灵中出现的，它们是"确定的知识"；另外一种是指向外部实在的，它们是"实在的知识"。与此相对，也有两种真理：一种是"口头的真理"它标示着心灵中观念的契合或矛盾；另外一种是"实在的真理"，它表示着观念和现实存在的一致。"真理和知识一样，亦可以有口头的和实在的区分。我们如果只知道各种名词所表示的观念是契合的，而且它们在自然中又有实在的存在，则由这些标记所组成的真理是实在的真理"②。洛克实际上承认了这样一个立场，也即是当我们的思维只停留在纯粹的思辨领域时，知识没有所谓的真假之分，但是如果思维要指向实在，那么我们的知识就有了真假的区分，这一点和莱布尼茨对于理性真理和事实真理的区分是一致的，只不过莱布尼茨将其视为"偶然的"只是因为就人类的理智而言，这种观念在一个无限的因果联系中是不那么明确的，而对于洛克而言，这种知识可能是假的，在于我们不能证明它真实地反映了一个现实存在，这就

---

① ［英］洛克：《人类理解论》，关文运译，商务印书馆 1983 年版，第 627 页。
② ［英］洛克：《人类理解论》，关文运译，商务印书馆 1983 年版，第 570 页。

引出了洛克关于实体的不可知论。

3.“存在”不可知

洛克相信有三类真实的存在：通过直觉他发现了作为精神的“我”存在；通过推理他发现了上帝的存在；通过感官他发现了外部世界的存在。对于这些存在我们能说什么？是否有关于存在的绝对必然的知识。在我们受到外部世界的刺激时，我们在对简单观念的知觉中发现了它们的恒常一致的联系，并且在思维中假设了一个实体的观念作为其他观念的基质，我们用一个实体的观念来“代表”那些客观存在着的基质，我们清楚地有关于运动、广延、大小的观念，这时我们假设了“物质”的实体；我们清楚地有关于思维、欲望、意志的观念，这时我们假设了“精神”的实体，我们这些所假设的东西在严格的意义上被称作“名义本质”，“我们在此只是含糊地假定一个自己所不知的东西”[1]，“实体”严格来说只是我们在思维中所假设的。关于真实的存在我们能说些什么呢？洛克认为对真实存在的确定知识依赖于一种“真实本质”，我们想要获得真实本质就要深入到“存在”的真实结构中去探查，要知道物质存在的各部分是怎么在一起黏合着的，我们还要知道思维能够这样意愿着、否定着的真实原因，更要知道上帝是以一种怎样的方式绝对地存在着的，但这些都超出了我们的经验的范围之外了，“我们如果要进一步来研究它们的本质、原因和方式，则我们不但不能明白地知觉到思想的本质，亦不能知道广袤的本质。如果我们再进一步来解释它们，则它们都是一样困难的”[2]。我们无论多么的努力，我们的真理领域永远只能局限于经验的范围，关于存在的真实的本质我们是不可知的。洛克甚至从此得出了一个悲观的结论，那即是自然哲学或物理学是不可能的，“因此，我就猜想，自然哲学不能成功为一种科学。我想，我们在各种物类，和其各种性质方面，并不能得到许多概括的知识”[3]。但是洛克并没有否定知识的用处，我们并不能因此陷入怀疑论，我们对事物的经验主义观察足以为我们的生活提供指导。我们将会在下一个

---

① ［英］洛克：《人类理解论》，关文运译，商务印书馆 1983 年版，第 58 页。

② ［英］洛克：《人类理解论》，关文运译，商务印书馆 1983 年版，第 284—285 页。

③ ［英］洛克：《人类理解论》，关文运译，商务印书馆 1983 年版，第 643 页。

部分看到，这样的一个观点是怎么样地影响到了休谟，又是怎么样的导致休谟对形而上学进行了彻底地肢解。

在传统的形而上学家，特别是传统的典型形而上学家那里，实体就是客观的最为真实存在着的东西，他们相信它的存在，更相信能够在一定程度上获取关于实体的绝对必然知识。而在洛克的批判中，他虽然相信外物质、精神和上帝的客观存在，但是他把"实体"的概念仅仅局限于我们思维的假设，这是中世纪唯名论思想对洛克影响的印记，这样的一种分离也必将导致对存在的不可知的结论，我们有一个"实体"观念，它来源于经验，但是这一观念只是一种"名义本质"，但我们无法知道"存在"中那种"真实本质"，因为它超出了我们的认知范围。洛克在对唯理论的批判中有着明显的不彻底性，实际上他那种确立物质、精神和上帝的存在已经是一种独断论了，偏离了他的经验主义的立场。

总之，洛克坚持认为，既然认识必须从经验出发，而从经验出发的认识又不能确定地认识真实存在，那么，"实体"就不是确定性的知识的对象，形而上学也不能像形而上学家自认为的那样，是比自然科学更确定的科学，这样来说，形而上学就不是"科学之科学"。

二、休谟对唯理论的批判

作为晚期经验论的代表，大卫·休谟（David Hume 1711—1776）对唯理论的批判更为深刻，一方面，他继承了洛克和贝克莱等经验主义者的基本原则，另一方面，他清算了经验主义中犹豫的成分，将经验主义推向了极端，他的这一努力将形而上学几乎摧毁了，他不承认我们能合法地推论出有什么实体的存在，在知识的问题上，关于事实的知识全部都是概然性的知识，我们对物理世界根本不可能得出任何必然性的认知，休谟从而陷入了不可知论。

（一）贝克莱的经验主义

要想对洛克以及休谟的观点有一个整全性的理解，就不能不谈到贝克莱。作为晚期经验主义的重要代表，贝克莱的学说一方面立足于洛克的观念学说，另一方面，贝克莱却不承认洛克所提出的物质实在的概念，而仅仅承认有精神的实在。而休谟则对贝克莱以及洛克的思想进行了彻底的清算，在我们以一种科学的精神谈论哲学时，任何实体意义上的"存在"都不应有其位置。

贝克莱和洛克所一致同意的是，我们进行哲学探讨的起点是"观念"，"人们只要稍一观察人类知识的对象，他们就会看到，这些对象就是观念"[①]。所不同的是，洛克从我们心灵中的观念出发认为，有外在的物质存在与心灵中的观念相对应，然而在贝克莱看来，我们所言说的一切"存在"，都是心灵中的存在，也就是说，贝克莱将"存在"和"观念"等同了起来。

当我们谈起"存在"时，我们在表达什么？贝克莱认为将存在和心灵的作用分开讨论是不恰当的。所谓的存在即是被我们心灵所感知到，当我们说一个可感事物存在的时候，我们无非是在说，它是被我们所感觉到的，"我写字用的这张桌子所以存在，只是因为我看见它，摸着它；我在走出书室后，如果还说它存在过，我的意思就是说，如果我还在书室中，我原可以看见它"[②]，因此，"所谓它们的存在（esse）就是被感知（percepi）"，如果离开了我们心灵的感知作用，便没有的东西能够称得上是"存在"。

从这样一个界定出发所必然导致的结论就是，所谓的物质实体是不存在的，因为在这个界定下，"物质实体"是一个自相矛盾的概念，外在世界不可能脱离我们的感知而独立存在。除了我们能够从"存在即是被感知"这一结论中直接否定物质实体的独立存在，贝克莱还借助于对"抽象"理论的批判来否定物质实体的存在。贝克莱认为，承认物质实体存在的理论根源在于抽象作用，总的来说，即是我们的心灵能够通过分别、组合的作用形成一个共性的观念，并且这样的一个观念有其外在实在的对应。但是在贝克莱看来这是不可能的，我们在任何时候都不可能有脱离了

① ［英］贝克莱：《人类知识原理》，关文运译，商务印书馆 1973 年版，第 20 页。
② ［英］贝克莱：《人类知识原理》，关文运译，商务印书馆 1973 年版，第 21 页。

"个别"的一种"抽象观念"，具体来说我们的心灵当中不可能出现"非钝角、非直角、非等边，非等腰"的一种三角形观念，因此，不存在着摆脱了所有个别的普遍概念，贝克莱在这里所直接针对的是洛克关于第一性质和第二性质的划分的理论，在洛克看来，第一性质例如广延、运动，坚实性等是外在物质实体本身所固有的属性，而第二性质例如颜色、声音等则是外在事物在我们心灵中产生的结果。洛克认为第一性质是事物的本质属性，摆脱了一切偶性（第二属性）的东西，可是在贝克莱看来，第一属性和第二属性是不可分离地结合在一起的，我们永远不可能脱离了一种颜色来设想一种广延的事物，因此，也就是说，我们不能够从第二性质中抽象出一种摆脱了所有个性的第一性质。而所谓的"物质实体"的观念也是来自于这样一种抽象的结果，我们不可能脱离一切个别来设想一个普遍的物质实体的观念，并且，即使我们有这样一个物质实体的观念，我们也不能够作出合理的推断说它在外部世界有其相对应的实在，"物质实体"在哲学中既是不可能的，也是不必要的。

贝克莱虽然否定了物质实体的存在，但是却承认了精神实体的存在，这表现出它的经验论的犹豫和不彻底。我们所能够感知到的即是观念，而这些观念必然有一个原因，否定了外部世界的独立存在后，观念产生的来源只能够在我们的心灵之中发现，就此而言，心灵是能动的。对于贝克莱而言，观念是被动的，它们只能被我们感知到，而不能产生或改变别的观念，但我们常常感知到观念的产生和改变，那么这一原因在哪里呢？它必定是精神，一切观念都存在于精神之中，并且没有外部事物与其必然联系，那么，这些观念的原因只能在精神之中寻找，"这个能感知的能动的主体，我们叫它作心灵，精神或灵魂，或自我。这些名词并不表示我的任何观念，只表示完全和观念不同的另一种东西。这些观念是在那种东西中存在的，或者说，是为它所感知的；因为一个观念的存在，正在于其被感知"①。

在经验主义内部，贝克莱虽然将洛克的哲学往前推进了一大步，但是

---

① ［英］贝克莱：《人类知识原理》，关文运译，商务印书馆1973年版，第20页。

其仍然是不彻底的，这一不彻底性在于，如果承认我们的观念被经验所局限，那么我们是如何有一个"自我"的观念呢？实际上，这一"自我"的观念仍然是来自于贝克莱所批判的抽象原则，如果我们只能够感知到我在感知这个观念、我在感知那个观念，我们如何能够得出结论说有一个纯粹的我在感知着感念呢？并且，将这种自我设定为实体也在一定程度上偏离了贝克莱的经验主义立场，而这种自相矛盾的局限性也表现出了经验主义内部的不彻底性，而要铲除这种不彻底性就只能将实体概念从哲学中剔除，这样的一项工作则是在休谟那里完成的。

（二）休谟的观念论

休谟的主要思想记述在那部著名的《人性论》中，在其中，休谟宣称对哲学的研究实质上是对人的研究，具体来说即是对人的理解、情感和意志的研究，用通俗一点的话来说，即是研究人的知、情、意。这是对经验主义在方法上的突破，培根、伽利略坚持经验主义，他们注重对外部世界的实验和观察；霍布斯和洛克分别讨论了人的感官知觉的作用，实际上将哲学探讨引入了人的内部。而休谟则系统地发展了这个思路，建立起了一个完整的认识论和伦理学的体系。在这个方法的具体应用上，休谟坚持了经验主义的传统，也即是从经验出发来研究人性，因此他在《人性论》的标题旁边加了一行字：在精神科学中采用实验推理方法的一个尝试，在他看来，"关于人的科学是其他科学唯一牢固的基础，而我们对这个科学本身所能给予的唯一牢固的基础，又必须建立在经验和观察上"[①]。

1. 印象和观念

基于经验的原则，休谟赞同洛克的那种说法，凡是出现在思维中的，无不是来自于经验，对人来说，我们心灵中出现的一切最初都是来自于经验的，不存在什么天赋的原则或观念，他将这些东西称之为"知觉"（perceptions），知觉又可以被划分为印象和观念，印象指进入心灵时最猛烈的知觉，包括初次进入灵魂中的一切感觉、情感和情绪，例如我们关于

---

① ［英］休谟：《人性论》，关文运译，商务印书馆 1996 年版，第 8 页。

颜色、声音、快乐或痛苦的知觉，都可被称为印象，在印象中，按照性质又可以分为感觉印象和反省印象。观念和印象则没有实质上的区别，而只有强烈程度上的差异，"至于观念（idea）这个名词，我用来指我们的感觉、情感和情绪在思维和推理中的微弱的意向"①，实际上，在休谟看来，观念只是对初次来到我们心灵中的那种强烈的印象的一种"复写"，是一种微弱的印象。

就观念而言，有两类比较重要的观念，分别为记忆的观念（memory）和想象的观念（imagination），休谟拒绝像大多数的哲学家那样，把记忆和想象理解为心灵的能力，休谟的目标是将心灵中的一切都还原为知觉。记忆观念和想象观念的差别在于：第一，记忆要比想象要强烈、生动得多，并更为稳定；第二，记忆保持对象出现时的原始形式、它们的次序和位置，想象则不受原始印象的次序和位置的束缚，"想象并不受原始印象的次序和形式的束缚，而记忆却在这方面可说是完全受到了束缚，没有任何变化的能力"②。

2. 观念的联结

想象是自由的，如果没有某种普遍联系的原则来约束它，它便不可理解，难以捉摸。所以想象不能是任意的，人们根据对各种观念互相联系的事实的考察可以看出它们的联系原则。对此，休谟将各观念间的联系原则概括为三种：相似关系（Resemblance）、时间或空间中的接近关系（Contiguity in Time or Place）和原因或结果（Cause or Effect）。当一个人作为观念出现在我们的思维中，我们立刻想到和他相似的人，这时就构成了一种相似关系；当我们谈到今天的事，接着就想起了昨天的事，这时就构成了一种接近关系；而当我们在思维中意识到石头热，我们立马说这是太阳晒的原因，这时就构成了一种因果关系。在其中，因果关系是我们在生活中应用的最多的一种关系，并且就强烈的程度来说，它是我们在想象中联系最强的一种关系，"没有任何关系能够比因果关系在想象中产生更强的联

---

① ［英］休谟：《人性论》，关文运译，商务印书馆 1996 年版，第 13 页。
② ［英］休谟：《人性论》，关文运译，商务印书馆 1996 年版，第 21 页。

系于观念的对象之间，并使一个观念更为迅速地唤起另一个观念"①。因果关系是休谟的认识论理论中最重要的一对范畴，我们在下面将会看到，正是经由对因果关系的考察进行出发，休谟否定了整个形而上学的两个假设，世界是不可知的，并且我们没有关于这个世界的绝对必然的知识。

3. 因果关系

在唯理论的推理过程中，从某种程度上来说，都是按照因果的必然性来进行的，这在他们看来是一条逻辑上的真理，可以丝毫不加以怀疑地拿来使用，笛卡尔从我们心中有一个上帝的观念，推出这个结果必须有一个原因，这个原因只能来自于现实必然存在的上帝，这样他就隐晦地将因果关系当成了一种必然的关系来使用。斯宾诺莎则把整个世界，无论是从现实存在的角度上来看，或者是从观念的角度上来看，都看成是一个严格的因果序列的链条，一个事物（观念）严格地由上一个事物（观念）所决定，上一个事物（观念）又由他的决定者所决定，从两个不同的因果序列我们最终可以追溯到作为最终原因上帝，上帝一方面是思维着的，一方面是存在着的，这即是广延和思维的两个属性。如果说笛卡尔和斯宾诺莎只是隐晦地使用了这一因果必然的原则的话，那么莱布尼茨则是将这一原则明确化了，关于充足理由律他宣称，每一个必然存在着的都有其充分的理由，这实际上是将因果关系当成了一个必然的法则来使用。在唯理论者看来，因果关系的必然性是一条先验的法则，它们的真理性毋庸置疑，但休谟从他的经验主义立场出发，宣称事实上的因果关系只是建立在经验的基础之上的，从根本上来说这只是一种假设，原因和结果之间不存在一种必然的联系。"我可以大胆地提出一个没有例外的概括命题说，这种关系的知识在任何例证下都不是由先验的推论得来的；这种知识所以生起，完全是因为我们根据经验，看到某些特殊的物象是恒常的互相联合在一块的"②。根据休谟的观念论，我们的任何观念都是来自于印象的，而印象起源于经验，也正因此观念的范围也就局限于经验的范围，而可以确定的是，观念的联结也是从经验的角度出发的，因果关系是建立在经验的基础

---

① ［英］休谟：《人性论》，关文运译，商务印书馆1996年版，第23页。

② ［英］休谟：《人类理解研究》，关文运译，商务印书馆1981年版，第28页。

之上的，而没有一条先验的原则来赋予其必然性。

　　在休谟看来，唯理论者犯了两个错误：其一，他们把因果联系看成了事物本性中的一种性质和趋向；其二，他们把因果联系看成是一个必然的联系。因果联系是严格地被规范在经验的范围内部的，就像我们在洛克那里看到的那样，经验是我们思维中的表象，也正是因此，因果关系就不是事物中的性质和趋向，而只是我们的主观产物，我们在思维中说假设说"有这样一个原因"和"有那么一个结果"。休谟在这个方面受到了洛克的启示，我们永远不可能凭借经验的知识来洞察到事物的内部结构，唯理论者所说的那种在事物中的因果关系只不过是我们的一种主观的经验，这种主观的经验在休谟看来是不具备必然的性质的，而只是一种"任意的想象"。严格来说，"因果观念"只不过是一种假设，我们在思维中恒常出现一个事件的观念，而这个观念出现后，又恒常地出现了另一个事件的观念，我们就人为地将前一个观念看成这整个过程的原因，而将后一个观念看成整个过程的结果，可是实际上，我们既看不到原因，又看不到结果，我们只不过是经常性地看到两个观念相继地出现。我们经常性地知觉到"太阳晒"的观念和"石头热"的观念相继出现，我们就主观地将"太阳晒"看成是原因，将"石头热"看成是结果，并认为它们之间有一种必然的联系"因为太阳晒所以石头热"。可是在休谟看来，我们既无法在"太阳晒"中看到原因，又无法再"石头热"中看到结果，这两个只不过之恒常出现在我们心灵中的两个相继的观念，我们依靠想象才把它们结合在一起的，这两个观念之间没有出自本性的联系，实际上，因果关系只不过是我们心灵中的一种假设或期望，"由似乎相似的原因，我们便期望有相似的结果。这是总括了我们一切根据经验的结论"①。两个观念之间的以这种方式的联结是我们认为主观的结果，而不是出自于观念之间本身的联系，"一件事情虽然跟着另一件事情而来，可是我们永远看不到它们中间有任何纽带。它们似乎是'会合'在一块的，却不是'联系'在一块的"②。因果关系只不过是一种人们想象的产物，它既不是事物中的一种本性的趋

　　① ［英］休谟：《人类理解研究》，关文运译，商务印书馆1981年版，第35页。
　　② ［英］休谟：《人类理解研究》，关文运译，商务印书馆1981年版，第68页。

势，也不是一种必然的联系，这一结论在休谟的体系中占据着核心的地位，休谟正是从这个结论出发试图摧毁整个形而上学的基础。

（三）休谟对形而上学的批判

如果说莱布尼茨是近代唯理论的集大成者，将唯理论发展成了一个绝对必然的体系，那么休谟就是近代经验论的集大成者，将唯理论的体系肢解为一个不具备任何必然性的学说，他的这一尝试不仅打击了天赋观念和绝对的知识体系，还几乎摧毁了整个形而上学。他否定形而上学的路径有两个：第一，怀疑"实体"的存在；第二，任何像唯理论者建立在所谓"因果联系"上的知识都是一种或然的知识，从而不存在绝对必然的知识体系。

1. 实体存在么？

洛克相信实体的存在，但是我们却不具备关于实体的任何知识，因为这严格超出了我们的经验的范围。在休谟看来，洛克是不彻底的，他相信实体的存在实际上是像唯理论者那样独断地宣称了一个超出我们认知领域的一种"神秘的存在"，从严格的经验主义立场出发，对实体存在与否我们应该持一种保留的态度。

休谟在关于什么是"实体"的问题上是和洛克保持一致的，实体只不过是我们在思维中的一种观念或假设，它假设了一种能够承载其他性质的基质，"实体观念正如样态观念一样，只是一些简单观念的集合体，这些简单观念被想象结合了起来，被我们给予一个特殊的名称，借此我们便可以向自己或向他人提到那个集合体"[1]。但是洛克却认为这样的一些假设的实体——物质实体、精神实体和上帝分别在现实世界中有一个对应的客观存在，分别从感官、直觉和推理我们能够确立物质世界、"自我"和"上帝"的客观存在，只不过我们对它们不具备知识罢了。而在休谟看来，从严格的经验主义立场出发，我们不能够得出任何"实体"客观存在的结论。

---

① ［英］休谟:《人性论》，关文运译，商务印书馆1996年版，第28页。

首先，我们无法确知物质实体的存在，洛克讲到过，经验的来源是感觉或反省，我们的感觉来自于外部的刺激，因此他确信外部世界一定存在着。可在休谟看来，这是一种思维中未经解释的跳跃，休谟承认经验作为第一原则，也承认感觉的客观性，但是休谟承认，它并不知道这些感觉是怎么产生的，我们不能断言在我们心灵产生的感觉是来自于外部世界的刺激，我们思维中有的只是知觉，这是我们认知领域的起点，我们要想追溯这一感觉的来源是不可能，这超出了我们的能力，关于外部世界的存在只是我们的一种对经验来源学说的假设，而不是一个确证的知识，就如他在《人类理智研究》中所说的那样，"感官传来的这些知觉，究竟是否是由相似的外物所产生的呢？这是一个事实问题。我们该来如何解决这个问题呢？当然借助于经验；正如别的一切性质相同的问题都是如此解决的。但是经验在这里，事实上，理论上，都是完全默不作声的。人心中从来都没有别的东西，只有知觉，而且人心也从不能经验到这些知觉和物象的联系"①。而休谟对"自我"实体的客观存在的批判也是强有力的，这是唯理论的一个主要论点，也被经验论者洛克当成了真理。在休谟看来，我们不能确知那样一个在笛卡尔的意义上的一个"纯粹"的我思，这不是普遍怀疑的结论，也非洛克所说的是一个知觉的自明真理，同样的，和外部世界的客观存在一样，这只是思维的一个"假设"，任何时候当我们说"我自己"时，并没有一个脱离经验的"我"，总是一个带有特殊知觉的我，"快乐的我"、"痛苦的我"、"感到热的我"或"感到冷的我"，并没有一个纯粹的"我"，严格的知识不允许我们假设，而必须得到经验的证实，只要我们没有经验到一个纯粹的"我"，也就不能说它确实那样地存在着，"就我而论，当我亲切地体会我所谓我自己时，我总是碰到这个或那个特殊的知觉，如冷或热、明或暗、爱或恨、痛苦或快乐等等的知觉。任何时候我总不能抓住一个没有知觉的我自己，而且我也不能观察到任何事物，只能观察到一个知觉"②。同样，上帝的存在只是我们对有限属性的一个"无限的集合"，而我们无法确证地知道在现实中有一个上帝和这个"无限"是

---

① ［英］休谟：《人类理解研究》，关文运译，商务印书馆1981年版，第135页。
② ［英］休谟：《人性论》，关文运译，商务印书馆1996年版，第282页。

符合的，这已经超越了我们人类理智的极限。形而上学家所确信的三类实体的存在，不仅被休谟理解为不可证明的，同样也是不可理解的，从物质方面说，在各种物体作用的单一例证中，除了发现各种事情相继出现外，并不能了解原因所借以进行的任何能力和原因与其假设的结果间的任何联系。从精神和肉体的协调方面来说，针对人们认为它们是思维在人身上所加的作用的观点，也只能看到后者的运动跟着前者的意志而来，却经验不到结合那种运动和那种意志的纽带，或人心产生这个结果时的内部力量。在上帝方面，我们自身并没有获得最高神明观念的感觉和意识。和洛克所不同的是，实体的存在不能被证明为必然存在的，而是值得怀疑的。和洛克所一致的是，关于实体我们不能获得任何确定的知识，洛克的理由是我们不能洞察到实体的内在结构，因为那种方法已经超越了我们的经验界限。而休谟的理由是，关于实体的内部，我们并不能发现像唯理论者宣称的那样一种必然的因果联系，一切似乎只是"任意的"或"想象的"。

2. 事实知识的不确定性

事实知识的不确定性就是关于外部世界的知识的不确定性，虽然休谟已经从物质实体不可知对这一命题作出了论证，但是与此同时，他还从他的哲学内容的核心——因果关系出发作出了深入的证明。

哲学的学问是关于"人"的学问，其中包括了对人的理解、情感和意志的研究，就认识论而言，就是关于人类理解研究。对人类理解的研究包括了两个部分，一个是对"观念的关系"（Relations of Ideas）的研究，另一个是对"实际的事情"（Matters of Fact）的研究。第一类知识是严格的例如 1+1=2 数学命题，它的内在逻辑是矛盾律，其反面包含着矛盾；第二类知识是关于事实的研究，它建立在因果关系上，"关于实际事情的一切理论似乎都建立在因果关系上"[①]，"太阳明天升起"是可能的，"太阳明天不会升起"同样是可能的。休谟的区分实际上十分类似于莱布尼茨关于理性真理和事实真理的区分，只不过休谟把真理严格地限定在了数学领域，莱布尼茨则将形而上学的原理也包括在理性真理当中。关于事实真理，莱

---

① ［英］休谟：《人类理解研究》，关文运译，商务印书馆 1981 年版，第 27 页。

布尼茨将其内在逻辑称为充足理由律，休谟以十分类似的方式提出了事实知识的内在逻辑——因果关系，前者是两个观念或存在间的必然联系，后者则是两个观念间的一种人为的"任意想象"。这样，在休谟的知识体系中，一切建立在因果关系上的命题都是偶然的、不具备必然性的，实际上，休谟对整个形而上学的批判，特别是对形而上学的两个预设——世界是可知的、我们拥有关于世界绝对必然的知识，正是建立在他的"因果联系"论之上的。康德说："自从洛克《人类理智论》和莱布尼茨《人类理智新论》出版以来，甚至可能追溯到自从有形而上学以来，对于这一科学的命运来说，它所遭到的没有什么能比休谟所给予的打击更为致命。……休谟主要是从形而上学的一个单一的然而很重要的概念，即因果联结概念——出发的。"[1]不错，休谟正是从因果性出发来否定旧形而上学的，他讨论物理的因果性其目的正是为了否定旧形而上学的所谓"四种原因"。

因果性问题是休谟哲学的一个中心问题，他认为这是哲学中最高深的问题之一。他指出，一切形而上学的深奥推理，都无非是为穷尽宇宙的第一原则和终极原因，例如，亚里士多德的"四因"，中世纪的"隐秘性质"、"实体的形式"等。但是，由于各种各样的形而上学推理都是为了探讨宇宙的第一原则和原因，而有没有客观因果性问题实际上又是超越人类认识能力的事情，所以形而上学的争论不可能有结果。"在这一切吵闹中间，获得胜利者不是理性，而是辩才"[2]。既然否认了宇宙的第一原则或原因的存在的确证性和相关知识的必然性，那么讨论这一第一原则的"四因"说的合法性也必然要被休谟否定，一切原因都属于同一个种类，不存在质料因、形式因、目的因的区分，"原因"只在被我们经验到的意义上才有其意义的合法性，从这个层面上来说，我们只能够将那种观察到的在那种恒常联系出来的那个在先的事件称为"原因"，就这个事件构成了物理事件的一个环节而言，是"动力因"（作用因）。

因此，不存在任何我们观察不到的因果概念，而只有我们观察得到的

① ［德］康德：《任何一种能够作为科学出现的未来形而上学导论》，庞景仁译，商务印书馆1982年版，第5—6页。
② ［英］休谟：《人性论》，关文运译，商务印书馆1996年版，第6页。

因果概念，就此而言，整个外部世界都是建立在物理的因果概念上的，而就如我们在前面所说，这样的一种因果概念无非是我们的一种假设，是以我们观察到对象的恒常结合和我们心灵的倾向为基础的，关于外部世界，我们不能获得任何必然确定的知识。我们的知识领域中没有形而上学研究对象的位置，并且抛开数学而言，我们不能获取任何必然确定的知识，世界是不可知的，形而上学的两个预设被休谟所彻底摧毁了。休谟的这种批判性的思索实际上是关于"知识的界限"的思索，休谟从经验的角度出发，指出任何超出我们经验范围的知识都是不可能的，先天的原则在我们探索知识的领域中是徒劳的。但是，与此相矛盾的是，在这一界限中，我们无法获得任何真理。这样的一种矛盾学说为康德哲学的到来铺平了道路，经验和真理、天赋和感官并不是不可沟通的，它们是在一种综合统一性下必然地结合在一起的，而这一结合也必将带给我们一种关于真理的新的定义——一种基于先天综合判断的真理，它使真正的科学成为可能。

三、从危机走向挽救

休谟对形而上学的否定是彻底和有力的，他几乎摧毁了传统形而上学那种真善统一的逻辑内涵，但是休谟并没有走向一个死胡同，他并非否认实体存在，而是不知道实体是否存在；他并非不承认有绝对的知识，只是从经验出发我们不能获得这样一种确定的知识，这样就为形而上学的挽救留下了一种可能性。但是要对形而上学进行挽救就不能在原先的意义上进行，而是要转换成一种新的意义。康德的形而上学的宗旨即是在此，他系统地总结了唯理论的教训以及经验论的启示，新的形而上学认识论必须要走一条中间的道路，关于可靠的知识，既要有经验的基础，又要有先天的根据，从最终的结果来说，建立其一种新的意义上的真正科学知识的体系是康德认识论的最终目标。

（一）认识从经验出发

认识从经验出发，这不仅是在经验论的先驱培根那里得到的号召，更在伽桑狄和笛卡尔、洛克和莱布尼茨的论战中受到了哲学家们的重视，这使得一些像莱布尼茨这样绝对的、完全的唯理论者也不得不承认经验在我们获取知识的作用方面占有一席之地。对哲学来说，从经验出发进行的哲学探讨确实是更为实际和更合理性的一种做法，虽然像唯理论者所说的那样，感官知识经常带给我们的是一种虚幻和欺骗，但是我们也不能由此而采取一种神秘主义的姿态去绕开经验的领域，这不是一种巧妙，而是一种逃避。

　　想要承认我们心灵中有天赋原则的存在确实是一件极其困难的事情，因为我们的一切反思似乎都在经验中有某种根据，我们无法纯粹地得出一些先天的观念和原则，只能根据某种悬设，这个才能可能。但是悬设并不意味着要放弃经验的来源，这是近代唯理论者犯的一个错误，他们对经验过于鄙夷，对理性过于自信，这使得他们在形成有关真正可靠的知识上产生了一种偏见，并走上了一条独断的道路。真正的科学知识并不要排斥感官的经验，人类作为一个有限的存在者，我们在思维中所在先遇到的一定是来自于经验的材料，如果我们忽视这些就是不切实际。康德哲学的认识论第一个承认的即是经验主义的立场，这是符合实际的立场，也是符合建立起"科学"的形而上学的立场。

（二）认识以理性为核心

　　但是，如果我们都要从经验出发，那么就有可能陷入怀疑论之中，因为休谟已经发现，我们对于经验知识的归纳和处理得不出任何必然性的知识，我们不可能建立起一种关于世界的绝对知识体系，否定了形而上学的第二个预设，也就意味着形而上学的第一个预设实际上也是建立在没有根据之上的，我们的世界是不可知。这将对人类的认知领域形成毁灭性的打击，因此，我们迫切需要在认识论上有新的突破。问题在于，我们究竟如何才能实现认识论上的突破？在面对外在的实体建构绝对的或普遍必然的确定知识方面，唯理论和经验论是否或是夸大了理性的作用或是贬低了理性的作用从而分别陷入了独断论和怀疑论呢？如果如此，我们是否应该在认识之前先来批判地考察人类理性自身，并确定它的作用、范围和界限呢？康德正是这样做的，他把人或说人的理性作为哲学的出发点，他通过对人的理性的考察发现，人的理性是认识的核心，它不仅能够根据自己的先天原理使经验的认识成为可能，而且能够根据自己的先天原理使经验的认识获得普遍性和必然性，从而走向科学知识，最终也使形而上学成为科学的形而上学。与此同时，他也发现，人类理性的先天原理只能有经验的使用而无超验的使用，所以，经由它所获得的普遍必然的科学知识仅仅是经验范围之内的现象知识，形而上学不能自称自己是超验实体的科学。这样一来，康德便自认为自己既避免了唯理论的独断论，又避免了经验论的怀疑论，从而让形而上学在休谟的批判之后重新走向科学的发展大道。

第二篇
先验论：形而上学的挽救

在认识论转向的基础上，西方近代早期哲学试图通过认识论把握世界的实体以便获得关于实体或世界本质的绝对知识，从而把形而上学变成关于绝对真理的科学。但是，西方近代哲学在认识论上没有完成自己的任务，它们分别陷入了独断论和怀疑论。当休谟通过自己的经验论揭示了早已潜藏在形而上学中的内在矛盾亦即认识必须从经验出发但从经验出发不可能把握超越经验的实体的矛盾之后，形而上学便陷入了空前的危机。康德既承认休谟把认识论奠基于经验的做法但又想保留形而上学的科学性，为此，他提出了自己的先验论哲学，力图通过先验论在经验性的认识中找到关于世界的普遍必然的认识或说真理性的认识，并且在此基础上重新界定世界之为世界。若把康德哲学也纳入传统形而上学的话，那么，为了区别，我们便把康德哲学称为"新形而上学"，用以区别于其他的传统形而上学亦即"旧形而上学"。

第一章　康德先验论的思想基础

康德的哲学是一种先验论的哲学，由于这种哲学是综合吸收并解决以往形而上学几乎全部问题的产物，并且也是康德分析提炼所生活的时代的科学成就和启蒙思想的产物，所以，它有着自己深厚的思想基础，了解这些思想基础，是我们能够更为深入准确地理解康德先验论哲学的前提。

一、康德其人其事

伊曼努尔·康德于 1724 年 4 月 22 日诞生于东普鲁士的哥尼斯堡，他与这座城市同岁。康德认为他的祖先来自于苏格兰，但是，根据《康德传》作者阿尔森·古留加的说法，经过考证学家的严格考证，哲学家自己错了，他的曾祖父具有波罗的海沿岸的血统。康德的父亲是一名马鞍匠。康德的父母亲都是虔诚的基督教徒。尽管康德并不同情他们的宗教观点，但是，他们的宗教观点仍然强烈地影响了康德的实际生活。1732 年，8 岁的康德就被送进培养神职候补人员的腓特烈公学学习神学和拉丁文。1740 年，康德考入哥尼斯堡大学。在校期间，除了学习哲学与神学之外，他对自然科学的兴趣与日俱增。1746 年，在父亲去世后，为了生活康德被迫离开学校到东普鲁士一个偏僻的乡村做家庭教师达 9 年之久。1754 年，康德回到哥尼斯堡，试图实现在大学任教的愿望。1755 年，他通过面试凭借论文《论火》获得硕士学位；接着，他提交了"取得大学授课资格的论文"《对形而上学认识论基本原理的新解释》，经答辩后被授予讲师职称，成了一名编外讲师，开始了他长达40多年的大学教学生涯。其中，1766年，康德兼任哥尼斯堡皇家图书馆副馆长；1770年，他在先后婉拒爱尔朗根大学和耶拿大学的教授职位聘书后终于如愿以偿地被任命为哥尼斯堡大学的形而上学和逻辑学编内教授，这一任命因其就职论文《论感觉界和理智界的形式和原则》通过答辩而生效。1786年，随着学术成就越来越大，荣誉越来越多，康德被选为哥尼斯堡大学校长和柏林科学院院士，1794年，他又被选为彼得堡科学院院士。康德于1801年年底退休，并于1804年2月12日逝世。

康德的学术生涯分为早期和后期两个时期亦即"前批判时期"和"批判时期"，它以康德提出自己的教授就职论文《论感觉界和理智界的形式和原则》并且成为哲学教授为其界限。康德因其严格的生活规律闻名于学界，他数十年如一日地过着单调刻板的独身生活。但是，这一切都无法掩藏他内心深处的躁动。他关注自己的时代，无论是当时的自然科学成就还是当时的启蒙运动发展，特别是哲学发展的成果，这一切都在他的心中激起了汹涌澎湃的巨浪，最终汇聚成了他博大精深的哲学体系。正如阿尔森·古留加所说："康德的外表生活，秩序井然，千篇一律，比起从事这种工作的其他人来，显得更为单调刻板。然而他的内心生活，他的精神生活却与此迥然不同。在整个领域里，他的成就是惊人的。他的头脑里涌现出许许多多震撼人心的思想……。"[1] 在大学读书期间，康德就分别从他的老师克努真和特斯克接受了莱布尼茨—沃尔夫形而上学思想体系的熏陶和牛顿自然哲学（自然科学）的影响。前者告诉他应该相信理性主义的认识论和纯粹逻辑的概念思维，这种概念思维体系不仅自身是自明的，而且与现实世界的规律之间保持着先天的一致性；后者作为近代自然科学的代表则告诉他应该相信经验主义认识论和人类的经验思维，只有经验才是科学认识的唯一基础。它们共同影响着康德

---

① [苏] 阿尔森·古留加：《康德传》，贾泽林等译，商务印书馆1981年版，第1页。

的早期哲学。起初，由于不满意莱布尼茨—沃尔夫形而上学脱离现实和空洞无物，康德把自己的主要研究兴趣放在自然科学上，其中，1755 年出版的《自然通识与天体理论，或根据牛顿定理试论整个宇宙的结构及其力学起源》便属于他早期自然科学研究的最伟大的学术成果。但是，康德还是信任莱布尼茨—沃尔夫的唯理论的形而上学思想体系，因此，当他在 1755 年成为大学哲学教师并逐渐把哲学作为主要研究对象之后，便在莱布尼茨—沃尔夫哲学的基本立场上思考如何将其与牛顿的自然科学（经验论的认识论）调和起来。几经周折之后，特别是在休谟唤醒了他的唯理论的"独断论迷梦"之后，他认为认识既不能回避经验但又不能完全依赖经验，只有理性才能为经验性的认识提供普遍必然性；同时，理性只能在经验的范围内认识世界对象并且提供关于经验的现象世界的普遍必然性的知识。以往形而上学的外在的世界本质（实体）乃是不可知的自在之物。由此，康德便开始逐步走向了他的"批判时期"的批判哲学亦即他的先验论哲学，开始了他的在新的先验论的基础上创建新的形而上学的哲学进程。此外，在此过程中，康德还接触到了另外一个重要的哲学家，他就是卢梭。康德认为卢梭是第二个牛顿，因为他与牛顿发现了"自然的本性"相类似，发现了"人的本性"。"卢梭把康德'改变为'一个人（而非单纯的科学家——引者）和道德学家"[1]。由此出发，康德走向了思辨形而上学之外的道德形而上学，并把它看成是研究另外一种本体领域亦即道德领域的哲学。

康德在"前批判时期"的重要著作除了《自然通史与天体理论》之外，还有诸如《对形而上学认识论基本原理的新解释》、《自然单子论》、《证明上帝存有的唯一可能的论据》等；而在"批判时期"，他的重要著作则包括《纯粹理性批判》、《未来形而上学导论》、《道德形而上学原理》、《自然科学的形而上学基础》、《实践理性批判》、《判断力批判》、《单纯理性范围内的宗教》、《永久和平论》、《道德形而上学》和《实用人类学》等。

---

[1]　[苏] 阿尔森·古留加：《康德传》，贾泽林等译，商务印书馆 1981 年版，第 50 页。

二、认识论基础与自由论基础

康德曾说:"有两样东西,人们越是经常持久地对之凝神思索,它们就越是使内心充满常新而日增的惊奇和敬畏:我头上的星空和我心中的道德律。"①这两样东西正是康德新形而上学探讨的主要对象。在前者的探讨中,他想追问的是"先天综合判断如何可能",并且得出了人永远处于走向真理的途中的结论;在后者的探讨中,他想追问的则是"人的自由如何可能",并且得出了人永远处于走向自由的途中的结论。追问"先天综合判断如何可能"的是康德的先验论的认识论理论,它的理论基础是西方近代早期哲学认识论中的经验论和唯理论;而追问"人的自由如何可能"的是康德(在某种意义上说,也是)先验论的伦理学理论,它的理论基础首先是卢梭的关于人的自由的理论。

(一) 近代早期的认识论与卢梭的自由论

1. 康德哲学的认识论基础

康德哲学所面对的认识论主要是西方近代早期的经验论的认识论和唯理论的认识论。经验论和唯理论对于康德哲学认识论乃至整个康德哲学的影响包含积极与消极两个方面。从消极的方面看,正是因为经验论和唯理论的认识论困难导致了旧形而上学的存在论困难,才迫使康德重新思考形而上学作为存在论的学科问题。因此,康德必须首先消除作为旧形而上学认识论亦即经验论和唯理论的理论困难,只有这样,他才能重建一种新的形而上学的存在论,以达到挽救形而上学这门学科的目的。从积极的方面看,康德相信,无论是经验论的认识论还是唯理论的认识论,它们之中都包含着某些合理的因素,这些合理的因素都是他重建新的"科学"的新形而上学的认识论养料。因此,康德便在经验论和唯理论消极影响的刺激下通过吸收它们的积极因素创建新的认识理论。康德认为,经验论认识论的

---

① 〔德〕康德:《实践理性批判》,邓晓芒译,杨祖陶校,人民出版社 2003 年版,第220 页。

合理因素是把"经验"作为认识起源，他接受了这一种观点，把经验论者的"经验"作为认识的起点，并且强调，人类的认识只能是经验性的认识，无论人的"理性"（理论理性、认识理性）具有多么大的能动性，它都不能使人的认识离开经验，更不用说超越经验了；同时，康德指出唯理论认识论的合理因素是把"理性"看成是认识基础，他接受了这一种观点，把唯理论者的"理性"作为认识的基础。这样，康德就在自己的认识论中把经验论和唯理论的合理因素结合了起来。当然，康德若想在自己的认识论中有效地结合经验论和唯理论的合理因素，他就必须对这些合理因素进行改造。因此，他在把经验论的"经验"作为认识的真正起点的同时又全力确保经验性知识的普遍必然性，并且以此来避免经验论（例如休谟的经验论）导致怀疑论的风险；同时，他在把唯理论的"理性"作为认识的最终基础的同时坚持声称人的理性（理论理性、认识理性）虽然能够提供普遍必然的确定知识，但并不是已经先天具有了这种知识，它还必须依赖经验提供的认识质料，并且以此来避免唯理论的独断论。那么，我们究竟如何在改造经验论和唯理论的同时把它们的合理因素结合起来，从而构成一种既源自经验又能通过理性提供普遍必然性的知识或说科学知识的认识论呢？在此方面，康德看到了数学和自然科学之所以能成功的经验，他借用这种经验来改造经验论与唯理论。

康德熟悉科学的发展。他看到了西方近代社会以来当形而上学还在黑暗中来回摸索的时候科学就早已走向了快速发展的康庄大道，因此，在他看来，哲学要想走上可靠的科学道路，哲学家就应该以几何学家和自然科学家为榜样，在形而上学领域中进行一场革命。那么，数学与自然科学究竟是如何踏上可靠的科学道路的呢？康德认为，它们的成功就在于它们都经历了一场思维革命，亦即发动革命的数学家和科学家的心中出现了一个"闪念"，理性只去思考它按照自己的概念放进事物中去的东西以及它必然导致的结果。数学是完全纯粹亦即不依赖后天经验的科学，它"……在人类理性的历史所及的最早的时代以来，在值得惊叹的希腊民族那里就已走上了一门科学的可靠道路。""那第一个演证出等边三角形的人（不管他是泰勒斯还是任何其他人），在他心中升起了一道光明；……他不必死盯住他在这图形中所看见的东西，也不必死扣这个图形的单纯概念……，相反，必须凭借他自己根据概念先天地设想进去并（通过构造）加以体现的东西来产生出这些属性，并且为了先天可靠地知道什么，他必须不把任何东西、只把从他自己按照自己的概念放进事物里去的东西中所必然得出的结果加给事物"。① 自然科学除了纯粹的部分之外还有经验的部分，所以，"自然科学踏上这条科学的阳关道要缓慢得多"②。但是，当自然科学踏上这条道时，无论是伽利略还是其他的科学家，当他们在进行科学发现之时，在他们那里，"理性必须一手执着自己的原则……，另一手执着它按照这些原则设想出来的实验，而走向自然，虽然是为了受教于她，但不是以小学生的身份复述老师想要提供的一切教诲，而是以一个受任命的法官的身份迫使证人回答他向他们提出的问题"。③ 所以，无论是数学家还是自然科学家，他们在进行认识的时候，都不像经验论者那样认为认识是"被动地"接受对象的"刺激"而应该把认识看成是人"主动地"把自己先天的概念和原则放进对象中去，从而得出必然的结论。因此，哲学若以科学为范例，也应该发动一场类似的思维革命，面对旧形而上学秉承的"一切知识都必须依照对象"的信念，不妨反其道而行之，假定"对象必须依照我们的知识"。而这正是《纯粹理性批判》采用的路径。其实，康德的这种思路在某种意义上也应用到了他的伦理学领域。

2. 康德伦理学的自由论基础

卢梭对于康德的影响不言而喻，卢梭对他的影响主要在于卢梭对于人特别是人的自由的关心。而卢梭本人却深受休谟的影响。18 世纪，在英国已经建立资本主义社会制度之后，法国的思想家才在意识形态领域掀起了一场在理性的旗帜下展开的轰轰烈烈的启蒙运动。其中，大多数启蒙思想家都接受了洛克的思想，如伏尔泰所说："我跑了许多很不幸的

---

① [德] 康德：《纯粹理性批判》，邓晓芒译，杨祖陶校，人民出版社 2004 年版，第二版序。

② [德] 康德：《纯粹理性批判》，邓晓芒译，杨祖陶校，人民出版社 2004 年版，第二版序。

③ [德] 康德：《纯粹理性批判》，邓晓芒译，杨祖陶校，人民出版社 2004 年版，第二版序。

弯路……又回到洛克这里来了，就像一个浪子回到他父亲那里一样。"①但是，卢梭则有所不同，"……他的哲学无论就其品格还是就其影响来说，都有别于十八世纪写出的任何作品"。②他更多地接受了休谟的思想，尽管他像休谟那样也崇尚理性，甚至也谈论自然法，但他又像休谟一样想用情感限制理性，甚至对自然法持有批判的态度。最为重要的是卢梭像休谟一样把人的科学看成是真正的科学，他说："我觉得人类的各种知识中最有用而又最不完备的，就是关于'人'的知识。"③因此，他把人作为自己研究的重点。

在人的研究中，卢梭指出：在生理方面，人是一部机器，与其他动物并无根本区别；在精神（亦即形而上学）方面，人则具有自由或者说"以自由主动者的资格参与其本身的动作"④，人因"自由"而区别与其他的动物。这样一来，卢梭在像休谟一样把人的科学看成是真正的科学的同时又超越了休谟，把自由问题看成是人的科学中的最为重要的问题之一。所以他在《社会契约论》第一卷第一章的开始就说："人是生而自由的"⑤；但他又说：尽管人是生而自由的，但是人"却无往不在枷锁之中。自以为是其他一切的主人的人，反而比其他一切更是奴隶"⑥。由此出发，他展开了自己的哲学特别是政治哲学的研究，他试图通过探讨人类不平等的起源和基础寻找消除人类不平等的路径，打碎套在人身上的枷锁，求得人的自由，使人成为真正的主人。然而，尽管卢梭给了人的自由以异常崇高的地位，但是，他在理论上对自由的阐述并不十分深刻。他把自由界说为不能用机械论规律而只能用"非物质的实体"来解释的意志力或选择力，但却未能对这种"实体"作出更多的规定，同时，他也未

---

① ［法］伏尔泰：《哲学通信》，上海人民出版社 1961 年版，第 208 页。

② ［美］乔治·霍兰·萨拜因：《政治学说史》下册，刘山等译，商务印书馆 1986 年版，第 611 页。

③ ［法］卢梭：《论人类不平等的起源和基础》，李常山译，商务印书馆 1997 年版，第 62 页。

④ ［法］卢梭：《论人类不平等的起源和基础》，李常山译，商务印书馆 1997 年版，第 82 页。

⑤ ［法］卢梭：《社会契约论》，何兆武译，商务印书馆 2005 年版，第 4 页。

⑥ ［法］卢梭：《社会契约论》，何兆武译，商务印书馆 2005 年版，第 4 页。

对自由意志作理论上的说明和论证，而仅仅满足于"人是生而自由的"这一不言而喻的设定。

正如卢梭在休谟的影响下关注于人一样，康德也在卢梭的影响下关注于人。在他看来，"卢梭是唯一可以和牛顿相提并论的人，他们是各自领域——自然领域和人文领域的巨人。他曾在'反思集'的一个片断里把牛顿和卢梭作了这样的对比：牛顿第一个把十分简单明了的秩序和合规则性带入到了人们以前只看到混乱和无联系的杂多现象的外部自然界里，卢梭则在人的五光十色的表现里发现了深深隐藏着的人的本性"。[①] 康德曾在1764年的一篇文稿中说："我生性是个探求者，我渴望知识，不断地要前进，有所发明才快乐……，卢梭纠正了我。我意想的优点消失了。我学会了尊重人，认为自己远不如寻常劳动者之有用，除非我相信我的哲学能替一切人恢复其为人的共同权力。"[②] 卢梭关于人的思想对于康德的重要影响之一就是卢梭尊崇人的自由的思想。其实，对于人的自由的关注应该是康德把自己研究的注意力转向批判哲学并进一步转向伦理学的重要的原因。所以，尽管康德曾说休谟把自己从"独断论的迷梦"中惊醒，但据古留加说，康德晚年回忆《纯粹理性批判》的发端史时，在一封信中说道：正是"二律背反"，尤其是自由问题才使他从"独断论的迷梦"中惊醒，并使他转到了对理性的批判。此外，康德不满意休谟在《人性论》中排除了人本身具有先验原则的可能性的做法，因为在他看来这样做会忽视人的自由这一人的真正的崇高性。在此方面，他接纳了卢梭。当然，他要把卢梭的自由学说在理论上继续先前推进。这种推进不仅表现在他的认识论（二律背反）之中，更表现在他的伦理学之中，因此，他把自己伦理学的总任务直接规定为探讨"人的自由如何可能"的问题。康德认为，自由就是理性自身的"自律"，它是普遍的道德性的内在的先验原理，并且以实践理性绝对命令的形式抵御快乐的诱惑，实现"良心"的感召，从而体现人的存

---

① 参见杨祖陶、邓晓芒：《康德〈纯粹理性批判〉指要》，湖南出版社 1996 年版，第 14 页。

② 参阅 [英] 诺曼·康蒲·斯密：《康德〈纯粹理性批判〉解义》，绰然译，商务印书馆 1961 年版，第 39 页。

在与价值。早在 1764 年，康德便说卢梭"发现了人的内在本性。必须恢复人性的真实观念。哲学不是别的，只是关于人的实践知识"①。所以，实际情况正如黑格尔所说："卢梭已经把自由提出来当作绝对的东西了。康德提出了同样的原则，不过主要是从理论方面提出来的。"②

（二）康德的"哥白尼式革命"

康德的"哥白尼式革命"首先是一场认识论领域的革命，它应是模仿数学和自然科学领域的思维革命的结果。这一革命的根本内容就是在认识论中把人及其知识作为中心而不像旧形而上学那样把客观的对象作为中心。所以，一旦涉及"知识"与"对象"的调换，就涉及了康德的"哥白尼式革命"。康德认为，旧形而上学的认识论都把对象作为中心，主张"知识依照对象"，而他的认识论则把"知识"作为中心，主张"对象依照知识"。"知识"与"对象"的这种调换（颠倒）在认识论上是一种根本的颠倒，它彻底改变了以往的旧形而上学的认识路径，并且有可能解决旧形而上学的认识论危机以及与其相关的存在论危机，从而把认识论变成科学的认识论，并进而把存在论变成科学的存在论，最终把形而上学重新变为科学的形而上学。所以，他把他的这一转换称为哲学中的"哥白尼式革命"，认为它的意义并不亚于自然科学中的"哥白尼式革命"。"康德的'哥白尼式革命'同时吸收了经验论和唯理论两种认识论的积极因素，它的基本立场是唯理论的立场，它要通过理性的'认识形式'在认识论中的支配作用确保理性在认识论中的决定地位，就此而言，它进一步抬高了'理性'的地位；但是与此同时，它又吸收了经验论的经验，它把通过'物自体'刺激感官活动的感性经验作为认识之必不可少的'认识质料'，并且认为这一认识质料始终制约着认识过程，因此，就此而言，它又限制了理性的地位。康德'哥白尼式革命'的基本特征就是：在抬高理性地位的同时又限制理性的地位。康德'哥白尼式革命'的这一基本特征在他建构自

---

① 转引自［英］诺曼·康蒲·斯密：《康德〈纯粹理性批判〉解义》，韦卓然译，商务印书馆 1961 年版，第 39 页。

② ［德］黑格尔：《哲学史讲演录》第 4 卷，商务印书馆 1978 年版，第 256 页。

己的存在论时更为突出地表现出来。"①

　　尽管康德的"哥白尼式革命"是一场认识论的革命，但是，在一定的意义上说，他的这一革命也延伸到了他的伦理学领域之中，这就是说，康德的"对象依照知识"也体现在他的伦理学之中。这里，"知识"就是先天的道德法则（道德律），它先天地存在于人的理性（实践理性）之中，"对象"则是人在经验世界中表现出来的道德活动。当我们把这里的关于"知识"与"对象"的理解置于"对象依照知识"这一命题之中时，我们就会发现，在康德那里，真正合乎道德的行为其实就是"对象依照知识"的行为，也就是说，它是人按照自己先天具有的道德法则（作为形式）来规范制约人在经验世界中的道德活动（作为质料）的行为。所以，正如在认识论领域中康德把人及其知识作为中心并让认识的"对象"依照人及其"知识"一样，在伦理学中，他也把人及其道德法则作为中心并让人的"道德活动"依照人及其"道德法则"（知识）。康德的这一做法也改变了当时的功利主义把真正合乎道德的行为看成是以"对象"亦即人在经验世界中表现出来的道德活动的效果为中心并让人的道德判断依据这一中心的做法，因此，康德的伦理学关于道德知识与道德对象的关系的调换也是一种伦理学意义上的"哥白尼式革命"，这种革命与康德在认识论领域中的"哥白尼式革命"具有同样的逻辑，并且一脉相承。

（三）康德先验论哲学的诞生

　　康德的先验论哲学首先是一种认识论，它诞生的基础正是对经验论和唯理论认识论之合理因素的批判改造并且在批判改造中的结合。同时，由于先验论专指认识论，所以我们不能把康德的伦理学也看成是一种先验论，但我们若是考虑到康德作为认识论的先验论乃是通过某种先天的形式整理综合现实世界（自然世界）的质料的实质，那么，鉴于他的伦理学也是想用某种先天的形式规范来应对现实世界（道德世界）的质料，我们也可以把他的伦理学看成是一种特殊的先验论。例如，在《道德形而上学的

---

① 强以华：《西方哲学普遍性的沦落》，中国人民大学出版社 2018 年版，第 120 页。

奠基》中，康德明确指出伦理学乃是一种具有先天的自由法则但又"与一定的对象及其所服从的法则打交道的质料的哲学"[①]。

第一，康德的先验论作为认识论是批判改造经验论和唯理论认识论中的合理因素并且在批判改造中结合这些合理因素的结果。我们曾说，康德要求模仿数学和自然科学的成功经验把认识论看成是"对象依照知识"的理论。在他那里，这种"知识"就是某种先天即先于"经验"的"知识"，并且这种"先天"的知识是人的认识得以发生并且能够成为科学认识的关键因素，正是因为如此，他才把自己的认识论称之为"先验论"。为了更好地理解先验论我们应该注意两点：其一，康德认识论的基本立场是唯理论者的立场。在他那里，"知识"乃是认识主体拥有的先天知识亦即人的"理性"先天拥有的知识，尽管这种知识与唯理论者的诸如"天赋观念"类型的先天知识不同，但它也是某种意义上的先天的知识，它本质上所强调的是唯理论者的"理性"立场；"对象"作为认识客体乃是物自体刺激人类感官从而使人通过感性经验活动所认识到的对象，它本质上所强调的是经验论的"经验"立场。在主体的理性与关于客体的经验之间，也就是说，在"知识"与"对象"之间，认识主体、理性、"知识"是认识的中心，客体、经验、"对象"必须围绕中心转动，只有中心（主要指的是理性）才能够使认识得以发生并且帮助人们获得普遍必然的知识，所以它是使形而上学成为"科学"的关键因素。由此可见，在认识论上，康德认识论的基本立场应是唯理论者的立场。其二，康德的认识论在继承唯理论时又改变了唯理论的内容。我们曾说，在康德那里，人的理性像唯理论者所主张的一样也有某种先天知识，但是这种先天知识与唯理论者作为形式和质料相统一的完整的现成知识（例如天赋观念）不同而仅仅是人的理性的先天认识形式，所以，这种认识形式并非作为一个"已有"的东西先天地存在于理性之中，它仅仅产生于认识的过程之中。它作为知识的形式必须与后天的知识内容亦即经验所提供的知识的内容（质料）结合起来，才能变成形式与内容（质料）统一的完整知识。在康德那里，所谓"对象依照

---

① ［德］康德：《道德形而上学的奠基》，见李秋零主编：《康德著作全集》第 4 卷，中国人民大学出版社 2013 年版，第 394 页。

知识"就是要求哲学认识也应该像数学与自然科学一样用人的理性先天的认识形式（概念和原则）整理认识的内容（经验对象），从而得出必然的结论或科学的知识。这样一来，康德就把旧形而上学的经验论和唯理论的关系实际上变成了先天的认识形式与后天的认识质料之间的关系，并且把认识过程变成了一种先天的认识形式"主动"整理后天的认识质料或者说后天的认识质料"被动"接受先天的认识形式整理的过程。由此可见，尽管康德的先验论的认识论坚持了唯理论者的基本立场，但是，它却是一种全新的认识论，它在继承了唯理论的基本立场的基础上又改变了唯理论的内容，并且通过这种改变把经验论接纳了进来。

第二，康德的先验论作为伦理学首先是批判地改造卢梭自由学说的结果。我们曾说，康德的"对象依照知识"在某种意义上也体现在他的伦理学中，并且当我们把他的伦理学意义上的"知识"与"对象"置于"对象依照知识"这一命题之中时，就会发现他那里真正合乎道德的行为其实就是人按照自己先天具有的道德形式，来规范制约人在经验世界中的道德活动的行为。正是因为如此，所以，尽管这里的人用先天的道德法则规范制约人在经验世界中的道德活动并不属于认识行为，但是，就它也是用一种"先天的"（先验论）的形式的法则来规范制约经验世界中的人的活动（质料）来说，我们也可以在一定的意义上把这种基于先天的伦理学称之为先验论。康德的这种作为伦理学的先验论是提升卢梭自由学说的直接结果。我们知道，康德在实践的意义上把卢梭的自由看成是意志的自由，认为它是道德法则的根据，他把这种根据称之为自律。因此，每一个有实践理性的人都是意志自由的人，作为意志自由的人，他也就是自律的人。

三、近代哲学主体性的崛起

康德的先验论归根到底就是在"主体"（知识）与"客体"（对象）的关系上把主体作为中心，主张在主体的基础上来建构科学的认识并且实现合理的实践活动。因此，在某种意义上说，主体（理性）构成了康德先验论的真正基础，没有这一主体的存在，就不可能有作为认识主体之先天的认识形式和作为实践主体之先天的道德法则的存在，也就不可能有康德的所谓先验论哲学。当我们这样思考时，我们就会发现近代哲学的主体性崛起才为康德先验论哲学的提出提供了最为重要的基础。正是在近代主体性崛起的基础上，康德才提出了自己的先验论，实现了"哥白尼式革命"，通过人为世界立法系统展开了自己的先验论，通过形而上学意义的转换创建了自己的新形而上学。

（一）笛卡尔的自我和卢梭的公意

笛卡尔的自我应是西方近代主体性崛起的关键开端，康德的主体性思想乃是笛卡尔之自我（我思）学说的直接发挥；此外，就康德哲学的主体性来说，卢梭的自由特别是公意也应该是在其中起到影响作用的因素之一。

1.笛卡尔的自我

笛卡尔的自我或说我思应该是西方近代哲学中影响极为深远的概念，它首次把"人"提升到了近代意义上的"主体"的地位，最充分地体现了西方近代哲学之近代的时代性质。早在古希腊哲学中，自然哲学的物活论（万物有灵论）就涉及了人的精神或说意识，阿那克萨哥拉提出的"努斯"概念开始用目的论取代了物活论，由于目的总是人的目的（意识）或者上帝的目的（意识），因此，目的论的提出也意味着人类明确意识到了自己的精神（意识）并知道将其与外界的物质对立起来，从而形成了自觉地关于人及其"意识"与外界的物质"世界"的关系的理解。"在古代形而上学中，人与世界的关系是这样一种关系，即：对人来说，世界是外在于人的世界，这个世界是人类之根，也就是说，人存在于世界之中，人是世界之中的'人'；对于世界来说，人……只是世界之中的一个'小点'。"[1] 在这样的人与世界关系的理解中，人是被外在物质"世界"决定着的人。在近代哲学中，人与外在物质世界的关系发生了重大变化。它们的关系变成了这样的关系，"即：人……似乎从古代哲学的所谓世界之中'跳了出来'，

---

① 强以华：《西方哲学普遍性的沦落》，中国人民大学出版社 2018 年版，第 121 页。

站到了世界的对面（尽管这样一来我们并不知道人究竟应该并且能够存在于何处）并将自己与世界对立起来。这样一来，人就把自身'提升'为站在世界对面的'主体'，并把人之对面的世界'降格'成了'客体'，从而使得古代哲学中的人与世界的关系变成了近代哲学中的主体与客体的关系。"①在这样的人与世界关系的理解中，人作为主体应该是决定外在物质世界的"人"。笛卡尔正是这样做的。他论证道：我们可以怀疑一切，但却不能怀疑"怀疑"本身，"怀疑"是一种思想，因此，思想本身不能被怀疑，据此，他肯定了作为思想（思维）的"我"（自我）的存在，并且提出了"我思故我在"的命题。由此出发，笛卡尔把"自我"（我思的主体）作为在普遍怀疑中唯一不能被怀疑的东西首先确定下来，认为它是其他一切东西或探讨的起点。在确定了"自我"的确定存在之后，笛卡尔进一步认为，观念的"清楚"、"明白"是我们判断观念真假的标准，在我的思想中，物质是一个最为"清楚"、"明白"的观念，所以，它不可能是不真实的观念，由此可知物质应是一种真实的存在。由于笛卡尔认为"自我"作为"怀疑"的"自我"像"物质"作为被"自我"推出的"物质"一样并非完满之物，所以，他进一步指出，只有完满的上帝这一绝对实体（相比于上帝来说自我和物质都是相对实体）才能作为自我和物质存在的最后根据和保证。尽管笛卡尔把"自我"也看成是相对实体，但是，他毕竟把它看成是哲学的确定起点，并把"物质"看成是由"自我"这一确定起点推论出来的实体。因此，当笛卡尔把"自我"作为确定的起点并由"我思"推出"物质"世界的存在时，他就极大地提升了人的地位，从而把人变成了主体，并把物质世界变成了客体，并且认为主体才是客体（在推论的意义上）能够存在的基础。这就是说，近代哲学的主体在笛卡尔的哲学中已经崛起，它开启了西方近代的主体性哲学。

需要注意的是，表面看来，西方哲学早在古希腊时期似乎就已有了将"人"作为中心来进行探讨的哲学，例如智者哲学家普罗塔哥拉提出的"人是万物的尺度"的命题，此外亚里士多德也接受了托勒密的观点把人

---

① 强以华：《西方哲学普遍性的沦落》，中国人民大学出版社 2018 年版，第 121 页。

所居住的地球看成宇宙的中心。这些事实仿佛与我们所说的西方古代哲学把人看成是世界中的"小点"而只有近代哲学才开始把人看成是"主体"的观点相互抵触。其实，从实际上看，古代哲学关于"人"之中心地位的探讨与近代哲学关于"人"之中心的探讨并不相同，古代哲学作为中心的"人"绝不是近代哲学作为"主体"的人。海德格尔曾经指出了笛卡尔的自我（我思故我在）与普罗塔哥拉的人（人是万物的尺度）之间的区别。海德格尔认为，普罗塔哥拉的"人是万物的尺度"命题中的人似乎也是某种类似于笛卡尔所说的主体的东西，但实际上并非如此。他说"普罗塔哥拉的这个智者派哲学命题并非主观主义，正如笛卡尔也不可能仅仅对古希腊思想作了一种颠倒"①。海德格尔对普罗塔哥拉的原话作了如下的翻译："……人是万物……的尺度，是在场者如其在场那样在场的尺度，也是不在场者不在场的尺度"。②他诘问道：人是谁呢？他引用了柏拉图的解答之后指出：这里的人不可能与笛卡尔的"自我"相合，因为他是当下生活在日常经验世界中的具体的人（我、你、他和她）而非某种理论抽象。因此，海德格尔得出结论说："在希腊智者派哲学中，不可能有任何一种主观主义，因为在那里，人不可能是一般主体；人之所以不能成为一般主体，是因为在那里，存在乃是在场，真理乃是无蔽状态。"③

康德从两个方面接受了笛卡尔"自我"影响。其一，他像笛卡尔一样，认为自我就是主体，它跳出世界之外并站在世界对面把世界当作"客体"；不仅如此，他比笛卡尔更进一步，认为自我不仅是作为"客体"的世界的主体，而且还是作为"客体"的世界赖以存在的条件。我们曾说，笛卡尔从"我思故我在"这一命题出发，在确定了"自我"（精神实体）之后，曾从自我（经由上帝）推出了世界（物质实体）的存在，不过，在他看来，除了自我（以及上帝）以外，世界就是物质世界，并且这个物质

---

①　[德] 海德格尔：《世界图像的时代》，见孙周兴选编：《海德格尔选集》下卷，上海三联书店1996年版，第912页。

②　[德] 海德格尔：《世界图像的时代》，见孙周兴选编：《海德格尔选集》下卷，上海三联书店1996年版，第912页。

③　[德] 海德格尔：《世界图像的时代》，见孙周兴选编：《海德格尔选集》下卷，上海三联书店1996年版，第916页。

世界的"实际存在"并不依赖于自我。康德更进一步，在他看来，除了自我以外，世界不过是在自我的认识活动中向"我"显示的世界，他用"世界"（自然世界）这一概念指称旧形而上学之物质世界中的人类认识所及的部分，亦即人类确实知道的那个部分，并把人类认识所不及的那个部分，亦即人类不能确知的那个部分称为"物自体"，然后，他把"物自体"排除出了"世界"概念的范围之外。由于康德把世界作为在人的认识过程中显现的世界，并且认为人的认识是人用自己的先天认识形式整理综合源自物自体的经验刺激的结果，所以，仅从认识论认识所及的世界亦即康德的自然世界来说，康德所说的世界亦即自然世界应是凭借人的理性的先天认识形式才能显现的世界。因此，康德的自我就不仅像笛卡尔的自我那样是跳出世界之外并站在世界对面把世界当作"客体"的"主体"（它与客体二元对峙），而且更是作为"客体"的世界赖以存在的先天条件。其二，康德像笛卡尔一样，认为自我作为主体仅仅是一种"我思"，亦即仅仅是一种思维的主体，它并不是包含了肉体的人，因而也不是现实世界中的这个人或那个人；但是，他与笛卡尔也有不同，认为"我思"作为一种思维的主体仅仅是一种具有理性的思维能力的主体。我们在前面曾说，笛卡尔的"我思"作为一种"表象"、"认识"世界或客体的主体，它不仅具有理性的思维能力，而且还直接包含了先天的知识，这种知识乃是一种作为理性能力（知识形式）与知识内容相统一的现成的知识。但是康德却不这样认为，在他看来，"我思"作为一种思维主体，它只具有"表象"、"认识"世界或客体的理性能力（认识形式），并不包含"表象"、"认识"世界或客体的现成的知识，它若想要具有完整的知识，那就必须通过经验获得知识的内容（质料）。这就是说，在康德那里，我思先天具有的只是一种思维形式。当然，我们不能小看了这种思维形式，因为它不仅能像笛卡尔的我思那样导致科学知识的产生，而且还能超越笛卡尔的我思而导致物质世界的产生，也就是说，让物质世界在人的认识中向人显现。

2. 卢梭的公意

若是围绕康德哲学形成的基础来看，那么，我们也可以把卢梭的"公意"概念的提出看成是西方近代主体性崛起的一个重要环节。卢梭的"公意"理论是他的社会发展理论和社会契约理论的重要组成部分。卢梭把人类社会的发展过程看成是一个否定之否定的过程。在这个否定之否定的过程中，第一个肯定阶段是自然状态，它是人类尚未进入社会的状态，这时，没有私有财产，没有贫富差距，没有贵贱之分，人人和平善良地过着自由、平等的生活；但是，根据卢梭的理解，这一状态虽然美好，但是人类却是孤独的野蛮人，他们像有局限性的动物一样在森林中过着单独的生活，面对着各种各样的生存障碍和困难，人类如果不改变它"便不能继续维持；并且人类如果不改变生存方式，就会消灭"①。因此，人类为了能够生存，便不得不与自然界作艰苦的斗争，并在斗争之中增长了才智，发明了各种各样的克服障碍和困难的方法，他们学会了生火，创制了工具，懂得了群居，特别是发明了农业和冶金两种技术，这一切最终导致了私有制的产生，从而使得人类开始由自然状态转入社会状态。人类进入社会状态是人类社会发展过程中出现的第一次否定，它由私有制的文明社会否定了没有私有制但却自由平等的自然状态。卢梭把这种否定看成是带有某种社会退步的社会进步。这就是说，社会状态是一种文明状态，人类进入文明社会是一种社会进步，但是，这种社会进步却伴随着作为人类不平等根源的私有制的产生。在私有制的基础上，人类"便开始按照他们彼此各种不同的性格而产生统治和奴役或者暴力和掠夺"②。在私有制社会中，当专制制度出现时，人类社会的不平等就达到了顶点。卢梭指出，这种不平等的顶点同时"也就是结束了循环并达到我们由之出发的起点的终极点……从而也是回复到一个新的自然状态上来"③，这种新的自然状态就是一种"更为高级的社会契约的平等"状态。这样一来，人类社会又出现了第二次否定，亦即新的更为自由平等的社会契约状态否定了没有自由平等的私有制的社会状态。在最初的自然状态中，离群索居的人类正是由于无法克服生

---

① ［法］卢梭：《社会契约论》，何兆武译，商务印书馆2005年版，第19页。

② ［法］卢梭：《论人类不平等的起源和基础》，李常山译，商务印书馆1997年版，第69页。

③ ［法］卢梭：《论人类不平等的起源和基础》，李常山译，商务印书馆1997年版，第86页。

存的障碍和困难，才走向相互团结和相互协作的社会。但是，人类社会却为此承受了巨大的不平等。社会契约正是要"'寻求一种结合形式，使它能够以全部共同的力量来防御和保护每个结合者的人身和财富；而同时又使每一个与全体相联合的个人只不过是在服从自己本身，并且仍然像以往一样地自由。'"① 根据卢梭的观点，这里的全部共同的力量就是"公意"，它产生公平的社会契约。其实，他所谓的"公意"就是人民的公共意志，它体现了每个人的个别意志和公共意志的统一，"公意永远是正确的，而且永远以公共利益为依归。"② 以公意为基础而建立的社会就是正义的社会。

若从康德对于卢梭的重视程度来看，卢梭的公意思想作为卢梭哲学中的一个十分重要并且卢梭本人十分看重的思想应该对康德的思想有着重要的影响。或许正是因为如此，我们才能找到卢梭公意思想与康德人是立法主体、具有立法意志并且世界作为道德世界主要是人的立法意志的产物的思想之间存在着的明显的类似之处。卢梭的公意表达了这样一种思想，即：每一个人的意志都是参与订立契约的意志，它也因公共契约作为制约每一个人的契约具有立法意志的性质，所以，每一个人的意志也就是立法的意志；人类社会作为通过人们的普遍立法意志而产生的社会，它是每一个人之普遍立法意志的产物因而也是人们普遍立法意志的表达，这种表达通过公意表现出来。因此，在卢梭那里，人是立法的主体，正义的社会乃是人这一主体之立法意志的产物并且体现了每一个人的普遍立法意志。这种情况与康德在自己的哲学中把人看作是具有某种"法"的主体，并把世界看成是人把自己的"法"赋予质料的产物的思想具有异曲同工之妙。当然，就卢梭所说的公意是社会的公意而言，他的思想更加类似于康德把人看成是具有"道德法则"的主体，并把道德世界看成是人把自己的道德法则赋予（规范制约）人在经验世界中的道德活动从而产生一个合乎道德的世界的思想。

---

① [法]卢梭：《社会契约论》，何兆武译，商务印书馆 2005 年版，第 19 页。
② [法]卢梭：《社会契约论》，何兆武译，商务印书馆 2005 年版，第 38 页。

（二）人为自然立法和人为自己立法

康德在批判改造笛卡尔的自我和卢梭的公意的基础上把人提升为主体，为他的先验论亦即人具有先天的认识形式以及道德法则的思想提供了基础，同时也为他的哥白尼式革命亦即把人看成是认识活动以及道德活动的中心提供了基础。在他看来，作为主体的人正是把自己的先天的形式（认识形式和道德形式）或"法"应用于质料才得以产生认识活动和道德活动，并产生自然世界和道德世界。所以，他把这一过程看成是"人为世界立法"的过程，其中人把自己的先天认识形式（法）应用于质料产生认识活动从而产生自然世界的过程属于"人为自然立法"的过程，而人把自己的先天道德形式（法）应用于质料产生道德活动从而产生道德世界的过程则属于"人为自己立法"的过程。

"人为自然立法"就是作为认识主体的人把自己的先天的"认识形式"赋予物质质料从而使得"世界"（自然世界）得以产生的活动。康德认为，人是理性的人，作为理性的人可以是具有认识理性或理论理性的人，当人作为具有认识理性或理论理性的人时，他具有先天的认识形式，这种先天的认识形式是认识得以发生的先天的主体条件，只有通过它人才能接纳来自物自体对于人的感官的经验刺激，并把这种刺激当作认识（知识）的质料，并凭借认识主体的先天认识形式（原理、原则）对这些质料进行整理综合，从而产生科学的知识亦即具有普遍必然性的知识。同时，由于康德认为人只有经由认识才能知道世界的存在，世界是在人的认识过程中向人显现的世界，所以，康德的所谓主体的人的先天认识形式作为科学认识之所以可能的条件也就是世界赖以存在条件，人凭借先天认识或者思维形式通过综合经验质料使科学的认识产生的过程也就是世界（自然世界）得以产生的过程。在此过程中，人把自己的先天认识（知识）形式和思维形式赋予认识（知识）质料就是把一种普遍必然性赋予知识，在促进世界产生的意义上，他就是把一种自然世界的"法"（法则、规律）给予自然世界，所以，这一过程作为康德的先验论的认识论过程也就是"人为自然立法"的过程。

"人为自己立法"就是作为实践主体的人把自己的先天的"道德法则"赋予人类自身从而使得"世界"（道德世界）得以产生的活动。康德认为，人作为理性的人除了具有认识理性或理论理性之外，还有道德理性或实践理性，当人作为具有道德理性或实践理性的人时，他具有先天的道德法则，这种道德法则是道德活动得以发生的先天的主体条件，只有通过它才能规范制约现实的生活在经验世界中的具有感性欲望的人，促进人成为道德的人。同时，由于康德认为人作为人首先就是具有道德理性或实践理性的人，所以，人成为道德的人最为典型地体现了人之为人的特征，世界作为人的世界它就应该是一个由实现着道德的人组成的世界，也就是说，人的世界就应该是一种道德的世界，人作为主体先天拥有的道德法则既是人成为道德的人的条件也是道德世界成为道德世界的条件，人遵循道德法则而行为的过程也就是人成为道德之人的过程以及道德世界成为道德世界的过程。在此过程中，道德法则不仅是人成为道德之人应该遵循的"法"，而且也是道德之人组成的道德世界应该遵循的"法"（法则、规律），所以，这一过程作为康德的另外一种意义上的先验论的展开过程亦即伦理学的展开过程也就是"人为自己立法"的过程。

在康德那里，"人为自然立法"和"人为自己立法"作为同属于"人为世界立法"的两个方面具有内在联系。"人为自然立法"的过程是认识论的过程，这个过程作为具有理论理性的人用自己的认识形式整理综合经验质料的过程，它始终不能脱离经验材料，所以，它所产生的认识仅仅是对经验世界的认识，它所产生的世界作为自然世界也仅仅是经验的世界或现象世界。但是，康德又不满足仅仅提出这样一个"现象世界"，在他看来，还应该有一个比"现象世界"更为重要的专门属于人的人类世界，他把这个人类世界看成是只有人才具有的"道德世界"。为此，他认为人作为能够立法的主体不仅具有能为"自然"立法的认识理性或理论理性，而且具有能为"自己"立法的道德理性或实践理性。凭借理论理性，它为自然立法；凭借实践理性，它为自己立法。通过为自然立法，它建构了一个自然世界；通过为自己立法，它建构了一个道德世界。

（三）先验论：认识论、伦理学与存在论

我们曾说，康德的先验论首先是一种认识论，在某种意义上说，也是一种伦理学。但是，随着我们关于主体性崛起的讨论，特别是随着我们伴随主体性崛起而进行的关于人为世界立法的讨论，我们发现，先验论作为一种认识以及伦理理论，它内在地包含了存在论，亦即关于自然世界的存在论和关于道德世界的存在论。这就是说，先验论作为一种认识论以及伦理学，它是认识论与存在论的统一，以及伦理学与存在论的统一。

1. 认识论统一于存在论

康德在吸收数学和自然科学的成功经验的基础上，同时吸收了经验论和唯理论认识论中的合理因素并把唯理论和经验论的关系转换成先天认识形式和后天认识内容的关系，再把认识看成是用人的认识理性的先天认识形式"主动地"整理综合后天的源自经验的认识内容的过程，从而实现了"哥白尼式革命"。康德的"哥白尼式革命"是一种认识论革命，亦即它用"对象依照知识"替换了旧形而上学的"知识依照对象"。康德用这种认识论革命把旧形而上学的认识论变成了他自己的"科学"认识论，并且凭借这种"科学"的认识论获得了关于对象的普遍必然的"科学"知识。但是，康德的认识论还包含了一个后果亦即自然世界的显现，所以，他的认识论同时也是一种存在论。因此，康德的"哥白尼式革命"作为一种认识论革命同时也是一种存在论革命。然而，康德所谓的认识作为人的认识理性先天具有的认识形式整理综合源自经验的后天认识内容的过程是一个不能离开经验内容的过程，它使人的认识始终不能超越经验的范围，由于经验只能提供关于现象的认识（哪怕这种认识是一种关于对象的普遍必然性的认识），因此，认识呈现给我们的世界只能是现象世界，它是我们生活于其中的唯一事实世界。所以，在他那里，那种超越了经验从而人类并不知道的旧形而上学所理解的本质（本体）世界只能是一种"物自体"。不过，康德又在另外一种意义上提出了一种本体世界，亦即道德世界。

2. 伦理学统一于存在论

伦理学是一种探讨人何以能善的学问，它面对的是一种人的世界。康

德认为，伦理学所面对的人的世界作为符合实践理性的人的世界是道德世界。这种道德世界是人根据自己先天具有的道德法则建立起来的世界，也就是说，人作为具有实践理性的人是自由的人，他先天具有普遍的立法原理或道德法则，人把这种道德法则作为绝对命令，并把遵守这种绝对命令看成是自己的义务，人在遵守绝对命令、履行义务的过程中逐步成为善良的人，并且形成一个由善良的人组成的世界亦即道德世界。这个世界相对于作为现象世界的自然世界来说，应该是本体世界。因此，伦理学中人为自己立法的过程既是一个伦理学的展开过程，也是一个存在（道德世界的存在）论的展开过程，它是伦理学与存在论的统一过程。

四、康德的两种形而上学

既然康德的先验论具有两种表现形式，并且分别通过认识论以及人为自然立法和伦理学以及人为自己立法建构了自然和道德两个世界，那么，他的形而上学就应该分别以两种先验论和两个世界为对象分成两个领域。实际上，康德正是这样做的，他把自己的形而上学分成自然形而上学和道德形而上学，前者是思辨的形而上学，后者则是实践的形而上学。

（一）康德哲学的人类学基础

康德把人类学看成是他全部哲学（包括自然形而上学和道德形而上学）的基础其实是把作为理性的人看成是他全部哲学的基础。我们已经多次提及康德哲学的理性问题，包括他关于人的认识理性（理论理性）和道德理性（实践理性）的思想。这里，我们再对康德哲学的理性作一综合。在最为广泛的意义上说，康德哲学中的理性指的是人心"依据先天原理进行判断的能力"，"包括人心的全部能力（认识能力、情感能力和欲求能力）的先天原理在内的一切先天要素的源泉。这样的理性乃是康德三大批判所共同研究的对象和题材"。[①] 康德在自己的哲学中还从狭义一些的意

---

① 杨祖陶、邓晓芒：《康德〈纯粹理性批判〉指要》，湖南出版社 1996 年版，第 37 页。

义上来指称理性，这种理性指的是人心以先天原理为依据的一般的认识能力，亦即《纯粹理性批判》一书之书名中所说的"理性"。不仅如此，康德在自己的哲学中还在更为狭义的意义上规定理性，这种理性指的是在《纯粹理性批判》或康德的认识论理论中作为认识发展三个阶段亦即感性、知性、理性之最高阶段的理性。就本书探讨目的而言，我们更关注的是康德哲学认识论中的理性和伦理学中的理性，它们就是《纯粹理性批判》所探讨的人心中的"认识理性"（理论理性），它是"人为世界立法"中的"人为自然立法"的理性；以及《实践理性批判》所探讨的人心中的"道德理性"（实践理性），它是"人为世界立法"中的"人为自己立法"的理性。这样两种理性是人给予自然世界和道德世界之法则的理性，自然世界和道德世界正是凭借这些法则才能成其为哲学所应探讨的"世界"。因此，具有这些理性的人便是康德哲学的人类学基础。

（二）自然形而上学和道德形而上学

在人的理论理性和实践理性的基础上，康德构建了两种形而上学。理性既是先验论的条件也是产生世界的条件，所以，康德便把理性作为自己哲学的研究对象。在他那里，理性在理论理性方面的运用产生的是自然形而上学，而它在实践理性方面的运用产生的则是道德形而上学。所以他说："形而上学分成纯粹理性的思辨的运用的形而上学和实践的运用的形而上学，所以，它要么是自然的形而上学，要么是道德的形而上学。"①康德把自己的"批评哲学"看成是形而上学的"导论"，我们认为，他的"批评哲学"在他的全部哲学中更是"形而上"的学问，所以，在本书中，我们主要围绕他的"批评哲学"讨论他的形而上学，包括自然形而上学和道德形而上学。

根据康德对于形而上学的划分：自然形而上学研究的是纯粹理性的思辨使用，并进而研究经验世界的形而上学法则。经验世界是现象世界、事实世界，它受制于自然的必然性，所以自然形而上学要研究关于事实上

---

① ［德］康德：《纯粹理性批判》，邓晓芒译，杨祖陶校，人民出版社 2004 年版，第635 页。

出现某事的规律，这是实际如此发生的关于自然事物的规律，它告诉人们"对象"是什么以及我们能够知道什么。道德形而上学研究的是纯粹理性的实践使用，并进而研究道德世界的形而上学法则。道德世界是本体世界、价值世界，它受制于自由的必然性，它是应当如此的关于道德行为的规律，所以道德形而上学要研究"应当"的规律，它告诉人们行为"应当"如何。同时，人作为世界的立法者也是生活于世界之中的人，作为生活于世界之中的人，他们也是世界法则的执法者，他们必须遵守世界的法则。作为生活于现象世界、事实世界中的人，人一定会受制于自然的必然性，并且追求感性的幸福；作为生活于本体世界、道德世界中的人，人一定会受制于自由的必然性（道德法则），并且追求理性的德性。

第二章　康德哲学的先验论

　　康德哲学的先验论通过自然形而上学和道德形而上学表现出来。据此，他在人类学的基础上，凭借人之先天的认识形式和道德法则确立了两个世界，它们的具体过程就是人为自然立法和人自己立法的过程。在讨论康德的形而上学思想时，我们分别从人为自然立法和人为自己立法两个方面展开，也就是说，分别从认识论和伦理学两个方面展开。

一、先验论的认识论

　　先验论的认识论就是"人为自然立法"的认识论。人为自然立法就是在认识过程中把理论理性先天具有的"法"（认识形式）给予自然世界从而产生科学知识和自然世界的过程，"法"在其中起着最为重要的作用，但是，由于"法"作为先天认识形式必须在认识的过程中才能发挥作用，也就是说，必须在整理综合经验质料的过程中才能发挥作用，所以，经验质料在人为自然立法的过程中也是不可忽视的重要方面。正如卢克斯所说，"在康德的作品中，我们遇到了形而上学事业的进一步的批评。在康德的解释中，人类知识涉及内在于人类认知官能的概念和感性经验的原始数据之间的相互作用。感性数据是外在世界对我们主体之感官的影响。它们被内在概念纳入结构并且组织起来，结果就是对象的知识。"① 这种对象的知识就是科学的知识。

（一）先天综合判断如何可能

在康德看来，科学的知识就是关于先天综合判断的知识，旧形而上学的认识论即经验论和唯理论之所以在认识论上遭到失败，归根结底就是在于它不知道"先天综合判断"的存在。因此，他把自己认识论的任务规定为解释"先天综合判断如何可能"。先天综合判断如何可能的问题因而就构成了他的认识论的中心问题。其实，在他那里，科学的认识过程就是先天综合判断形成的过程，对于这一过程的正确描述就是对先天综合判断如何可能的说明。康德在《纯粹理性批判》中作了这种说明。

1. 纯粹理性批判

康德研究先验论的认识论（自然形而上学、人为自然立法）或理论哲学的著作主要是《纯粹理性批判》和《任何一种能够作为科学的未来形而上学导论》，后者主要是前者的缩写版。因此，在本节中，我们主要依据《纯粹理性批判》来安排编写的秩序。《纯粹理性批判》先后出了两版，它的内容除了"导言"之外主要包括"先验要素论"和"先验方法论"。这里，我们主要围绕该书的"导言"和"先验要素论"进行讨论，并把《未来形而上学导论》的相关内容穿插于其中。至于"先验方法论"，我们将在本书的其他地方涉及。康德主要是通过"纯粹理性批判"来说明"先天综合判断如何可能"的问题的。所以，在解释何谓先天综合判断之前，我们先来解释何谓"纯粹理性批判"。康德认为，旧形而上学在认识论上陷入独断论和怀疑论的根本原因就是误用了人类理性。独断论者滥用了人类理性而怀疑论者则失去了对于人类理性的信心。因此，为了使认识论走向康庄大道，首先就必须对人类理性自身进行考察。为了解决这个问题，康德认为要对我们自己的理性能力展开考察，对纯粹理性展开批判。那么，何谓批判呢？他说："……我所理解的纯粹理性批判，不是对某些书或体系的批判，而是对一般理性能力的批判，是就一切可以独立于任何经验

---

① Micael J. Loux, *Metaphysics—A Contemporary Introduction* (*third edition*), New York and London: Routledge: Taylor & Francis Group, 2006, p.5.

而追求的知识来说的，因而是对一般形而上学的可能性和不可能性进行裁决，对它的根源、范围和界限加以规定，但这一切都是出自原则。"①因此，他所谓的"纯粹理性批判"，就是"对一般理性能力的批判，是就一切可以独立于任何经验而追求的知识来说，因而是对一般形而上学的可能性和不可能性进行裁决，对它的根源、范围和界限加以规定，但这一切都出于原则"②。其中，纯粹理性之"纯粹"就是"先天"，就是在逻辑上而非时间上"先于经验"。不过，康德并不认为他的"纯粹理性批判"能够一劳永逸地防止独断论的发生，因为独断论源自人类的本性。根据人类的本性，尽管人类理性能在知识发展的道路中步步登高而不断达到更为遥远的条件；但是，它的本性使它并不满足于永远处于没有完成的状态，所以它要超越一切可能经验的运用，试图彻底地掌握关于世界的绝对知识。这样一来，他们就会陷入独断论，"人类理性也就跌入到黑暗和矛盾冲突之中"，"这些无休止的争吵的战场，就叫作形而上学。"③经验论者反对独断论，自己却又陷入了怀疑论的窠臼。因此，形而上学的历史就成了独断论和怀疑论交替出现的历史。康德指出，尽管他的"纯粹理性批判"不能一劳永逸地防止独断论，但是，一旦经由他的"纯粹理性批判"让人明白了纯粹理性的根据、范围和界限，在加强理性训练的基础上，人们就会减少源自人类本性可能导致的错误。

　　需要注意的是，康德批评旧形而上学的目的并非否定形而上学这一学科。在他看来，我们"在任何地方想到某物，他们就不可避免地退回到他们曾装作极为鄙视的那些形而上学主张上去"④。问题不是需不需要形而上学，而是需要什么样的形而上学。他的意思无非是想强调：我们不需要那种在科学形而上学名义下的实为"伪科学"的形而上学，而是需要一门真

---

① ［德］康德：《纯粹理性批判》，邓晓芒译，杨祖陶校，人民出版社 2004 年版，第一版序。

② ［德］康德：《纯粹理性批判》，邓晓芒译，杨祖陶校，人民出版社 2004 年版，第一版序。

③ ［德］康德：《纯粹理性批判》，邓晓芒译，杨祖陶校，人民出版社 2004 年版，第一版序。

④ ［德］康德：《纯粹理性批判》，邓晓芒译，杨祖陶校，人民出版社 2004 年版，第一版序。

正科学的形而上学。所以他说"世界上无论什么时候都要有形而上学"①，并且这种"形而上学不仅整个必须是科学，而且在它的每一部分上也都必须是科学"②。康德指出，旧的形而上学作为一种"独断的"形而上学，它与真正科学的形而上学的关系，就像是炼金术和化学、占星术和天文学的关系一样。

2. 何谓先天综合判断

康德将"先天综合判断"看成是"纯粹理性批判"所围绕的总纲，认为只有通过考察先天综合判断，才能把纯粹理性批判所要解决的各种问题串联起来，以便一劳永逸地解决该解决的问题，使得形而上学得到挽救并且成为科学。先天综合判断实际上乃是康德在"对象依照知识"的原则上把唯理论的理性（将其变为先天的认识形式）和经验论的经验（将其变为后天的经验内容）加以融合的产物。

康德认为，单个的或无联系的观念不是知识，只有当判断把它们联系起来并且与经验中的对象相一致时，才能形成知识。但是，并非所有的判断都是知识。为了考察这一问题，康德便对判断（命题）进行了分类。

首先，他根据知识的来源和构成将其分为"先天知识"和"经验知识"两类。后者指的是经由后天的经验归纳得出的判断；前者指的是理性在经验以前并且独立于经验作出、因而其正确性无须经验证明的判断。康德的经验既指作为对象作用于我们感官结果的感性印象或感官的直接知觉材料（感觉、印象），又指关于"对象"的知识。前者仅指直接的感知，后者还包括了知性对直接知觉的整理加工的结果。所以，他在《未来形而上学导论》中把前者称为"知觉判断"，并把后者称为"经验判断"，认为它们都属于"经验的判断"。他说："一切经验判断都是经验的判断"③，但不能说"一切经验的判断都是经验判断"④。他在这里所说的经验知识其实就是"经验判断"。康德像经验论哲学家一样认为经验知识

---

① ［德］康德：《任何一种能够作为科学出现的未来形而上学导论》（以下简称《未来形而上学导论》），庞景仁译，商务印书馆1982年版，第16页。
② ［德］康德：《未来形而上学导论》，庞景仁译，商务印书馆1982年版，第168页。
③ ［德］康德：《未来形而上学导论》，庞景仁译，商务印书馆1982年版，第63页。
④ ［德］康德：《未来形而上学导论》，庞景仁译，商务印书馆1982年版，第63页。

才是认识的起点。他说："我们的一切知识都从经验开始，这是没有任何疑问的。"①但是，他又指出了经验知识的局限，认为"经验永远也不给自己的判断以真正的、严格的普遍性"②。这就是说，经验知识没有严格的普遍性，亦即没有康德所要求的"客观有效性"。然而，"……必然性和严格的普遍性是先天知识的可靠标志"③。先天知识正因为其是"先天"的知识，所以，它已具有严格的普遍性或客观有效性，因此，康德认为先天知识在知识的形成过程中有着举足轻重的作用。在此，他推崇的其实是唯理论的认识论。由此出发，他觉得应该有一门专门的科学"找到知识中先天因素的来源、构成一切知识的先天条件，并确定先天知识的适用范围"④。而这正是他的《纯粹理性批判》的任务。为此，他考察了一切知识的两种逻辑形式，从而对于判断作了另外一种区分，即分析判断和综合判断的区分。

其次，康德根据判断中主语和谓语的关系，把判断区分为分析判断和综合判断两种。分析判断指的是谓语包含在主语的概念之中，判断只是通过判断将其明白阐述出来的判断；综合判断则是这样一种判断，即它的谓语不包含在主语的概念之中，而是通过判断新加上去的概念。因此，"……分析的（肯定性的）判断是这样的判断，在其中谓词和主词的连结是通过同一性来思考的，而在其中这一连结不借同一性而被思考的那些判断，则应叫作综合的判断。"⑤康德强调，由于分析判断虽然有普遍必然性，但没有为主语概念增加什么新的内容，没有扩大原有的知识范围，它仅仅是一种"解释性的判断"，所以，这种判断还算不上真正的知识；综合判断作为主词概念增加了新内容的判断扩展了人们原有的知识，

①　[德] 康德：《纯粹理性批判》，邓晓芒译，杨祖陶校，人民出版社 2004 年版，第 1 页。

②　[德] 康德：《纯粹理性批判》，邓晓芒译，杨祖陶校，人民出版社 2004 年版，第 3 页。

③　[德] 康德：《纯粹理性批判》，邓晓芒译，杨祖陶校，人民出版社 2004 年版，第 3 页。

④　杨祖陶、邓晓芒：《康德〈纯粹理性批判〉指要》，湖南出版社 1996 年版，第 58 页。

⑤　[德] 康德：《纯粹理性批判》，邓晓芒译，杨祖陶校，人民出版社 2004 年版，第 8 页。

它才是一种"扩展性的判断",所以,真正的知识应由能扩展我们的知识范围的综合判断所构成。康德认为,一切分析判断都是先天判断,一切后天(经验)判断都是综合判断。由于先天分析判断虽有普遍性和必然性却不能扩大和增加我们的知识,而后天综合判断虽能增加和扩大我们的知识但却没有普遍性和必然性,所以它们两者都不能成为真正的知识。真正的知识必须是既能扩展我们的知识范围,又具有普遍性和必然性的判断,它就是先天综合判断。康德把先天综合判断的问题看成是关涉哲学以及科学生死存亡问题,认为它构成了"纯粹理性批判"亦即先验论的认识论所要解决的总问题。

3. 先天综合判断如何可能

关于先天综合判断,我们应该解决它是否真的存在以及假如它真的存在那么它究竟如何可能的问题。康德指出我们在数学和自然科学中都能看到先天综合判断,所以先天综合判断确实存在,因此,剩下的问题就是先天综合判断如何可能的问题,特别是形而上学作为先天综合判断如何可能的问题,它包含先天综合判断的根据(基础、来自何处)何在的问题以及先天综合判断成为可能的方式问题,它关涉到形而上学究竟能否成为科学。康德指出,既然现有数学和自然科学中已经发现了先天综合判断的实际存在,以往的旧形而上学中也已经发现了先天综合判断的假定的存在,因此,要探讨先天综合判断如何可能,必须立足于上述三种在事实上已经存在和可能存在的先天综合判断进行探讨。这样,"先天综合判断如何可能"的问题就演化成了如下四个问题,即:(1)纯粹数学如何可能;(2)纯粹自然科学(自然科学的"纯粹部分"或基础部分)如何可能;(3)形而上学作为"自然倾向"(因为先天综合判断在旧形而上学那里乃是作为满足理性之"自然倾向"提出来的)如何可能;(4)形而上学作为科学如何可能?康德的最终目的是要解决第四个问题,换句话说,他要通过探讨纯粹的先天综合判断的命题如何构成了形而上学这一学科使得形而上学成为"未来的科学的形而上学"。虽然康德谦虚地认为科学的形而上学尚属"未来的形而上学",而他对纯粹理性的批判只可以说是未来的"科学的形而上学的导论",但是,由于康德的《纯粹理性批判》已经"既在这门科学的界限上、也在其整个内在结构方面描画了它的整体轮廓"①，"甚至完备地列举出它为自己提出任务的各种方式，并这样来刻画形而上学体系的完整轮廓"②，所以，我们认为，这应该就是他的自然形而上学。

同时，由于康德的先天综合判断表现为人的理性的先天知识（认识形式或知识形式）与后天的经验内容（质料）的综合，所以，在他那里，认识过程或知识过程便表现为人的理性的先天知识（认识形式）整理综合后天的经验内容（质料）的过程，它也是人为自然立法的过程。康德把这样的认识过程由浅入深地分为感性认识、知性认识和理性认识三个阶段，它们分别探讨的是不同的先天认识原理，形成不同层次的科学知识，回答了数学和自然科学作为先天综合判断如何可能的问题，以及形而上学作为"自然倾向"和作为科学如何可能的问题。下面我们将依据这三个认识过程来探讨先天综合判断如何可能的问题。

（二）先验感性论

1. 感觉与现象

"先验感性论"讨论的是感性认识。感性认识是关于对象的直观，它是认识的第一层次，并是全部认识的基础。康德这样来解释"直观"："一种知识不论以何种方式和通过什么手段与对象发生关系，它借以和对象发生直接关系、并且一切思维作为手段以之为目的的，还是直观。"③直观的发生必须具备两个条件，即：对象和接受对象的能力。对象是外在的作用于我们感官的东西。康德关于"对象"一词的用法并不十分严格，有时用它指"物自体"，有时则用它指"现象"。物自体除了在认识发起时能对人的主体具有某种刺激作用外，基本是与人的主体没有其他关系的对象，现象则是与人的主体相关的对象，它在先验感性论中指的是主体的先天认

---

①　[德] 康德：《纯粹理性批判》，邓晓芒译，杨祖陶校，人民出版社 2004 年版，第二版序。

②　[德] 康德：《纯粹理性批判》，邓晓芒译，杨祖陶校，人民出版社 2004 年版，第二版序。

③　[德] 康德：《纯粹理性批判》，邓晓芒译，杨祖陶校，人民出版社 2004 年版，第 25 页。

识形式与那来自物自体的刺激的认识质料的统一。接受能力就是感性，康德说道："通过我们被对象所刺激的方式来获得表象的这种能力（接受能力），就叫作感性。"① 尽管这种接受能力是一种被动的"接受性"，但是，由于它决定了认识主体接受刺激从而获得表象的方式，所以，它作为先天地存在于人心中的一种能力也有某种"能动的作用"。

感觉就是直观的两个条件（对象刺激和接受能力）相结合的产物。康德说："当我们被一个对象所刺激时，它在表象能力上所产生的结果就是感觉。"② 它也是物自体刺激我们感官而在我们心中所造成的印象。康德认为，感觉只是认识主体心理上的变状，所以它并未反映物自体自身的性质；但是，感觉又不是任意产生的东西，它确实又与物自体（对象）有关，物自体确实在刺激感官的基础上为感性认识的对象、直观的对象提供了质料条件，从而导致了关于对象的直观，亦即"经验性的直观"。康德把这种作为认识主体心理变状但又与物自体存在某种关联的感觉对象称之为"现象"。这种现象对象就是认识形式和认识内容的统一，尽管它已是感性直观的对象，但却还未得到知性的规定，因而还是尚未确定下来的对象，所以康德指出："一种经验性的直观之未被规定的对象叫作现象。"③ 这样一来，直观赖以成立的两个条件（对象刺激和接受能力）的结合便产生了双重结果，即：主体的感觉和作为感觉对象的现象。

2. 时间与空间

在康德那里，关于对象的直观离不开作为感性认识之形式条件的认识形式，这种认识形式便是先天存在于人的心中的认识形式（认识能力）亦即"纯粹直观"，它们"……即算没有某种现实的感官对象或感觉对象，也先天地作为一个单纯的感性形式存在于内心中的"④。康德把这种先天的

① ［德］康德：《纯粹理性批判》，邓晓芒译，杨祖陶校，人民出版社 2004 年版，第25 页。

② ［德］康德：《纯粹理性批判》，邓晓芒译，杨祖陶校，人民出版社 2004 年版，第25 页。

③ ［德］康德：《纯粹理性批判》，邓晓芒译，杨祖陶校，人民出版社 2004 年版，第25 页。

④ ［德］康德：《纯粹理性批判》，邓晓芒译，杨祖陶校，人民出版社 2004 年版，第26 页。

纯粹直观形式看成是空间和时间，认为空间是外感官的直观形式，时间是内感官的直观形式。康德着重解释了空间和时间的先天性质和必然能客观有效地应用于一切经验中被给予的对象的能力，亦即他所谓的"先验的观念性"和"经验的实在性"。由于时间和空间作为纯粹直观不能定义只能阐明，因此，康德专门对空间和时间作了两种阐明，即："形而上学的阐明"和"先验的阐明"。康德提出了四条形而上学的阐明和两条先天的阐明（它们分别针对几何和算术）。形而上学的阐明是为了证明空间和时间属于先天直观形式，表明它们既非客观事物（物自体）的属性也非经验事物的属性的抽象，而仅仅是先天的直观形式亦即"先验的观念性"；先验的阐明则是从其在认识中的作用方式上说明空间和时间如何客观有效地应用于经验从而使得感觉得以发生亦即"经验的实在性"，从而也使数学的先天综合判断成为可能。先天的观念论表明普遍必然的知识来自先天的认识形式，经验的实在论则表明先验观念的有效范围不能超出我们的感性之外，感性所能认识的对象始终只是现象而非物自体。

时间和空间两种先天的纯粹直观形式是康德感性认识的重点内容，他的"先验感性论"研究的其实就是空间和时间两种纯粹直观形式的先天原理。在他看来，正是感性认识中的空间和时间作为避开了没有普遍必然性的后天感觉质料的形式，通过自己普遍必然的先天原理，给予数学的先天综合判断提供了可能，保证了它能够成为普遍必然的知识，从而说明了数学作为先天综合判断何以可能的问题。不仅如此，空间和时间作为先天的纯粹直观形式，它们也在一定的意义上使一切后天的感性知识（经验性的直观）获得了某种普遍必然性，从而形成了某种（尚未经由知性得到充分规定的）对象知识，从而使得我们把某个关于对象的表象（将其严格地按照顺序安排在三维空间与一维时间的数学格式之中）与单纯的梦境区别开来。

（三）先验分析论

"先验分析论"讨论的是知性认识。知性认识是认识的第二层次，它是在感性认识的基础上对于感性认识的进一步发展。康德的先验分析论是先验逻辑的一部分，所以在讨论先验分析论之前我们先讨论康德的先验逻辑。先验逻辑是康德提出的基于形式逻辑但又超越形式逻辑的一种新型逻辑。在康德的认识论中，它属于以感性认识为基础的广义的理性认识学说，因此，除了知性认识之外，它还包含了理性认识。就先验逻辑与形式逻辑的联系说，由于先验逻辑像形式逻辑一样属于纯粹理性的学科，探讨纯粹理性的先天规律和原理，考察概念等思维形式的连接方式，确保思维自身的不相矛盾，所以先验逻辑像形式逻辑一样提供了真理的必要条件，也表明形式逻辑构成了先验逻辑的基础。但是探讨纯粹理性的先天规律和原理并且确保思维不矛盾还不是真理的充分条件，所以，形式逻辑只是真理的消极条件。若要超越真理的必要条件或消极条件，那先验逻辑就必须超越形式逻辑而进一步把对于思维形式的考察与对于（通过感性直观）经验对象的考察结合起来，也就是说，应该去考察概念的来源，关注思维形式与经验对象之间的（间接）相互关系，以及探讨如何增加新的知识。因此，先验逻辑与只能为真理提供必要或消极条件的形式逻辑不一样，它不仅能为真理提供必要或消极条件，更能为真理提供充分条件或积极条件。这样一来，康德就在先验逻辑中把逻辑学与认识论统一了起来，从而关注到被形式逻辑忽视了的知识形式与知识内容之间的关系，并且由此走向真理。为了实现先验逻辑认识真理的目标，康德把自己的先验逻辑的任务规定为：探讨先天的认识形式（知性范畴）的来源，范畴如何运用于经验对象从而构成知识，以及这些知识的范围和客观有效性的问题。由于先验逻辑以形式逻辑为基础，所以先验逻辑应该以形式逻辑为自己的出发点，按照形式逻辑的划分来确定先验逻辑的划分。据此，康德像形式逻辑一样把先验逻辑划分为分析论和辩证论，认为先验分析论探讨的是真理，因而将其称之为"真理的逻辑"；并认为先验辩证论在探讨更为完备的统一知识（真理）的同时也有陷入幻相的危险，因而将其称之为"幻相的逻辑"。同时，康德还像形式逻辑一样把先验逻辑划分为概念、判断和推理三个环节，其中，概念（范畴）和判断两个环节的探讨构成了知性认识，它属于先验分析论的内容，探讨的是"真理的逻辑"；推理的探讨构成了理性认识，它属于先验辩证论的内容，探讨的则是"幻相的逻辑"。在先验分析论中，康德分别探讨了概念分析论和原理分析论。

1. 概念分析论

"概念分析论"的目标在于发现范畴表，并且进一步说明范畴表如何能够成为一切有关对象的经验知识之可能性的条件。概念分析论作为知性的认识，它不能脱离来自经验的感性知识，正如为了获得真理感性知识必须发展到知性知识一样。所以，康德认为，感性不能思维，知性不能直观，知性必须依赖感性提供的经验性内容，它是联系到直观以思维对象的能力。早期的经验论的错误就在于把概念感觉化了，而唯理论的错误则在于把直观理智化了。知性就是知性能力，知性认识的主要任务是将我们的先天知识分解为纯粹知性知识的各个要素，并使这些要素相互关联而构成一个作为完整统一体的总体理念。在概念分析论阶段，它的主要任务就是通过判断发现范畴表这一纯粹理性的先天认识形式。

（1）知性认识的范畴表

知性的自发活动乃是"我思"，"我思"（自我或自我意识）作为一种自发的活动乃是"先验统觉"的本源的统觉活动，它通过自身的先天知性范畴把来自感性认识的杂多的经验材料联结并且统一起来，形成知性对象以及与知性对象相一致的知性知识。这里，联结经验材料使其得到统一的各种方式就是范畴。康德从形式逻辑的判断入手发现范畴，得出先天范畴表。康德的范畴表包括两组所谓数学的范畴，以及两组所谓力学的范畴。数学的范畴仅仅处理单个的直观或者经验对象，力学的范畴则处理对象之间的关系以及对象与主体之间的关系。数学的范畴自身也包含了两类范畴，它们分别是量的范畴和质的范畴，这两类范畴分别从量和质两个方面处理单个的直观经验对象；力学的范畴也包含了两类范畴，它们分别是关系范畴和模态范畴，这两类范畴则分别处理对象之间的关系以及对象与主体之间的关系。康德还认为，在量、质、关系和模态四组范畴中，每类范畴包含三个子范畴，量的范畴包含了"单一性"、"多数性"和"总体性"，质的范畴包含了"实在性"、"否定性"和"限制性"，关系范畴包含了"属性与自存性"（实体和偶性）、"原因性和依存性"（原因和结果）、"协同性"（能动者和受动者之间的交互作用），模态范畴则包含了"可能性和不可能性"、"实有性和非实有性"、"必然性和偶然性"。其中，每一类的第三个范畴是前面一对范畴的能动综合。康德的范畴表具有两个特别重要的特征：其一，它具有完备性的特征，也就是说，他通过四类十二个范畴囊括了从个体对象到对象关系再到对象与认识主体关系的全部内容，这样一来，它的范畴表作为认识主体先天具有的认识形式就能囊括知识所需要的方方面面；其二，它具有辩证性特征，也就是说，它的每类范畴中的三个范畴之间的关系具有对立面统一的意味。除此之外，它还有一个对于康德来说十分重要的特征，那就是这些范畴只能经验地使用而不能超验地使用，也就是说，它只能运用于经验和可能经验的范围。有了范畴表，康德也就有了进行知性认识的先天工具。

（2）先验演绎

"范畴表的提出为康德的整个先验逻辑制定了一个总纲，为全面系统地探讨科学知识（自然科学）的可能性根据奠定了基础。"[①]但是，范畴是纯粹概念，它有何权力声明自己作为先于经验的东西能与对象发生关系并使对象符合于它呢？康德通过先验演绎来证明范畴对于经验对象（感性认识所获得的作为知性认识质料的"感性杂多"或"经验杂多"）的客观有效性，即范畴所具有的能够先天（普遍、必然）地运用于经验对象、使之符合自己从而使认识成为科学认识的权利。在《纯粹理性批判》的第一版中，先验演绎循着两条相反的路径亦即主观演绎和客观演绎进行，其中，主观演绎是从知识的发生过程探索这一过程所需要的主观先天条件的演绎，它是一种从下而上（从客观到主观、从结果到原因）的演绎，因此带有后天分析或心理学的意味。客观演绎则是一种从上而下（从主观到客观、从原因到结果）的演绎，因此带有后天综合或认识论的意味。在《纯粹理性批判》的第二版中，为了避免"贝克莱主义"和"心理主义"之嫌，康德删除了第一版中专门分析主观演绎的章节，并把相关内容融入客观演绎的部分。具体地说，在《纯粹理性批判》第一版的主观演绎中，康德对经验对象（经验知识）逐步地加以分解，经由"直观中领会的综合"、

---

① 杨祖陶、邓晓芒：《康德〈纯粹理性批判〉指要》，湖南出版社1996年版，第131页。

"想象中再生的综合"和"概念中认知的综合"三个阶段而最终走向"先验统觉"，即"我思"、"自我意识"，从而证明"先验统觉"作为一种先验自发、能动的活动能力，是概念及其综合统一能力的来源。而在《纯粹理性批判》第二版的客观演绎中，康德通过对于"一般联结的可能性"、"统觉的本源的综合统一"和"自我意识与先验对象"的分析，最终证明自我意识的统一能力通过范畴能够将经验杂多整理成具有客观实在内容的普遍必然的知识。

在讨论康德先验演绎时，我们应该着重讨论一下他的先验统觉。我们曾说，我思乃是知性的自发活动，正是这种自发活动才将先天的范畴运用于经验杂多以把经验的杂多统一起来；我思（自我意识）作为一种自发的活动乃是"先验统觉"的本源的统觉活动。我们还进一步发现，康德哲学在先验演绎中，无论是主观演绎还是客观演绎都把先验统觉当成了最为基础的概念，主观演绎最终走向先验统觉从而证明"先验统觉"作为一种先验自发、能动的活动能力，是概念及其综合统一能力的来源，客观演绎则直接从纯粹的先验统觉（或自我意识）开始经由范畴走向经验对象并把自我意识和对象意识统一起来。根据前面的讨论我们发现，先验统觉就是我思（自我意识）的本源活动，它是我思的意识活动的先验条件，也是我思的意识活动之统一性的先验根据。正是由于先验统觉之本源的综合统一活动，"我"才把一切意识活动（通过知性的自发活动将先天的范畴运用于直观经验杂多以把直观经验杂多统一在我的意识之中）表现为作为认知主体的"我"的活动，并且使上述活动要把握的对象成为"我的对象"。因此他说："统觉的综合统一性是知性一切运用的最高原则。"① 那么，先验统觉为什么能够形成真正的关于"对象"的科学知识呢？这是因为它与作为心理学对象的经验性的统觉不一样，后者总是处于流变之中（例如注意转移、情绪变化等等），前者作为纯粹的本源属于不变的意识，它不会随着经验的改变而改变，它是先行于一切经验直观的意识统一性。因此，只有它才能提供真正的关于对象的知识，而这个对象本身正好是由于先验统

---

① ［德］康德：《纯粹理性批判》，邓晓芒译，杨祖陶校，人民出版社 2004 年版，第91 页。

觉的意识活动对于经验直观进行综合整理的产物。

在通过先验演绎证明了作为范畴的纯概念对于经验对象的客观有效性之后，康德开始讨论原理分析论。

2. 原理分析论

"原理分析论"的目标是在概念分析论提供了范畴作为一般知识的先天规则的基础之上，具体告诉我们范畴如何与感性杂多进行联结，即一个具体事物归属于范畴之下加以运用的条件究竟如何，它有什么指导规则。它相当于判断阶段，或说直接就是"先验判断论"。就此而言，也可以说，判断阶段探讨的纯粹概念应用于现象时所遵循的原理（条件、规则）就是"判断力的法规"。仅就概念分析论和原理分析论共同属于先验分析论亦即同属于知性认识而言，概念分析论探讨的是知性提供出的纯粹概念，属于知性的"规则的能力"；原理分析论探讨的则是知性如何把纯粹概念应用于经验从而获得先天综合知识亦即科学知识，属于知性的"原则的能力"。原理分析论作为先验判断论分为两个部分，即：纯粹知性概念的图型说和纯粹知性的原理体系。

（1）先验图型学说

纯粹知性概念的图型说要解决的是抽象的概念（范畴）能够运用于不同性质的具体的感性杂多的条件。一般来说，两个东西没有同质性便无法结合，范畴作为纯粹的概念既不同于经验性的概念更不同于具体的感性杂多（感性直观），按理来说，我们不能把一个对象包含在纯粹概念之下。那么，康德是怎么做到这一点的呢？他通过纯粹知性概念的图形说做到了这一点。他把图型看成是结合知性概念和感性直观对象的中介，认为它一方面与概念（范畴）同质，一方面又与感性直观对象（现象）同质。需要注意的是：在康德那里，图型乃是"先验的图型"。这就是说，图型本身是纯粹的、先天的，并不带有任何经验内容，但是它却具有某种感性，作为中介自由地游走于纯粹的知性概念和感性直观或现象之间。那么，先验的图型又是如何做到这一点的呢？康德的回答就是：这种先验的图型是"时间图型"。他说："时间作为内感官杂多的形式条件、因而作为一切表象联结的形式条件，包含有纯粹直观的某种先天杂多。现在，一种先验的时间规定就它是普遍的并建立在某种先天规则之上而言，是与范畴（它构成了先验时间规定的统一性）同质的。但另一方面，就一切经验性杂多表象中都包含有时间而言，先验时间规定又是与现象同质的。因此，范畴在现象上的应用借助于先验的时间规定而成为可能，后者作为知性概念的图型对于现象被归摄到范畴之下起了中介作用。"①这就是说，范畴作为规定先验时间统一性的东西，它必然同质于也是纯粹先天的作为内感官的时间；同时，时间又包含于任何经验性的杂多表象之中，所以，它又与感性杂多（直观、现象）同质；因此，它才能作为中介自由地游走于纯粹知性概念和感性直观或现象之间。康德认为时间图型是先验想象力的产物，正是先验的想象力才推动时间图型作为中介自由地游走于纯粹概念与感性直观或现象之间。由于"时间图型"是"纯粹概念"的图型，它作为先验的东西存在于思维之中，按照概念的规则运行，并把概念运用到经验直观或现象之上规范它们，所以，时间图型必定与概念（范畴）对应。因此，康德把图型分为属于时间系列的"量的图型"（数）、属于时间内容的"质的图型"（程度）、属于时间秩序的"关系的图型"和属于时间的包容性的"模态的图型"四类。这样一来，"任何出现在内直观中的表象都必须从属于时间的系列、时间的内容、时间的秩序和时间的包容性，而这样……我们实际上就在已形成这个对象的直观表象时暗中使用了量、质、关系和模态的诸范畴。"②当然，根据康德的一贯思想，图型作为包含于任何经验性的杂多表象之中（尽管它自身是纯粹的、先天的）东西，它在帮助范畴能够运用于感性杂多的同时也约束着范畴可能的超验使用。

（2）纯粹知性原理

纯粹知性原理就是"先验原理"，它们是一切关于对象的知性经验知识或科学知识的最高的先天综合的根据，并保证这些知识具有普遍必然性或客观有效性。在"纯粹知性的原理体系"阶段，康德所要解决的问题是在图型已为概念（范畴）能够运用于感性对象提供了感性条件的基础上确

---

① ［德］康德：《纯粹理性批判》，邓晓芒译，杨祖陶校，人民出版社2004年版，第139页。

② 杨祖陶、邓晓芒：《康德〈纯粹理性批判〉指要》，湖南出版社1996年版，第181页。

立范畴运用于这些感性对象时应该遵循的法规，也就是说，它要回答范畴究竟给感性对象建构了什么样的法规。由此可见，它要实际上解决人为自然立法中的"法"究竟如何为自然立法的问题。康德把纯粹知性的所有原理分为数学的和力学的两类：前者涉及直观，指明每一直观中所必然包含的东西，因此，它具有直接的自明性和直观的确定性，它们被康德称之为纯粹知性的"构成性"原理；后者则涉及现象的实有，它们使实有作为被给予的偶然知觉能在与其他对象的确定关系中而被思维，尽管这种关系只能被思维而不能被直观，因而没有直接的自明性，但是，它们自身仍因其先天必然性而具有间接的必然性和论证的确定性，它们被康德称之为纯粹知性的"调节性"原理。数学的使用原理包含"直观的公理"和"知觉的预测"。"直观的公理"指的是这样的原则，即："一切直观都是外延的量"或（在第一版中）"一切现象按照其直观都是外延的量"。"知觉的预测"指的是这样的原则，即：在一切现象中，实在的东西作为感觉的一个对象具有内包的量，即具有一个度或（在第一版中）"……对一切知觉本身进行预测的原理是这样的：在一切现象中，感觉以及对象上与感觉相符合的实在的东西，都有某种内包的量，即度。"① 力学的使用原理包括"经验的类比"和"一般经验性思维的公设"。"经验的类比"指的是这样的原则"经验只有通过对知觉作某种必然连结的表象才是可能的"，它进一步包含三种类比：其一，实体的持存性原理（即实体在现象的一切变化中持存着，它的量在自然中既不增加也不减少）；其二，按照因果律的时间相继的原理（即一切变化都按照因果律连结的规律而发生）；其三，按照交互作用或协同性的法则同时并存的原理（即一切实体就其能够在空间中被知觉为同时的而言，都存在于普遍的交互作用中）。"一般经验性思维的公设"指的是"可能性公设"、"现实性公设"和"必然性公设"，康德说道："1. 凡是（按照直观和按照概念）与经验的形式条件相一致的，就是可能的。2. 凡是与经验的（感觉的）质料条件相关联的，就是现实的。3. 凡是其与现实东西的关联是按照经验的普遍条件而得到规定的，就是（在实存

---

① 参见 [德] 康德：《纯粹理性批判》，邓晓芒译，杨祖陶校，人民出版社 2004 年版，第 158 页注。

上）必然的。"①康德认为，凭借这些法规，我们就能把先验原理运用于经验直观或现象从而构成具有普遍必然性的自然科学知识，说明范畴运用于感性杂多、构成客观有效（普遍、必然）的经验知识的具体方式。当然，范畴只能有经验地运用而不能先验地运用，所以，这种知识归根到底是经验知识。这样，康德在"先验分析论"中就说明了经验知识可能性的问题，证明了自然科学的基本原理作为先天综合判断如何可能。

康德的"先验分析论"比较集中地反映了他在唯理论的立场上把唯理论和经验论合理因素结合起来构成科学的认识学说的想法。在康德那里，我思（自我意识、先验统觉）是先验原理、范畴的发源地，它的本源的综合统一性原理是经验杂多得以综合统一的根据。康德指出，正是我思的自发性活动造成了范畴联结（加工、整理、安排、统一）感性杂多从而构成了关于普遍必然性的知性认识（经验判断）。正如黑格尔所说："康德哲学的一般意义在于指出了普遍性和必然性那样的范畴……在知觉之外有着另一个源泉，而这个源泉就是主体，在我的自我意识中的我。"②这里，康德秉承的是唯理论的立场，并且这种立场是他的主要立场。所以赖欣巴哈说道："……从历史上说，它（指康德哲学——引者）代表了唯理论哲学的最后伟大体系。"③但是另一方面，康德认为，作为知性认识内容（质料）的直观表象（感性杂多）同样必不可少，它不仅为知性认识提供了质料来源，而且也使知性范畴能够显现。其实，知性范畴一旦离开了经验，不过是空空如也的形式，它们不能单独构成综合命题。因此，经验不仅为知性认识和范畴显现提供了来源，而且还因这一来源限制了知性认识和范畴的运用范围，它使知性范畴只能应用于经验的对象或可能经验的对象。因此，我们的知识归根到底只是"经验知识"（经验判断），也就是说，它归根到底只是关于现象的知识。由此可见，康德巧妙地综合了唯理论和经验的合理因素，在唯理论的基本立场上把经验论纳入进来，从而把先天的

---

① ［德］康德：《纯粹理性批判》，邓晓芒译，杨祖陶校，人民出版社 2004 年版，第197 页。

② ［德］黑格尔：《哲学史讲演录》第 4 卷，贺麟译，商务印书馆 1978 年版，第 258 页。

③ ［德］赖欣巴哈：《科学哲学的兴起》，伯尼译，商务印书馆 1991 年版，第 35 页。

知性范畴和后天的经验质料结合起来，既说明了知性知识的来源，又说明了知性知识的界限。他把这种知识看成是真正的科学知识。

毫无疑问，康德的知性知识作为真正的科学知识必定是与对象一致的知识。康德指出，"……客体则是在其概念中结合着一个所予直观的杂多的那种东西"①，也就是说，客体或知性对象正是依靠我思的本源的综合统一（通过我思的自发活动产生的知性范畴联结直观的感性杂多）建立起来的东西，因此，知性知识必然是与知性对象相互一致的知识。当然，由于知识只是认识形式（我思的自发活动产生的知性范畴）和认识内容（直观的感性杂多）相互结合的产物，所以作为与知识相互一致的对象也只能是局限于经验范围的"对象"，亦即区别于物自体的现象。"其实，由于来自物自体刺激的感性质料进一步经过了范畴的联结，所以，在知性知识中，物自体不是更近而是更远了。"②到此为止，康德通过我思（先验统觉的综合统一）的自发活动，凭借知性范畴的综合统一作用，以及采用判断的诸多法规，终于把来自直观的感性经验逐步综合成了普遍必然性的知识，这种知识也是关于对象的知识，它还意味着认识主体与客体的相互一致。因此，在知性认识阶段，认识最终达到了认识与对象、主体与客体、思维与存在的一致，尽管这里的知识仅仅是经验知识，并且对象也仅仅是现象。康德认为，在我们终于获得了普遍必然性知识亦即获得了客观有效的严格意义上的科学知识时，我们也就说明了自然科学作为先天综合判断如何可能的问题。

（四）先验辩证论

"先验辩证论"讨论的是（狭义的）理性认识。理性认识是认识的第三层次，也是认识的最高阶段。它是在知性认识的基础上对知识完备性的进一步追求。康德指出，就实际的认识范围说，人类认识不能超越知性的范围，但是，就人心的欲望和自然倾向来说，人类理性又不满足于

---

① ［德］康德：《纯粹理性批判》，邓晓芒译，杨祖陶校，人民出版社2004年版，第92页。

② 强以华：《西方哲学普遍性的沦落》，中国人民大学出版社2018年版，第140页。

知性所获得的有条件的、相对的、不完整的关于现象世界的经验知识，它不可避免地要追求无条件的、绝对的、完整的统一性，认识现象世界之外的本体世界，亦即"物自体"的世界。因此，理性认识的主要任务就是通过理性这一最高的认识能力寻求知性知识的最高统一，并且防止陷入先验幻相。

1. 理性的划分和运用

理性与知性有所不同，知性只是一种"规则"的能力，理性却是一种"原则"的能力。这就是说，理性不像知性那样最终要依赖经验直观因而也不包含任何经验的内容，它建立在纯粹概念之上，"'纯粹'从概念的普遍性产生综合知识，这种知识显然是知性所不能提供、而只能是理性的、超验的。"① 因此，"知性尽管可以是借助于规则使诸现象统一的能力，而理性则是使知性规则统一于原则之下的能力。所以理性从来都不是直接针对着经验或任何一个对象，而是针对着知性，为的是通过概念赋予杂多的知性知识以先天的统一性……"② 正如知性被分为形式上构成一般逻辑判断的能力和自发产生范畴的能力一样，理性也分成两种逻辑能力，即：形式逻辑方面的间接推理能力和先验逻辑的自身产生概念（理念）以进行最高综合统一的能力。

在整个先验逻辑中，形式逻辑作为这里的必要条件都是先验逻辑赖以存在的出发点，但先验逻辑又超越了形式逻辑。在理性认识阶段中，这种情形也是一样。所以，理性既有逻辑的运用（与形式逻辑的间接推理能力相关）也有先验的运用（与先验逻辑自身产生概念以进行最高综合统一的能力相关）。在理性的逻辑运用中，康德根据作为规则的大前提在一个知识和它的条件（小前提）之间的预设关系，把理性推理分为直言、假言和选言三种推理（它们与关系判断分为直言、假言和选言对应）。在理性的逻辑运用的基础上，或是在三种推理的基础上，康德进一步把它与理性的纯粹运用联系起来，试图在逻辑推理的形式中发现理

---

① 杨祖陶、邓晓芒：《康德〈纯粹理性批判〉指要》，湖南出版社1996年版，第252页。

② [德] 康德：《纯粹理性批判》，邓晓芒译，杨祖陶校，人民出版社2004年版，第263页。

性的意图和作用，把知性判断所体现出来的统觉的综合统一作用进一步加以扩大，"……力图将知性的大量杂多性归结为最少数的原则（普遍性条件），并以此来实现它们的最高统一。"①理性的逻辑运用并不涉及直观和任何可能经验，它的统一性也不是某种可能经验的统一性，它通过为一个作为结论的命题寻找普遍条件（大前提）并通过寻找条件的条件以达到最普遍的条件，或说为知性的有条件的知识寻求无条件者以完成知性统一的作用。但这也仅仅是理性逻辑运用的一条逻辑准则，若是要使它成为纯粹理性的原则，就必须插入一个假言判断，即："如果有条件者被给予，则整个相互从属的本身是无条件的条件序列也被给予（即包含在对象及其连结之中）。"②康德强调，这条原则是综合的命题，因为作为一切有条件的整体概念的无条件者并不包含在有条件者的概念之中，当然，由于无条件者不可能出现于经验之中，所以，这里的综合是一种"超验"的综合。

2. 先验理念及其体系

理念亦即理性概念在哲学史上早已存在，柏拉图首先使用这一概念，并且把理念知识看成纯粹的先天知识，这些得到了康德的高度评价。康德认为，正如在知性认识阶段我们将形式逻辑判断的形式通过转化为对直观进行综合的概念而产生知性范畴一样，在理性的认识阶段中，我们也能把形式逻辑的推理形式按照范畴的标准运用于直观的综合统一上面，这样纯粹理性的概念亦即理念就作为源泉先天地包含在其中了。这种纯粹理性概念或理念就是"先验理念"，它能按照"原则"规定知性在全部经验总体上的运用。具体地说，康德把理性推理的三段论看成是一种"在其条件的全部范围内被先天地规定的判断"③，它的大前提（普遍性）"先天地"赋予了谓词以某个条件的普遍性。尽管这种普遍

---

① ［德］康德：《纯粹理性批判》，邓晓芒译，杨祖陶校，人民出版社 2004 年版，第 265 页。

② ［德］康德：《纯粹理性批判》，邓晓芒译，杨祖陶校，人民出版社 2004 年版，第 266—267 页。

③ ［德］康德：《纯粹理性批判》，邓晓芒译，杨祖陶校，人民出版社 2004 年版，第 275 页。

性只是逻辑形式上的普遍性，但是，从直观综合的立场看，它就不仅是逻辑形式上的普遍性，也是有关对象的条件的总体性。这种总体性恰恰显示了先验理念的作用，因此，先验理念也就是一个"无条件者"的概念。康德认为，与关系范畴的三种关系相应，先验理念的作用分别体现在直言、假言和选言三种推理形式之中亦即分别去追求无条件的实体、无条件的原因和无条件的协同作用，这些意味着先验理念的任务和作用就是把各种单个判断中的综合扩张到无条件的东西上去亦即统一到无条件的东西之下。

　　康德进一步通过推理链条的两个序列引出了先验理念的体系。他根据一般逻辑推理总包含大前提、小前提和结论三个环节提出了推理链条的两个序列：由前提不断走向结论的"下降序列"和由结论不断后溯前提的"上升序列"。这就是说，推理的链条可以一直从前提走向结论的不断"前溯"发展，它的基本方式是把每一个三段论的结论作为下一个三段论的前提，它表现为推理的不断下降；推理的链条还可以一直从结论不断地"后溯"前提，它的基本方式就是从每一个三段论的结论通过小前提不断到大前提中寻求自身的必然性条件（因为三段论原本就是小前提在大前提中寻求自身的必然性条件），它则表现为推理的不断上升。根据康德理解，从两个序列与理性能力的关系看，面对下降的序列，理性只要把已知的知识作为另外一些知识的条件不断推理下去，并使每一步都形成结论就可以了，它无须关注推理能走多远，以及它在整体上能否完成；面对上升的序列，理性则必须预先假定那决定结论之所以可能的条件序列的全体（包含每一环节）已经完成并被给予出来，而不管它是否有一个第一项作为最高条件，亦即不管它是无限的还是不限定的。我们知道，康德曾把理性的先验原理归结为"如果有条件者被给予，则整个相互从属的本身是无条件的条件序列也被给予"，所以，上升推理与理性的先验原理存在着一致性。它们都因预先假定了无条件者（条件总体）而需要先验理念，并指出了先验理念的作用。

　　康德从上升的理性推理的逻辑关系中引出了先验理念，并从形式逻辑的三种形式推理（直言推理、假言推理、选言推理）中引出三种辩证推理，提出了他的先验理念体系。在他看来，由于理性在辩证推理中要进行条件的后溯，所以，它必然会涉及我们可能具有的各种表象的一切关系的普遍性，它们分别涉及对于主体的关系（因为一切表象都是我的表象）、对于客体的关系（因为一切表象都是关于某物的表象）和对于一切一般事物的关系。据此，他把先验理念划分为三个等级，即：作为思维主体的绝对或无条件统一；作为现象诸条件之系列的绝对统一；作为包含思维的所有一般对象之条件的绝对统一。它们分别是灵魂、世界整体和上帝，它们构成了心理学、宇宙论和神学的研究对象，而纯粹理性则以它们为基础建立了超越知性的理性（先验）心理学、理性宇宙论和理性神学。由此可见，康德提出作为理性的心理学、宇宙论和神学的三个先验理念（灵魂、世界整体和上帝）意在表明人们总是想从关于人性的绝对知识走向世界的绝对知识最后走向关于一切存在之本源的绝对知识，也就是说，走向一切知识的完整系统。

3. 先验理念与先验幻相

康德认为，从形式逻辑的三种推理引出的三种辩证推理之所以是"辩证的"推理乃是因为它仅仅是引导认识从知性永远局限于其中的"有条件的综合"走向知性永远达不到的"无条件的综合"的概念，它在经验中决无对象。这就是说，先验理念并非有某种实在与其对应的概念，它"仅仅是一个理念"。但是，先验理念又是一个我们"认其为真"的概念，是一个（表现在思辨的运用亦即认识之中）永远只能接近却不能实现的虚设的概念，它能引导我们的经验知识（现象）不断走向绝对整体，但它却不具有自己的经验对象。所以，康德指出，假如着眼于"客体"，即仅仅当作具有一个纯粹知性对象的理念来看待先验理念，那就说得"太多"了，因为理念只是理性为知性的全体运用而设定的某种方向；假如着眼于"主体"，即仅仅当作在主观经验条件下具有现实性的表象来看待先验理念，那就说得"太少"了，因为经验的现实性永远不能给出理念这样一个最大的、作为一切条件之绝对总体的概念。所以，在理性认识中我们应该小心翼翼、如履薄冰似的准确把握先验理念的作用和界限。若是认为先验理念是一个通过范畴来对经验知识进行最大综合的概念，那么，它就具有积极意义，亦即成为知性扩展的和前后一致的运用的法规；若是认为先验理念是在现实中有其真实对象的概念，那么，我们就会把本来只适应经验范围的原理误推到经验的界限之外，陷入先验幻相。所谓先验幻相乃是这样一种幻相，即："……这种幻相影响着那些根本不是着眼于经验来运用的原理，如果它们用于经验，我们至少还会有一种衡量这些原则的正确性的标准。然而先验幻相甚至不顾批判的一切警告，把我们引向完全超出范畴的经验性之外，并用对纯粹知性的某种扩展的错觉来搪塞我们。"①

康德认为，先验逻辑的理性推理却比形式逻辑的推理更难避免"幻相"。就形式逻辑来说，陷入"幻相"常常是因为忽视了逻辑规则，所以通过指出错误并且遵守规则就能消除它的幻相；然而，先验逻辑陷入的先验幻相则出自人类理性（以及感官）自身固有的原则和结构，即："人类理性的本性总是误以为理性概念不是先验理念，而是具有客观实在与其对应的概念，因而不顾批判的警告，把只能运用于经验对象（现象世界）的知性范畴无限制地带到超越经验的范围，导致我们蒙受欺骗，从而陷入先验幻相，亦即先验理念的超验使用产生出来的幻相。旧形而上学的唯理论正是因为不能懂得这一道理，因此陷入了'独断论'"②。所以卢克斯说：康德认为，"……形而上学，无论是理性主义者的形而上学还是亚里士多德主义者的形而上学，都代表了一种企图，即：知道人类感觉经验范围之外的东西。它寻求回答感觉经验不可能提供回答的问题，这些问题包括灵魂不朽、上帝存在和自由意志。"③因此，准确把握先验理念的作用和界限十分重要，否则它们就不仅不能引导我们的知性知识走向彻底的统一性反而使我们陷入"先验幻相"。康德说：真理之乡的"周围是一片广阔而汹涌的海洋、亦即幻相的大本营，其中好些海市蜃楼、好些即将融化的冰山都谎称是新大陆，在不停地以空幻的希望诱骗着东奔西闯的航海家去作出种

①　[德] 康德：《纯粹理性批判》，邓晓芒译，杨祖陶校，人民出版社 2004 年版，第259—260 页。

②　强以华：《西方哲学普遍性的沦落》，中国人民大学出版社 2018 年版，第 142 页。

③　Micael J. Loux，*Metaphysics--A Contemporary Introduction*（*third edition*），New York and London: Routledge: Taylor & Francis Group，2006，p.6.

种发现，将他卷入那永远无法放弃、但也永远不能抵达目的之冒险。"①因此，我们若是能够准确把握先验理念的作用和界限，我们就能在把世界看成是"人之立法"的产物或说经验世界或现象世界的基础上来说明"形而上学作为一门科学"何以可能以及"旧形而上学何以因理性的自然倾向成为一门假学问"的问题。

这样一来，康德就通过自己的先验感性论、先验分析论和先验辩证论，或者说通过自己的感性认识、知性认识和理性认识先后解决了先天综合判断如何可能的问题。先天综合判断的关键在于两个因素，即："先天的"知识形式和"后天的"经验内容。若是先天的知识形式（范畴）仅仅运用与后天的经验内容之上，那么，它们就能成为科学知识，并且先验理念的引导作用还能促进这一科学知识趋向于最大的完备；反之，若是先天的知识形式（范畴）在人类本性的推动下超越经验范围之外，把先验理念这一引导知识趋向于最大完备的"认其为真"但实际上又"仅仅是一个理念"的概念当作有实在的经验对象的概念，那么，它们就可能陷入"先验幻相"，并陷入康德所说的纯粹理论理性的二律背反，使形而上学成为一门假学问。不过，康德在要求把知识（思辨知识）限制在经验、现象范围之内的同时也要求我们尝试进入本体领域，但是，这种本体领域不是旧形而上学所说的作为思辨知识对象的物自体，而是伦理领域。在他那里，对于理论理性的二律背反的分析包含了从思辨理论领域走向伦理道德领域的分析。由于我们要在本书的最后一章"旧形而上学批判"中专门讨论二律背反问题，所以，我们在此不去讨论二律背反。但是，我们依然要强调：在二律背反中，康德关于"自由"的分析应是康德哲学实现从先验论的认识论分析（真理的分析）转向伦理学分析（实践的分析）的最关键的分析。自由的分析与先验理论相关，先验理念作为"认其为真"的概念具有双重性，它既可能让我们走向真理，也可能使我们陷入幻相，它是一种异常积极但又充满陷阱和危险的概念。但是尽管如此，若是我们能够正确地对待先验理念，那么，我们就会发现先验理念的积极作用除了能够扩展知

---

① ［德］康德：《纯粹理性批判》，邓晓芒译，杨祖陶校，人民出版社2004年版，第216页。

性知识之外，还有一个更为重要的作用，那就是它们"或许能使从自然概念到实践概念的一个过渡成为可能，并使道德理念本身以这种方式获得支持及与理性的思辨知识的关联"①。

二、先验论的伦理学

我们曾说，在宽泛的意义上说，康德的伦理学也是先验论的伦理学，而这种先验论的伦理学具体表现为"人为自己立法"学说，根据这一学说，世界作为由自由法则支配的道德世界就是这一立法过程的产物。康德的先验伦理学属于他的道德形而上学。

（一）人的自由如何可能

康德传记作者古留加说："在《纯粹理性批判》的基本问题——先天综合判断为什么是可能的——背后，回响着另一个对康德哲学来说更为重要的问题——人的自由为什么是可能的。"②康德的伦理学探讨的主要内容就是"人的自由如何可能"的问题，这个问题在他那里也就是人成为至善的人如何可能的问题。在探讨这个问题之前，我们先介绍一下他的著作《实践理性批判》。

1. 实践理性批判

康德关于伦理学或道德形而上学的著作主要包括《实践理性批判》、《道德形而上学的奠基》和《道德形而上学》。在这三部著作中，尽管《道德形而上学》的名称就是"道德形而上学"，但是，更具有"形而上意味"的则是《实践理性批判》、《道德形而上学的奠基》。正如康德所说："除了一种纯粹实践理性的批判之外，道德形而上学真正说来没有别的基础。"③

---

① ［德］康德:《纯粹理性批判》，邓晓芒译，杨祖陶校，人民出版社2004年版，第280页。

② ［苏］阿尔森·古留加:《康德传》，贾泽林等译，商务印书馆1981年版，第125—126页。

③ ［德］康德:《道德形而上学的奠基》，见李秋零主编:《康德著作全集》第4卷，中国人民大学出版社2013年版，第398页。

而在《实践理性批判》和《道德形而上学的奠基》两部著作中，后者是一部为道德形而上学"奠基"的著作，它的内容乃是通过"由普通的道德理性知识到哲学的道德理性知识的过渡"、"由通俗的道德哲学到道德形而上学的过渡"，最终"由道德形而上学走向纯粹实践理性批判"，因此，据此可见，他的《实践理性批判》应是更为重要的著作。因此，在本节中，我们将主要依据《实践理性批判》来安排编写秩序。《实践理性批判》除了"导言"之外，主要包括"纯粹实践理性的要素论"和"纯粹实践理性的方法论"，我们将主要围绕"导言"和"纯粹实践理性的要素论"进行讨论，并在其中穿插《道德形而上学的奠基》乃至《道德形而上学》的相关内容。

在《纯粹理性批判》中，康德曾说："一切通过自由而可能的东西都是实践的。"①康德的自由就是人的意志超越外在的法则而仅仅遵守自己的法则，而人作为理性的人，他自己的法则就是道德法则，所以，通过自由而成为可能的一切东西都与道德相关，它们都属于能让人成为道德之人的诸多实践规则。为此，康德探讨了"实践的诸原理"。他说"实践的诸原理是包含有意志的一个普遍规定的那些命题，这个普遍规定统率着多个实践规则。"②这样一来，我们就发现：在康德的《实践理性批判》之中，自由是最后的基础，它表现为道德自律，它通过关于意志的一个普遍规定的命题以及它所统率的多个实践规则来实现自己，最终指向善和至善。在康德的《实践理性批判》中，这种至善的实现或说人的自由的实现必须依赖灵魂不朽和上帝存在做保证。

2. 自由及其"拱顶石"作用

康德把"自由"看成是伦理学的核心概念。那么，康德在伦理学中所说的"自由"是一种什么样的"自由"呢？康德所说的自由其实是实践理性的自由，在他看来，人只有在实践领域才能成为自由的存在，也就是

---

① [德]康德：《纯粹理性批判》，邓晓芒译，杨祖陶校，人民出版社2004年版，第608页。

② [德]康德：《实践理性批判》，邓晓芒译，杨祖陶校，人民出版社2003年版，第21页。

说，人才有可能成为自由的人。康德所说的实践自由作为（实践）理性的
自由具有积极与消极两层含义。首先，积极的自由就是实践理性自身，或
说，包括人在内的一切有理性的存在者的意志（自由意志）先天地就是颁
布道德法则的意志。其次，消极的自由就是实践理性对于经验、感性幸福
的独立性，也就是说，这种自由独立于经验，不依赖于任何外界条件和法
则，它超越了任何关于幸福的感性冲动。其实，康德自由的两种含义分别
从肯定和否定的角度指出了包含人在内的一切有理性的存在者遵循道德法
则并独立于非道德法则的其他法则（例如自然法则）的应然性和必然性。
那么，康德的自由在康德的伦理学甚至一般哲学（形而上学）中究竟有什
么作用呢？我们为什么能说康德伦理学的中心问题就是"人的自由何以
可能"的问题呢？

　　康德认为，自由在他的哲学以及伦理学中起着一种"拱顶石"的作
用。他说："自由的概念，一旦其实在性通过实践理性的一条无可置疑的
规律而被证明了，它现在就构成了纯粹理性的、甚至思辨理性的体系的整
个大厦的拱顶石，而一切其他的、作为有些单纯理念在思辨理性中始终没
有支撑的概念（上帝和不朽的概念），现在就与这个概念相联结、同它一
起并通过它而得到了持存及客观实在性，就是说，它们的可能性由于自由
是现实的而得到了证明；因为这个理念通过道德律而启示出来了。"① 这就
是说，自由作为"拱顶石"既体现在他的一般哲学意义上的思辨理性和实
践理性的关系之中，又体现在他的伦理学这一学说之中。

　　首先，在一般哲学的意义上，康德的自由是连结理性的思辨运用和理
性的实践运用的桥梁，也就是说，它是连结《纯粹理性批判》和《实践
理性批判》的桥梁，并且也是连结先验认识论（它阐明人如何通过"人
为自然立法"建构自然世界）和先验伦理学（它阐明人如何通过"人为自
己立法"建构道德世界）的桥梁。具体地说，它把理性的思辨运用中的不
可认识但又"认其为真"的"先验理念"与理性的实践运用中的具有实践
意义上的客观有效性的自由联系起来，通过前者过渡到后者实现了这种

---

　　① ［德］康德：《实践理性批判》，邓晓芒译，杨祖陶校，人民出版社2003年版，序言
第2页。

连接。自由作为先验理念乃是理论理性曾经被迫假定了的某种自由的可能性。原因在于：感官世界中对于存在者的原因性进行规定永远是有条件的，但是，这些条件的全部系列却又必须假定某种无条件者，因此必须要有一种完全由自身规定自身的原因性作为一种调节性原则。因此，先验理念，作为一个人在认识论中认识和建构自然世界（现象世界）的最高理念，它作为一个"无条件者"仅仅是"认识论"中的"悬拟"概念而不具有现实的客观实在与其相应，它的作用在于引导知识走向最高的完备。然而，思辨理性虽然根本没有认识到被赋予这样一种原因性的那个对象是什么，但是，它却在作为一种理性的思辨运用的调节性原则的同时，又给理知的东西保留一个空的位置，"这个空的位置现在由纯粹实践理性通过在理知世界中的一个确定的原因性法则（通过自由）而填补了，这就是道德律。这样一来，虽然对于思辨理性在它的洞见方面并没有丝毫增添，但却给它那悬拟的自由概念增加了保障……。"① 正如科尔布鲁克所说："康德论证道：认识到纯粹概念乃是由我自己所提供的，那么，就'进入'到了道德领域。"② 所以，另一方面，在伦理学亦即理性的实践运用的过程中，"自由"这一概念却获得了某种实在性。凭借实践理性这种能力，先验自由便能获得绝对意义上的肯定。它之所以会获得绝对意义上的肯定，乃是因为它被我们所具有的自明的道德规律所证明了："如果假设意志的自由，那么，仅仅通过分析其概念，就可以从中得出道德及其原则"③。因此，"道德律……在一个曾经只是被消极地设想的、思辨理性批判无法理解但却不得不假定其可能性的原因性之上，加上了积极的规定，即一个直接地……规定着意志的理性的概念，这就第一次有能力做到赋予那在想要思辨地行事时总是用自己的理念夸大其词的理性以客观的、虽然只是实践上的实在性，而把理性的超验的运用转变成内在的运用（即通过理念

① ［德］康德：《实践理性批判》，邓晓芒译，杨祖陶校，人民出版社2003年版，第65页。

② Claire Colebrook, *Philosophy and Post-structuralist Theory: From Kant to Deleuze*, Edinburgh: Edinburgh University Press, 1999, p.49.

③ ［德］康德：《道德形而上学的奠基》，见李秋零主编：《康德著作全集》第4卷，中国人民大学出版社2013年版，第455页。

而本身就是在经验领域中起作用的原因)"①。"所以，康德的第二个批判通过它的不可知性建立了主体的自由。主体从被决定的世界的分离就是建立人类自由的东西。"②

其次，在伦理学的意义上，自由是支撑其他先验理念亦即灵魂（不朽）和上帝的基础，它们共同构成了康德全部伦理学的基石。在《纯粹理性批判》中，灵魂和上帝作为先验理念都是"认其为真"的概念；而在《实践理性批判》中，当自由作为道德法则的根据指出了道德法则的先天性后，为了能够在有理性的人身上最终完完全全地实现道德法则（至善），康德认为那就必须假设灵魂不朽和上帝存在。因此，康德说道：灵魂和上帝"因而就通过自由的概念使上帝和不朽的理念获得了客观的实在性和权限"③。这样一来，那在思辨理性中其可能性尚未得到充分担保的自由、上帝和不朽的概念，便在理性的实践运用中得到了充分的保证。自由、灵魂（不朽）和上帝其实是支撑康德全部伦理学（先验论的伦理学或道德形而上学）的基础：自由是道德法则的根据，灵魂（不朽）和上帝则是履行道德法则的最终保证。在《实践理性批判》中，康德提出了伦理学的三个悬设。他说："这些悬设就是不朽的悬设、从积极意义看（作为一个存在者就其属于理智世界而言的原因性）的自由的悬设，和上帝存有的悬设。"④康德认为，第一个悬设乃是源于持续性与道德律完整实现适合的实践上的必要条件；第二个悬设则是源于独立于感官世界并按照理智世界的法则规定意志的能力；第三个悬设源于通过独立的至善亦即上帝存有这个前提来给理智世界提供为了成为至善的条件的必要性。其中，自由是道德律得以存在的先天条件，上帝和不朽则是这样的条件，它们"只是一个由道德律来规定的意志的必要客体的条件，亦即我们的纯粹理性的单纯实

---

① ［德］康德：《实践理性批判》，邓晓芒译，杨祖陶校，人民出版社 2003 年版，第 63—64 页。

② Claire Colebrook, *Philosophy and Post-structuralist Theory: From Kant to Deleuze*, Edinburgh: Edinburgh University Press, 1999, p.49.

③ ［德］康德：《实践理性批判》，邓晓芒译，杨祖陶校，人民出版社 2003 年版，序言第 3 页。

④ ［德］康德：《实践理性批判》，邓晓芒译，杨祖陶校，人民出版社 2003 年版，第 181 页。

践运用的条件"①。所以，科尔布鲁克说："但是，超越感性的概念（自由、上帝、不朽——引者）能被'内在地'——作为理性自己的——使用，因此，它们能够打开道德的可能性"②。

这样，康德就在两重意义上阐述了自由的"拱顶石"作用。针对自由概念的特殊重要作用，康德说道："自由概念对于一切*经验论者*都是绊脚石，但对于批判的道德学家也是开启最崇高的实践原理的钥匙，这些道德学家由此看出，他们*不可避免地必须合理地行事*。"③

3. 人的自由如何可能

人的自由的可能性问题就像先天综合判断的可能性问题一样，实际包含了两个方面，一是自由是否可能的问题，二是自由如何可能问题。其中，自由是否可能探讨的是自由（在实践的意义上）是否存在的问题，它是一个人的意志是否具有"先天的"自由的问题；自由如何可能探讨的是自由如何实现的问题，它是一个源自人的自由的道德法则在同时属于理智世界和感官世界的理性和感性统一的人的身上如何实现的问题。因此，上述两个方面既有先天部分（分析部分）也有后天部分（综合部分），它们也可以被看成是实践意义上的"先天综合判断"，其实，康德本身在伦理学中就曾使用过"实践的先天综合判断是如何可能的"④这一说法。这也证明了在康德那里，确实存在着先验论的伦理学。

那么，自由是否存在呢？我们在关于"自由的拱顶石作用"的讨论中已经说明，在理性的实践运用的领域中，自由获得了绝对意义上的肯定，具备了实践意义上的客观有效性。问题在于：我们如何判定在人（作为实践的人）那里确实存在着自由呢？康德认为自由的存在可以通过自由的产物亦即道德法则的存在来证明。根据康德的观点，自由是自己规定自

① ［德］康德：《实践理性批判》，邓晓芒译，杨祖陶校，人民出版社 2003 年版，序言第 2—3 页。

② Claire Colebrook, *Philosophy and Post-structuralist Theory: From Kant to Deleuze*, Edinburgh: Edinburgh University Press，1999，p.49.

③ ［德］康德：《实践理性批判》，邓晓芒译，杨祖陶校，人民出版社 2003 年版，序言第 7 页。

④ ［德］康德：《道德形而上学的奠基》，见李秋零主编：《康德著作全集》第 4 卷，中国人民大学出版社 2013 年版，第 453 页。

己或说自己规定意志的原因性能力，因此，他的探讨理应从自由出发，然而，康德首先讨论的却是道德律或道德法则。之所以会这样，康德在《实践理性批判》序言的一个注脚中做了回答，他说："……自由固然是道德律的 ratio essendi［存在理由］，但道德律却是自由的 ratio cognoscendi［认识理由］。因为如果不是道德律在我们的理性中早就被清楚地想到了，则我们是决不会认为自己有理由去假定有像自由这样一种东西的（尽管它也并不自相矛盾）。"① 这就是说，尽管道德律因自由而存在，但是，我们直接知道的却是道德律，我们正是通过道德律的存在才发现了自由。因此，我们应该从道德律出发进行探讨。科尔布鲁克指出，康德在自己的伦理学中表明："我能对我自己呈现纯粹道德法则。我能思考一个自因。"② 既然自由已经存在，因此，剩下的问题在于：自由究竟如何可能？

自由的可能性其实就是自由先天具有的道德法则实现的可能性，亦即道德的可能性。它的实现困难在于人不仅是理智世界中的理性的人而且也是感官世界中的感性的人。作为前者，他先天地具有道德法则；作为后者，他必然会追求幸福。这就是说，前者让他遵循道德法则从而实现道德（道德法则）；后者则有可能诱惑他违背道德法则从而妨碍道德实现。因此，自由如何可能的问题就是如何实现道德或道德法则的问题。康德的全部伦理学都在解决这个问题，他在《实践理性批判》中，通过"纯粹实践理性的分析论"来探讨在现实中如何实现道德或道德法则的问题；而在"纯粹实践理性的辩证论"中，则试图通过提出灵魂不朽和上帝存在来最后保证道德或道德法则的完全实现。现在，我们先来看看康德在《实践理性批判》的"纯粹实践理性的分析中"是如何探讨道德或道德法则的实现的，也就是说，是如何探讨人的自由如何实现的。

在具体的阐述中，尽管《实践理性批判》像《纯粹理性批判》一样被划分为要素论和方法论，并进一步把要素论分为分析论和辩证论，但是，

---

① ［德］康德：《实践理性批判》，邓晓芒译，杨祖陶校，人民出版社 2003 年版，序言第 2 页。

② Claire Colebrook, *Philosophy and Post-structuralist Theory: From Kant to Deleuze*, Edinburgh: Edinburgh University Press，1999，p.50.

在《实践理性批判》的"纯粹实践理性的要素论"的"分析论"中，康德在阐述道德理论时却采用了与《纯粹理性批判》相反的路径。这就是说，《纯粹理性批判》采用了按照认识顺序由感性到知性再到（狭义的）理性的路径阐述相关的思想，而《实践理性批判》则按照建构伦理的需要采用了从理性（原理）到知性（概念）再到感性（感觉）的路径阐述相关的思想。其中，理性探讨的是道德法则，知性探讨的是道德对象，感觉探讨的则是道德动机（情感）。正如康德所说："……在分析论底下的划分中的次序又将与纯粹思辨理性批判中的次序相反。因为在目前的批判中，我们将从原理开始而进到概念，而从概念出发才尽可能地进达感觉；反之，在思辨理性那里我们则必须从感觉开始而在原理那里结束。"①

（二）纯粹实践理性的原理

康德在"纯粹实践理性的诸原理"中讨论了伦理发展的"理性"阶段。在这一阶段中，重点关注的是道德法则及其实践理性的其他诸原理。康德指出，理性的实践运用与理性的理论运用不同，它关心的不是纯粹的认识能力，而是意志的规定根据，它要探讨是否"单是纯粹理性自身就足以对意志进行规定"②。那么，康德是如何阐释"单是纯粹理性自身就足以对意志进行规定"这一思想的呢？为此，必须分析他所谓的道德法则。

1. 康德伦理学的道德法则

（1）道德法则的三种表述方式

何谓道德法则（道德律）？康德的道德法则其实就是他所谓的"纯粹实践理性的基本法则"，亦即实践原理或规则的基本法则。康德在《道德形而上学奠基》中，通过讨论定言命令导出了定言命令的表达式（其实就是道德法则），即："要只按照你同时能够愿意它成为普遍规律的那个准

---

① ［德］康德：《实践理性批判》，邓晓芒译，杨祖陶校，人民出版社 2003 年版，第17—18 页。

② ［德］康德：《实践理性批判》，邓晓芒译，杨祖陶校，人民出版社 2003 年版，第16 页。

则去行动"①；或者："要这样行为，就好像你的行为的准则应当通过你的意志成为普遍的自然法则似的"②。他的这些表述其实是他关于道德法则的第一种表述形式，实际上意味着要求个人准则符合普遍法则。同时，他又指出，由于每一个"有理性的本性作为目的自身而实存"③，所以，这个人类行为的主观原则同时也是客观法则。据此，他又这样来表达实践的命令："你要如此行为，即无论是你的人格中的人性，还是其他任何一个人的人格中的人性，你在任何时候都同时当作目的，决不仅仅当作手段来使用。"④他的这一表述则应该是他关于道德法则的第二种表述形式，意在强调：人作为有理性的人，他就是目的自身，而不仅仅是作为这个或那个意志随便使用的手段。除了上述两条表述形式之外，康德通过目的的分析还提出了"意志的第三条实践原则，即每一个理性存在者的意志都是一个普遍立法的意志的理念"⑤。他的这一表述便应该是他关于道德法则（实践原则）的第三种表述形式，目的是表明道德法则是每一个有理性的存在者自己颁布的道德法则。关于道德法则的三种表述形式，他在《实践理性批判》中也表达了同样的思想。

（2）三种表述方式的内在关系

康德道德法则的三种表述形式不过是从不同的侧面表达了同样的思想。其中，第三种指的是自律而不他律，它界定道德法则的立足点是自由是道德法则的根据。康德说，自由其实就是道德意志的自律，既然自由或者自由意志是道德法则的根据，那么，包括人在内的一切有理性的存在者的意志自然就是先天颁布道德法则（道德律）的意志，人之所以应该把道

---

① ［德］康德：《道德形而上学的奠基》，见李秋零主编：《康德著作全集》第4卷，中国人民大学出版社2013年版，第428页。

② ［德］康德：《道德形而上学的奠基》，见李秋零主编《康德著作全集》第4卷，中国人民大学出版社2013年版，第428页。

③ ［德］康德：《道德形而上学的奠基》，见李秋零主编《康德著作全集》第4卷，中国人民大学出版社2013年版，第436页。

④ ［德］康德：《道德形而上学的奠基》，见李秋零主编《康德著作全集》第4卷，中国人民大学出版社2013年版，第437页。

⑤ ［德］康德：《道德形而上学的奠基》，见李秋零主编《康德著作全集》第4卷，中国人民大学出版社2013年版，第439页。

德法则作为定言命令加以执行，正是因为人的意志作为自由的意志恰好就是颁布道德法则的意志，它所执行的其实只是自己的意志（道德法则）。所以康德说道：人，作为有理性的存在者，他们之所以必须遵循道德法则，乃是因为"……意志不是仅仅服从法则，而是这样来服从法则，即它也表现被视为自己立法的，并且正是因此缘故才服从法则（它可以把自己看作其创作者）"①。这样，康德既指出了人作为立法者（理性的人）才是人又指出了人应该执行道德法则、并将其当作定言命令的理由。同时，康德的自律之所以是自律同时意味着不遵循他律。他律则是意志受制于理性之外的经验对象和感性对象，受制于那些外在的与自爱、幸福相关的欲望客体（质料）。意志在他律的情况下不能提供任何法则。总之，自律就是意志仅仅执行意志自己颁定的道德规律，不他律就是意志不去执行意志（自律）之外的他律。因此，自律其实就是"自律而不他律"。我们看到，自律（自律而不他律）所表达的内容正好就是康德关于自由的积极含义和消极含义，所以，自由就是自律，而自律则从自由的角度最典型地表达了自由作为道德法则的根源地位。

康德道德法则的第一种表述方式是准则符合法则，他界定道德法则的立足点就是道德法则的内涵自身。在《实践理性批判》中，康德这样表达道德法则，即："要这样行动，使得你的意志的准则任何时候都能同时被看作一个普遍的立法原则。"②这里，为了正确理解道德法则，我们必须厘清以下几个问题。首先，必须明确区分"准则"和"法则"两个概念。准则是那只对特殊主体的意志有效，并且因此使得它的原理只是"主观的"原理的行为规定；法则或（规律）（Gesetze）则是对每一个有理性的存在者的意志都有效，并且因此使得它的原理乃是"客观的"原理的行为规定。这就是说，准则是个人或者某一些人的主观行为规则，它只对具有这些行为规则的个人或某一些人有效，因此，它是主观的行为规则，并且不

---

① ［德］康德：《道德形而上学的奠基》，见李秋零主编《康德著作全集》第4卷，中国人民大学出版社2013年版，第439页。

② ［德］康德：《实践理性批判》，邓晓芒译，杨祖陶校，人民出版社2003年版，第39页。

能普遍有效；法则则是所有的有理性的存在者的行为规则，它对所有的有理性的存在者全部有效，因此，它是客观的行为规则，并且普遍有效。其次，必须区分作为意志根据的两种原则。康德认为，作为意志的根据，具有两种原则，一种原则是后天的客体亦即质料，另外一种原则是先天的理性主体的立法形式。就"质料"而言，就是将作为欲求能力客体的质料作为意志的根据，这种质料指的是现实之中能够引起我们愉快或不愉快的经验对象，愉快或不愉快乃是一种主观的感受性，它们隶属于自爱或自身幸福的普遍原则之下。在他看来，自爱和自身幸福固然可以充当准则，但它不能成为与法则一致的准则，即使人们把"普遍的幸福"当作对象也是如此，因为关于幸福的知识的基础总是经验的素材，并且极易变化。所以，"将欲求能力的一个客体（质料）预设为意志的规定根据的一切实践原则，全都是经验性的，并且不能充当任何实践法则。"①就"形式"而言，就是将理性主体的立法形式作为意志的根据。康德指出："唯有准则的单纯立法形式才是意志的充分规定根据。"②为什么会这样呢？康德指出，任何归属于自爱、幸福之下的关于经验对象之愉快与否的主观感受性（情感）都是主观的、个别的、任意的，它们作为意志的根据（动机）会使我们的行为准则失去客观性、普遍性和必然性，我们必须把它们从意志的根据中排除出去，而当这一切都被排除之后，"那么在一个法则中，除了一个普遍的立法的单纯形式之外，就什么也没有剩下来"③。这种单纯形式正是实践理性自身提供的立法形式，它作为排除了任何质料的形式，恰好能够成为法则，亦即确保实践规则具有客观性、普遍性和必然性。因此，道德法则就是"准则符合法则"。康德所谓的道德法则，就是要求每一个有理性的存在者都应当把自己的个人的"准则"转换为实践的"普遍法则"。

康德道德法则的第二种表述形式是目的而非手段（人是目的），它界

---

① ［德］康德：《实践理性批判》，邓晓芒译，杨祖陶校，人民出版社 2003 年版，第 24 页。

② ［德］康德：《实践理性批判》，邓晓芒译，杨祖陶校，人民出版社 2003 年版，第 36 页。

③ ［德］康德：《实践理性批判》，邓晓芒译，杨祖陶校，人民出版社 2003 年版，第 34 页。

定道德法则的立足点是人的价值指向。康德所说的目的意味着他把作为理性的人看成是目的自身，也就是说，他不是任何其他东西的手段，康德把这种目的称之为自在目的；康德所说的手段则意味着他把作为感性的人看成是手段，也就是说，他仅仅是为了幸福（目的）追求其他外在对象的手段，康德把感性之人对于幸福等的追求称之为主观目的。自在目的属于一种不同于主观目的的客观目的。主观目的与他律相关，它是个人的自我目的，它具有的是经验内容，它是偶然的，因而也不能作为道德律的依据；客观目的与自律相关，它是每一个有理性的存在者的普遍目的，它是形式（必然）的，因而可以作为道德律的根据。因此，人是目的作为客观目的就是可以作为道德律的依据，产生使一切有理性的存在者不得不遵守的实践规律。从指向上看，道德法则的这一表达形式把人与动物区别开来，指向了作为人格的人。这就是说，人格乃是人因自律超越了自然世界的整个因果律的独立的人，由于只有人才有自律，而动物总是与他律相关而不能与自律相关，所以，只有人才是自在的客观的目的，具有人格，这种人格提升了人的地位，使其超越了动物。

康德道德法则的三种表述形式分别从道德法则的根据、内涵和价值指向上界定了道德法则。它们之间的联系在于：自律、法则、人是目的之间以及他律、准则、人是手段之间存在着内在的一致性，尽管它们的立足点并不相同。自律正好就是颁定法则，它表明人作为立法的人正是作为目的的人，这种目的之人也就是作为具有实践理性的自由之人。他律就是人超越法则而仅仅按照个人的准则行事，在其中人把他人仅仅当作手段并且自身也成了他人的手段。既然自律、法则、人是目的之间以及他律、准则、人是手段之间存在着内在的一致性，所以"自律而不他律"就是"准则符合法则"，并且，它们也就是"人把自身作为目的而不仅仅作为手段"。

康德进一步论证了道德法则所具有的"定言命令"性质。其实，在《道德形而上学的奠基》中，他正是从定言命令的角度提出道德法则的。康德指出，道德法则是任何一个有理性的存在者之理性（自由）先天具有的法则，所以，任何有理性的存在者的行为准则都服从这一法则。在神圣意志那里，不可能有任何与道德法则相冲突的准则，神圣性就意味着神圣意志的任意不可能提出任何同时可以不是客观法则的准则，因此，虽然神圣意志的任意没有超越实践法则之上，但是，它却已经超越一切实践上有限制作用的法则，超越一切责任和义务之上，因而无须采用"命令"的形式。但在人这里却不一样，他说："在自然知识中凡发生的事情的原则……同时就是自然规律［法则］；……在实践的知识中，人们为自己所制定的那些原理还并不因此就是他不可避免地要服从的法则"①。这是因为人既是理性的人又是感性的人，尽管作为理性的人他的准则总会去遵循法则，但是，作为感性的人他也可以不完全按照理性行为。因此，对人（以及除神圣性之外的其他有理性的存在者）来说，实践规则就成了一个"应当"执行的"命令"。这样一来，"这样一个意志与这法则的关系就是以责任为名的从属性，它意味着对一个行动的某种限制，……这行动因此就称之为义务"②。康德进一步指出，这种"命令"应是"定言命令"而非"假言命令"，也就是说，它是一个不带任何附加条件的绝对命令。所以康德说道："自爱的准则（明智）只是劝告；德性的法则是命令。"③

由于道德法则的三种表述形式存在着内在的一致性，或说是从不同的方面表达了同样的问题，它们共同要求把准则符合法则作为一种定言命令或绝对命令，所以，在自由就是自律的情况下，力争做到"自律而不他律"、"准则符合法则"和"目的而非手段"的过程正好就是实现人的自由的过程，它们是人类走向自由的必要路径。

2. 道德法则的自明性质

根据康德的观点，道德法则作为具有实践理性（自由）之人先天具有的法则，它是自明的法则，也就是说道德法则具有自明性的特点。但是，道德法则仅仅是一种形式上的法则，那么，我们如何知道我们具有这种自明的法则呢？康德说道："我们能够意识到道德法则……是因为我们注意

---

① ［德］康德：《实践理性批判》，邓晓芒译，杨祖陶校，人民出版社 2003 年版，第22 页。

② ［德］康德：《实践理性批判》，邓晓芒译，杨祖陶校，人民出版社 2003 年版，第42 页。

③ ［德］康德：《实践理性批判》，邓晓芒译，杨祖陶校，人民出版社 2003 年版，第49 页。

到理性用来给我们颁定它们那种必然性，又注意到理性向我们指出的对一切经验性条件的剥离。"①这就是说，理性超越一切经验性条件给我们颁定了一种具有普遍必然性的东西，假如某个准则能够普遍化，它便具有普遍立法的资格，成为具有普遍必然性的道德法则。例如，我把用一切可靠的手段增大我的财产定为我的准则。现在，假如我手中有一项属于某个已经去世并且也没有流下任何相关字据的人的寄存物，根据我的准则，我自然想要这一寄存物，那么，我如何才能知道这一准则是否可以被看作普遍的法则呢？只要看它能否普遍化（能否具有普遍立法的资格）即可，显然，若把它普遍化，那就不再会有任何寄存物，所以，这里的想要这一寄存物并不具有普遍立法的资格。同样，其他情形（例如"是否应该出庭作证"、"人是否应该任意结束自己的生命"等等）也是如此。所以他说："准则中的何种形式适合于普遍立法，何种形式不适合于普遍立法，这一点最普通的知性没有知识也能分辨。"②

在西方伦理学史上，美德就是知识这一被普遍认可的命题表明道德需要知识（这里主要指事实知识），这些知识一定包含了某些需要后天学习的知识，因此，道德原则并非自明而必须通过对于某种知识的后天学习。康德道德知识（道德法则）自明性的观点与此正好相反。那么，康德道德自明性的观点对吗？我们认为，康德的这一观点在逻辑上是应该自洽的。其实，康德认为，若把道德看成是功利论的道德并且需要权衡行为的效果，那么，我们还是需要知识的，但是，若把道德仅仅看成是形式的道德并且我们也无须关注行为的效果，那么，在人类已经先天具有道德法则（形式的知识）的情况下，那就不需要后天的知识。所以，他强调说：从先天形式的道德理论出发，人并不需要"任何知识"或说"任何后天知识"就能发现何种准则适合普遍立法；相反，人若把归之于自我、幸福之下的客体、质料作为意志的根据反倒需要大量的知识，因为只有凭借

---

① [德] 康德:《实践理性批判》，邓晓芒译，杨祖陶校，人民出版社2003年版，第38页。

② [德] 康德:《实践理性批判》，邓晓芒译，杨祖陶校，人民出版社2003年版，第34页。

大量的知识，人们才能判定自己的幸福，并且通过各种知识手段获得幸福。"……凡是带来真实而持久的好处的东西，如果要把这好处扩延到整个一生的话，都总是包藏在难以穿透的黑暗中，并要求有很多聪明来使与之相称的实践规则通过临时应变的例外哪怕只是勉强地与人生的目的相适应。"① 在排除功利论的情形下，康德这一观点具有重要意义，即：它改变了西方传统哲学（形而上学）一直以来的关于"美德就是知识"（这里仅指事实知识）的广泛信念，认为一个人是否具备美德并不与知识相关。他的这一观点符合于道德事实，否则我们就会得出无知识的人便没有美德的荒谬结论。

根据康德道德自明性的观点可以发现，他的道德理论早已将道德的内容（质料）排除在外，因此，他的道德理论只能是形式主义的道德理论。同时，正是由于他把道德的内容（质料）排除在道德理论之外，那么，他也就不能像功利论者那样重点关注存在于经验世界中的行为效果，从而决定了他的道德理论必定是唯动机论的道德理论。这些情形我们在讨论康德道德对象和道德情感的部分将作进一步的分析。

（三）纯粹实践理性的对象

康德在"纯粹实践理性的对象"中讨论了伦理发展的"知性"阶段。在这一阶段中，他分析的是自己哲学的道德对象（客体），它是自由所导致的可能结果的一个客体的表象。康德指出，"……实践理性的唯一客体就是那些善和恶的客体。"② 这就是说，康德把"善"和"恶"看成是纯粹实践理性的对象（客体）。因此，我们以下便从"善""恶"两个概念出发进行讨论。

1. 实践理性的善恶对象

康德把纯粹实践理性对象的讨论与这一对象的根据和指向结合了起

---

① ［德］康德：《实践理性批判》，邓晓芒译，杨祖陶校，人民出版社 2003 年版，第49 页。

② ［德］康德：《实践理性批判》，邓晓芒译，杨祖陶校，人民出版社 2003 年版，第79 页。

来。从根据来说，他把自由（体现为道德法则）作为根据，如他所说：
"我所说的实践理性的对象概念，是作为自由所导致的可能结果的一个客
体的对象"①，正是因为如此，他从这一根据来确定"对象"（善抑或它的反
面恶），从指向来说，他试图在现实世界中（这一世界包含了经验）实现
善而阻止恶，正是因为如此，他要探讨善抑或它的反面恶与行为的关系。

　　我们先来看康德是如何从自由根据来规定纯粹实践理性的对象亦即善
恶对象的。康德指出，在实践对象或善恶对象的问题上，我们面对两种选
择："要么理性的原则本身已经被思考为意志的规定根据，而无须考虑欲
求能力的可能客体（因而仅仅是凭借准则的合法则的形式）；于是，那条
原则就是先天的实践法则，而纯粹理性自身就被看作是实践的了。这样一
来，这条法则就直接地规定着意志，按照这种意志的行动就是本身自在地
善的，一个意志的准则永远按照这条法则，这意志就是绝对地、在一切方
面都善的，并且是一切善的东西的至上条件。要么，欲求能力的规定根据
先行于意志的准则，这意志以一个愉快和不愉快的客体、因而以某种使人
快乐或痛苦的东西为前提，并且趋乐避苦这条理性准则规定那些行动如何
相对于我们的爱好而言、因而仅仅间接地（考虑到另外的目的，而作为这
目的的手段）是善的，这样一来，这些准则就永远不能称之为法则，但仍
然可以称为理性的实践规范。"②因此，假如我们不从先天道德法则出发确
定善恶对象，那么我们只能凭借经验来识别善恶，这种经验在主体中就是
快乐与痛苦的情感或内感官的感受性。因此，善就成为引起快乐的东西，
恶就成为造成痛苦的东西。所以他说："……相信有必要把愉快的情感作
为自己的实践评判的基础的哲学家，就会把作为达到快适的手段的东西称
之为善的，而把作为不快适和痛苦的原因的东西称之为恶的。"③显然，康
德这里所分析的是经验论的或功利论的伦理观。他对这种观点提出质疑：

---

　　① ［德］康德:《实践理性批判》，邓晓芒译，杨祖陶校，人民出版社2003年版，第
78页。

　　② ［德］康德:《实践理性批判》，邓晓芒译，杨祖陶校，人民出版社2003年版，第
85页。

　　③ ［德］康德:《实践理性批判》，邓晓芒译，杨祖陶校，人民出版社2003年版，第
80页。

"……然而从上述善的概念中仅仅作为手段而产生的那些实践准则，永远也不会就自身而言包含某物作为意志的对象，而总是包含对于任何目的是善的东西作为意志的对象：这种善任何时候都将只是有用的东西，而它所对之有用的东西则必定总是外在于意志而处于感觉中的。"①这就是说，快乐（愉快）或者痛苦（不快）的情感和感受乃是一种有用的东西，它们仅仅是一种手段，因此，它们不可能是真正的善或恶。为了能够区别真正的善和恶，我们只能从实践理性自身的自由出发，依据道德法则这一先天根据来确定实践对象亦即善恶对象，从而得出结论："善"就是依据道德法则必然欲求的对象，"恶"就是依据道德法则必然憎恶的对象。所以康德说道："……善和恶的概念必须不先于道德的法则……，而只……在这法则之后并通过它来得到规定。"②

2. 实践理性判断力的模型

我们再看康德是如何思考把依据于先天道德法则的善恶对象运用于人的行为的。正如在《纯粹理性批判》中康德在知性阶段讨论范畴（概念）之后通过判断力的讨论把知性的范畴运用于感性知识一样，康德在这里也讨论了纯粹实践理性的判断力，并且探讨了这种判断力的模型。康德认为，在实践理性判断力的运用中，面对一种困难，即：在人的实践中，人们依据的是自由法则，并且，按照这种法则意志应当独立于经验性的东西，但是，"在可能行动上所出现的一切情况却都只可能是经验性的，也就是属于经验和自然界的"③，它则永远服从自然法则。在纯粹理性判断力的运用中，有一个"图型"中介，它通过这一中介把知性概念运用于感性直观。尽管在纯粹实践理性的判断力的运用中并没有这种图型而只有纯粹实践理性的道德法则，但是，它依然为纯粹实践理性判断力提供了一个有利的前景。在不太合适的意义上，我们也可以把道德法则称为"法则本身

---

① 　[德] 康德：《实践理性批判》，邓晓芒译，杨祖陶校，人民出版社 2003 年版，第 80 页。

② 　[德] 康德：《实践理性批判》，邓晓芒译，杨祖陶校，人民出版社 2003 年版，第 85—86 页。

③ 　[德] 康德：《实践理性批判》，邓晓芒译，杨祖陶校，人民出版社 2003 年版，第 93 页。

的图型"，这是"因为意志规定（而不是与其后果相联系的行动）仅仅通过法则而无须一条别的规定根据，就把因果性概念与种种不同于那些构成自然联结的条件结合起来了"①。这就是说，实践知性虽然不能像认识知性一样为理性理念配备一个感性图型，但是它却配备了一条法则，它"……是这样一条能够在感官对象上 in concreto 得到表现的法则，因而是一条自然法则，但只是就其形式而言，是作为判断力所要求的法则，因此我们可以把这种法则称之为德性法则的模型（Typus）。"②具体地说，康德认为，人，毫无疑问是被自然法则决定的人，他说："……自然法则永远为知性的一切最日常的、甚至是经验的平等奠定着基础。所以，知性任何时候都执有自然法则"③。但是，"自然法则毕竟是按照道德原则来评判行动准则的一般模型。"④"所以知性任何时候都执有自然法则，只是在出于自由的原因性应当得到批判的情况下，它就使那自然法则仅仅成为一条自由法则的模型了。"⑤康德由此出发提出了纯粹实践理性法则之下的判断力的规则，即："问问你自己，你打算去做的那个行动如果按照你自己也是其一部分的自然的一条法则也应当发生的话，你是否仍把它视为通过你的意志而可能的？"⑥康德指出："实际上每个人都在按照这条规则评判种种行动在道德上是善的还是恶的。"⑦

3. 唯动机论的善良意志

康德对于纯粹实践理性对象亦即善恶概念的讨论内在地包含了唯动机

① ［德］康德：《实践理性批判》，邓晓芒译，杨祖陶校，人民出版社 2003 年版，第 94 页。

② ［德］康德：《实践理性批判》，邓晓芒译，杨祖陶校，人民出版社 2003 年版，第 94—95 页。

③ ［德］康德：《实践理性批判》，邓晓芒译，杨祖陶校，人民出版社 2003 年版，第 95 页。

④ ［德］康德：《实践理性批判》，邓晓芒译，杨祖陶校，人民出版社 2003 年版，第 95 页。

⑤ ［德］康德：《实践理性批判》，邓晓芒译，杨祖陶校，人民出版社 2003 年版，第 95 页。

⑥ ［德］康德：《实践理性批判》，邓晓芒译，杨祖陶校，人民出版社 2003 年版，第 95 页。

⑦ ［德］康德：《实践理性批判》，邓晓芒译，杨祖陶校，人民出版社 2003 年版，第 95 页。

论的特征。在他那里，由于先天的道德法则是善恶概念的唯一根据，并为善恶概念制定了先天普遍标准，或说："善"就是依据道德法则必然欲求的对象，"恶"就是依据道德法则必然憎恶的对象，所以，它们之所以成为善或成为恶便与行为的效果毫无关系。由此出发实践理性的判断力实际上也是仅仅按照道德法则来进行善恶判断的。康德据此提出了他所谓的"善良意志"。在他看来，"在世界之内，一般而言甚至在世界之外，除了一个善良意志之外，不可能设想任何东西能够被无限制地视为善的。"① "善良意志"就是遵循道德法则的绝对好的意志，善良意志作为绝对好的意志，它之所以好并不在于它的结果，而在于它自身的励志作用，它的"有用还是无效果，既不能给这价值增添什么，也不能对它有所减损。"②

康德认为，他关于道德对象的分析澄清了哲学家们在道德研究方法上产生迷误的原因。在他那里，正确的方法其实就是"自律"的方法，理性将自身的普遍立法形式向自身颁定为诸准则的最高条件的法则，这条法则直接地规定着意志，但是，其他的哲学家们却遵循着"他律"的方式，在幸福中、在完善中、在道德情感中，乃至在上帝的意志中建立起"愉快"这一据说是适合于充当善的至上概念的对象。所以他说："行动的一切德性价值的本质取决于道德律直接规定意志。"③

（四）纯粹实践理性的动机

康德在"纯粹实践理性的动机"中讨论了伦理发展的"感性"（情感）阶段，在这一阶段中，他分析了道德行为的动机。在他看来，自由若要可能，它就必须解决任何能对生活在现实世界中的人的有效性问题，也就是说，道德必须进一步展现在现实世界的人的行动之中。因

---

① ［德］康德：《道德形而上学的奠基》，见李秋零主编《康德著作全集》第 4 卷，中国人民大学出版社 2013 年版，第 400 页。

② ［德］康德：《道德形而上学的奠基》，见李秋零主编《康德著作全集》第 4 卷，中国人民大学出版社 2013 年版，第 401 页。

③ ［德］康德：《实践理性批判》，邓晓芒译，杨祖陶校，人民出版社 2003 年版，第 98 页。

此，他在通过实践理性的判断力分析了道德法则与行动的关系之后，进一步试图通过道德动机促进道德法则在现实世界中的人的行动中的实现。

1. 道德动机与道德情感

所谓"动机"乃是存在者意志的主观规定根据。康德认为，我们无须赋予上帝的意志以任何动机，因为上帝的意志天生地永远符合道德法则；然而，我们却必须赋予人（以及一切有限的理性的存在者）的意志以一种动机，因为人除了理性的一面之外还有感性的一面。作为感性的人，我们首先会不由自主地用欲求能力的质料（爱好的对象）从病理学上规定自己，"力图使其要求预先地并作为第一的和本源的要求发生效力，就好像这构成了我们的整个自己一样"①。因此，人，作为理性的人，他为了道德之故，必须永远以道德法则为其动机，并把准则符合法则看成是绝对的命令。

为了纯粹理性的道德法则能够单独地成为意志的根据或者动机，那么，任何其他的先于纯粹理性的道德法则的东西（主要是爱好以及作为爱好之基础的感性的情感）都必须被排除到动机之外。假如人的行为不是出于道德的动机，那么，这种人的行为即使符合道德法则，那也只是按照"条文"而不是按照"精神"（意向）来说是道德上的善的行为，他的行为只有"合法性"而无"道德性"。为了使人的行为仅仅是出于遵循道德法则，我们必须排除一切情感。康德把一切爱好（若在可容忍的范围内，它的满足叫作自身幸福）的结合称为"自私"，其中包括"自爱的自私"（即关爱自身超出其他）和"称意的自私"（即对自己感到满意）两种形式。康德进一步把"自爱"（的自私）特别地称之为"自矜"，并把"称意"（的自私）特别地称之为"自大"。他还把"使爱好成为至上实践条件的偏好"称之为"自爱"，认为"自大"其实就是"自爱"把自己当作无条件的立法的实践原则。因此，人的行为若是仅仅出于遵循道德法则，"于是，那唯一真正……客观的道德律就完全排除了自爱对至上的实践原则的影响，

---

① ［德］康德：《实践理性批判》，邓晓芒译，杨祖陶校，人民出版社 2003 年版，第102 页。

并无限地中止了把自爱的主观条件颁布为法则的自大。"①

康德认为，道德法则通过把自爱排除在任何参与至上的立法之外对情感发生着两方面的作用，这就是说，"这种作用一方面只是否定性的，另一方面，也就是在纯粹实践理性的限制性根据方面，则是肯定性的"②。所谓否定性（消极）的作用，就是否定一切作为爱好基础的感性情感，从而产生一种痛苦的情感。对于自矜，纯粹实践理性仅仅是中止而已（亦即把它限制在与道德法则相一致的条件之下使之成为"理性的自爱"）；对于自大，纯粹实践理性则应该对它们坚决消除。所谓肯定性（积极）的作用，就是肯定道德法则从而减少自大，并且产生对于道德法则的敬重情感。康德指出："既然凡是在我们自己的判断中中止我们的自大的东西，都使人谦卑，所以道德律不可避免地使每个人通过他把自己本性的感性偏好与这法则相比较而感到谦卑。那以其表象作为我们意志的规定根据在我们的自我意识中使我们感到谦卑的东西，就其是肯定的并且是规定根据而言，就为自己唤起敬重。"③康德的意思在于：道德法则作为自身肯定的东西，作为知性的原因性亦即自由，它与我们心中的爱好相反并且减弱着甚至消除着自大，从而使人谦卑，所以它是一个最大的敬重对象。由于敬重也是一种情感。这样一来，他在排除感性情感的同时就又提出了另外两种情感，亦即痛苦的情感和敬重的情感。正如康德自己所说："对情感的这种否定性的作用（不快意），正如对情感的一切影响和对任何一般情感的影响一样，是病理学上的。但作为道德律意识的作用，因而就某种智性原因即作为至上立法者的纯粹实践理性的主体来看，一个被爱好所刺激着的有理性的主体的这种情感虽然叫作谦卑（智性的轻视），但就这种谦卑的肯定的根据即法则来看同时又是对法则的敬重，对于这种法则根本没有任何情感发生，而是在理性的判断看来，由于克服了前进中的阻力，对障碍的清除就等于是对这原因

---

① 　[德] 康德:《实践理性批判》，邓晓芒译，杨祖陶校，人民出版社 2003 年版，第 102 页。

② 　[德] 康德:《实践理性批判》，邓晓芒译，杨祖陶校，人民出版社 2003 年版，第 102 页。

③ 　[德] 康德:《实践理性批判》，邓晓芒译，杨祖陶校，人民出版社 2003 年版，第 102 页。

性的一种肯定的促进了。因此这种情感也就可以称之为对道德律的一种敬重的情感，但由于这两个理由加在一切，它就可以被称为道德情感了。"①

康德的道德情感（敬重）其实只是实践理性（道德法则）对情感的一种"作用"。在主体中，预先并没有任何与道德性相配的情感发生，反之，德性意向的动机反倒是必须摆脱一切感性条件，其中自然包括一切情感，因为一切情感都是感性的情感。不错，道德情感（敬重）作为实践理性（道德法则）对于情感的一种"作用"，它预设了感性前提，也就是说，为我们的一切爱好奠定基础的感性情感确是我们称之为敬重的那种感觉的条件，但是，对于这种情感进行规定的原因却起源（发生）于纯粹实践的理性之中。原因在于："……既然道德律的表象排除了自爱的影响和自大的妄想，这就减少了纯粹实践理性的阻碍，并产生出纯粹实践理性的客观法则优越于感性冲动的表象，因而在理性批判中使这法则的重量通过减去与之相抗衡的重量而相对地（就由一个感性所刺激的意志而言）产生出来。于是对法则的敬重并不是对德性的动机，相反，它就是在主观上被看作动机的德性本身，这是因为纯粹实践理性由于它拒绝了与它相对立的自爱的一切要求，而为现在唯一有影响的法则取得了尊严。"②正是如此，康德说"对道德律的敬重是一种通过智性的根据起作用的情感，这种情感是我们能完全先天地认识并看出其必然性的唯一情感。"③所以，那种冠之道德情感之名的情感仅仅是理性引起的情感，它既不是快乐也不是痛苦。在他看来，纯粹实践理性能力的意识凭借自己（通过敬重感）的行动（德性）战胜了爱好以及伴随爱好的不满足的意识，尽管很难说它属于一种愉悦的情感，但却"……产生了对自己的状态的一种消极的愉悦，即满足，它在其根源上就是对自己人格的满足。"④

① ［德］康德：《实践理性批判》，邓晓芒译，杨祖陶校，人民出版社2003年版，第103页。

② ［德］康德：《实践理性批判》，邓晓芒译，杨祖陶校，人民出版社2003年版，第104页。

③ ［德］康德：《实践理性批判》，邓晓芒译，杨祖陶校，人民出版社2003年版，第101页。

④ ［德］康德：《实践理性批判》，邓晓芒译，杨祖陶校，人民出版社2003年版，第162—163页。

2. 情感、义务与人格

康德讨论了道德情感与道德义务的关系。他把道德法则看成是一种定言命令，因此，他说"遵循这种法则就是义务"①。康德的道德情感其实也是对于义务的服从，因此，说道德的动机作为对于道德法则的敬重其实也就是对于道德义务的履行。其实，康德所说的义务和敬重情感属于同一问题的两个方面，前者强调的是同一问题的客观要求，后者则强调的是同一问题的主观动机。他说："……义务的概念客观上要求行动与法则相符合一致，但主观上要求行动的准则对法则的敬重，作为由法则规定意志的唯一的方式。"②正是由于道德义务与敬重情感属于一个问题的两个方面，所以，正如不是出于敬重道德法则的行为即使合乎道德也只有合法性一样，那种不是出于道德义务的行为即使符合义务也仅仅具有合法性。

康德把人格与道德义务联系起来，认为正是人格的作用，人才会自觉地去承担义务。如前所述，康德所谓的人格，指的是人是摆脱了整个自然的机械作用的自由和独立的人。在他看来，这样的人作为有理性的存在者，他的意志作为自由意志，乃是颁定道德法则的意志，他能纯粹地服从道德法则。所以他曾充满激情地说："义务！你这崇高伟大的威名！你不在自身中容纳任何带有献媚的讨好，而是要求人服从，但也绝不为了推动人的意志而以激起内心中自然的厌恶并使人害怕的东西来威胁人，而只是树立一条法则，它自发地找回到内心的入口，但却甚至违背意志而为自己赢得崇敬（即使并不总是赢得遵行），面对这法则，一切爱好都哑口无言，即使它们暗中抵制它：你的可敬的起源是什么？……这个东西不是别的，正是人格……"③

康德特别看重人是人格的特征，指出人格是人的本性，也是人（按其使命而言）的崇高性、神圣性（尽管人因感性的存在而没有纯粹的神

---

①　[德] 康德：《道德形而上学的奠基》，见李秋零主编：《康德著作全集》第4卷，中国人民大学出版社2013年版，第433页。

②　[德] 康德：《实践理性批判》，邓晓芒译，杨祖陶校，人民出版社2003年版，第111页。

③　[德] 康德：《实践理性批判》，邓晓芒译，杨祖陶校，人民出版社2003年版，第118页。

圣性，也没有道德法则那样的神圣性）之所在，它使人成为自在的目的自身。他说："在全部创造物中，人们所想要的和能够支配的一切也都只能作为手段来运用；只有人及连同人在内的所有的有理性的造物才是自在的目的本身。"①正是自由的自律使人成为神圣的道德法则的主体，并成为目的自身。总之，"只有凭借人格这些造物才是自在的目的本身。"②这里，康德在《实践理性批判》中所讨论的正好是他在《道德形而上学的奠基》中指出的道德法则的第二种表述形式。

3. 实践的爱或理性的爱

根据对于义务（以及敬重）之本质的理解，康德认真探讨了基于义务（以及敬重）的对上帝的实践的爱，并且以此反对了那种基于感性的情感之爱的道德狂热（以及宗教狂热）。康德认为，尽管对于一个人的感性的情感之爱也可以成为爱好的爱但却不可能成为命令；反之，爱上帝作为实践之爱是一种理性（实践理性）的爱，它可以成为一条命令但却不可能成为对于上帝的爱好的爱（病理学上的爱）。对于上帝的爱之所以是实践或实践理性的爱，乃是"因为上帝不是感官的对象"，爱上帝"毕竟作为命令要求对吩咐人去爱的法则加以敬重"③。因此，"爱上帝甚于一切以及爱你的邻人如爱自己"就是一种道德命令。爱上帝意味着乐意做上帝所命令的事，爱邻人意味着乐意履行对邻人的一切义务。康德从人的理性（敬重法则）与感性（追求幸福）统一体的角度指出："爱上帝甚于一切以及爱你的邻人如爱自己"作为一种根据道德法则命令我们去做的事，乃是因为我们出于对法则的敬重或义务去做的事，但它恰好又是在感性的意义上我们并不乐意去做的事，这样一来，它就是一个具有有限性的被创造物应当努力去接近并在一个不断的但却无限的进程中的奋斗目标，并给人们指出了一个努力的方向。"假如一个有理性的被造物有朝一日能够做到完全乐意

---

① ［德］康德：《实践理性批判》，邓晓芒译，杨祖陶校，人民出版社2003年版，第119页。
② ［德］康德：《实践理性批判》，邓晓芒译，杨祖陶校，人民出版社2003年版，第119页。
③ 参见康德：《实践理性批判》，邓晓芒译，杨祖陶校，人民出版社2003年版，第113页。

地去执行一切道德律，那么这将不过是意味着，在他心里甚至连诱惑他偏离这些道德律的某种欲望的可能性都不会存在；因为克服这样一种欲望对于主体来说总是要付出牺牲的，因而也需要自我强制，也就是需要内心强迫去做人们不是完全乐意做的事。"①因此康德认为，对于被造物来说，他们的道德意向永远也不可能达到"完全乐意"的程度，他们应该处于永远的努力和奋斗之中。

康德试图把爱限制在实践的爱之上，亦即限制在（实践）理性的范围之内，并以此反对有关爱的方面的道德狂热。在他看来，不仅是小说家和敏感的教育家，甚至有些哲学家乃至最严肃的哲学家斯多葛派，都曾引入道德狂热来取代冷静明智的道德训练。因此他说，他关于"爱上帝甚于一切以及爱你的邻人如爱自己"的道德命令的考察的目的在于："不仅仅是要将前述福音书的戒命归到清晰的概念上来，以便在对上帝的爱方面遏制或尽可能预防宗教狂热，而是也要直接地在对人的义务方面精确规定德性意向，并遏制或尽可能预防那感染着大众头脑的单纯的道德的狂热"②，使它们不要跨越人类理性的界限，也就是说，不要把道德的动机（合乎义务的主观规定根据）建立在其他别的地方，而要建立在对于道德法则的敬重之中。

需要指出的是：康德的义务理论进一步推进了康德道德哲学的唯动机论性质。他说："在一切道德评价中最具重要性的就是以极大的精确性注意到一切准则的主观原则，以便把行动的一切道德性建立在其出于义务和出于对法则的敬重的必然性上，而不是建立在出于对这些行为会产生的东西的喜爱和好感的那种必然性上。"③无论是基于爱和同情的好意而行善，还是基于对秩序的爱而主持正义（尽管这些都很好），只要它们不是纯粹出于服从道德义务，它们都只有合法性而无道德性。康德认为，

---

① [德] 康德：《实践理性批判》，邓晓芒译，杨祖陶校，人民出版社 2003 年版，第 114 页。

② [德] 康德：《实践理性批判》，邓晓芒译，杨祖陶校，人民出版社 2003 年版，第 115 页。

③ [德] 康德：《实践理性批判》，邓晓芒译，杨祖陶校，人民出版社 2003 年版，第 111—112 页。

行为的道德价值在于为义务而义务，而不管其实际内容、所求目的和行为效果。

三、从伦理学到道德理性神学

康德在讨论了"纯粹实践理性的分析论"后进一步讨论了"纯粹实践理性的辩证论"，他在"纯粹实践理性的辩证论"中分析了纯粹实践理性的二律背反，在分析中，他把伦理学与宗教学结合了起来，从伦理学逐步走向了道德理性的神学。

（一）纯粹实践理性的辩证论

在纯粹实践理性的辩证论中，康德在讨论了"纯粹实践理性的一般辩证论"后，重点讨论了"纯粹实践理性在规定至善概念时的辩证论"。在康德那里，无论是纯粹理性的思辨运用还是它的实践运用，都有自己的辩证论。这是因为，"它向一个给予的有条件者要求那绝对的条件总体，而这个总体只有在自在之物本身中才能找到"①。在理性的思辨运用中，我们曾遇到并且解决了这种辩证论，现在，"理性在其实践的运用中的情况也是半斤八两。它作为纯粹实践的理性，同样要为实践上的有条件者（基于爱好和自然需要之上的东西）寻求无条件者，……寻求纯粹实践理性之对象的无条件的总体"②。这个总体就是"至善"对象。

1. 至善：实践理性的至高对象

康德指出，至善是纯粹实践理性（纯粹意志）的全部对象，也就是说，它是纯粹实践理性之对象的无条件的总体，它也是纯粹实践理性的至高目标。在他那里，至善概念包含了两个方面：善的至上条件（至上的善）和完满条件（完满的善）。至善之"至上"意味着它本身是无条件

---

① [德] 康德：《实践理性批判》，邓晓芒译，杨祖陶校，人民出版社 2003 年版，第 147 页。

② [德] 康德：《实践理性批判》，邓晓芒译，杨祖陶校，人民出版社 2003 年版，第 148 页。

的条件（不从属于任何别的条件），至善之"完满"则意味着它是一个整体（它绝不是某个同类型的更大整体的部分）。其实，至上的善就是"德性"，它是人的意志与道德法则的完全契合，它仍在纯形式的范围之内；完满的善则是"德性"之外还要加上"幸福"，它意味着形式力图容纳经验内容（质料）。康德说："德性（作为配得幸福的资格）是一切只要在我们看来可能值得期望的东西的、因而也是我们一切谋求幸福的努力的至上条件，因而是至上的善……，但因此它就还不是作为有限的理性存在者的欲求能力之对象的全部而完满的善；因为要成为这样一种善，还要求有幸福……"①康德认为，至善作为德性与幸福的统一，它不仅体现在个人身上，而且也体现在世界整体之中。他说："幸福在完全精确地按照与德性的比例……来分配时，也构成了一个可能世界的至善。"②我们知道，康德的伦理学一直排斥幸福的伦理学，现在，当他讨论最高的善的对象亦即至善的时候，还是提出了幸福的概念，并且将其包含在至善之中，应该是他对近代以来经验论和功利论思想的吸收，从而使得他的伦理学包含了近代伦理学所特有的时代内容。所以他说："……幸福原则和德性原则的这一区别并不因此就立刻是双方的对立，纯粹实践理性并不要求人们应当放弃对幸福的权利，而只是要求只要谈到义务，就应当对那种权利根本置之度外。从某种观点来看，照顾自己的幸福甚至也可以是义务；一方面是因为幸福（灵巧、健康、财富都属于此列）包含着实现自己义务的手段，一方面也是因为幸福的缺乏（如贫穷）包含着践踏义务的诱惑。"③尽管如此，康德依然是一个西方近代道义论的代表。在德性与幸福的关系中，他认为德性始终是至善中的至上的善，它体现个人的价值及其配享幸福的资格；幸福则是这样的东西：它虽然使人感到快适但却并不单独就是绝对善的，它始终以道德的合乎法则的行为为前提条件。总之，他把幸福纳入至善，

---

① ［德］康德：《实践理性批判》，邓晓芒译，杨祖陶校，人民出版社 2003 年版，第151—152 页。

② ［德］康德：《实践理性批判》，邓晓芒译，杨祖陶校，人民出版社 2003 年版，第152 页。

③ ［德］康德：《实践理性批判》，邓晓芒译，杨祖陶校，人民出版社 2003 年版，第127 页。

乃是为了给有德性的人以幸福报偿。

2. 纯粹实践理性的二律背反

康德指出，在至善中，德性和幸福的结合要么是分析的（逻辑的联结），是按照同一律来看的；要么是综合的（实在的结合），是按照因果律来看的。现在，既然德性与幸福的结合不能被设想为分析的，也就是说，其中任何一个概念无法分析出另外一个概念，"所以它必须被综合地设想，也就是被设想为原因和结果的联结：因为它涉及一种实践的善，亦即通过行动而可能的东西。"① 需要强调的是，通过意志自由产生至善乃是（在道德上）先天必然的事情，所以，至善的可能性的条件也必须建立在先天知识的根据之上而不能基于经验性的原则，也就是说，至善中的德性与幸福的结合乃是先天（在实践上）必然的事情而不能从经验中推论出来。总之，至善这个概念的演绎必须是先验的。从先天综合的角度看，由于德性和幸福分别属于知性世界和感性世界，以及分别属于人的理性方面和感性方面，所以，对于幸福的欲求绝对不可能成为德性的准则的动因（因为以幸福为意志的动机的准则是不合道德的），并且德性准则也绝对不可能成为对幸福起作用的原因（因为尘世上的一切因果联系都遵循自然法则，只有依靠对这种自然法则的认识才能达到幸福，因而严格遵循道德法则的人并不能因此期望在尘世上获得幸福）。现在"至善"既然要求把二者结合起来，那就陷入了自相矛盾。这样一来，我们便遇到了所谓实践理性的二律背反。

那么，我们如何处理实践理性的二律背反呢？康德指出，在纯粹理性的二律背反中，我们曾遇到了自然的必然性和自由之间的相似冲突，当时我们通过把行动着的个人分为现象和本体，并且据此把同一事件分别归属现象和本体，消除了自然的必然性和自由之间的冲突。"目前这个纯粹实践理性的二律背反也正是这样一种情况。"② 根据康德的观

---

① ［德］康德:《实践理性批判》，邓晓芒译，杨祖陶校，人民出版社 2003 年版，第155 页。

② ［德］康德:《实践理性批判》，邓晓芒译，杨祖陶校，人民出版社 2003 年版，第157 页。

点，若说对于幸福的追求能产生出德性意向的某种根据，那是绝对错误的；但是若说德性意向必然能产生出幸福，则不是绝对的错。这就是说，后面一个（第二个）命题只是"有条件的错"，这个条件就是：把感官世界中的存有当作有理性的存在者的唯一存在方式，并用感官世界中的因果性形式来看待德性意向。其实，"……由于我不仅仅有权把我的存有也设想为一个知性世界中的本体，而且甚至在道德律上对我（在感官世界中）的原因性有一种纯粹智性的规定根据，所以意向的德性作为原因，与作为感官世界中的结果的幸福拥有一种即使不是直接的、但却是间接的（借助于一个理知的自然创造者）也就是必然的关联，这并非是不可能的……"① 因此，纯粹实践理性的表面冲突乃是一种误解，至善仍是实践理性的真正客体，仍被认为是从道德上规定的意志的必然的最高目的。康德就这样通过解决纯粹实践理性的二律背反既使德性与幸福可以必然地结合起来，又使我们能得出这样的结论，即：德性构成了至善的第一个条件，幸福则构成了至善的第二个条件，它以德性为基础，并是德性的必然后果，也就是说，它是作为德性的后果的并与之比例相当的幸福期望。

康德强调，由于至善中的德性与幸福在异常遥远的距离之中，亦即在与某个知性世界的联结之中才能找到它之存在的可能性，所以，我们非常惊讶："古代和近代的哲学家们竟能在此生中（在感官世界中）就已经感到了与德性有完全相当比例的幸福，或是能说服人去意识到这种幸福。"② 无论是伊壁鸠鲁派还是斯多亚派，都曾经把生活中的德性意识里产生的幸福提升到一切东西之上，所以，无论他们采用的路径有何差异，其实都是错误的。那么，我们如何可能结合这样两个具有遥远距离的东西，从而有可能把有条件者与其条件结合起来呢？这就涉及了康德为了实现至善而提出的纯粹实践理性的悬设。

---

① [德] 康德：《实践理性批判》，邓晓芒译，杨祖陶校，人民出版社 2003 年版，第 157 页。

② [德] 康德：《实践理性批判》，邓晓芒译，杨祖陶校，人民出版社 2003 年版，第 158 页。

3. 纯粹实践理性的悬设

我们在前面就已介绍了康德纯粹实践理性的三个悬设。其中，自由（自由意志）悬设是意志自由、道德法则亦即至善的根据。至善的第一个必要条件就是德性，意志自由或说意志自律是它的唯一的最高原理；而若要有意志自由，就必须先有自由意志的存在。由于人的自由意志不能为科学所认识因而不能通过"科学"来判定它存在与否，所以，为了给道德法则提供必要的根据，我们就必须假设人具有这种"自由意志"。为了实现至善，康德进一步提出了灵魂不朽的悬设和上帝存在的悬设。

康德把德性这个至善的至上条件看成是意志和道德法则的完全契合。但是，按照康德的理解，意志与道德法则的完全适合乃是一种神圣性，它"是任何在感官世界中的有理性的存在者在其存有的任何时刻都不能做到的某种完善性"①。由于它在实践上又被必然地要求着，因此，它只能在朝向那种完全适合的无限的实践进步之中才能找到。为此，我们必须假设存在一个承载人的意志能够无限进步的实在客体，亦即同一个有理性的存在者的某种无限持续下去的生存和人格，这就是康德所谓的"灵魂不朽"。"所以至善在实践上只有以灵魂不朽为前提才有可能，因而灵魂不朽当其与道德律不可分割地结合着时，就是纯粹实践理性的一个悬设……"②康德认为，"我们的本性只有在一个无限行进的进步中才能达到与道德法则完全适合的这一道德使命"的命题的巨大好处在于："努力准确地和彻底地遵守一种严格而不宽纵的、但却也不是理想化的而是真实的理性命令。"③

康德把德性与幸福的统一看成是至善的完满条件。在他看来，至上的善还不是至善的全部，若要实现至善，除了实现至上的善亦即德性之外，

① ［德］康德：《实践理性批判》，邓晓芒译，杨祖陶校，人民出版社2003年版，第168页。

② ［德］康德：《实践理性批判》，邓晓芒译，杨祖陶校，人民出版社2003年版，第168页。

③ ［德］康德：《实践理性批判》，邓晓芒译，杨祖陶校，人民出版社2003年版，第168页。

还必须加上幸福这一完满的善。然而，道德法则作为人的自由法则，乃是通过"应当"独立于自然来发布的，此外，人作为现世中的有理性的人并不同时也是自然的原因，所以，道德法则不能成为德性和与之成比例的幸福之间必然关联的根据。但是另一方面，在纯粹理性的实践任务亦即至善的探讨中，我们已经预设了德性与幸福之间的必然关联。为了能实现德性与幸福之间的必然关联，康德悬设了一个作为全部自然但又与自然不同的原因的存有，"这个原因将包含有这一关联，也就是幸福与德性之间精确一致的根据……所以至善在现世中只有在假定了一个拥有某种符合道德意向的原因性的至上的自然原因时才有可能"①。康德进一步明确地说："……自然的至上原因，只要它必须被预设为至善，就是一个通过知性和意志而成为自然的原因（因而是自然的创造者）的创造者，也就是上帝。因此，最高的派生的善（最好的世界）的可能性的悬设同时就是某个最高的本原的善的现实性的悬设，亦即上帝实存的悬设。"②

康德正是通过这三个悬设构建了自己的伦理学体系或道德形而上学体系，也就是说，通过自由确保了道德法则的存在，并且通过灵魂不朽和上帝存在确保了至善的实现，亦即通过灵魂不朽确保了意志与道德法则的完全契合，并且在意志与道德法则完全契合（德性）的基础上进一步通过上帝存在确保了德性和幸福的统一。

4. 德性与幸福的统一

康德在德性的基础上把德性与幸福统一了起来（使有德之人具有配享幸福的资格）。尽管康德同意自己的伦理学应是一种与幸福相对立的德性伦理学，但是，他并不满意以往哲学关于幸福与德性的理解。在他看来，古希腊的伦理学的两个主要学派是伊壁鸠鲁学派和斯多亚学派，前者是德性论学派，后者则是幸福论学派。但他认为，伊壁鸠鲁学派和斯多亚学派分别作为德性论和幸福论，它们不是基于综合论的原则来看待德性与

① ［德］康德：《实践理性批判》，邓晓芒译，杨祖陶校，人民出版社 2003 年版，第171—172 页。
② ［德］康德：《实践理性批判》，邓晓芒译，杨祖陶校，人民出版社 2003 年版，第172 页。

幸福，而是遵循同一律的原则来看待德性与幸福，因此，它们双方都错误地混淆了德性与幸福。"按照伊壁鸠鲁派，德性的概念已经包含在促进自身的幸福这一准则中了；反之，按照斯多亚派，幸福的情感已经包含在人的德性的意识中了。……斯多亚派主张，德性就是整个至善，幸福只不过是对拥有德性的意识，属于主观的状态。伊壁鸠鲁派主张，幸福就是整个至善，而德性只不过是谋求幸福这一准则的形式，就是说，在于合理地运用手段去达到幸福。"① 因此，"伊壁鸠鲁派说：意识到自己的导致幸福的准则，这就是德性；斯多亚派说：意识到自己的德性，就是幸福。对于前者来说，明智和德性是一样的；后者给德性挑选了一个更高级的名称，对于这派来说惟有德性才是真正的智慧。"② 正是由于以往的幸福论和德性论混淆了幸福与德性概念，因此，康德试图提出一种更为"逻辑一致"的德性论理学，并在更为准确地把它与幸福论伦理学区别开来的基础上以一种特殊的方式再把幸福引入他的德性伦理学。为此，他所提出的更为"逻辑一致"的德性伦理学就是以"先天说"为基础的纯粹"形式主义"的伦理学。根据这种伦理学，从来源上说，基本的道德法则完全来自一切有理性的存在者的先天实践理性并且与后天经验毫不相干；从内容上说，基本的道德法则完全是一种自明的纯粹形式而与感性幸福毫不相干；从评价上说，正是由于基本道德法则的来源和内容都与经验内容和感性幸福毫不相干，所以，道德评价根本无须考虑道德行为是否能在经验世界给人们带来感性幸福而只须考虑道德行为在动机上是否出于遵循基本的道德法则。这样一来，康德的这种基于"先天说"的纯粹形式的德性伦理学不仅确实保持了自身的"逻辑一致"，而且它对德性伦理学乃至幸福伦理学都作了更为严格的规定，它指出了德性和幸福是两个截然不同的概念，因此，德性论和幸福论乃是两种截然不同的伦理学，它们必须严格分开。然而，在把德性与幸福严格地区分开来之后，也就是说，在"逻辑一致"地捍卫了

---

① [德] 康德：《实践理性批判》，邓晓芒译，杨祖陶校，人民出版社 2003 年版，第154 页。

② [德] 康德：《实践理性批判》，邓晓芒译，杨祖陶校，人民出版社 2003 年版，第153 页。

"德性"之后，他又通过有德之人具有配享幸福的资格而把"幸福"偷运回来，并且给予"幸福"以极高的地位。其实，他的这一做法归根到底乃是近代西方资产阶级哲学家普遍重视人的感性物质生活在他的德性伦理学中的曲折反映。

（二）道德学与宗教学

在通过上帝保证了德性与幸福的统一存在后，康德进一步从德性与幸福统一的角度来定义道德学。他说道德学应当属于"如何配享幸福的学说"。需要注意的是，康德这样来定义道德学的重点不在幸福之上而在德性之上，"它只是与幸福的理性条件相关，而与获得幸福的手段无关"①。因此我们不能把他的道德学当作幸福学说来看待，它并不是如何让人幸福的学说，更不是某种分享幸福的指南。其实，在他看来，在现世中，德性并不必然带来幸福，只有走向宗教，才会在有朝一日出现这一情况：按照配享幸福的资格来分享幸福。换句话说，上帝创造世界的最后目的就是至善，它表明只有德性才是配享幸福的条件，"唯有它才包含着他们能够据以希望从一个智慧的创造者手中分得幸福的尺度"②。

由此出发，康德把他的道德哲学引向宗教，提出了自己的理性的神学或说道德理性的神学。在他看来，理论理性的假设作为解释的根据可以称之为假设，但是，一旦假设在与由道德律提交给我们的客体（至善）的可理解性发生关系时，并且进而与一种实践意图中的需要的可理解性发生关系时，我们就可以将其称为信仰，并且是纯粹的理性信仰。他说："以这种方式，道德律就通过至善作为纯粹实践理性的客体和终极目的的概念而引向了宗教，亦即引向对一切义务作为上帝的命令的知识，这种命令不是强令，亦即不是一个陌生意志的任意的、单独来看本身是偶然的指令，而

---

① ［德］康德：《实践理性批判》，邓晓芒译，杨祖陶校，人民出版社 2003 年版，第178 页。

② ［德］康德：《实践理性批判》，邓晓芒译，杨祖陶校，人民出版社 2003 年版，第178 页。

是每一个自由意志的自身独立的根本法则，但这些法则却必须被看作最高存在者的命令，因为我们只有从一个道德上完善的（神圣的和善意的）、同时也是全能的意志那里，才能希望至善，因而只有通过与这个意志协调一致才能希望达到至善，而道德律就使得把至善设立为我们努力的对象成了我们的义务。"①

---

① ［德］康德:《实践理性批判》，邓晓芒译，杨祖陶校，人民出版社 2003 年版，第 176—177 页。

第三章　存在论：认识论与伦理学

我们在讨论康德哲学时并没有像第一卷讨论其他形而上学哲学家的思想那样，先讨论了存在论再讨论他的认识论，这是因为康德本人采用了不同的方法来阐述自己的存在论与认识论。从这种不同的方法出发，我们发现，康德哲学的先验论既是存在论又是认识论，它是在认识论中展开的存在论；不仅如此，若是我们进一步在不太严格的意义上把他的伦理学也看成是一种先验论的话，那么，他的伦理学也可以被看成是一种特殊意义上的存在论，即：它是道德实践过程中展开的存在论。其实，康德本人就把伦理学看成是一种形而上学亦即道德形而上学。我们在前文"康德先验论的思想基础"中已经初步涉及了康德哲学中的"认识论、伦理学与存在论"的关系问题，这里，我们将进一步分别从存在论与认识论的关系和存在论与伦理学的关系两个方面加以重述，并在此基础上把它们综合起来加以重述。

一、存在论与认识论

康德哲学的先验论作为在认识论中展开的存在论，它是认识论与存在论的统一。这就是说，他的先验论哲学与旧形而上学不同，它不是在先肯定了外在对象的存在的基础上然后再试图通过某种认识（无论是通过肉眼向外看的认识还是通过心灵之眼向内看的认识）去把握这种先在的存在对象，而是认为我们只有通过认识的路径才能通达外在对象，所以，我们只有从认识论出发才能知道对象的存在以及对象是什么样的存在。

（一）从认识到存在：认识发生

1. 世界是在人的认识中发生的世界

康德在认识论的基础上探讨存在论在西方形而上学史上应是一个十分重要的事件。在存在与认识的关系方面西方传统哲学存在着两种思路：其一，先有存在再有认识；其二，先有认识再有存在。需要说明的是，我们这里所说的先有认识再有存在中的"先有"认识或认识论，指的是"逻辑上的在先"，在时间上，由于这种观点认为认识的过程也就是存在显现或发生的过程，所以，认识论和存在论是同一的。康德之前的旧形而上学采用的是第一种思路即先有存在再有认识的思路；康德的新形而上学则采用了第二种思路即先有认识再有存在的思路。我们认为，第一种思路是符合常识（也符合自然科学）的思路，它首先肯定了外在世界的存在，认为外在世界并不因我们是否认识了它或者能否认识它都会存在，并且早在我们认识之前甚至在我们存在之前就已存在。在日常生活中，每一个个人的日常生活的经验都在证实着这样的事实，在自然科学中，科学家们也都通过自己的研究证明外在世界早在人类之前就已存在，并且即使人类消失，它依然还会存在下去。因此，人的认识一定是后于外在世界存在的。但是，这种符合常识乃至自然科学的思路在哲学上却存在着不可克服的内在困难。哲学并不是简单地探究一个既有的世界或说人类已经生活于其中的世界并对其进行认识的学问，它要在最原始的意义上追问世界整体及其本质究竟是什么。因此，哲学并不能像常识和自然科学那样在预先假定外在世界早已存在的基础上通过经验逐步扩大关于这一世界的认识，它要的是能够实实在在地把握那超越经验的世界整体及其本质自身，从而把自己变成第一科学。由于人类的认识只能是经验性的认识，所以，哲学（形而上学）不可能完成自己的哲学目标从而把自己变成为第一科学。第二种思路是在总结第一种思路之经验教训基础上提出的符合哲学思维的思路，它清晰地认识到若想要在最原始的意义上追问世界整体及其本质是什么，首先必须采取一种正确的路径，这个路径就是不先直接肯定外在世界的先在（因为我们不可能在认识之前就能肯定外在世界作为整体是什么），而是从认识出发，看看我们到底能否像旧形而上学想要实现的目标那样最终把握世界整体及其本质。既然我们先从认识出发，那么，我们就不能像旧形而上学那样把注意力完全放在对象上，而应该先行关注认识本身，特别是关注于进行认识的主体本身，看看认识主体的认识能力究竟能认识到什么。由此出发，康德发动了一场哲学领域中的"哥白尼式革命"，它把认识的过程看成是"人为自然立法"的过程。根据哥白尼式革命或人为自然立法，康德（第二种思路）认为认识不是主体（理性、知识）消极地适应对象而是主体（理性、知识）积极地介入和影响认识的过程，它表现为人在经验的基础上通过自己的理性去安排整理对象从而让对象以安排整理后的特有形式向人显现出来的过程。因此，世界是在"认识"中向人"发生"的世界，并且正是因为如此，它作为人所知道并生活于其中的世界从来不是"纯粹"客观的世界，而是融入了人的主观的认识形式（理性）的世界。

那么，上述两条思路究竟哪一条思路是更为合理的思路呢？第二种思路作为更为符合哲学思维的思路也是更为合理的思路。由于哲学要在最原始的意义上追问世界整体的存在及其本质，所以，它要探讨世界整体及其本质的原始存在。但是，由于世界归根到底只能是人所说的世界，人也只能知道自己所说的世界（人就生活在这种世界之中），因此，对人来说，最原始的世界只能是在最原始的意义上向人发生的世界，它是人类最早面对的世界。哲学在最原始的意义上所追问的世界整体的存在及其本质，其实就是在最原始的意义上向人发生的世界整体及其本质。当人类有了这个世界之后，或说，当人类"有了"世界之后，它才能在常识中和自然科学中，从已经有了的世界出发（包括从这个世界的各种客观因素和主观因素例如价值观）出发，去把世界当作客观先在的外在世界加以认识和研究，仿佛它是与人无关的世界。只有哲学才去追问人类何以"竟有"一个世界，它在最原始的意义上究竟如何向人发生的问题，而科学以及常识则不去追问这些问题，它们把这些问题当作不成问题的问题（尽管它确实存在并且具有根本性的意义），它们从人直接生活于其中的世界出发并对其进行思考。因此，哲学思维是一种更原始的思维，它探讨的问题是更原始的问题。但是，旧形而上学却没有意识到这一点，他们也向自然科学家和常识一样地思考，但它又想一劳永逸地解决在原始意义上世界整体及其本质究竟何为的问题，并把这种解决看成是一种具有确定性答案的科学式的解决。正是因为如此，它才陷入了不可避免的内在矛盾之中，从而危及到作为第一科学的哲学或说形而上学这门学科本身。所以，"康德在哲学史上的'哥白尼式革命'在于向旧哲学共有的实在论提出了挑战，根据这种实在论，知识是对独立存在的世界中的一种预先存在的结构的揭示。而对康德来说，知识是一种产物、一种构造，而不是一种揭示。"①

2. 另一种认识论转向

我们在第一篇中讨论过西方近代哲学的认识论转向，指出从西方古代哲学的存在论到西方近代哲学的认识论转向是一种合乎逻辑的转向，这种逻辑就是在哲学上必须先解决认识论问题才能解决存在论问题，也就是说，必须解决如何认识世界以及能否认识世界的问题才能解决世界究竟为何以及它的本质为何的问题。在这种逻辑中，认识论是通往存在论的桥梁。表面看来，康德哲学遵循的就是这一逻辑，因为康德哲学也是通过认识论走向存在论并把认识论看成是通往存在论的桥梁的。但是，细究起来，西方近代哲学的认识论转向在康德哲学和前康德的西方近代哲学亦即唯理论和经验论那里存在着十分明显的差别，假如说我们在前面所说的认识论转向主要指的是在唯理论和经验论那里的认识论转向的话，那么，相对于这种通常被西方哲学史公认的认识论转向来说，在康德那里所存在的则应该是另外一种认识论转向。

以上两种认识论转向的共同之处，都是在认为只有通过认识论才能走向存在论的基础上，把西方古代哲学作为探讨重点的存在论转向了认识论，并把它作为近代哲学重点探讨的问题。在此共同之处的平台上，两种认识论转向就走向了两条不同的关于存在论和认识论相互关系的路线。我

① ［美］M. K.穆尼茨:《当代分析哲学》，吴牟人等译，复旦大学出版社1986年版，第6页。

们把西方哲学史公认的认识论转向（主要在唯理论和经验论那里表现出来）称之为第一种转向，并把康德的认识论转向称之为第二种认识论转向。第一种认识论转向尽管也把认识论看成是走向存在论的桥梁，但是，在它那里，存在作为世界及其本质的存在乃是先已存在的对象，我们的认识论就是关于这种存在或对象的认识，我们只有在认识了这种存在或对象之后才能对其做出确定的断言；第二种认识论转向则认为，既然只有通过认识论才能走向存在论，认识论是走向存在论的桥梁，那么，我们在认识之前就根本没有理由断言作为世界及其本质的"存在"的存在，所以，我们只能在认识的过程之中发现世界的存在，存在作为世界的存在就是我们经由认识才知道的那种存在。因此，在第一种认识论转向那里，存在论先于认识论，尽管认识是通向存在的桥梁；在第二种认识论转向那里，认识论先于存在论，或说，存在论统一于认识论，它在认识论中展示自己。从哲学思维的发展水平来看，第二种认识论转向应该高于第一种认识论转向，这是因为第一种转向存在着内在的逻辑困难，即：既然认识论是走向存在论的桥梁，那么我们有什么理由在认识论之前就断言外在世界及其本质的存在呢？在现代西方哲学中，海德格尔正是沿着康德的第二种认识论转向继续前进的，他在第二种认识转向的基础上更进一步，认为认识是生存活动的派生物，所以，我们不应该在认识之中而应该在生存之中探讨作为世界的存在的显现，世界作为存在乃是在人的原始的生存活动中发生的世界。

（二）存在之为存在：现象世界

1. 自然世界与现象世界

康德在认识论的基础上把存在论与认识论统一了起来，通过自己的"哥白尼式革命"或"人为自然立法"建构了一个基于认识论的世界，这个世界就是他的哲学或形而上学展示给我们的自然世界。在他那里，由于这个自然世界作为人为自然立法的世界始终离不开人的理性，也就是说，离不开理性的法，并且这种理性的法只能应用于人的经验，所以，他的自然世界始终是经验性的现象世界。当康德把自然世界仅仅看成是经验性的现象世界时，他的形而上学已完全脱离了旧形而上学的发展轨道，走向了他自己的新形而上学。

如前所述，在存在论上，旧形而上学把现象看成是一种生灭无常、变动不居的假象（典型形而上学），至多看成是一种虽然也真实存在但却不能成为真理之对象的某种东西（离异形而上学）；据此，从柏拉图开始，旧形而上学就把世界分为现象世界和本质世界，认为只有在现象世界背后的"超验"亦即超越经验的本质世界才是真实的作为真理对象的世界。由此出发，旧形而上学把认识本质世界看成是自己实现真理（绝对真理或绝对知识）性认识的关键。因此，在认识论上，它或者把经验看成是与真理无关因而认识必须"跳过"的环节（典型形而上学），认为认识就是人的理性（心灵的眼睛）与本质世界的直接相通以及以这种直接相通为基础的逻辑演绎，或者把经验仅仅看成是认识真理途径中必须经由的一条小道（离异形而上学），若想最终认识真理，还是需要通过理性来超越经验。康德认为，旧形而上学这种先设置认识对象，然后再探讨通向认识对象之途的方式本身就是一种错误的方式。因此，他反过来，先探讨人的认识，试图通过人的认识通向认识对象。既然对象作为自然世界是一个我们通过认识方可知道的世界，那么，认识的过程就是我们知道世界的过程，也就是我们所知道的自然世界（我们面对的世界只能是我们所知道的世界）的"显现"或"发生"的过程。如前所述，康德把作为人为自然立法的认识理解成为先天的认识形式整理、综合对象刺激所引起的后天认识质料的过程，它作为存在论与认识论统一的过程也是存在"在认识中"显现的过程。从认识论的角度看，"人为自然立法"的过程是一个科学知识的产生的过程，它分为感性认识、知性认识和理性认识三个阶段，经由这三个阶段，人们分别获得了感性知识、知性知识和理性知识；而从存在论的角度看，"人为自然立法"的过程则是一个自然世界的产生过程，它也经由感性、知性和理性三个阶段，它们一步一步地使自然世界作为现象的世界产生了出来。所以，世界并不是旧形而上学所说的那种"现成的"世界，而是一个在认识的过程中逐步"发生的"世界。

由于旧形而上学把超越经验的世界本质看成是能够为人们提供真理

（绝对真理、绝对知识）的对象，所以，旧形而上学也被看成是"超验的形而上学"。但是，康德的认识论作为人为自然立法的过程，乃是一个以认识主体的先天认识形式为中心，并以物自体对于感官的经验刺激为起点的认识过程。在这样的认识过程中，认识主体的"能动作用"（通过自己先天的认识形式整理、综合经验质料）对于认识的可能和真理的获得而言起着关键的作用，但是另一方面，它的"能动作用"只能是对于经验质料的"能动作用"，若是没有经验质料，它也就什么都不是了，所以，认识又必须以物自体对于感官的经验刺激为起点。康德认为，世界作为人的"能动作用"和"经验质料"相互结合之产物的世界（自然世界）就是经验性的现象世界，认识把关于源自物自体刺激的"经验质料"变成内在于人的"能动作用"或说理性的先天认识形式之中的东西，从而也把现象世界变成了内在于人的"能动作用"或说理性的先天认识形式之中的东西。因此，康德的在人的认识过程中显现或发生的世界就是一种"内在世界"，他的以"内在世界"为研究对象的哲学或说形而上学作为一种新的形而上学应该是一种"内在的形而上学"。这就是说，从旧形而上学到康德的新形而上学的发展过程也就是从旧形而上学的"超验形而上学"到康德新形而上学的"内在形而上学"的转变过程，它不仅意味着世界已从外在世界转变成了内在世界，而且还意味着哲学的研究对象从现象背后的本质世界转向到现象世界自身，它表明现象世界就是我们确知的真实世界，它自足地就是科学知识（真理）的对象。

2. 现象世界与物自体

尽管康德把世界看成是现象世界，但是，他并没有否定本质世界的存在。我们知道，在旧形而上学那里，世界被分为现象和本质两重世界，前者是虚假世界（典型形而上学）或真实但却不是真理对象的世界（离异形而上学）；后者则是唯一真实的世界（典型形而上学），至少也是更为真实的世界（离异形而上学）。为了强调这一世界之"真实"地位，他们把本质世界说成是"本体世界"，以区别于作为它的表现、甚至是虚假表现的现象世界。康德在用现象世界取代本质（本体）世界，以及在用内在形而上学取代超验形而上学时，没有否定而只用"认识的界限"这一说法把本质（本体）世界推向了不可知的领域，意味着它仅仅是一个不可知的"某物"，所以，他把它称之为"物自体"。

其实，康德在自己的哲学中依然承认物自体对于认识因而对于现象世界之发生的某种作用。康德对于"本体"这一概念的分析，可以使我们充分认识到旧形而上学之本体世界的意义在康德这里的转变。在《纯粹理性批判》的第一版中，康德的"本体"的含义更为狭窄一些，它是一个有别于"先验对象"的概念；而在《纯粹理性批判》的第二版中，他则把"先验对象"也包含在了"本体"概念之内。康德在《纯粹理性批判》第一版中区分了"本体"和"先验对象"两个概念。在他看来，本体和先验对象都不可知，因而它们都是"物自体"；但是尽管如此，它们却有着不同的来源，并且起着不同的作用。首先，先验对象来源于先验统觉或者知性，它的作用是统一直观杂多，因此，它是知性范畴先验演绎的一个环节。根据康德的观点，知性及其范畴在它的经验性的使用之中，乃是通过以先验的方式设定一个"对象"来发生作用，这个对象并不是认识的对象，而是用来统一感性杂多并把它们统一为一个对象的"某物"（=X，亦即由诸现象之杂多所规定的一般对象概念之下的诸现象）的表象，我们总是首先把我们面对的被给予的感觉材料看成是一个有待于规定的"某物"，然后才会围绕这个"某物"使用范畴和图型去把握那些感觉材料。因此，在知性的经验使用中，先验对象绝对必要。不过需要注意的是：这个某物只是知性统觉统一性的相对物，并非什么真的能与这些感觉材料分开的认识对象，我们根本不知道它是什么。"我们虽然先验地知道任何被给予的感性表象都是属于'某物'的表象，但我们决不能先验地知道这个离开感性直观的某物本身到底是什么"[①]，知性设定先验对象只是为了"经验性"（而非先验性）的使用。其次，本体虽然也像先验对象一样是知性的先验运用所设定的"知性对象"，但是，它并不来自知性概念的演绎，而是来源于先验的感性论，即："当知性把感性现象限制在与物自体无关，而只和事物凭借我们的主观性状向我们显示的方式有关时，这就已把现象和本体区

---

① 杨祖陶、邓晓芒：《康德〈纯粹理性批判〉指要》，湖南出版社1996年版，第223页。

分开来了。"①换句话说，当先验感性论把世界限制为"现象"时，"必然会有某种本身不是现象的东西与现象相应"②，"诸现象……自身提供出了本体的客观实在性，并且有理由把对象划分为现相和本体，因而也把世界划分为感性世界和知性世界"③。据此，我们便可看出本体的作用，即：它只是感性杂多或者现象之所以被提出来的一个逻辑上的必要条件。我们并不知道本体自身会是什么，因为它是一个超验亦即超越感性直观的对象，或说不能经验地运用的对象，也就是说，它不是感性直观（我们无法把范畴运用到它的上面）因而只能是知性直观给出的对象，然而，我们并不拥有"知性直观"，我们只能将其"思维"成"知性直观"的客观的实在对象。"因此，先验对象可说是作为一切经验知识的先天条件的一个纯粹概念，它把与某个对象的关系给予一切经验性的概念，因而已参与了经验知识的具体构成；本体虽也是经验知识的一个条件，但却被视为现象或感性杂多之所以被提出来的一个逻辑上的必要条件，且本身并不参与经验知识的构成，而是标志着经验知识的界限并被设想为某种知性直观的对象。"④实际上，尽管先验对象与本体的含义有着某种差异，但是，它们的含义又是相通的，也就是说，它们都是我们不能感性直观、并且作为感性知识界限的物自体。正是因为如此，康德不仅在《纯粹理性批判》的第一版中常常混用它们，并且在《纯粹理性批判》的第二版中删除了第一版中阐述先验对象和本体相互区别的内容，而把它们看成是本体概念不同含义的体现。总之，康德既把"本体"看成是现象得以给出的逻辑条件又把"本体"看成是关于现象的认识界限。前者对于现象的产生起着积极的作用，后者则把现象牢牢地束缚住，告诫它不要向现象之外的领域僭越。

问题在于：既然本体是现象的界限，并且是不可知的"某物"，那么，

① 杨祖陶、邓晓芒：《康德〈纯粹理性批判〉指要》，湖南出版社 1996 年版，第 223 页。

② ［德］康德：《纯粹理性批判》，邓晓芒译，杨祖陶校，人民出版社 2004 年版，第 229 页。

③ ［德］康德：《纯粹理性批判》，邓晓芒译，杨祖陶校，人民出版社 2004 年版，第 227 页。

④ 杨祖陶、邓晓芒：《康德〈纯粹理性批判〉指要》，湖南出版社 1996 年版，第 225 页。

旧形而上学家为什么竟会信誓旦旦地对它作出各种各样的断言呢？康德指出，传统形而上学关于"本体"的各种断言其实只是一种"理想化"的做法，他把这种做法称之为"拟人论"。科尔布鲁克对康德关于"拟人论"的思想进行了经典的概括。根据她的概括，在康德看来，"拟人论创建了一种绝对的或超越感觉的领域的学说"①。作为一种哲学理论，"……拟人论在自然中寻找法，寻找世界的第一原因，试图决定空间的界限和时间的开端，努力回答暂时性、空间性、法、整体性、自由和因果性问题；努力在经验之外发现这些对象……"②"在拟人论那里，那能经验的理性自身的概念——整体、数量、条件、秩序概念——是在世界自身中被发现的。"③科尔布鲁克进一步指出，按照康德的不同于拟人论的观点，我们只有通过概念才给了自然世界以秩序，因此，自然世界的秩序（以及整个自然世界）都不过是人类立法的结果。"一旦我们认识到理性概念的适当的家园在人类的主体之中，那么，我们就再也不需要从给定的世界飞跃到某种非理性的绝对之上。我们再也不需要寻求上帝、自由或灵魂不朽作为我们知识的对象，因为这些观念都是我们自己的能力扩延自身到被给予的东西上的理性的结果。"④所以，"……当我们反思这一绝对的描述时，比如，作为无条件的原因、作为无限延伸的空间或作为内在延伸的时间——我们认识到的却是理性自身的形式能力……准确地说，绝对不是超越理性的世界而是理性扩展它自身的表象于经验的结果。"⑤所以，旧形而上学拟人论的错误在于："在这样做的时候，理性忘了它所努力的对象——法、因果性、整体等等——是理性自身的形式，它们不能在一种作为我们之外的现实中

---

① Claire Colebrook, *Philosophy and Post-structuralist Theory: From Kant to Deleuze*, Edinburgh: Edinburgh University Press, 1999, p.41.

② Claire Colebrook, *Philosophy and Post-structuralist Theory: From Kant to Deleuze*, Edinburgh: Edinburgh University Press, 1999, p.42.

③ Claire Colebrook, *Philosophy and Post-structuralist Theory: From Kant to Deleuze*, Edinburgh: Edinburgh University Press, 1999, p.41.

④ Claire Colebrook, *Philosophy and Post-structuralist Theory: From Kant to Deleuze*, Edinburgh: Edinburgh University Press, 1999, p.29.

⑤ Claire Colebrook, *Philosophy and Post-structuralist Theory: From Kant to Deleuze*, Edinburgh: Edinburgh University Press, 1999, p.41.

超验地被发现。"[1]科尔布鲁克最后总结说："……康德的先验唯心主义也是一种反拟人论。它提醒我们世界是给予的。"[2]换句话说，康德是用一种人类学去反对一种拟人论，"假如人类学把人的观点延伸到一种解释的根据，那么，拟人论就犯了比较性的错误亦即完全忘掉了人的观点。与人类学比较（与人类学一起），作为康德批评计划所攻击的对象的最大错误之一就是力求认识世界本身……"[3]

总之，康德把旧形而上学关于现象与本体的两重世界理论转化成了这样的理论，即：现象世界就是我们实际生活于其中的真实的"自然界"，本体世界仅仅是对于现象世界的"发生"起着某种作用但因其处于不可知的领域而不是我们实际生活于其中的世界，也就是说，它仅仅是作为不可知的"某物"的"物自体"。我们真正需要关心的就是发生意义上的"现象世界"。康德的这一做法颠覆了旧形而上学长期以来秉承的关于两重世界的理论，并对后来的哲学产生了深刻的影响。在康德之后，大多数哲学家都仅仅从现象出发来看待世界，其中现象学便是最为典型的代表。

二、存在论与伦理学

我们曾说，康德哲学的先验论虽然是一种认识论，但在宽泛的意义上我们也可以将其看成是一种伦理学，因为它的伦理学也是以人的理性（实践理性）先天具有的道德法则为基础而建构的理论。若把康德的伦理学也看成是先验论，那么，在康德的伦理学中，我们也能看到一种存在论，这是一种在伦理学中展开的关于道德世界的存在论。因此，康德的作为伦理学的先验论应该是伦理学与存在论的统一。这里，他的伦理学的先验论与旧形而上学的不同之处在于：它不像他的作为认识论的先验论与旧形而上

---

[1]　Claire Colebrook，*Philosophy and Post-structuralist Theory: From Kant to Deleuze*，Edinburgh: Edinburgh University Press，1999，p.42.

[2]　Claire Colebrook，*Philosophy and Post-structuralist Theory: From Kant to Deleuze*，Edinburgh: Edinburgh University Press，1999，p.42.

[3]　Claire Colebrook，*Philosophy and Post-structuralist Theory: From Kant to Deleuze*，Edinburgh: Edinburgh University Press，1999，p.41.

学的不同之处那样仅仅以一种不同的方式去处理认识论与存在论之间的先后关系，而是在让伦理学与存在论统一起来的同时通过伦理学建构一个不同于自然世界的全新的亦即在旧形而上学那里完全没有的"独立的"道德世界，并把以道德世界为研究对象的学问也看成是形而上学的一个部分，将其称之为道德形而上学。

（一）从伦理到存在：伦理发生

康德不仅在认识论的基础上探讨了存在论问题，他还在伦理学的基础上探讨了存在论问题。就像他在认识论的基础上探讨存在论问题在西方形而上学史上是一个十分重要的事件一样，他在伦理学的基础上探讨存在论问题在西方形而上学史上同样是一个十分重要的事件。康德认为，在自然世界的问题上认识论先于存在论，同样，在伦理学的问题上伦理学也先于存在论，这就是说，先有伦理学才有存在论。这里的"先有"同样意味着伦理学的"逻辑上在先"。若从时间上说，伦理学与存在论是同时发生的。若是认为康德的伦理学是一种广义的先验论的话，那么，他对这种广义先验论的阐述也就构成了他的哲学的广义的"哥白尼式革命"。这种广义的"哥白尼式革命"包含了他的"人为自己立法"。在康德那里，"人为自己立法"的过程就是作为人的世界的存在于伦理学中产生的过程。人为自己立法的"法"就是道德法则，正是这种道德法则被给予了从事道德活动的人自身，才最终形成了区别于自然世界的人的世界，它是人与人之间通过确立道德的关系而建构的世界。因此，康德把道德法则作为建构人的世界的基础，也就是说，在他那里，若是没有道德法则，就不可能有所谓的人的世界。道德法则以人的自由为根据，它是人（作为自由的人）的实践理性先天具有的法则，先于道德实践或道德经验而存在。人作为具有先天道德法则的人，他把道德法则作为道德标准，并且因此而把它当作自己的绝对命令，在此基础上，他经由理性的道德法则到知性的善恶对象再到感性的道德情感，从而把道德标准、道德行为和道德动机联系起来，探讨人们如何能在超越自爱（欲望、幸福）诱惑的情况下遵循道德法则，执行道德命令。在此过程之中，一个人的世界显现出来。因此，人的世界是在伦理学中显现出来的世界，也就是说，它是人作为具有实践理性、因而具有先天道德法则的人在自己的道德实践中所"建构"的世界，它不是既成的世界而是在人在道德实践中发生的世界。

（二）存在之为存在：本体世界

1.人的世界与道德世界

康德通过把伦理学与存在论统一起来，通过人为自己立法而建构了一个区别自然世界的人的世界，由于这个世界的建构基础是人先天具有的"道德"法则，并且把人与人联系起来从而形成世界（社会）的相互关系是"道德"的关系，所以，这个人的世界其实就是道德的世界。

需要说明的是，由于康德的道德世界指的是基于道德法则建构的由人与人之间的应有关系联结的世界，道德法则作为绝对命令是一种"应该"，所以，在基于道德法则所建构的道德世界中的人与人之间的联结关系也是一种"应有"的关系，"应有"一词表明，在人与人之间通过应有关系联结的道德世界中还存在着一些"不应有"的关系。这种应有关系和不应有关系并存于道德世界中的现象恰好是人类建立道德世界并且在道德世界中需要解决的问题。这就是说，人类建立道德世界在最终的意义上就是要逐步消除不应有的关系而让应有的关系全面地、彻底地取而代之，康德把这种取而代之看成是伦理学的终极使命。为此，他才提出了"至善"概念，并且，为了实现"至上的善"（它是"至善"的首要内容）他又提出"灵魂不朽"的概念，希求人能够在灵魂不朽的基础上通过一辈又一辈的持续地努力最终实现"至上的善"，让人与人之间的应有关系全面地、彻底地取代不应有的关系。

康德专门提出了一个"目的国"的概念来表达他理想中的道德世界。我们知道，康德曾从"人的目的"的角度阐述道德法则，即：把所有理性之人的人格中的人性看成是目的而不能仅仅将其视为手段来使用。在他看来，人作为理性之人，乃是先天具有道德法则或说颁布道德法则的人，他自身就是目的，他不能作为追求自爱或感性幸福的手段。由于人作为理性之人就是作为立法之人因而也是作为目的之人，所以，当他们都在把自己看成是道德法则的制定者并且根据道德法则来评价自己及其行为、从而视自己为目的时，他们就组成了"目的王国"。他说："每一个理性存在者都必须通过自己的意志的一切准则而把自己视为普遍立法者，以便从这一观点出发来评价自己以及自己的行为；这样的理性存在者的概念就导向了一个依存于他的非常多产的概念，亦即一个目的王国的概念。"①这样的目的王国其实就是"不同的理性存在者通过共同的法则形成的系统结合"②。所以，康德指出："道德性存在于一切行为与立法的关系中，唯有通过这种关系，一个目的王国才是可能的"③。他还认为，在这种目的王国中，假如每一个立法者也要服从这些法则的话，那么，他就作为成员而属于目的王国；假如他作为立法者不服从另外一个理性存在者的意志的话，那么，他就作为元首而属于目的王国。根据康德的观点，这一元首就是上帝，除上帝之外，其他一切有理性的存在者、特别是人这一有理性的存在者只能是目的王国的成员。当然，目的王国也是一个应该的王国，所以，康德把目的王国仅仅看成是一个理想。

由于道德世界归根到底是基于人作为理性之人先天具有的道德法则并通过人为自己立法建构起来的世界，它是人基于先天道德法则在实践活动中发生的世界，所以，它像康德思辨形而上学中通过人为自然立法所建构的内在的自然世界一样，也属于内在于人的世界或说内在世界。所以，在某种意义上说，当康德哲学把自己通过伦理学建构的世界作为研究对象的时候，他的哲学（形而上学）也是一种"内在的形而上学"，也就是说，他依然是用一种"内在的形而上学"取代了旧形而上学的"超验的形而上学"。并且，相对于他用以自然世界为研究对象的内在形而上学取代旧形而上学的超验形而上学而言，他在这里的取代还有特殊的意义，这种特殊的意义就是：在旧形而上学那里，并没有单独以道德世界为研究对象的形

---

① ［德］康德：《道德形而上学的奠基》，见李秋零主编《康德著作全集》第4卷，中国人民大学出版社2013年版，第441页。

② ［德］康德：《道德形而上学的奠基》，见李秋零主编《康德著作全集》第4卷，中国人民大学出版社2013年版，第441页。

③ ［德］康德：《道德形而上学的奠基》，见李秋零主编《康德著作全集》第4卷，中国人民大学出版社2013年版，第442页。

而上学亦即道德的形而上学，而当他在这里用以道德世界为研究对象的"内在的形而上学"取代旧形而上学的"超验的形而上学"时，他实际上提出了一种全新的形而上学亦即（内在的）不同于思辨形而上学（自然形而上学）的道德形而上学。

2.道德世界与本体世界

康德在通过认识论建构自然世界的时候，由于他的认识论是一种以人作为理性之人的先天认识形式为基础并以经验质料为内容（先天认识形式只能运用于经验质料）的认识论，所以，他通过认识论建构的自然世界只能是经验性的现象世界，并且，康德认为这是我们所知道并且生活于其中的唯一的自然世界，旧形而上学所说的本质世界或本体世界仅仅是我们感性认识的一个逻辑条件，它是我们无法认识因而也不能对其作出任何确定性的断言的"物自体"。这就是说，康德实际上已经否定了旧形而上学的本质世界或本体世界。但是，在另外一种意义上，康德依然认为我们可以生活在本体世界之中。他所说的本体世界就是相对于自然世界的人的世界或道德世界。

道德世界之所以被看成是本体世界，不是因为它是现象世界背后的某种本质性的世界，而是因为它是更能体现人之为人的世界。若是根据康德哲学的内在逻辑，我们将会发现：既然自然世界是人为自然立法的产物而道德世界是人为自己立法的产物，那么，人或说人先天具有的"法"相对于世界（自然世界和道德世界）来说更具本源性；同时，人先天具有的"法"就是人的理性先天具有的"法"，在人的理性中，人的实践理性更能体现人之为人的本质，因此，人的实践理性先天具有的"法"及其产物道德世界也应该比人的理论理性先天具有的"法"及其产物自然世界更加具有本源性。若是这样理解，道德世界相对于自然世界就具有了某种本体意义。这里，本体世界与人的自然本性或感性乃至科学理性都没有关系，也与认识论没有关系，它与人的道德或实践理性直接相连。正是康德在道德或实践理性的意义上把道德世界看成是本体世界，所以，他进一步指出，旧形而上学所说的关于本体的三个对象其实都不是自然形而上学（思辨形而上学）的对象而是道德形而上学的对象，或说，它们都作为道德领域的对象支撑着他的伦理学或说道德形而上学。

在旧形而上学中，作为世界根源的存在对象包括宇宙整体、灵魂和上帝三个，它们分别构成了理性宇宙论、理性心理学和理性神学的对象。康德指出，从认识论的角度看，它们都是人的认识无法触及的对象，因而都属于物自体。但是，正是这三个认识无法触及的物自体却又在康德的伦理学中变成了具有客观实在性的实践性概念。康德指出，尽管宇宙整体、灵魂和上帝都是物自体，但是，在认识论中，我们却可以将其作为先验理念而让其引导我们的认识获得最为完备的经验或关于现象世界的思辨知识。然而，需要警惕地是：认识论中用于扩展思辨知识的三个先验理念作为旧形而上学的本体对象其实并没有任何客观实在的对象，若是我们把它们当作具有客观实在对象的概念来对待，我们就要陷入先验的幻相。正是这些在认识论领域并不具有客观实在对象与之相应的概念，却在伦理学领域成了实践理性的悬设。实践理性的悬设"虽然并不扩展思辨的知识，然而却普遍地（借助于它们与实践的关系）赋予思辨理性的诸理念以客观实在性，并使思辨理性对于那些它本来甚至哪怕自以为能断言其可能性都无法做到的概念具有了权利。"①首先是思辨理性亦即认识论领域中面对的作为理性宇宙论对象的世界整体概念，从认识论的角度看，世界是具有必然性的概念，而认识必然性乃是为了获得自由，所以，世界整体概念与自由相关，它内在地包含了必然与自由的关系。在思辨理性中，若把世界整体这一概念看成是具有客观实在对象的概念而不把它看成是先验理念，那么，人们就会陷入二律背反的幻相之中。尽管在思辨理性中自由包含在二律背反之中，但是，在实践理性中自由却获得了实在性，理性通过道德法则亦即一个知性世界的法则阐明了自己。其次是灵魂不朽的概念。在思辨理性中，它的解决只会陷入谬误推理，它作为自我意识中必然赋予灵魂的最后主体概念，在被补足为一个的实体的实在表象时，缺乏的是持久性的特征；现在，在实践理性中，它则因为必须承担实践理性实现自己至善目的中的至上的善的恒久载体而获得了持久性的特征。最后是原始的存在者

---

① ［德］康德:《实践理性批判》，邓晓芒译，杨祖陶校，人民出版社 2003 年版，第181 页。

的神学概念。在思辨理性中，思辨理性虽然也想到了这个概念，但却不得不让它作为单纯的先验理性而不加规定；在实践理性中，它因是道德法则所规定的客体之所以可能的条件获得了意义。康德认为，用这样的方式，我们便通过实践理性现实地扩展了我们的实践的知识，并把对于思辨理性来说曾经是"超验"的东西变成了对于实践理性来说的"内在"东西。正是自由、灵魂不朽和上帝存在构成了康德伦理学或道德形而上学的三个支撑：自由成了人的实践理性先天具有的道德法则的根据，道德法则又构成了联结人与人之间应有关系的道德世界的根据；而灵魂不朽作为恒久的载体支撑着人去为实现至上的善而世世代代地努力下去，试图最终让道德世界的应有关系取代不应有的关系；最后，上帝存在则为那些经由世世代代的努力实现了至上的善的人的幸福提供保障，从而在人们已经完全通过应有关系联结起来的道德世界中实现圆满的善。

其实，康德把思辨理性的运用或把认识论限制在经验领域并把自然世界限制为现象世界的目的之一就是要为作为本体世界的道德世界留下地盘。从某种意义上说，"纯粹理性批判"的作用确实是消极的，因为它限制着人（认识理性）的滥用。纯粹理性批判告诫人的理性：在认识的过程中不要企图超越经验范围，不顾自己的实际能力去追求什么关于本体的认识。但是，"纯粹理性批判"的这种消极作用却又产生了一个积极的效果，那就是它恰好通过限制思辨理性为实践理性留出了一个地盘，也就是说，它恰好给作为本体世界的道德世界留出了一个地盘，诚如康德自己所说："……我不得不悬置知识，以便给信仰腾出位置。"[1] 正是由于康德限制了思辨理性从而为实践理性或者说作为本体的道德世界留出了这个地盘、腾出了这个位置，所以，他才"使人的自由和道德实践能彻底摆脱现象界、飞跃到超验的本体界，达到对上帝、不朽的灵魂、自由意志的纯粹信仰，过一种充满希望的精神生活。"[2] 由此出发，康德在用以内在于人的先天认识形式的现象世界为研究对象的"思辨的"内在形而上学取代了旧形而

---

① [德] 康德：《纯粹理性批判》，邓晓芒译，杨祖陶校，人民出版社 2004 年版，第二版序。

② 杨祖陶、邓晓芒：《康德〈纯粹理性批判〉指要》，湖南出版社 1996 年版，第 51 页。

上学以超验的本体世界为研究对象的"思辨的"超验形而上学之后，又提出了另外一种关于本体的"实践的"（道德的）内在形而上学。所以，他说："……思辨理性的形而上学……是我们通常在更严格的意义上所称呼的形而上学；但只要纯粹的道德学说仍然属于出自纯粹理性的人性知识也就是哲学知识的特殊门类，那么我们就要为它保存形而上学这一名称……"①

（三）现象世界与本体世界

既然康德把自然世界看成是现象世界并把道德世界看成是本体世界，那么，在他的哲学中，道德世界就应该优先于自然世界。由于道德世界对于自然世界的优先性归根到底源自于人的实践理性对于思辨理性的优先地位，所以，康德在《实践理性批判》中专门列了一节来讨论实践理性在纯粹思辨理性和纯粹实践理性（因而也是自然世界和道德世界）的结合中的"优先"地位。他说："对于在两个或多个由理性结合起来的事物之间的优先地位，我理解为其中之一是与所有其他事物相结合的最初规定根据这种优先权。在狭义的实践意义上，这意味着其中之一的兴趣在其他事物的兴趣都服从于它（这种兴趣不能置于其他兴趣之后）的场合下所具有的优先权。"②康德认为，在上述两种意义上，实践理性相对于思辨理性都具有优先权（地位），人类的一切兴趣最后都只是实践的兴趣，思辨兴趣总是有条件的兴趣，并且它唯有在实践的运用中才可能是完整的。因此，"我们根本不能指望纯粹实践理性从属于思辨理性"③，我们也不能把它们二者的关系看成是并列的关系，我们所能做的就是让纯粹思辨理性从属于实践理性。所以康德说道："……在纯粹思辨理性和纯粹实践理性结合为一种知识时，后者就领有优先地位，因为前提是，这种结合绝不是偶然的和随意

---

① ［德］康德：《纯粹理性批判》，邓晓芒译，杨祖陶校，人民出版社 2004 年版，第635 页。

② ［德］康德：《实践理性批判》，邓晓芒译，杨祖陶校，人民出版社 2003 年版，第164 页。

③ ［德］康德：《实践理性批判》，邓晓芒译，杨祖陶校，人民出版社 2003 年版，第167 页。

的，而是先天地建立在理性本身之上的，因而是必然的。"①

　　康德对于实践理性之优先地位的确立，也就是对于道德世界之优先地位的确立，他把道德世界作为本体世界并把自然世界（思辨理性之运用的产物）作为现象世界就是让后者在事实上从属于前者。正是因为如此，康德把道德世界和自然世界之间的关系也说成是"原型的世界"与"摹本的世界"之间的关系。原型世界是知性的世界，它是超感性的自然；摹本世界是感性的世界，它是感性的自然。超感性的自然"无非就是一个在纯粹实践理性的自律之下的自然。但这个自律的法则是道德的法则，所以它是一个超感性自然的及一个纯粹知性世界的基本法则，这个世界的副本应当实存于感官世界中，但同时却并不破坏后者的规律。我们可以把前者称之为原型的世界（natura archetypa），我们只是在理性中才认识它；而把后者称之为摹本的世界（natura ectypa），因为它包含有作为意志的规定根据的、前一个世界的理念的可能的结果。这是因为，实际上这个道德法则依据理念把我们置于某种自然中，在其中，纯粹理性假如伴随有与之相适合的身体能力，就会产生出至善来，这个道德法则还规定我们的意志把这种形式赋予作为一个有理性的存在者整体的感官世界。"②

三、存在论、认识论与伦理学的统一

　　在讨论了康德新形而上学中的存在论与认识论的统一和存在论与伦理学的统一之后，我们来进一步分析这两种统一之间的相互关系，主要是这两种统一所包含的存在论与认识论和伦理学的关系，以及作为认识论产物的自然世界和作为伦理学产物的道德世界的关系。其中，存在论与认识论和伦理学的关系作为存在论与认识论统一和存在论与伦理学统一的关系，也就是自然形而上学和道德形而上学的关系。

---

　　①　[德] 康德：《实践理性批判》，邓晓芒译，杨祖陶校，人民出版社 2003 年版，第166—167 页。

　　②　[德] 康德：《实践理性批判》，邓晓芒译，杨祖陶校，人民出版社 2003 年版，第57—58 页。

根据前面的分析，在康德那里：一方面，认识论与存在论相一致，这里，"存在"指的是自然世界的存在，它在人的认识过程之中显现或发生，也就是说，它是人在认识过程之中建构起来的世界，根据康德的观点，研究自然世界（存在）在认识论中被建构起来的学问就是自然形而上学（思辨形而上学）；另一方面，伦理学与存在论相一致，这里，"存在"指的是人的世界（道德世界）的存在，它在人的实践过程之中显现或发生，也就是说，它是人在实践过程之中建构起来的世界，根据康德的观点，研究道德世界（存在）在伦理学中被建构起来的学问就是道德形而上学。既然认识和实践都是人的行为，在认识论中对于世界的建构和在伦理学中对世界的建构都是人的建构，自然的存在和道德的存在都是人所面对的存在，那么，从逻辑上说，在统一的人的基础上，存在论便应该同时与认识论与伦理学相统一，形而上学作为自然的形而上学和道德的形而上学也应该相统一。

（一）两种存在或两个世界的分裂

其实，康德那里的两种存在或说两个世界以及研究两种存在或说两个世界的两种形而上学首先是相互差异甚至有着不可逾越的鸿沟的两种存在（两个世界）和两种形而上学。这就是说，在认识论中显现、发生的自然世界和在伦理学中显现、发生的道德世界原本是人通过自己理性的不同立法能力而进行的对于世界的不同建构的产物，因此，自然世界和道德世界应属于完全不同的两个世界，它们各有自己的内在规律，从而分别构成了不同的形而上学的研究对象。自然世界是感性世界，它是一个事实世界，并且作为事实世界，它还是一个经验世界、现象世界，它有着自己的内在规律；道德世界是知性世界，它是一个价值世界，并且作为价值世界，它还是一个超验世界、本体世界，它也有着自己的内在规律。正因为如此，康德把自然世界和道德世界都称为"自然的"世界，只不过前者作为"自然的"世界是一种"感性的"自然世界，它是一个受制于自然的"必然律"的世界，而后者作为"自然的"世界是一种"超感性的"自然世界，它是一个受制于道德的"自由律"的世界。自然世界（感性的自然）和道德世界（超感性的自然）同时存在，各有规律，并行不悖。由于自然世界和道德世界是性质完全不同的两个世界，所以，它们之间原则上不能沟通。自然世界和道德世界的不同规律最为典型地表达了它们之间的差别。自然世界的规律是"自然的"或"必然的"规律，它是事实规律，人若违背这一规律，必然会遭到这一规律的"惩罚"；道德世界的规律作为"道德的"规律则是"自由的"规律，它是一种应然的规律，人若违背这一规律，不会遭到人在自然世界中违背自然规律时必然会遭到的那种"惩罚"。"所以，在意志所服从的那个自然的规律［法则］和某种（就意志与其自由行动有关的事情上）服从一个意志的自然的法则［规律］之间作出区别是基于：在前者，客体必须是规定意志的那些表象的原因，但在后者，意志应当是这些客体的原因，以至于意志的原因性只是在纯粹的理性能力中有自己的规定根据，所以这个能力也可以称之为一个纯粹的实践的理性。"①更为重要的是，人若遵循了自然规律，只能表示它是一个感性的人；人只有遵循了道德规律，才能表明它是一个理性的人，换句话说，才能说明他具有人的人格。为了成为理性的人，人就必须超越感性（自爱、幸福）的诱惑，而仅仅服从知性世界中的自由的规律。

在《判断力批判》中，康德也曾探讨了类似的问题。康德也同意在一个"意义"下像人们通常所做的那样把哲学划分为"理论哲学"与"实践哲学"。他说："如果我们就哲学通过概念包含着对事物的理性认识的诸原则……而言，把哲学像通常那样划分为理论哲学和实践哲学，那么，人们做得完全正确。"②在他看来，理性认识的诸原则规定它们客体的那些概念具有各不相同的特殊性，从而构成了划分的基础。我们只有两类允许它们的对象的可能性具有两种各不相同原则的概念，即：自然的概念和自由概念。前者使按照先天原则的某种理论知识成为可能，后者通过对于意志的规定建立起扩展性的原理亦即实践的原理。"……所以，哲学正当地被划分为两个在原则上完全不同的部分，即作为自然哲学的理论哲学和作为道

---

① ［德］康德：《实践理性批判》，邓晓芒译，杨祖陶校，人民出版社 2003 年版，第 59 页。

② ［德］康德：《判断力批判》，见李秋零主编：《康德著作全集》第 5 卷，中国人民大学出版社 2013 年版，导论第 180 页。

德哲学的实践哲学……，这是有道理的。"①然而，迄今为止，在通常的哲学中，尽管用了同样名称来划分哲学，由于人们把按照自然概念的实践和按照自由概念的实践等同起来，所以所流行的划分乃是一种误用，由于误用，它们的划分事实上没有任何真正的划分。其实，意志作为欲求能力，赋予它的原因性以规则的概念可以是自然概念，也可以是自由概念。若是自然的概念，那么，这些原则就是"技术上实践的"，它的实践规则只能称作"规范"；若是自由的概念，那么，这些原则就是"道德上实践的"，它的实践规则就能称作"规律"。一切技术上的实践规则（例如艺术、一般熟练技巧的规则等），可以算作理论哲学的补充，它们之所以称作"规范"而不被称作像物理学规律那样的规律，乃是因为这里的意志虽然从属于自然概念，但也从属于自由概念。一切道德上的实践规则就不一样了，它们是完全建立在自由的概念之上、同时完全排除了意志由自然而来的规定根据的道德上的实践规范，它们是一种完全特殊的规范方式，"……它们也像自然所服从的那些规则一样，绝对叫做法则，……并且在哲学的理论部分之外完全独立地要求另外一个部分，名叫实践哲学"②。由此，康德反对把实践哲学简单地看成是被置于理论哲学旁边的特殊部分，认为它因完全不从以感性为条件的自然概念借来原则因而基于超感性的东西之上，所以，它是"道德上实践的"。

康德还探讨了"一般哲学的领域"。他说："先天概念在多大的范围具有其运用，我们的认识能力根据原则的运用所达到的范围有多大，从而哲学达到的范围就有多大。"③为此，康德用了如下几个概念：其一，"疆场"，他说，概念只要与对象发生关系，无论对于这些对象的知识是否可能，它们都拥有自己的疆场；其二，"地域"，地域指概念和为此所需要的认识能力的基地，它指"疆场"中我们可以认识的那个部分；其三，"领域"，领

---

① ［德］康德：《判断力批判》，见李秋零主编：《康德著作全集》第 5 卷，中国人民大学出版社 2013 年版，导论第 180 页。

② ［德］康德：《判断力批判》，见李秋零主编：《康德著作全集》第 5 卷，中国人民大学出版社 2013 年版，导论第 182 页。

③ ［德］康德：《判断力批判》，见李秋零主编：《康德著作全集》第 5 卷，中国人民大学出版社 2013 年版，导论第 183 页。

域是概念以及它的认识能力的领地，它指的是在基地上有这些概念行使立法的那个部分。由此可见，领域所对应的就是地域。康德认为，经验概念由于不能立法，所以没有领域。因此，"我们全部认识能力有两个领域，即自然概念的领域和自由概念的领域；……哲学也按照这一点分为理论哲学和实践哲学。"①哲学作为理论哲学的领域建立于其上并且哲学的立法施行于其上的"地域"只能是一切可能经验的对象的总和亦即现象，否则，知性便不可能对其立法。通过自然概念实施立法由知性概念来进行，它是理论性的；通过自由概念实施立法由理性概念来进行，它是实践性的。这就表明，"理性"只有在"实践"中才是立法的。"因此，理性和知性在经验的同一个地域上有两种不同的立法，一种立法不可以损害另一种立法。因为自然概念对于通过自由概念的立法没有影响，同样，自由概念也不干扰自然的立法。"②

（二）两种存在或两个世界的调和

其实，康德的《判断力批判》担负着调和（沟通）基于人的两种理性的两种立法基础上的两种存在或两个世界，以及自然形而上学和道德形而上学的使命。因此，在《判断力批判》的导论中他分析了理论哲学和实践哲学的关系，强调两种概念、两种立法、两个领域之间的差异，目的是为《判断力批判》的出场做好准备。

在《判断力批判》中，康德试图通过对"自然的合目的性"问题的研究来沟通同时存在、并行不悖的自然世界和道德世界。所谓"自然的合目的性"就是把自然看成是一个合目的性的东西，把自然的无限多样的特殊性和特殊规律看成是依据目的而统一的有机整体。这种"自然的合目的性"不是自然实际如此，它只是主体观察事物的一个先天反思原则，是反思判断力为自己的"判定"活动提供的一条活动规律。康德认为，这个先

---

① ［德］康德：《判断力批判》，见李秋零主编：《康德著作全集》第 5 卷，中国人民大学出版社 2013 年版，导论第 183 页。

② ［德］康德：《判断力批判》，见李秋零主编：《康德著作全集》第 5 卷，中国人民大学出版社 2013 年版，导论第 184 页。

天的反思原则是先天的知性原则和先天的理性原则之间的一种过渡性原则。首先它不是一个知性概念，因为它不涉及对象的性质，也不以认识为目的；其次它不是一个理性的概念，因为它并不要求达到某种实践的目的，自然它也不要求达到某种道德目的。它仅仅与主体内心的愉快、不愉快的情感相关，而这种情感正是主体在一个对象上反思自己的各种认识能力的协调活动所引起的。同时，自然的合目的性也是联结自然世界和道德世界或必然（世界）和自由（世界）的中介，因为它表明超验性的主体可以把人的感性活动看成是不仅属于必然的，而且属于（至少在形式方面）合目的性的活动，并因而将活动的产物看成是（至少在形式方面）某种合目的性的东西，并为自己自由地运用各种认识能力而产生这种东西感到愉快。于是，康德认为，主体通过先天的反思原则而获得的"自然的合目的性"在沟通了必然与自由的同时也沟通了自然世界和道德世界。其实，由于"自然的合目的性"仅仅是主体的内心活动，所以康德的《判断力批判》中所作的"沟通"也不是真正的沟通，而只是似乎如此，它只是一种象征。若想真正地沟通它们以便它们能够得到协调乃至统一，我们还是应该回到康德哲学（新形而上学）的人类学基础。

（三）人类学基础上的三者统一

正如我们在前文的讨论中所述，康德哲学的基础是人类学。人，作为理性的人，才是康德两种存在或两个世界的真正基础。人作为理性的人，他是理论理性和实践理性的统一体：一方面，他因具有理论理性而有了为自然世界立法的"法"，他正是由于具有这种"法"而成了为自然立法的主体，并且因此展开认识活动并在认识活动中通过为自然立法建构了自然世界；另一方面，他又因具有实践理性而有了为道德世界立法的"法"，他正是由于具有这种"法"而成了为自己立法的主体，并且因此展开了道德活动并在道德活动中通过为自己立法建构了道德世界。人的理论理性的性质使它只能进行认识活动，并且必须以经验质料为认识内容，因而主体通过它所建构的世界只能局限于经验领域并且属于经验的现象世界，它是一个在真理性的认识活动中显现或发生的有着自己的自然必然性的事实世界；人的实践理性的性质使它只能进行道德活动，并且必须以超越经验的道德法则为基础，因而主体通过它所建构的世界必定超越了经验世界并且属于本体世界，它是一个人在追求善的道德活动中显现或发生的有着自己的自由必然性的价值世界。人通过理论理性为自然立法的过程使得认识论与存在论（关于自然世界的存在论）统一了起来，同时，他又通过实践理性为自己立法的过程使得伦理学与存在论（关于道德世界的存在论）统一了起来。人，作为统一的理性的人，当他分别通过理论理性和实践理性让两种立法、两个世界，以及认识论与存在论的统一和伦理学与存在论的统一都奠基于自己或说自己的理性之上的时候，他已经内在地把它们都统一了起来，因而也把自然形而上学和道德形而上学统一了起来。尽管上述人的两种理性，因而两种立法、两个世界，以及认识论与存在论的统一和伦理学与存在论的统一，乃至自然形而上学和道德形而上学都具有不同的性质因而相互之间存在着某种鸿沟，但是，若是追本溯源，它们却都源自于人（作为理性的人），因而也统一于人。因此，人类学为它们的相互统一提供了最终的基础。

四、人是什么的哲学主题

康德不仅把人类学作为他的整个哲学（新形而上学）的基础，而且还进一步把关于人的探讨作为他的整个哲学的归宿，也就是说，他把自己整个哲学探讨的最终目标也指向了人！早在《纯粹理性批判》中，康德就曾归纳了自己探讨人的理性（它作为立法之"法"的源泉也是康德关于人以及人的世界的探讨的基础）的真正兴趣所在。他说：

"我们理性的一切兴趣（思辨的以及实践的）集中于下面三个问题：

1. 我能够知道什么？

2. 我应当做什么？

3. 我可以希望什么？"[①]

---

① ［德］康德：《纯粹理性批判》，邓晓芒译，杨祖陶校，人民出版社2004年版，第611—612页。

康德进一步解释说，上述第一个问题是单纯思辨的问题；上述第二个问题是单纯实践的问题；至于第三个问题，他则说道："第三个问题，即：如果我做了我应当做的，那么我可以希望什么？这是实践的同时又是理论的……"① 在康德看来，他的哲学因人的理性具有确立存在亦即人所生活的世界的作用而把人的理性当作自己哲学的研究对象，并且，除了在《判断力批判》中探讨的"判断力"（愉快和不快的情感能力）之外，人的理性分为《纯粹理性批判》和《实践理性批判》中探讨的理论理性和实践理性两种。理论（思辨）理性能力是一种狭义的认识能力（在广义亦即康德全部理性能力中，它属于知性的认识能力），它要解决的问题就是"我能知道什么"的问题，正是在解决这一问题时，它（在认识论中）建构了自然世界，这是人生活在其中的事实世界，并且有着自己的必然规律，但是，人在解决"我能知道什么"的问题的过程中发现，人的认识无法超越经验，也就是说，它告诉我们，人能知道的东西就是经验领域的现象，它永远也不能触及物自体。因此，旧形而上学所推崇的世界的本质或本体领域是认识无法触及的领域。根据康德的观点，我们只有在实践领域才能触及旧形而上学所说的本体（自由、灵魂不朽和上帝存在）。实践理性能力也是广义的理性能力中的一种（在广义亦即康德全部理性能力中，它属于理性的认识能力），它要解决的问题就是"我应当做什么"的问题，正是在解决这一问题时，它（在伦理学中）建构了道德世界，这是人生活在其中的价值世界，并且有着自己的自由规律，但是，人在解决"我应当做什么"的问题的过程中发现，尽管人能不时地做他应当做的事情，不过，由于感性幸福在人生中的重要性和诱惑性，所以，人作为感性和理性相统一的人，他很难在一生一世中仅仅按照道德法则行事亦即仅仅去做应当做的事情，为此，康德假设"灵魂不朽"，把不朽的灵魂作为载体让人世世代代努力下去。康德通过"我能知道什么"的探讨把本体世界留给了道德领域，并且通过"我应当做什么"的探讨在本体或道德领域要求人应当仅仅按照道德法则行事，甚至通过假设灵魂不朽来实现这一目标，但是，康德

---

① ［德］康德：《纯粹理性批判》，邓晓芒译，杨祖陶校，人民出版社2004年版，第612页。

认为在完满的意义上，"善"不仅应当包含"德性"（人的意志与道德法则的一致），也应当包含"幸福"，因为人总是希望得到幸福，并且实现了善的人也配享有幸福（幸福应当按照善来分配）。因此，他还要在自己的哲学中解决当人做了他应当做的事情之后"可以希望什么"的问题。正是因为如此，他才把"我可以希望什么"的问题看成既是实践又是理论的问题，并指出在此问题上"……实践方面只是作为引线而导向对理论问题以及（如果理论问题提高一步的话）思辨问题的回答。因为一切希望都是指向幸福的，并且它在关于实践和道德律方面所是的东西，恰好和知识及自然律在对事物的理论认识方面所是的是同一个东西。前者最终会推出这种结论，即某物有（它规定着最后可能的目的），是因为某物应当发生；后者则会推出那种结论，即某物有（它作为至上原因而起作用），是因为有某物发生了。"①但是，由于康德那里人的理论理性和实践理性的不同性质，以及作为理论理性建构的自然世界和实践理性建构的道德世界的不同性质，乃至人的感性（对应自然世界）和人的理性（对应道德世界）的不同性质，所以，人们无法保证做了应当做的事情的人能够享有幸福，也就是说，我们无法保证应享有幸福的人能够享受幸福，更进一步，那些做了应当做的事因而应享幸福的人或许正是为了做应当做的事而牺牲了幸福。为了保证做了应当做的事情因而应享幸福的人能够享受幸福，康德最终提出了上帝存在，他用上帝来确保那些做了应当做的事因而应享幸福的人能够享受幸福，他的这一做法使得他的伦理学走向了道德神学。

我们发现，康德在《纯粹理性批判》中所归纳的人的理性（思辨的和实践的）的一切兴趣集中指向的三个问题都是关于人的问题，也就是说，人所期望的"知道什么"、"该做什么"和"希望什么"的问题，这些问题是人的兴趣集中所在，既源于人又指向了人，这充分表明康德哲学（新形而上学）最终要解决的问题就是人的问题，它想要围绕上述三个问题在根本的意义上回答"人是什么"的问题。所以，康德在 1793 年致卡·弗·司徒林的信中说道："在纯粹哲学的领域中，我对自己提出的长

① ［德］康德：《纯粹理性批判》，邓晓芒译，杨祖陶校，人民出版社 2004 年版，第612 页。

期工作计划，就是要解决以下三个问题：1. 我能知道什么？（形而上学）2. 我应当做什么？（道德学）3. 我可以希望什么？（宗教学）接着是第四个，最后一个问题：人是什么？……"①并且，他还指出，这第四个问题就是人类学回答的问题。因此，人是什么的问题才是康德全部哲学（新形而上学）的真正主题。

---

① 参见［德］康德：《逻辑学讲义》，庞景仁译，商务印书馆1991年版，第15页。

第四章　先验论：形而上学的挽救

康德在形而上学这一学科陷入危机的时候提出了自己的先验论哲学，并通过先验论哲学（它用先验论的方法置换了旧形而上学的唯理论以及经验论的方法）来创立一种新的科学的形而上学，用以挽救形而上学这一学科，并确保形而上学这一学科的"科学性"。正如他自己认为的那样，形而上学不仅整个的是科学，在它的每一部分上也必须是科学。那么，康德实现了自己的目的了吗？在此过程中，康德的新形而上学又对西方形而上学史作出了哪些贡献呢？

一、对旧形而上学的批判

为了建构作为科学的新形而上学，康德对于旧形而上学作了系统的批判。康德对于旧形而上学的批判在康德《纯粹理性批判》中占了大量篇幅，它包含了对于旧形而上学三个存在对象学说亦即灵魂、宇宙和上帝学说的批判。根据我们关于形而上学之一般形而上学和下属形而上学的划分，康德这里批判旧形而上学的角度是下属形而上学。此外，在《纯粹理性批判》之"先验方法论"的第三章"纯粹理性的建筑术"中，康德还实际上批判了作为一般意义上的形而上学。所以，在关于"对旧形而上学批判"的讨论中，我们先讨论他对下属形而上学三个对象的批判，然后再简单讨论一下他对作为一般形而上学的旧形而上学的批判。

（一） 对理性心理学的批判

理性心理学以灵魂为研究对象。康德指出，灵魂应是先验理念，但是，旧形而上学的理性心理学通过"玄想的"（既非虚构、也非偶然但却不合理性的）纯粹理性的谬误推理将其看成是具有客观实在性的概念，这就是说，谬误推理抽调了一切经验内容，但它却试图把思维形式本身当作客观对象来考察，因而犯了逻辑形式上的错误。

康德对理性心理学的批判主要是对它的灵魂学说的批判。灵魂就是"我思"，这种我思作为"思维主体的绝对统一"，它就是排除了经验的纯粹理性的自我意识或先验统觉。由于这种我思是纯粹的先验概念并且是理性心理学的唯一主题，所以，它不可能包含任何经验的宾词（规定）而只有先验的宾词（规定）。康德对我思这一先验概念提出了四个规定，即实体（灵魂是实体）、质（灵魂是单纯的）、量（灵魂在号数上是同一的即单一性）、灵魂与空间中可能的对象相关。康德对传统理性心理学的批判主要包含在以下方面：其一，逐一批判了传统理性心理学在灵魂之四个规定（实体性、单纯性、人格性、观念性）问题上的谬误推理；其二，重点批判了传统理性心理学谬误推理的根源。此外，他也重点分析了身心关系的问题并提出了自己的解决办法。我们这里主要讨论康德围绕谬误推理的基本形式对于谬误推理之根源的分析和批判。

康德指出，理性心理学导致谬误推理的内容上的根源在于：它基于把作为外感官对象总和的物体与作为内感官对象的灵魂等量齐观的错觉来探讨灵魂实体。在它看来，理性心理学像理性物理学一样属于理性的"自然之学"，既然后者能够从物体概念出发引出关于物体的先天综合知识，那么前者自然也能从灵魂概念出发引出关于灵魂的先天综合知识。但康德却认为，内感官对象完全不同于外感官对象，后者的直观形式条件除了时间之外还有空间，空间能为时间中转瞬即逝的各自规定提供持存的基质，从而把它们综合成为占有空间并有稳定属性的对象，例如物体就是这样的对象；前者的直观形式条件却仅有时间而无空间，一切规定在时间中都转瞬即逝而无法获得持存从而被综合成为一个具有稳定属性的对象，灵魂也是如此。因此，作为外感官对象总和的物体（物质）能够成为持存的直观或现象的实体，我们从它可以引出关于物体的先天综合知识，建立理性物理学；但是，作为内感官的对象的灵魂则无法获得持存，它不是具有直观的持存性的内容的对象，而仅仅是伴随我们一切表象的意识的一个形式，我们不可能从它引出关于灵魂的任何先天综合知识，也无法相应地建立关于灵魂实体的理性心理学。不过康德认为，即使如此，这种陷入谬误推理的理性心理学也并非一无是处，从消极的意义上说，它可以防止唯物论的危险，甚至，它也具有积极的意义，即：一旦进入实践的领域，我们就能发现另外一种不同于传统理性心理学的独立于经验之外的持存的自我的存在以及它在道德上的重要性。

康德还指出了谬误推理在形式上的根源。康德是围绕传统理性心理学谬误推理的最基本形式亦即第一个谬误推理（关于灵魂的实体性的推理）的三段式来进行分析的。这个推理的三段式如下：

"凡是只能被思考为主词的东西也只能作为主体而实存，因而也就是实体。

现在，一个思维着的存在者仅仅作为本身来看，只能被思考为主词。

所以，它也只作为一个主体、也就是作为实体而实存。"[1]

或说：

"这样一种东西，它的表象是我们的判断的绝对主词，因此不能被用作某个他物的规定，它就是实体。

我，作为一个思维着的存在者，就是我的一切可能的判断的绝对主词，而这个关于我本身的表象不能被用作任何一个他物的谓词。

所以，我作为思维着的存在者（灵魂），就是实体。"[2]

康德指出，在此三段式的推理中，大前提中的"主词"表达的存在者是判断中的主词，它是被判断或认识的对象，因而，它指的是一个在直观

---

① ［德］康德：《纯粹理性批判》，邓晓芒译，杨祖陶校，人民出版社 2004 年版，第295 页。

② ［德］康德：《纯粹理性批判》，邓晓芒译，杨祖陶校，人民出版社 2004 年版，第310 页。

中被给予的主体，也就是说，一个实在的存在者；小前提中的"主词"表达的存在者指的是做出判断或认识的主体，也就是说，它是"我思"（一个和思想或意识的统一性相关的主词）之"我"；正是因为大小前提的主词及其所指的存在者并不相同，所以，结论乃是混淆了大小前提中的"主词"及其所指的存在者而作出的逻辑上无效的错误结论，它犯了"四名词"的错误。

不过，康德指出，尽管理性心理学的谬误推理包含了逻辑错误，但是，作为先验辩证推理，它的错误的根源却源自理性的本性，这种理性的本性导致它对同一个概念（例如"我思"）的不同含义（先验的含义和经验的含义）产生了不可避免的混淆和误解。因此，它不可能通过简单纠正逻辑错误得到彻底排除，而只能通过长期的理性训练养成约束理性玄想的习惯而得到排除。

（二）对理性宇宙论的批判

康德对理性宇宙论的批判主要是他关于纯粹理性之二律背反的分析。纯粹理性的二律背反与理性心理学的谬误推理不同，它超越了逻辑形式的范围，它要从经验现象出发，在知性已经运用于经验对象的基础上试图进一步走向可能经验总体的客观性综合，从而陷入一对一的相互冲突的命题，并且，这些冲突要么使理性陷入怀疑论，要么陷入独断论。康德认为知性是产生纯粹的先验概念（理念）的源泉，理性推理在它们形成中的作用不过是将源自知性的概念（范畴）进一步推扩到了超验的领域。因此，他根据知性的四个大类的范畴中的相关范畴（量类范畴中的总体性、质类范畴中的限制性、关系类范畴中的因果性以及模态类范畴中的实有和非实有与必然和偶然两组范畴的结合或说实有作为偶然之物对其必然性条件的追溯）提出了一个理性宇宙论的有序的先验理念体系：对一切现象的给予整体进行复合的绝对完备性、对现象中一个给予整体加以分割的绝对完备性、一个一般现象的产生的绝对完备性和现象中变化之物的存有之依赖的绝对完备性。康德进一步指出，传统的理性宇宙论在通过理性将这些概念推扩到超验的领域的情形下遇到了四对相互冲突的命题。它们就是：

（1）正题——世界在时间中有一个开端，在空间上也包含于边界之中；

反题——世界没有开端，在空间中也没有边界，无论时间还是空间都是无限的。

（2）正题——在世界中每个复合的实体都是由单纯的部分构成的，并且除了单纯的东西或单纯的东西复合而成的东西之外，任何地方都没有什么实存着；

反题——在世界中没有什么复合之物是由单纯的部分构成的，并且在世界中任何地方都没有单纯的东西实存着。

（3）正题——按照自然律的因果性并不是世界的全部现象都可以由之导出的唯一因果性，为了解释这些现象，还有必要假定一种由自由而来的因果性；

反题——没有什么自由，相反，世界上一切东西都只是按照自然律而发生的。

（4）正题——世界上应有某种要么作为世界的一部分、要么作为世界的原因而存在的绝对必然的存在者；

反题——任何地方，不论是在世界之中，还是在世界之外作为世界的原因，都不实存有任何绝对必然的存在者。

康德认为，这四对相互冲突的命题乃是人类理性在其认识进程中必然会碰到的问题，它的正题和反题相互冲突但又都能得到证明，并且它们又超越了经验，因而不能用经验来判断它们孰是孰非，所以理性在这里便陷入了不可解决的矛盾，他把理性陷入的这种不可解决的矛盾称之为二律背反。康德告诉我们，正题的主张属于"柏拉图路线"（唯理论），反题的主张属于"伊壁鸠鲁路线"（经验论）；正题的主张主要有"实践上"的利益，便于为宗教和道德提供支柱，反题的主张则有一定的"理论认识"的利益，因其承认世界的无限性而有利于自然科学的发展。所以，他力图在分析传统理性宇宙论之所以会陷入二律背反之原因的基础上找到一个对双方都能扬长避短的办法来解决二律背反。

康德认为，先验宇宙论中交织着先验理念和经验综合，它们之间关系的不当处理导致了二律背反，既然纯粹理性的对象只存在于人类理性自身所提出的概念之中，那么，人类理性也必然能够解决它遇到的困难。当然，由于只有先验哲学才能正确处理先验理念和经验综合的关系，所以，在一切思辨的知识之中，也只有先验哲学才能正确解决上述困难。康德的先验哲学解决这一问题的入口在于：它应以"怀疑的方式"检查经验（现象世界）和先验理念相适合的问题。由于世界整体的一切规定对于具有经验对象的知性概念来说不是"太大"（它是以绝对总体性为基础的世界整体，知性不能达到对它的经验性综合）就是"太小"（它是现象的综合或经验性的综合，知性在经验性综合中总能突破它），所以，在宇宙论的理念肯定不能适合具有经验对象的知性概念的情况下，我们应该在物自体的世界存而不论亦即坚持经验或可能的经验是唯一能够提供实在性的东西（因而只有根据它才能判别理念仅仅是"理念"还是在世界中具有实在对象与其对应）的基础上以经验概念去衡量理念的大小而不是相反，也就是说，讨论理念是否符合经验而不是经验是否符合理念。在此基础上，康德认为解决宇宙论之辩证论的关键就是坚持"先验的观念论"。我们知道，先验的观念与经验的实在论对应，它们是一个问题的两个方面，它们的对应表明观念作为先验的东西，它只有在经验中才有实在性，因此，这种实在性就只能是经验的或现象的实在性。因此，我们必须区分先验的对象（作为物自体）和经验的对象（作为现象界），这样就能避免二律背反中的正题的先验的实在论（将先验理念当作实在对象）而不陷入独断论和二律背反中的反题的经验论只是执着于经验而不努力在设置先验理念的基础上通过先验理念的指引进行可能经验的不断回溯，从而导致怀疑论。因此，只有坚持先验的观念论才能避免二律背反。在肯定了先验哲学能够解决理性自身导致的困难，以及在指出了解决二律背反的入口和关键之后，康德分别从形式和内容两个方面来分析二律背反的误区，并且寻找解决二律背反之冲突的办法。

康德对理性自身的宇宙论争执的"批判性裁决"所讨论的其实就是他对二律背反在形式上的误区的分析。他说："纯粹理性的全部二律背反都基于如下的辩证的论证：如果有条件者被给予了，那么它的所有条件的整个序列也就被给予了；现在感官对象作为有条件者被给予我们了，所以它们的所有条件的整个序列也就被给予我们了。"①然而，在这个论证或推理中，大前提中的"有条件者"和小前提中的"有条件者"并非指的同一个对象，前者指的是一个先验对象，后者则指的是一个经验对象，所以，这个论证或推理犯了"偷换概念"的逻辑错误，它所得出的结论也是虚假结论。具体地说，这个论证或推论其实表达了充足理由的原则，该原则作为一条逻辑公设则表达了一个分析命题，其中，"有条件者"这一概念是抽掉了时空条件的一个逻辑假设，它通过条件的条件包含了与全部条件系列相关的意思，但是，这个分析命题真正表示的是：我们只能对有条件者的条件系列进行最大可能的追溯并将其作为自己的任务，但并不意味着这个条件系列实际上已被给予出来，更不用说最高条件亦即绝对无条件者也实际被给予出来，因此，在我们的经验认识中，并不会出现由于有条件的感官对象被给予因而它的全部条件都被实际给予的情形。由此可见，纯粹理性的二律背反与纯粹理性的谬误推理一样都包含了形式逻辑上的（形式）错误，但是，谬误推理可以通过消除逻辑错误（将混入逻辑的形式条件中的实存内容清除出去从而保持先验自我这一逻辑概念的纯粹性）得到纠正，二律背反则有所不同，它虽然指出了二律背反双方的形式错误，但却并未解决双方主张的内容（例如世界有限还是无限等等问题）究竟如何的问题。所以，指出纯粹理性二律背反在逻辑形式上的错误只是问题的初步解决，康德将其称为"批判的裁决"，在他看来，若要"完全解决"纯粹理性二律背反的问题，还必须在内容上解决问题。但是，他认为形式上的解决毕竟为内容上的解决指明的一个可行的方向，即：二律背反中的相互冲突的命题由于缺乏共同的基础因而应是对立命题而非矛盾命题，所以，在对错问题上，它们之间并非是非此即彼的关系而是可能都对或可能都错的关系。

那么，如何从内容上解决纯粹理性之二律背反的问题从而使得纯粹理性之二律背反的问题得到"完全的解决"呢？根据康德的观点，从内容

---

① ［德］康德：《纯粹理性批判》，邓晓芒译，杨祖陶校，人民出版社 2004 年版，第409 页。

上解决宇宙论之辩证论的关键就是坚持"先验的观念论",这也就是要将纯粹理性宇宙论的理念看成是一些"调节性"原则而非"构成性"原则,也就是说,坚持它们只有"调节性"的效力而无"构成性"的作用,认为它们只能提供必须遵守的规则从而告诉我们应该如何进行经验性的回溯以去追求对象的完整概念,但却不能告诉对象是什么(因为我们永远无法达到对象的完整概念)。此外,为了更进一步强调宇宙论的理念是调节性原则而非作为物自体的对象本身的构成性原则,他还把经验性回溯分为"无限的"回溯和"不限定的"(不确定的远)回溯两种,从而把调节原则分为由同一个经验事实向内部作无限追溯(指宇宙论的第二个二律背反对于事物构成的单纯部分作无限追溯)和由一个经验事实向另外一个经验事实作不限定的追溯(指其他三个二律背反对于绝对无条件者作不限定的追溯)两种。

从纯粹理性的调节性原则出发,康德开始从内容上解决纯粹理性宇宙论的二律背反。在他看来,纯粹理性宇宙论四对二律背反中的正题和反题都有个共同的错误,即混淆了"现象"和"物自体",也就是说,正是由于混淆了"现象"和"物自体",它们才陷入了二律背反。若把"现象"和"物自体"分开,就能消除正题和反题之间的二律背反现象。就前面两对二律背反而言,世界作为现象依赖于认识主体的"综合统一"活动,这种活动可以不断地继续下去,因而世界就既非有限,更非无限;而世界作为物自体,究竟是有限还是无限,则不可知。这就是说,若把宇宙论的理念作为调节性原则,那么,我们通过主体的知性在经验领域对于它的时空追溯要么是"不限定的"(第一对二律背反),要么是"无限的"(第二对二律背反),因此,前面两对二律背反中的正题和反题对于世界的规定对知性的经验综合来说要么太大(世界在时空上无限或世界无限可分),要么太小(世界在时空上有限或世界在某种程度上不可分)。所以,前面两对"二律背反"的正题和反题都是错误的命题。就后面两对二律背反而言,世界作为现象从属于主体因果范畴的统一活动,所以一切都受必然性制约,没有自由可言,也没有作为世界最初原因的绝对必然的存在者;但在物自体世界里,理性出于道德的需要,则可以"假设"有绝对自由的意志和绝对必然的存在者亦即上帝。在这两对二律背反中，存在着与前两对二律背反不同的情形。前两对"二律背反"涉及的都是时空关系、数学关系亦即量的关系，也就是说，无论追溯多远，有条件者和条件的系列都是同质的，我们只有在把理念看成是调节性原则的情况下分辨出所谓"量"的"太大"或"太小"就能解决问题，但是，在后两对二律背反中，它们所涉及的则是力学的关系，它已容纳了异质的综合，它可以到感性条件之外去追寻知性的因而并不属于现象的条件，所以，尽管它也涉及所谓"太大"或"太小"的问题，但是，简单的"量"的"太大"或"太小"的分辨已不能完全解决问题了，我们需要进一步去考虑现象之外的绝对的无条件者的性质。康德通过澄清概念，指出若是把"现象"和"物自体"分开就能发现那些非感性现象的条件可以作为感性现象的无条件者而与有条件的经验现象的序列同时存在。因此，就后面两对二律背反而言，它们的正题和反题都是正确的命题。

那些非感性的无条件者是理性调节中力学的回溯的结果，在第三对二律背反中，它是无条件的自由的因果性，对它的追溯就是在感性世界的条件系列中追求人的行动的任意性，康德通过人的两种性格亦即经验的性格和知性的性格指出人既作为具有自然因果律的自然世界之自然秩序的一部分，但又作为知性主体具有超越感官世界的经验性条件序列的任意性，他由此提出了先验的自由，并认为只有在先验自由的基础上才会建起自由的实践概念。在第四对二律背反中，它是绝对必然的存在者，对它的追溯则完全超出了感性世界的序列之外。我们知道，康德第四对二律背反之所以提出，它的立足点就是不能到世界之外寻求绝对必然的存在者，但是现在他在解决第四对二律背反时，又提出要在世界之外思考绝对必然存在者的存在并认为此观点为真。尽管康德这里多少有些自我矛盾，但是，他却借此走向了纯粹理性之理想的思考，并且进一步走向了自己的实践哲学。

（三）对理性神学的批判

康德对于理性神学或先验神学的批判主要体现在他对"纯粹理性的理想"的分析之中，在他看来，上帝的理念体现的就是纯粹理性的理想。纯粹理性的理想是一种先验理想，它不是一般的理想，没有一般理想的不纯粹的经验内容，但却以一般的理想为基础。康德认为，在通常的意义上，理想是通过一个理念来规定的个别的东西，或被理念所完全规定的个别的东西，它远离客观实在性，甚至它的规定可以根本不存在于现实之中。先验的理想虽然吸收了一般理想的相关内容，但它却是一种理性的理想，它建立在被规定的概念之上并被用作明确的"规则"和"原型"，它是在先验的意义上根据原则而被"完全的规定"的，也就是说，它不仅在形式上遵循形式逻辑的不矛盾规则选择了某些谓词而排除了与之矛盾的另外一些谓词，而且在内容上通过考虑一切可能的总和关系选择（分得）那份可能性并排除其他可能性。正因为如此，它才被看成是先验的理想，并具有充足理由。康德进一步指出了这种具有完全的规定的概念的个别化问题。他说：这个理念作为一个原始的概念排除了大量的别的谓词例如不相容的谓词，"它把自己纯化为一个先天地得到通盘规定的概念，并因此成了有关一个单独对象的概念，这对象通过这单纯的理念而得到通盘规定，因而必须被称之为纯粹理性的一个理想。"① 同时，"……要完全规定一个东西，……还要具体确定在这总和中有哪些是肯定它、哪些是否定它的；此外，这种肯定或否定也不是形式逻辑的'是'或'否'（'不'，Nicht），而是先验意义上的实在性存在（'有'，Sein）或非存在（即'无'，Nichtsein）。"② 在先验的意义上，由于否定以某种肯定为基础，所以，只有先验的肯定（实在性）才是"原始概念"，也才可能成为包含一切事物之可能性和完全规定的质料，"这样看来，'一切可能性或一切谓词的总和'就应更确切地规定为'一切是实在性的总和'，或'实在性的大全'，它可以作为理性先验地或完全地规定事物的集体，其中包含着一切可能谓词的全部质料，而一切先验的否定都只是对这个无限基体的某种限制。"③ 通过这个实在性的大全，某个"物自体"的概念才表现为被规定

① ［德］康德：《纯粹理性批判》，邓晓芒译，杨祖陶校，人民出版社2004年版，第459页。

② 杨祖陶、邓晓芒：《康德〈纯粹理性批判〉指要》，湖南出版社1996年版，第346—347页。

③ 杨祖陶、邓晓芒：《康德〈纯粹理性批判〉指要》，湖南出版社1996年版，第347页。

了的，而"最实在的存在"这个概念也就是一个"个别"存在者的概念，它就是一个先验的理想，"它为在一切实存的东西那里都必然被发现的那种通盘规定奠定了基础，并构成了这些东西的可能性的至上的和完备的质料条件"①。

那么，理性究竟如何运用先验的理想来对实在事物或一切可能之物进行完全的规定呢？康德认为，理性这样做时与它在规定一个概念时所采用的选言推理的逻辑形式相似，但在后者中选言推理的三段式的大前提已被预先划分好了，而在前者之中，并不包含种类的预先划分，它只不过是一个作为一切实在性总和表象的一般的实在性的普遍概念，它只表明任何一物得到完全的规定都要从这个总和中分得某些实在性而排除另外一些实在性。所以，对于事物的完全规定不是给予逻辑划分而从大前提出发进行推导，而是把最高理想这一大前提看成是事物的原型，而把其他一切事物看成是它的有缺陷的分有它的实在性的摹本，但永远也达不到它的实在性。毫无疑问，与这个最高理想相应的对象只是一个存在于理性中的思想物，虽然我们可以把它称为"最高的存在者"、"原始的存在者"、"有条件者的无条件的总和"等，但是，它只是一个我们永远也不知道它的实存的理念，它作为有条件者的无条件总和只是外在于它们的"根据"并非真的就是由无条件者的总和构成的东西。因此，它是单纯而非复合的东西。所以，先验理想作为原始的最高存在者乃是主观的思维之物，它的实在性只是概念的实在性而非真实的客观（经验）的实在性，它作为被分有的质料仅仅是现实事物的逻辑前提。

但是康德指出，一旦我们混淆了上述区别，把最高存在者的"理念"实体化，仅仅凭"最高实在性"的概念而将其看成是唯一的、单纯的、完满的、永恒的真实的原始存在者，也就是说，混淆了概念的实在性和现实的实在性，那么，就会形成先验理解中所设想的上帝的概念，纯粹理性的理想就超越了先验理念所允许的界限成了先验神学的对象。当然，根据康德的理解，这种混淆归根到底源自于人的自然本性，因为人的理性总想要

---

①　[德] 康德：《纯粹理性批判》，邓晓芒译，杨祖陶校，人民出版社 2004 年版，第461 页。

追寻一般对象的最大的统一性以把它作为一切事物之可能性的根据，也就是说，总想要追寻无条件的必然存在者以把它作为一切偶然的有条件的存在者之可能性的根据，但这个最高条件却是由知性的统觉所提供的，所以，人的理性就把这个只适用于经验统一性的原理通过辩证或玄想的推理转变成了一般事物之可能性的先验的原理。其中，"最高实在性的存在者"这一概念作为包含了一切实在性的东西的概念肯定能够找到不依赖任何条件的东西，所以，它与"无条件的存在者"的概念相适合。于是，最实在的存在者这个理想便被实在化而成了一个对象，并进一步被实体化，最终成了人格化的上帝。当然，若是我们不是非要这样做不可的话，即非要通过承认某种绝对必然的存在者的存在以满足理性最终统一实在之物的愿望的话，那么，也不是必须要作上述的论证。但是，若要进一步考虑到实践的利益，那么，这样的论证就十分必要，这种必要性符合人类常识，它把人们一步一步地引向唯一的上帝。

康德在梳理西方哲学关于上帝存在的各种不同的证明的基础上把它们的自然进程看成是逐渐升高、逐渐纯粹的三个阶段，它包含了从思辨理性的角度论证上帝存在的三种方式，即自然神学的证明、宇宙论的证明和本体论的证明。自然神学的证明就是从我们现有的这个世界的确定经验出发去证明上帝的存在，它从确定的经验以及经由这一经验所知道的这个感性世界的特殊形状出发再按照因果律逐步上升到这个世界之外的最高原因。其实，它就是关于目的论的证明，它从这个世界到处都显现出来的某种有目的的秩序推出一个具有外在于自然的知性的、自由的、智慧的原因的存在，认为只有通过这种外在原因的安排才能使我们这个自然世界具有秩序和和谐。康德十分重视这种证明，认为这种证明最古老、最清晰、最符合普通的人类理性。它虽然没有思辨的严密性，但它通过类比人类合目的性的行为、通过"拟人化"而暗示了实践理性的道德原理。宇宙论的证明就是从任何可能世界的经验而非单从我们现有的这个世界的经验出发去证明上帝的存在的证明。它的第一步是从有某物实存（根据充足理由律）推出一个绝对（无条件）必然的存在者的实存，但是，这个绝对必然的存在者未必就是无限的存在者，它完全可以是有限的存在者（例如物质），同时，经验也无法证明这一绝对必然的存在者就是无限的存在者；所以，证明需要进入到第二步，纯粹从概念出发来证明绝对必然的存在者具有全部实在的属性，而非有限实在的属性。根据康德的观点，只有最实在的存在者的概念才能把一切可能的实在都提供出来，从中选择和规定我们这个世界而否定其他的世界，对世界作出完全彻底的先天规定，所以，最高实在存在者的概念是在其中能够找到绝对必然性所要求的条件的概念，它才能够成为绝对必然的存在者。这个最高实在的存在者就是作为"个体"的上帝。本体论的证明则是仅仅从最高实在性这个概念直接推出上帝存在的证明，它抽调了一切经验，完全先天地只从概念中推论出一个最高原因的上帝的存在。总体来说就是："本体论的论证企图单独依靠理性来证明上帝存在，它是纯粹的先验的论证。""宇宙论的证明和目的论的证明并不以先验的知识为前提，而是以局部的、经验的知识为前提。""宇宙论的论证从存在于我们周围的宇宙事实出发。"①"目的论的证明（或涉及的论证）也从经验前提出发：但是，它不从宇宙存在的前提出发，而是从更特殊的前提亦即宇宙包含了诸多奇妙复杂的实体例如花朵、眼睛、大脑，据称，它们的存在支持了一种存在一个善良、充满爱心的创造者的假设。"②

　　尽管康德按照逐渐升高、逐渐纯粹的路径归纳了三种关于上帝存在的证明，但是，他对先验神学之上帝存在证明的批判却是循着相反的路径进行的，也就是说，他首先批判的是本体论证明，然后从本体论证明的批判走向宇宙论证明的批判，再经由宇宙论证明的批判走向自然神学证明的批判。这是因为，自然神学的证明作为从这个现有感性世界之特殊形状（经验）出发的证明最终也会走向宇宙论的证明（从任何可能世界的经验出发进行的证明），并且像宇宙论的证明一样最终要依赖于本体论的证明。例如，宇宙论证明的第一步其实与第二步并无关系，在宇宙论的证明中，最

---

① Brian Garrett, *What is This Thing Called Metaphysics?* New York and London: Routledge: Taylor & Francis Group，2006，p.2.

② Brian Garrett, *What is This Thing Called Metaphysics?* New York and London: Routledge: Taylor & Francis Group，2006，p.3.

终还是通过第二步独立地证明了上帝的存在的，而并不依赖第一步的第二步证明其实就是关于上帝存在的本体论证明。宇宙论的证明之所以要提出第一步证明，无非是它从经验出发"显得"更接地气，从而能在依然坚持本体论证明的情况下为自己找到一种心安理得的理由。所以，在关于上帝存在的三种证明方式中，本体论的证明才是最为基础的证明。但是，本体论的证明却是有"问题"的证明。康德告诉我们，本体论的证明根据矛盾律从"绝对必然的存在者"这个概念推出一定有一个"实在地"存在于我们之外的绝对必然的存在者（否则便与"绝对必然的存在者"的概念自相矛盾）的做法其实是混淆了概念的存在和实际的存在，判断的必然性和事实的必然性。即使是"最实在的东西"这一概念，我们也不能仅仅根据形式逻辑的矛盾律推出它一定是现实之中的实在的存在。康德指出，这里的重要问题是分辨这一命题究竟是分析命题还是综合命题：若是分析命题，那么，尽管它不自相矛盾，但是也只是没有告诉我们任何新的内容的同语反复；若是综合命题，那么，由于它把同样一个概念的"实在"时而看成是逻辑上的谓词时而看成是实在性的谓词，也就是说，时而想保持它在逻辑上的一贯性时而又想现实地规定某物，所以，它一开始就陷入了自相矛盾。

由此出发，康德指出"存在（Sein，'是'）"这个词不是实在的谓词而仅仅是一个逻辑的谓词。他说："'是'显然不是什么实在的谓词，即不是有关可以加在一物的概念之上的某种东西的一个概念。它只不过是对一物或某些规定性本身的肯定。用在逻辑上，它只是一个判断的系词。"① 因此，存在（是）这个概念既没有给主词也没有给对象增加任何新的内容，正如100元钱的概念不能给我们带来任何现实的100元钱一样。尽管100元钱的概念与实在的100元钱在"数目上"相等，但是，逻辑上的存在（是）绝不意味着在实际上也存在。康德说："如果我不是发现了混淆逻辑的谓词和实在的谓词（即一物的规定性）的这种幻觉几乎是拒绝一切教导的话，那我就会希望直截了当地通过对实存概念的一个精确的规定来打破

---

① ［德］康德：《纯粹理性批判》，邓晓芒译，杨祖陶校，人民出版社2004年版，第476页。

这一挖空心思的论证了。人们可以随心所欲地把任何东西用作逻辑的谓词，甚至主词也可以被自己所谓述；因为逻辑抽掉了一切内容。"①康德关于"存在（'是'）"不是实在的谓词的观点作为对于上帝存在的本体论证明（这是对形而上学最高对象之最高论证的证明）的批判有力地揭穿了旧形而上学在存在问题上的论证"漏洞"，它对旧形而上学的批判具有摧毁性。但是，康德并不一般地反对上帝的存在，避开上帝在实践方面的积极作用之外，即使在思辨理性方面，上帝的知识也有某种消极的作用，它若作为纯粹理性的理想，既能有助于驳斥无神论和将神学庸俗化的倾向，也能为实践理性的道德神学留下基地。

（四）对旧形而上学的学科批判

康德除了在下属的形而上学的意义上分别批判了旧形而上学的理性心理学、宇宙论和神学之外，还在一般形而上学的意义上批判了旧形而上学的存在论，他的这一批判其实是对旧形而上学之学科的批判。

柏拉图的"辩证科学"作为类似并且高于科学的学科的提出意味着形而上学这一学科开始出现，之后，亚里士多德则通过"第一哲学"这一概念首次系统阐述了哲学超越并且高于科学的思想，它宣告了形而上学这一学科的正式登台。亚里士多德依据研究对象来对哲学与包括科学（物理学）在内的所有具体学科加以区分。他说："有多少类实体，哲学就有多少部分，所以在这些部分中间，必须有一个'第一哲学'和一个次于'第一哲学'的哲学。"②他把那种研究作为普遍的"种"即实体（存在）本身的哲学看成是第一哲学；而把那些研究各个特殊的"种"即"特殊实体"（存在的一个部分）的哲学看成是次于第一哲学的哲学（具体科学），第一哲学研究事物的"第一原因"，包括物理学在内的其他哲学（具体科学）则研究各种次级的原因。所以，第一哲学作为研究终究至极的"第一原因"的最普遍、最本质的学问构成了物理学等其他学科的根源、基础

---

① ［德］康德：《纯粹理性批判》，邓晓芒译，杨祖陶校，人民出版社 2004 年版，第 475 页。

② 北京大学哲学系编：《古希腊罗马哲学》，商务印书馆 1982 年版，第 237 页。

和指导。然而，康德指出，形而上学（旧形而上学）的这种通过研究对象或"种"的大小来区分哲学和具体科学的做法并未真的把哲学从科学中区分出来。在旧形而上学那里，哲学之所以高于科学的原因在于它的研究对象比科学的研究对象有着更大的外延（存在本身大于存在的任何部分），但是，康德强调，研究对象外延的大小恰好表明哲学与科学之间有着隶属程度（普遍性程度）的区别而无实质的区别，也就是说，只有"量"的区别而无"质"的区别。根据康德的观点，单纯的"量"的区别绝对不能说明哲学与自然科学的本质不同，并且也不能说明哲学何以能够成为自然科学的根源、基础和指导。他说："单纯的隶属等级（把特殊隶属于普遍之下）决不能确定一门科学的界限，相反，在我们的情况下，起源的完全不同性质和差异性才能确定一门科学的界限。"① 由于旧形而上学并未真的把哲学与科学区分开来，所以，它作为哲学更加类似于自然科学，这种情况最为典型地反映在它的唯理论的方法论之中。唯理论的方法论本质上就是一种效法科学的方法论，它"……把精密科学作为方法楷模、首先把数学和数学的自然科学作为方法楷模"②。这样一来，康德就在一般形而上学的意义上指出了旧形而上学作为存在论在自己的学科定位上的局限。

康德关于旧形而上学存在论在学科定位上的局限的观点表明他所批判的对象不仅仅是旧形而上学一般意义上的形而上学，而是旧形而上学的学科定位本身。他的这种批判在西方形而上学乃至哲学史上具有十分重要的意义。它的意义就在于揭示了这样一个哲学必须正视的问题，即：哲学作为一门探讨原始存在（世界）的学科，它应该与科学具有本质的区别，否则，哲学就没有理由认为自己探讨的存在比科学探讨的对象更为原始，也没有理由认为自己是科学的根源、基础和指导。

---

① ［德］康德：《纯粹理性批判》，邓晓芒译，杨祖陶校，人民出版社2004年版，第637页。

② ［德］胡塞尔：《现象学的观念》，倪梁康译，夏基松、张继武校，上海译文出版社1986年版，第25页。

二、对新形而上学的建构

康德批评旧形而上学不是为了否定形而上学而是为了"挽救"形而上学。他说："世界上无论什么时候都要有形而上学"①。因此，康德对于旧形而上学的批判是在他阐述了自己新形而上学的基础上展开的。他对旧形而上学（特别是它的存在论和它的学科定位）的批判和他对自己新形而上学的阐述是一个问题的两个方面。他把"批判"与"挽救"内在地结合起来。康德认为，他通过这两个方面既指出了旧形而上学成为伪科学的原因，又指出了新形而上学作为新的科学的内容。正是在此过程之中，他实现了自己的"哥白尼式革命"，创立了自己的先验论哲学。其中，进行"哥白尼式革命"的过程就是他所谓的"人为世界立法"（分别表现为"人为自然立法"和"人为自己立法"）的过程，并分别通过"先天综合判断如何可能"和"人的自由如何可能"表现出来。因此，若是围绕康德的"人为世界立法"，我们就能清晰地看到康德为我们建构的新的形而上学。

（一）康德的新形而上学

若是从"人为世界立法"的角度来看待康德的新形而上学，我们首先发现的就是康德转换了旧形而上学的对象，并在此转换的过程中同时改变了旧形而上学所理解的"存在"（世界），以及旧形而上学的形而上学学科定位。

"人为世界立法"就是人把自己先天的"法"给予"世界"从而让世界成其为具有自己内在必然性的世界。这里，我们将涉及三个研究对象，即："法"、"立法"、"世界"。其中，"法"就是人的理性先天具有的"认识形式"和"道德法则"，因此，它也可以说就是"理性"，包括理论（思辨）理性和实践理性。"世界"就是人之立法的"产物"或说"结果"。通常来说，"世界"就属于哲学的研究对象，在旧形而上学那里就是这样。

---

① ［德］康德：《未来形而上学导论》，庞景仁译，商务印书馆1982年版，第163页。

"立法"则是把"法"（理性）与"世界"联结起来的活动，它一方面通过人为自然立法或认识论建构了具有自然必然性的自然世界，另一方面通过人为自己立法建构了具有自由必然性的道德世界。那么，在上述三个因素中究竟哪个因素才是康德新形而上学的对象呢？我们认为，从广义上说，把上述三个因素中的任何一个当作康德新形而上学的对象应该都行。就先天的"法"（原理、规律）或说理性来说，康德认为，如果发现了这些原理和规律，即完成了形而上学的任务，形而上学也就成了科学了。因为他说，"……在这里，理性知识的源泉不是在对象和对象的直观里（通过对象和对象的直观不会增加更多的东西），而是在理性本身里，并且当理性全面地，以不容有丝毫误解的确定程度把自己的能力的基本原则摆出来之后，纯粹理性就无须先天认识，也无须提出问题了。"这样，"形而上学能够达到不可能再有什么改变，不可能再有什么新的发现增加进来的这样一种完满、稳定的状态"，从而"……使理性第一次地得到持久性的满足"[①]。正是因为如此，他才把自己最重要的著作称之为《纯粹理性批判》，并把探讨人的先天理性的根源、范围和界限看成是该书的根本任务。就世界来说，无论康德努力去发现理论理性的"法"（原理、规律），还是努力去发现实践理性的"法"（原理、规律），他的目的都是为了通过认识论（人为自然立法）和伦理学（人为自己立法）建构自然世界和道德世界，探讨人应该如何实际生活于其中。所以，康德曾经十分动情地赞美"头上的星空和内心的道德法则"。就"立法"来说，若是没有实际的"立法"过程，那么，先天的"法"（原理、规律）作为单纯的先天性的"形式"（认识形式和道德形式）就什么也不是，并且也不可能有作为"立法"之产物或说结果的自然世界和道德世界的存在。因此，"立法"作为把先天的"法"和后天的"自然"和"（人）自己"结合起来的东西，既成就了前者又成就了后者，它使旧形而上学的外在世界变成了内在世界，并使形而上学由超验的形而上学（旧形而上学）变成了内在的形而上学（新形而上学）。所以，"立法"是康德哲学中不可缺乏的环节。但是，新形而

---

① 以上三处引文见康德：《未来形而上学导论》，庞景仁译，商务印书馆1982年版，第161—162页。

上学作为一门学科，它不应该具有三个不同的对象。那么，我们应该如何处理在"人为世界立法"这一命题中的三个要素呢？尽管康德把自己的哲学叫作"批判哲学"从而意味着他把"理性"作为研究对象，并且"人为世界立法"中的"法"在逻辑上先于"世界"甚至"立法"而存在，但是，如前所述，若是没有"立法"，"理性"（法）就什么都不是，同时"世界"也不会显现出来，所以，"立法"应该是三个要素中最为关键的要素。尤其应该强调的是："立法"作为"人为世界立法"（人类理性如何为世界立法从而使得世界能够发生），它内在地包含了"法"和"世界"两个因素在内。所以，我们根据康德哲学的精神实质，认为他的新形而上学的研究对象首先就是"立法"（它内在地也包含了"法"和"世界"）。其实，康德自己也表述了这样的观点，他说："哲学就是有关一切知识与人类理性的根本目的之关系的科学"①。

（二）新形而上学的超越

随着康德把旧形而上学的关注对象从外在的客观世界（存在本身，外在的世界整体的普遍本质）转换为内在的人类理性，以及理性（通过立法）与一切知识（世界）的关系，他对哲学以及哲学与科学的关系有了新的看法。康德认为，"……哲学就是有关一切知识与人类理性的根本目的之关系的科学，而哲学家就不是一个理性的专门家，而是人类理性的立法者。"②这就是说，哲学（形而上学）基于"人为世界立法"（特别是"人为自然立法"）探讨的是世界如何"发生"的问题，它要告诉我们，在最原始的意义上，人所生存的世界是如何发生的世界，或说，人类如何才拥有了自己的生活世界。正是因为如此，康德的哲学不仅探讨了人类的理论理性如何通过人为自然立法（针对一切实有之物）建构了自然世界或说让自然世界得以"发生"的问题，还探讨了人类的实践理性如何通过人为自己

---

① ［德］康德：《纯粹理性批判》，邓晓芒译，杨祖陶校，人民出版社2004年版，第634页。

② ［德］康德：《纯粹理性批判》，邓晓芒译，杨祖陶校，人民出版社2004年版，第634页。

立法（针对一切应有之物）建构了道德世界或说让道德世界得以"发生"的问题。康德把前一种立法看成是自己的自然形而上学的任务，并把后一种立法看成是自己的道德形而上学的任务。一旦我们这样确立了哲学的任务，那么，在一定的意义上说，哲学与科学的区别就不再只是"量"的区别而有了某种质的区别了。这就是说，哲学探讨的是人所知道并生活于其中的世界如何原始发生的问题，而科学则在此基础上探讨经验世界究竟为何的问题；哲学探讨的是人类理性何以能够成为一切知识之源泉的问题，它不仅探讨形而上学作为先天综合知识何以可能的问题，而且还要探讨数学和自然科学作为先天综合知识何以可能的问题，科学则在具体领域中通过理性去探讨自己的认识对象，它们的知识就是先天综合的知识。哲学与科学关系的改变也改变了哲学家与科学家的关系。所以康德指出："数学家、自然科学家和逻辑学家，无论前两者一般地在理性知识中、后两者特殊地在哲学知识中取得过怎样的进展，他们却都只是理性的专门家。仍然有一个理性中的导师对他们大家作安排，将他们用作工具，以便促进人类理性的根本目的。唯有这个导师是我们必须称之为哲学家的……"①

我们认为，康德关于哲学（形而上学）以及哲学与科学关系的看法非常深刻，它在一定的程度上使哲学开始脱离自然科学的轨道而走上了自己的道路，它不再像科学那样探讨外在客观世界的本质，而是探讨人类自身的理性以及理性与知识（世界）的关系。正是如此，康德才用先验论的方法代替了唯理论的方法，力图使哲学的方法摆脱科学方法的约束。不过，他的方法论依然带有模仿自然科学的方法的痕迹。他曾说哲学要想走上可靠的科学道路，应该以几何学家和自然科学家为榜样，在形而上学领域中进行一场革命，即让理性只去思考它按照自己的概念放进事物中去的东西，也就是说，"理性必须一手执着自己的原则……，另一手执着它按照这些原则设想出来的实验，而走向自然，虽然是为了受教于她，但不是以小学生的身份复述老师想要提供的一切教诲，而是以一个受任命的法官

---

① ［德］康德:《纯粹理性批判》，邓晓芒译，杨祖陶校，人民出版社 2004 年版，第634 页。

的身份迫使证人回答他向他们提出的问题。"①其实，他的先验论方法亦即"人为世界立法"恰恰是模仿了科学和数学方法的结果，只不过他从这种模仿中"提炼"出了一种自觉的先验论方法，并通过它从理论上系统说明了"先天综合判断"如何可能、以及世界作为世界如何可能的问题。就康德的先验论方法归根到底模仿了科学和数学方法而言，他与旧形而上学家依然有着共同之处，所以，他不仅像旧形而上学家一样推崇科学方法特别是数学方法，而且也像旧形而上学家一样把哲学（形而上学）看成是"科学"。他说："形而上学不仅整个必须是科学，而且在它的每一部分上也都必须是科学"②。因此，尽管在传统形而上学中康德因其思想的超越性应该属于"新形而上学"，但是，他的新形而上学依然是传统形而上学的一个部分。其实，这种现象的出现并不奇怪，因为就康德本人的意愿来说，他的新形而上学的目标就是在旧形而上学遇到危机因而"威胁"形而上学这门学科的情况下试图通过自己的先验论（新形而上学）来"挽救"形而上学，他不仅要"挽救"形而上学这门学科，而且还要"挽救"形而上学这门学科的"科学性"。但是，这种"挽救"毕竟改变了形而上学的方向，除了通过"立法"把旧形而上学的外在世界转换成"发生"意义上的内在世界，以及把超验形而上学转换成内在形而上学之外，更进一步，我们还会看到：它不仅使旧形而上学的真与善在统一中分道扬镳，而且还在像旧形而上学一样高扬人的理性的同时又与其不一样地限制着人的理性。正是因为如此，它对后来的形而上学乃至哲学产生了不同方向的影响。

三、真与善的分道扬镳

在旧形而上学那里，外在世界是一个以真为核心的真善统一的世界，哲学作为求真的学问也是以求真为核心的求真与求善统一的学问。但是，康德在"哥白尼式革命"的过程中，在改变了传统形而上学方向的同时，

---

① ［德］康德：《纯粹理性批判》，邓晓芒译，杨祖陶校，人民出版社2004年版，第二版序。

② ［德］康德：《未来形而上学导论》，庞景仁译，商务印书馆1982年版，第168页。

把真与善也分离了开来。

（一）旧形而上学的真善统一

我们曾说，自从西方形而上学诞生以来，"美德就是知识"就成为西方哲学的一个重要特色，这一重要特色在很大程度上决定了西方传统哲学（形而上学）的诸多内容。在西方传统形而上学中，"美德就是知识"的命题不单单表现为伦理学的命题，更为重要的是：它还转换成了存在论的核心内容。苏格拉底在伦理学的层面上提出"美德就是知识"的命题的同时，还在更高（世界）的层次上把西方自然哲学关于世界原因的探讨转换成关于世界目的的探讨，从而在更高（世界）的层次上暗示了世界的原因也可以是世界的目的，它的这一做法在否定的意义上已在他关于"美德就是知识"的伦理学命题与他关于世界目的（原因）的思考之间建立了某种不自觉的联系。后来，柏拉图和亚里士多德则进一步发挥了这一思想，并把这种发挥与创立形而上学（特别是它的存在论）联系起来，使其成为西方形而上学存在论的主要内容。柏拉图在存在论的意义上把世界的本原看成是"理念"，认为它既是世界的本质（因而是现实事物的"分有"对象）又是世界的理想（因而是现实事物的"摹仿"对象），亚里士多德则在把世界的本原（第一实体）也看成是动力因（不动的推动者）之外，还同时把它看成是本质因和目的因（纯形式和最高目的）。这就是说，柏拉图和亚里士多德在确立形而上学（存在论）的对象从而创立形而上学的过程中，已经十分明确地把形而上学的对象看成是事实与价值或说"真"的对象和"善"的对象的统一。因此，邓晓芒说："……亚里士多德明确赋予柏拉图的（作为共相'一'的）理念以目的的含义。"[①]同时，在柏拉图和亚里士多德那里，形而上学的对象首先是"真"的对象，它因是真的对象而具有了"善"的意义，也就是说，它是"因真而善"，但是另一方面，"善"又是形而上学对象的最高目的，形而上学追求"真"的对象的最终目的不仅是为了获得真理，更是为了实现至善。因此，我们可以说，

---

① 邓晓芒：《思辨的张力》，湖南教育出版社 1992 年版，第 55 页。

在柏拉图和亚里士多德那里，形而上学的对象是以"真"为核心的真与善的统一，形而上学的最终目标既是通过"求真"获得绝对真理（关于世界本原的绝对知识），更是在"求真"的过程中同时内在地"求善"，实现至上的善。因此，亚里士多德在把形而上学看成是求知的产物亦即最高的智慧的同时又将形而上学看成是关于善的学问因而称它为理性神学。

柏拉图和亚里士多德关于形而上学对象的这种理解在不同的程度上被后来的形而上学（特别是典型形而上学）所接受。例如，笛卡尔就在把"善"看成是"真"的基础上指出伦理学也是一门"科学"，他说：伦理学"是一门最高尚、最为完全的科学，它以我们关于别的科学的完备知识为其先决条件，因此它就是最高的智慧"①；斯宾诺莎则在"伦理学"的名义下"以几何学方式证明"自己的认识理论，并且力图通过追求真理实现至善，他把获得直观的知识看成是通向人的至善的最为重要的路径。因此，在大致的意义上说，把存在论的对象看成是以"真"为核心（同时以善为最高目标）的"真"与"善"的统一是西方形而上学的基本传统。但是，这一基本传统在康德的"哥白尼式革命"中却遇到了挑战。

（二）新形而上学的真善分离

早在康德之前，英国哲学家休谟就在自己的著作《人性论》中开始把"真"的命题与"善"的命题分开。他说："在我所遇到的每一个道德体系中，我一向注意到，作者在一个时期中是照平常的推理方式进行的，确定了上帝的存在，或是对人事作了一番议论；可是突然之间，我却大吃一惊地发现，我所遇到的不再是命题中通常的'是'与'不是'等连系词，而是没有一个命题不是由一个'应该'或一个'不应该'联系起来的。这个变化虽是不知不觉的，却是有极其重大关系的。因为这个应该或不应该既然表示一种新的关系或肯定，所以就必须加以论述和说明；同时对于这种

---

① Descartes, *The Philosophical Works of Descartes*, Vol.1, Cambridge: Cambridge University Press，1981:211.

似乎完全不可思议的事情，即这个新关系如何能由完全不同的另外一些关系推出来的，也应当举出理由加以说明。"①这里，休谟通过区分"是"与"不是"和"应该"与"不应该"的命题区分了事实（真）的命题和价值（善）的命题，并且，在他那里，这种区分不仅表现在人事议论的话题之中，也表现在诸如上帝存在这样的形而上学存在论问题的话题之中。康德进一步发展了休谟的思想。

我们曾说，人类学是康德哲学（新形而上学）的基础，它既是康德形而上学的出发点也是康德形而上学的归宿点。因此，康德把真与善分开的秘密应该就在人类学之中。人或人的理性的先天具有的"法"是世界产生的先天基础，但是，人的理性分为"理论理性"（思辨理性）和"实践理性"两类，所以，人的理性先天具有的"法"也分为认识的"法"和道德的"法"两类，它把"人为世界立法"分为"人为自然立法"和"人为自己立法"，并且把世界分为作为"人为自然立法"产物的"自然世界"（感性世界、现象世界）和作为"人为自己立法"产物的"道德世界"（知性世界、本体世界）。自然世界是一个事实世界，它是一个真的世界；道德世界是一个价值世界，它是一个善的世界。因此，真与善并不属于一个世界，它们也有着不同的内在规律，自然世界的内在规律是必然律，道德世界的内在规律则是自由律。由此出发，人们面对自然世界的活动是认识活动、科学活动，它的目的是"求真"，亦即追求真理，追求知识；人们面对道德世界的活动是道德活动、实践活动，它的目的则是"求善"，亦即追求美德，追求至善。因此，求真和求善也不属于同一活动，它们有着不同的对象和不同的目标，求真与求善无关，求真也不能同时实现求善。因此，在康德那里，从人的两种理性到两种立法和两种世界，再到人面对两种世界的两种活动和两种目标，都表明真与善、求真与求善并不相同，它们之间相互分离、互不相干。据此，在康德哲学（新形而上学）这里，旧形而上学之"美德就是知识"的等号终于被改变成了不等号，美德不是知识，知识也不是美德，获得了知识并不等于获得了美德，获得美德也不再需要通过掌握

---

① ［英］休谟：《人性论》下卷，关文运译，商务印书馆1983年版，第509—510页。

知识。真与善，以及求真与求善开始分道扬镳。假如说休谟只是区分了事实（真）与价值（善）两类命题并且充分意识到了两类命题区分的重要意义的话，那么，康德则是进一步通过自己的"哲学体系"诠释了休谟的观点，也就是说，他以"系统"的方式把传统形而上学知识与美德、"真"与"善"之间的等号改变成了不等号。所以，康德关于真与善的区分在形而上学发展史上十分重要，毋宁说它也相当于一场"哥白尼式革命"。

　　然而，一个值得注意的现象是：由于人类学作为康德哲学（新形而上学）的基础是一个统一的基础，也就是说，无论理论理性还是实践理性归根到底都是人的理性，所以，在最终的意义上，康德的两种理性、两种立法、两个世界以及人们面对两个世界的两种活动都应该具有共同的基础，康德自己也试图在一定的意义上将它们沟通起来以便努力实现它们的统一。既然如此，在"真"与"善"的问题上，康德也应该有着沟通甚至在某种意义上统一它们的意愿。事实应该如此。在《实践理性批判》中康德在谈到"至善"这个理念时说："把这个理念（至善——引者）在实践上、也就是为了我们的合乎理性的行为准则来加以充分的规定，这就是智慧学，而当智慧学又作为科学时就是古人所理解的这个词的含义上的哲学"①。这里，康德通过三个加了着重号的概念亦即"智慧学"、"科学"和"哲学"很好地强调了西方古代哲学中的"真"与"善"相统一的思想，并把它与自己的"至善"理念联系起来。在西方哲学中，尽管智慧更多地说得是思辨意义上的智慧，但也可以是实践意义上的智慧。在康德上述的说法中，智慧学作为在实践上规定至善这个理念的学问应该指的是实践智慧；但是，他又指出，古人也把智慧学看成是科学，并且因此把智慧学看成是哲学；由此可见，康德承认，在西方古代社会中，哲学就既是关于实践智慧的学问又是关于思辨智慧（因为它是科学）的学问，它是思辨智慧和实践智慧的统一，也就是说，它是真与善的统一。康德进一步指出，他同意保留古代关于哲学就是至善之学的含义，但必须要附带一个条件，即理性必须"在

---

　　① ［德］康德：《实践理性批判》，邓晓芒译，杨祖陶校，人民出版社2003年版，第148页。

其中努力使至善成为科学"①。在他看来，这个附带的限制条件既能适合希腊的哲学术语（因为它意味着爱智慧），同时，"又足以把爱科学、因而爱一切理性的思辨知识，就其既在概念上又在实践的规定根据上有助于理性而言，一同包括在哲学的名义之下，却又不会让唯一能因之而被称为智慧学的那个主要目的逃出自己的视线。"②这样一来，康德就在把"真"与"善"分离开来的同时，又试图让它们在某种意义上融合起来。

四、理性的扩张与限制

理性是西方传统形而上学的一个基石。无论是典型的形而上学还是离异的形而上学，无论是经验论的哲学还是唯理论的哲学，都把形而上学的对象看成是理性的对象，把作为世界产物的人看成是理性的人，认为人的理性恰好是人认识世界本质从而获得真理的工具。

尽管康德通过"哥白尼式革命"在"挽救"形而上学时把形而上学从旧形而上学转换成了他的新形而上学（先验论），但是，他依然高扬人的理性。然而，他毕竟转换了形而上学的方向，所以，他在高扬人的理性的同时又通过自己的理性批判限制着人的理性。

（一）理性在高扬中的扩张

尽管在古代的形而上学中，特别是在柏拉图的哲学中，理性已经作为形而上学的基石得到了确立，但是，西方近代形而上学却在新的历史条件下进一步高扬了理性。我们知道，西方哲学以及形而上学是在中世纪宗教哲学的背景下发展起来的。其实，在西方中世纪的宗教中，宗教哲学作为神学也得到了一定程度的理性的洗礼，例如托马斯·阿奎那就曾经用"理性"来证明上帝的存在。虽然如此，神学毕竟是神学，在最终的意义上，

---

① ［德］康德：《实践理性批判》，邓晓芒译，杨祖陶校，人民出版社 2003 年版，第149 页。

② ［德］康德：《实践理性批判》，邓晓芒译，杨祖陶校，人民出版社 2003 年版，第149 页。

它一定主张信仰高于理性，所以，西方近代哲学作为西方近代资产阶级哲学，它为了发展科学，就必须把理性从神学中解放出来，为此，它把高扬理性作为自己重要的历史任务。这种高扬就是把"人的理性"推向顶峰。

在古代哲学中，人与世界的关系是"人在世界之中"的关系，人作为外在世界的产物，他的理性源自于外在世界的理性（本质、逻各斯），到了近代哲学之后，首先在笛卡尔的哲学中，人成了主体，它作为"我思"（思维）是（物质）世界得以推论出来的基础，所以，世界成了主体对面的客体，古代哲学中人与世界的关系转变成了主体与客体的关系，其至作为客体的世界的理性也源自于作为主体的人的理性。人与世界关系从古代哲学到近代哲学的转变表明：尽管古代哲学（形而上学）和近代哲学（形而上学）都把理性作为基石，但是，近代哲学在高扬人的理性的方面更进了一步，它把人的理性当作最高的理性，认为它是推出世界及其理性的基础，也就是说，在它那里，不是世界作为理性的世界产生了人及其理性，而是人以及人的理性产生了世界及其理性。康德哲学沿用了西方近代哲学高扬人的理性的思路。作为西方近代哲学家，康德像其他近代哲学家一样对人的理性情有独钟，早在大学期间，他的处女作就是《对活力的真实估量的思想》（1746），"这位大学生在序言中宣称，在科学的法庭上，决定性的不是权威和人数，而是理性的命令，任何权威和成见一旦有碍于指示真理就应当抛弃。……青年康德就是以把哲学、科学上的权威和定见都送上理性的法庭来决定对它们的取舍这样一种启蒙的、批判的精神，走上理论思维的历史舞台的。"[1] 正是因为如此，在后来创立自己的哲学体系时，康德沿着笛卡尔从"我思"推出"世界"或说从"主体"推出"客体"的思路继续前进。在此问题上，他比笛卡尔更进一步，也就是说，他在像笛卡尔一样把"我思"（主体）看成是"世界"（客体）的源泉的基础上，进一步认为"我思"（主体、自我意识、先验统觉、自由）不是"推论"出世界而是"创造"或说建构世界的基础。在他那里，人为世界立法的过程作为人的理性把自己的先天之"法"给予世界从而让世界成其为世界

---

① 杨祖陶：《康德黑格尔哲学研究》，武汉大学出版社 2001 年版，第 141 页。

的过程就是人通过自己的理性"创造"或说建构世界的过程，进一步说，人的理性之所以能够通过为世界立法而使世界成其为世界，正是由于人的理性的先天之"法"构成了世界的必然性（自然的必然性和自由的必然性）从而使得世界成为秩序（自然秩序和道德秩序）并然的世界。这个"法"是理性之"法"，当它构成了世界的必然性时，这种必然性作为"规律"、"法则"也是理性的"规律"、"法则"，也就是说，人把自己的理性贯彻到世界之中，并使世界成为具有自己必然性的世界。由此可见，在某种意义上说，康德哲学（新形而上学）比笛卡尔更为彻底地高扬了理性，也就是说，它通过把人的理性推向了创造世界的顶峰而彻底地高扬了理性。

（二）理性在批判中的限制

遗憾的是，康德在高扬理性或说人的理性的同时又在批判中限制着理性或说人的理性。如前所述，康德哲学通过人的理性把自身先天具有的"法"给予对象使得世界得以产生，在他那里，人的理性把自身先天具有的"法"给予对象的过程作为"人为世界立法"的过程分别表现为认识的过程和实践的过程。认识的过程要解决的是"人能认识什么"的问题，实践的过程要解决的则是"人应当做什么"的问题。

根据康德的观点，在具体的认识过程中，由于人的理性先天具有的"法"仅仅是认识的"形式"，若是没有源自经验的质料作为认识的"内容"，它就根本不能进行认识，甚至什么也不是，所以，它必须与经验的质料结合起来方能进入实际的认识进程，认识就是人的理性先天具有的"法"与源自后天的经验质料相互结合过程，更严格地说，就是人用自己的理性拥有的先天之"法"安排、整理源自后天的经验质料而使之成为具有普遍必然的知识的过程，这也就是"人为自然立法"的过程。由于人的理性先天具有的"法"作为认识形式只能以"经验（质料）"为内容，所以，以它为内容的认识过程只能是经验性的认识，它表明人的理性在认识方面无法超越经验的范围，也就是说，无法超越现象的范围，它只能通达现象世界，至于现象世界之后的被旧形而上学看成是本质或本体的世界对象，康德认为那是人的认识（理论）理性无法触及的"物自体"。我们知道，旧形而上学相信，人的理性拥有认识和把握现象世界之后的本质（本体）世界的能力，所以，经由人的理性我们就能够认识和把握现象世界之后的本质或说本体世界，从而获得关于本质或说本体世界的绝对真理（绝对知识）。由于现在康德把本质或说本体世界看成是认识理性无法触及的对象，认为人的理性的认识能力仅仅限于经验或现象的领域，所以，他在高扬人的理性的同时实际上限制了人的理性。这就是说，在"人能认识什么"的问题上，康德认为，人只能认识现象世界而不能认识旧形而上学坚信能够认识的本质世界（本体）。同样根据康德的观点，在具体的实践过程中，人的实践目标是把人的（实践）理性先天具有的"法"运用于自己的行为动机，让人的意志仅仅以道德法则为行为的动机而不顾及幸福的问题，也就是说，让人做自己应当做的事情（把道德法则作为绝对命令加以遵循）而不去做不应当做的事情（把幸福当作目的而不顾及道德法则）。这也就是"人为自己立法"的过程。人若做到了这一点，就成了具有自律的人格，实现了自己的自由，换句话说，他就成了具有德性的道德的人。由于人不仅是理性的人，他同时也是感性的人，他具有自己的感性欲望，这种欲望促使他爱自己，并且努力追求自己的感性幸福，尽管追求感性幸福也是人的正当权利，但是，这种追求也往往（并不必然）会诱惑人们背离道德法则去做不应当做的事情。所以，人自身就是一个感性与理性、幸福和德性、遵循道德法则（自律）和违背道德法则（他律）两种因素相互争夺的战场，任何人作为上述两种因素统一的人，在他有限的人生中都不能"仅仅"去做他应当做的事情，除非他以灵魂不朽为载体永远地努力下去。否则，他总会做一些不应当做的事情。这就是说，在"人应当做什么"的问题上，康德认为，尽管人也做着应当做的事情，但他也常常会做不应当做的事情。在旧形而上学那里，由于真与善相互统一，求真内在地包含了求善，所以，当旧形而上学坚信人们能够通过认识获得关于本质或说本体世界的绝对真理的时候，从逻辑上说，它也相信人获得了至善，正如斯宾诺莎给"至善"所下的定义："人的心灵与整个自然相一致的知识"①。由于现在康德认为人在今生今世的现实生活中无法实现至善（至上的善），因此，在他那里，与他在理论理性方面主张人的理性是有限的理性的思想相统一，在实践理性方面，他也认为人的理性是有限的理性，康德在高扬人的理性的同时实际上又一次限制了人的理性。

康德在认识和实践两个方面都限制了人的理性。其实，康德之所以会反思形而上学的危机并在反思中力图"挽救"形而上学，一个重要的原因就是休谟的经验论把他从独断论的迷梦中惊醒了过来。这意味着他承认休谟对于经验在认识论中之地位的重视，而休谟的经验论和怀疑论相连，所以，康德一开始就对旧形而上学（典型形而上学）所持有的对于理性能力的过高估计持怀疑态度（当然，他的怀疑与休谟的怀疑有所不同），正是因为如此，他把"批判"理性作为自己从事哲学工作的基点，分别写了《纯粹理性批判》、《实践理性批判》和《判断力批判》，正是在这种"批判"中，他限制了人的理性。康德认为，旧形而上学（典型形而上学）对于理性的过高估计其实是一种"独断论"，理性只有把自己限制在经验或现象的范围之内，陷入危机的形而上学才能得到"挽救"。

五、康德哲学的两种方向

康德的哲学（形而上学）对于西方哲学以及形而上学产生了深刻的影响。在康德哲学中，认识论应是他的全部哲学的发源地，认识论不仅说明了知识的产生和世界（自然世界）的产生，而且还为伦理学（道德世界）留下了余地，并进一步引出了判断力和美学的探讨。因此，尽管康德哲学诸多内容都对西方哲学以及形而上学产生了深刻的影响，但是，他的认识论对于西方哲学以及形而上学的影响尤其显著。由于康德的认识论与存在论相互统一，所以，康德认识论对于西方哲学以及形而上学的影响既有认识论的影响又有存在论的影响。这里，我们将从康德之后的德国古典哲学

---

① ［荷兰］斯宾诺莎：《理智改进论》，贺麟译，商务印书馆 1986 年版，第 21 页。

尤其是黑格尔哲学与海德格尔哲学两种方向探讨康德哲学对西方哲学以及形而上学的影响。

（一）走向辩证法的方向

康德哲学是德国古典哲学的起点，这一事实充分表明了康德哲学对他之后的德国古典哲学的影响之深，因为这个事实意味着他之后的德国古典哲学正是他的哲学的延续和发展。当然，延续和发展既包含了他之后的德国古典哲学对于他的哲学的继承，也包含了他之后的德国古典哲学对于他的哲学的改造。

西方近代哲学随着认识论的转向登上了哲学舞台，康德哲学作为西方近代哲学的一个重要组成部分，它也把认识论问题作为自己哲学的主要问题。在西方近代认识论哲学中，如何实现主体与客体的统一问题是基本问题。典型形而上学和唯理论以纯理性的方式来解决主体与客体的统一问题，它的基本路径是通过直觉得出天赋观念和知识，再把天赋观念和知识作为前提演绎出关于世界的其他全部知识，但是，这种把先天知识作为基础的认识理论归根到底是一种"独断"的理论，独断论本身就意味着它不可能是令人信服的理论；离异形而上学和经验论以经验认识的方式来解决主体与客体的统一问题，它的基本路径是把经验作为认识的入口，然后在经验的基础上通过归纳追求关于世界的全部知识，最终的目标是要获得关于本质或说本体世界的确定知识，但是，这种基于经验的认识无论如何也不可能获得超越经验的关于本质或说本体世界的确定知识，它最终必然要陷入怀疑论，而怀疑论也违背了形而上学的学科目标。因此，康德只有另辟蹊径。他也从主体和客体出发，但是，他不像唯理论那样从主体的先天知识出发，也不像经验论那样从客体本身出发，而是在主体自身的先天认识能力的基础之上从主体的认识能力亦即人的理性的先天的"法"（它仅仅是一种认识形式）和客体的经验质料（它仅仅是一种认识内容）的相互关系（或相互结合）出发，在他看来，认识的形式和质料分别来自先天和后天，也就是说，分别是主体的产物（能力）和客体的产物（主体能力接受的对象的刺激），它们各自都不可能进行认识，认识必须是它们的相互结合或说形式安排、整理质料。他进一步指出，认识的结果不仅仅是作为经验知识的现象知识，而且还包含了作为经验世界的现象世界。由于现象是主体之能力和主体接受客体的刺激相互结合的结果，所以，现象的知识既不是纯粹主观的知识也不是纯粹客观的知识，现象的世界既不是纯粹主观的世界也不是纯粹客观的世界。这就是说，在认识论中，我们仅仅知道主体与客体结合的产物以及关于这一产物的知识，但却不知道主体和客体自身是什么。因此，根据传统或旧形而上学的观点，在康德的哲学中，主体与客体"自身"依然没有统一起来，而真正统一的仅仅是主体和客体的产物。但是，康德满足于这种统一，并且认为只有这样才能"挽救"形而上学，使形而上学在遇到危机甚至变成"伪科学"之后再次成为科学，至少是能为"未来任何一种科学的形而上学"提供一个"导论"。

然而，康德之后的德国古典哲学家却并不满意康德的结论，他们认为，康德把主体和客体分开，把现象和本体分开应该不错，但是，康德在认识论中把客体最终变成了认识无法触及的"物自体"就不应该了。在他们看来，"物自体"在康德的哲学中不过是一个毫无意义的"赘物"。但是，康德之所以把客体最终变成"物自体"乃是因为他总结了唯理论和经验论认识论之经验教训的结果，他既不愿意成为独断论，也不愿意陷入怀疑论，因此，康德把客体最终变成"物自体"自有他的"道理"。正是因为如此，所以，康德之后的德国古典哲学若要想消除康德哲学中主体与客体的二元对峙，甚至去"挽救"物自体，他们就不能重拾唯理论和经验论的认识方法。那么，他们应该采用什么样的认识方法才能消除康德哲学中主体与客体的二元对峙，甚至去"挽救"物自体呢？他们敏锐地发现了康德哲学、特别是康德先验逻辑中的辩证的内容，他们进一步发挥了这些辩证的内容，并把这些内容与康德哲学中的关于主体与客体相互关系的探索结合起来，从而越来越清晰地走出了一条依靠辩证方法来解决主体与客体之间相互关系（既涉及认识论也涉及存在论）的道路。黑格尔的哲学是这条道路的顶端，它也通过绝对唯心主义辩证法把西方传统形而上学的发展推向了顶峰。

（二）走向此在论的方向

康德哲学除了深刻地影响了他之后的德国古典哲学之外，也深刻地影响了西方现代哲学的诸多哲学家和哲学流派，其中，对海德格尔哲学之此在论的影响尤其重要。康德的人类学直接通向了海德格尔的此在论。

邓晓芒说："'人类学'在康德的理解中，不仅仅是一个'实用'的问题，而是首先属于一个纯粹哲学的问题。"① 正是在人类学的基础上，康德通过人的两种理性、两种立法，建构了自然世界和道德世界两个世界，从而把形而上学从"超验的形而上学"变成了"内在的形而上学"，实现了形而上学史上的"哥白尼式革命"。而这一切的起点就是康德的认识论思想，它表达于康德的《纯粹理性批判》之中。海德格尔敏锐地发现：康德的《纯粹理性批判》就是一部为形而上学奠基的著作，并且，"康德的这一奠基表明：对形而上学的证明就是对人、亦即对人类学的探讨。"② 但是，海德格尔在肯定康德把人类学作为哲学的基础的同时，却又对康德的人类学提出了批评。我们知道，在康德那里，人作为具有纯粹理性的人其实是一种先验的人，在某种意义上说，他因具有纯粹理性而成了世界的原因，问题在于：这种作为世界原因的人却是我们并不知道的具有"立法"能力的主体。他作为具有"立法"能力的主体孤零零地存在于世界之外，我们只知道他的作用（通过先天的"法"为世界"立法"），却永远也不知道他是什么并存在于何处。在这一点上，他的先验的人与笛卡尔通过"我思故我在"推出的"我思"十分相像。当然，康德那里的人除了作为先验的"立法之人"外还能成为世界之内的"执法的人"。就此而言，他似乎在某种程度上放弃了笛卡尔之独立主体的出发点，但是，海德格尔认为，这些只是假象，因为他的立足点仍在作为立法主体的我之内。或许正是因

---

① 邓晓芒：《实用人类学》中译本再版导言，见康德：《实用人类学》，邓晓芒译，上海人民出版社 2005 年版，第 2 页。

② ［德］海德格尔：《康德和形而上学问题》，见孙周兴选编：《海德格尔选集》上卷，上海三联书店 1996 年版，第 97 页。

为如此，在康德的哲学中，主体具有明显的躲躲闪闪的模糊性质。它（作为立法之人）是一种不可知的东西，"我们既不能通过自由也不能通过被决定知道主体，因为主体不是经验的可能对象。"① 我们仅仅通过它的逻辑形式（认识形式）方能知道它的存在，因此，"主体不是作为世界之内的某种东西而被经验到的，它只是通过认识到先验逻辑整理全部经验而'知道'自己。它不是知识，对于康德来说，严格地看，它只是通过概念给予我们知识的直觉。"② 所以，邓晓芒说："……由于他（康德——引者）把人的本质归结为不可知的'物自体'，他未能真正建立一个完整的先验人类学体系。"③ 因此，海德格尔说道，"就算康德已经放弃了孤立主体和内部经验在存在者层次上的优先地位，可是在存在论上，笛卡尔的立场仍然保留如故。……他所证明的也无非是：变易的存在者和持久的存在者的必然的共同现成存在。"④ 这就是说，海德格尔认为，康德的哲学人类学的根本错误在于：他把人看成是一种已经得到规定的现成的存在者，其实，这样的人并非原始的人，原始的人不是已经得到规定的现成的存在者，而是处于生存活动中的人，在海德格尔的哲学中，这种人就是此在。所以，海德格尔说："如果人只是基于人的此在才是人，那么对于什么是比人更原始的东西的探讨就根本不可能是任何人类学的探讨。一切人类学，哪怕是哲学人类学，都已经把人假定为人。"⑤

根据海德格尔的观点，我们只有从此在出发，才能真正知道人何以为人，并且也才能知道世界的原始发生，知道世界之为世界究竟为何。此在始终是在世界之中的此在，在他的生存活动中，人与世界同时显现，认识以及人的其他科学活动，都是派生的活动。这些活动只有在此在论

---

① Claire Colebrook, *Philosophy and Post-structuralist Theory: From Kant to Deleuze*, Edinburgh: Edinburgh University Press, 1999, p.49.

② Claire Colebrook, *Philosophy and Post-structuralist Theory: From Kant to Deleuze*, Edinburgh: Edinburgh University Press, 1999, p.48.

③ [德] 康德：《实用人类学》，邓晓芒译，上海人民出版社 2005 年版，第 7 页。

④ [德] 海德格尔：《存在与时间》，陈嘉映、王庆节合译，三联书店 1999 年版，第 235 页。

⑤ [德] 海德格尔：《康德和形而上学问题》，见孙周兴选编：《海德格尔选集》上卷，上海三联书店 1996 年版，第 119 页。

的基础上才能得到说明，也只有在此在论的基础上，主体与客体的统一才能得到实现。因此，我们必须超越哲学人类学，由于哲学人类学是必须先行假定人之为人的"人类学"，所以它"永远不能取得哲学基础学科的权利"①。

---

① ［德］海德格尔：《康德和形而上学问题》，见孙周兴选编：《海德格尔选集》上卷，上海三联书店 1996 年版，第 108 页。

第三篇
辩证论：形而上学的复辟

　　康德开了德国古典哲学的先河，自他之后，经由费希特、谢林，一直到黑格尔乃至费尔巴哈，德国哲学一枝独秀，以其深邃的思辨精神把西方近代哲学推向顶峰。他们的哲学被称之为德国古典哲学。德国古典哲学家的思想存在着内在的发展逻辑，仅从唯心主义或排除了费尔巴哈的角度说，黑格尔哲学是德国古典唯心主义的集大成者。不仅如此，若从西方形而上学发展的角度看，由于黑格尔哲学凭借"辩证法"这一思维工具在继承和改造包括诸如唯理论、经验论、18世纪法国唯物主义，特别是康德以及费希特、谢林哲学的全部成果的基础上建构了一个囊括整个宇宙（逻辑、自然、精神）全部发展在内的庞大的哲学体系，所以，他的哲学（形而上学）体系也是西方传统形而上学的集大成者。他在康德通过先验论把本质世界或本体推向不可知的物自体领域之后凭借辩证法再次把本质世界或本体变成了哲学（形而上学）的对象，他也在18世纪法国哲学基于无神论用自己的唯物主义存在论"战胜"了17世纪典型形而上学的唯心主义存在论之后，凭借辩证法再次用自己的唯心主义存在论"战胜"了18世纪法国哲学的唯物主义存在论，因此，在一定的意义上说，他在康德通过先验论实现了从旧形而上学到新形而上学的转变之后又通过辩证的方法再次复兴了旧形而上学，他也在18世纪法国哲学基于无神论实现了从唯心主义形而上学到唯物主义形而上学的转变之后又通过辩证的方法再次复兴了唯心主义形而上学。鉴于辩证法既是黑格尔建构集大成的哲学或形而上学体系的工具，也是黑格尔集大成的哲学或形而上学体系的基本内容的事实，我们把黑格尔的形而上学称为辩证论。

第一章 黑格尔辩证论的思想基础

在探讨黑格尔对于旧形而上学的复辟之前，我们应该先行考察黑格尔哲学的思想基础。黑格尔作为撰写过《哲学史讲演录》因而十分熟悉西方哲学史的人，他的哲学包含了对他之前绝大多数重要的哲学思想的总结和吸收，但是，相对来说，西方近代哲学特别是德国古典哲学则构成了他的哲学思想的最主要基础。因此，在第一章中，我们主要通过前黑格尔的德国古典哲学来分析黑格尔哲学的思想资源。

一、黑格尔其人其事

黑格尔（George Wilhelm Friedrich Hegel）于 1770 年 8 月 27 日出生于德国南部符腾堡首府斯图加特的一个官僚家庭，从 1780 年起，就读于斯图加特的文科中学，到 1788 年，又就读于图宾根的神学院。在神学院学习期间，黑格尔结识了两个最好的朋友，一个是与他同时进入神学院的荷尔德林，另外一个则是谢林。荷尔德林后来成了一名伟大的诗人，海德格尔在自己的著作中将他称之为"诗人的诗人"。谢林虽然比黑格尔晚了两年进入神学院，但是，他在黑格尔尚默默无闻的时候，就已成了名扬天下的哲学家。从 1802 年开始，黑格尔曾与谢林一起主编《哲学评论杂志》，当时，他还是谢林的追随者。1793 年，黑格尔以优异的成绩大学毕业后在瑞士和德国的一些城市当家庭教师。在此期间，他深入研究了哲学、宗教、历史等问题。与此同时，他也十分关注英国和法国的时政，甚至深入探讨了英国古典经济学的一些著作。1800 年，他因与谢林的关系进入耶拿大学，担任讲师，一直到 1806 年。这一期间，黑格尔的哲学思想逐渐成熟，他逐步脱离了他原先支持的谢林的哲学立场而逐步形成了自己的哲学立场，并对谢林哲学的非理性主义倾向进行了批判。1807 年，他完成了自己的奠基性著作《精神现象学》，马克思把该书看成是"黑格尔哲学的真正诞生地和秘密"。① 正是以此著作为基础，黑格尔开始了创建自己的包罗万象的哲学体系的历程。1807 年，黑格尔还在班堡当了一年的报纸编辑。从 1808 年开始一直到 1816 年，他都在纽伦堡当中学校长。正是在这一时段中，他完成了他一生中最为重要的著作《逻辑学》(亦即他的"大逻辑"，1812—1816 年分为三册出版)。从 1816 年开始一直到 1817 年，黑格尔任海德堡大学教授。他在 1817 年出版了自己全面阐述自己的哲学体系的著作《哲学全书纲要》亦即《哲学全书》，包括"逻辑学"("小逻辑")、"自然哲学"和"精神哲学"(1827 年和 1830 年先后出版了第二版和第三版)。在黑格尔那里，他的其他著作按其内容都可以隶属于"哲学全书"的某一部分。1818 年，黑格尔被普鲁士国王聘请为柏林大学教授，主持哲学讲座；并且，他还于 1830 年被任命为柏林大学校长。在任柏林大学教授期间，黑格尔除了继续完善他的哲学体系之外，还于 1821 年出版了《法哲学原理》。1828 年，黑格尔主编《科学评论年鉴》，逐渐形成了以他为中心的黑格尔学派，他的思想在当时德国的学界居于绝对的统治地位，他自己也成了普鲁士的官方哲学家。1831 年 11 月 14 日，黑格尔死于霍乱。不过，尽管因为当时流行霍乱，他的医生说他死于不明显的急性霍乱，但根据其他人考证，他更有可能死于胃病的恶化。在他死后，他的信徒根据他遗留下来的提纲、演讲记录和学生笔记整理出版了他的其他著作，包括《历史哲学讲演录》、《宗教哲学讲演录》、《哲学史讲演录》、《美学与艺术哲学讲演录》等。

从政治立场看，黑格尔主要还是德国资产阶级的懦弱代表，并且，在

---

① 《马克思恩格斯全集》第 42 卷，人民出版社 2016 年版，第 159 页。

他的一生中，在德国资产阶级懦弱代表的总体定位的基础上，他的政治立场存在一个从比较激进到逐步保守的发展历程。阿尔森·古留加在他的《黑格尔小传》中说："歌德有一次在同埃克尔谈话时说过：'我所以得天独厚，是因为我出生在世界大事纷至沓来、方兴未艾的年代，我一生躬逢其盛，有幸经历了七年战争，接着是美国脱离英国，后来是法国革命，最后又是整个拿破仑时代，直到这位英雄一败涂地，等等。'"[①] 他还指出，尽管黑格尔比歌德小二十一岁，但是，除了七年战争外，他经历了上述所有的其他事件。这些事件中的法国革命和"拿破仑时代"应是一种资产阶级在法国乃至欧洲范围与封建专制制度较量的事件，它们必然会在当时十分落后的德国引起巨大的反响。尽管"黑格尔为人循规蹈矩，安分守己，而且枯燥无聊"[②]，但是，他仍被法国革命所鼓舞，当法国革命消息传到德国时，他和谢林都参加了图宾根的一个政治俱乐部，大家在一起讨论时政，甚至还像法国人一样栽了一棵自由树。黑格尔拥护共和制度，反感专制制度，渴望德国消除分裂状态实现政治统一。在黑格尔于耶拿大学当讲师期间，当拿破仑在法国之外攻城略地、并于1806年在耶拿一战中击败普鲁士的封建君主国时，黑格尔对这场资本主义制度战胜封建主义制度的胜利表示欢呼。后来，当黑格尔在纽伦堡当中学校长时，普鲁士被迫实行了一些具有资产阶级性质的改革并且在一定程度上推动了德国资本主义发展。这时，尽管他对用革命的方式来解决资本主义和封建主义的矛盾表达了担忧，但依然对资本主义发展的必然趋势表达了自己的信心。不过，早在他年轻时期，他在赞同法国革命的同时就反对雅各宾派实现的恐怖行动。所以，从担任海德堡大学教授开始，他的政治立场日益保守，对普鲁士政府表现得越来越顺从，他在自己的《哲学全书》中不仅认为普鲁士国家建立在理性的原则之上，甚至认为他哲学所探讨的宇宙精神在普鲁士国家中得到了最终的实现。其实，后来普鲁士国王之所以要聘请黑格尔任柏林大学

---

　　① ［苏］阿尔森·古留加：《黑格尔小传》，刘半九、伯幼译，商务印书馆1980年版，第3页。

　　② ［苏］阿尔森·古留加：《黑格尔小传》，刘半九、伯幼译，商务印书馆1980年版，第7页。

教授并且主持哲学讲座，就是为了让他用自己保守的观点来为其服务，黑格尔也确实在起着这样的作用，这时，他仅仅满足于对普鲁士君主制度进行某些小小的改良，主张实行有限的君主立宪制。当然，尽管黑格尔的政治立场越来越保守，甚至不惜采用各种溢美之词赞扬普鲁士政府，但是，正如他在"柏林大学开讲词"中所说：他依然"……请求诸君信任科学，相信理性，信任自己并相信自己。"强调"追求真理的勇气，相信真理的力量，乃是哲学研究的第一条件"①。

二、以康德哲学为起点

从一个角度说，亦即从德国古典哲学发展的内在逻辑的角度说，从康德哲学到黑格尔哲学的发展是一个合乎逻辑的进程，所以，我们在讨论黑格尔哲学的思想基础时当以康德哲学为起点。康德哲学所留下的遗产对黑格尔哲学的影响具有两种方向：其一，直接对黑格尔哲学产生影响；其二，通过影响后康德前黑格尔的哲学家（费希特、谢林）的思想而对黑格尔哲学产生影响，也就是说，这种影响是通过从康德到黑格尔的德国古典唯心主义哲学的发展历程来实现的。我们将把上述两种影响方向结合起来讨论。

（一）对待康德哲学遗产的态度

不仅黑格尔把复辟形而上学作为自己的哲学任务，后康德前黑格尔的其他哲学家费希特、谢林也同样如此。"挽救旧形而上学"既然是一种"挽救"，那就意味着形而上学曾经经历了一段"衰落"。这种"衰落"就出现在 17 世纪的形而上学之中，它因认识论困难造成了学科"危机"所致。因此，挽救旧形而上学虽然是对于全部旧形而上学的"挽救"，但主要还是对 17 世纪旧形而上学的"挽救"。其实，康德对形而上学也采取了这一学科"挽救"的立场，他在形而上学遭遇危机时力图通过挽救形而上学让形而上学重新变为"科学"。但是，康德的挽救是通过把传统形而上学

---

① 参见 [德] 黑格尔:《小逻辑》，贺麟译，商务印书馆 1980 年版，第 35—36 页。

原有的学科对象（本体）变成不可知的"物自体"并进入把它逐出形而上学的"对象领域"来实现的，所以，从传统形而上学（旧形而上学）的角度看，他的"挽救"非但不是"挽救"、反而倒是对形而上学学科的更重大的打击。所以，黑格尔以及费希特和谢林若要"挽救"形而上学，那就必须在吸收康德哲学思想中有利于"挽救"旧形而上学的因素的同时，批判他的哲学中的不利于旧形而上学的因素，特别是要把被康德推向不可知领域的形而上学的学科对象（本体）重新变成形而上学的学科对象。但是，他们要做到这一点就必须消除17世纪形而上学的认识论困难，即：如何解决主体与客体、思维和存在的统一问题，也就是说，如何解决作为主体的人最终认识作为客体的本质世界（本体）的问题。恰恰是在康德这里，他们又看到了消除17世纪形而上学乃至康德自己哲学困难的诸因素，这些因素就是康德哲学中有利于"挽救"旧形而上学的辩证法因素。因此，他们便用一种在吸收中批判或说在批判中吸收的态度来对待康德哲学的遗产。需要指出的是：在黑格尔看来，若要把康德哲学中的辩证法因素贯穿到底，从而形成系统的辩证法以消除17世纪形而上学的认识论困难，并且消除康德哲学的不可知论，那就必须消除康德哲学中的二元论，为此，必须用彻底的客观唯心主义消除康德哲学中的唯物主义因素。他把自己的客观唯心主义称之为绝对唯心主义，认为它要研究的作为世界之实体的对象就是作为客观精神、客观思想的绝对精神、绝对理念，而他的辩证法是绝对唯心主义基础上的辩证法。

（二）主体与客体的二元关系

主体与客体、思维与存在的关系问题是贯穿整个西方近代哲学的中心问题。西方近代哲学是随着认识论转向而登上哲学舞台的，认识论的根本任务就是要在主体与客体、思维与存在的二元对立中寻求它们的统一，从而获得真理、获得科学知识。17世纪形而上学的认识论困难就是他们未能通过自己的认识论（唯理论或经验论）解决主体与客体、思维与存在的统一问题。并且，他们的认识论困难还直接导致了他们形而上学的困难，引起了形而上学的危机。所以，康德为了挽救形而上学便在先把主体与客体、思维与存在对峙起来的基础上再寻求一种新的方法（先验的方法）把它们在某种意义上统一起来，并在其中说明世界之为世界究竟为何的问题。这里，先把主体与客体、思维与存在以一种典型的方式对峙起来是一种前提，它能清晰地把认识论问题的核心展示出来。正如科尔布鲁克所说："关于世界的知识仅仅在假设了主体与客体的区别时才是可能的。"①由于 17 世纪形而上学的认识论困难和存在论困难内在联系，所以，康德在自己的哲学中一开始就明确把主体与客体、思维与存在对峙起来并想通过一种新的方法解决这种对峙关系，也内在地包含了他想要解决与其相应的现象和本体（本质）之关系的问题，从而解决存在论的问题。康德的这些思想对于黑格尔以及费希特、谢林都影响明显，他们哲学的出发点和目标都被规定为如何解决主体与客体以及现象与本质的关系问题，并把存在论的问题内在地包含于认识论中。

但是，康德区别主体与客体、现象与本质（本体）却是为了说明本体是认识无法触及的对象，因而形而上学（自然或思辨形而上学）只能把现象作为自己的对象。正如康德自己所说："我们……由此既没有对于我们灵魂的本性，也没有对于理知的世界，更没有对于最高存在者，按照它们自在本身所是的而有所认识。"②在他看来，传统形而上学的本体对象至多也只能以其他的意义作为实践形而上学的对象，其中，自由可以被看作是为了道德法则并且通过道德法则显现出来的一种悬设性的原因性存在。"同样，别的那些理念的情况也是如此"③。黑格尔等人则不满意康德把客体或本体看成是不可知的"物自体"并把"现象"看成是形而上学的对象的做法。他们认为，康德的这种做法既未能统一主体与客体（思维与存在）以及现象和本质，在存在论上也错误地把形而上学的对象推向了不可知的领域，也就是说，他们认为康德哲学陷入了不该陷入的二元论和不可知论。

① Claire Colebrook, *Philosophy and Post-structuralist Theory: From Kant to Deleuze*, Edinburgh: Edinburgh University Press, 1999, p.27.

② ［德］康德：《实践理性批判》，邓晓芒译，杨祖陶校，人民出版社 2003 年版，第 182 页。

③ ［德］康德：《实践理性批判》，邓晓芒译，杨祖陶校，人民出版社 2003 年版，第 183 页。

黑格尔在肯定康德在区分本质（本体）与现象规定方面的功绩时又不满意地说："……康德只走到半路就停住了，因为他只理解到现象的主观意义，于现象之外去坚持着一个抽象的本质、认识所不能达到的物自身。"① 在他看来，这种认识无法触及的物自体只能是空洞的抽象，它本质上就是"无"。因此，黑格尔强调，现象并不脱离本质，本质并不在现象之外也不在现象之后，它就在现象之中。他由此说："当我们认识了现象时，我们因此同时即认识了本质。"② 因此，黑格尔从一个作为直接的认识对象的现象世界进到了本质世界。其实，黑格尔要求的是在客观唯心主义的基础上把辩证法引入现象与本质的关系以便正确解决它们之间的关系，从而达到它们之间的对立面的统一。同样，在他看来，也只有把辩证法引入西方近代哲学的中心问题亦即主体与客体、思维与存在的关系问题，才能正确解决它们之间的关系，从而达到它们之间的对立面的统一。

（三）辩证的因素与辩证的方法

既然黑格尔的客观唯心主义的辩证法是正确解决主体与客体、思维与存在之关系的关键，从而也是消除 17 世纪形而上学的认识论困难、复辟形而上学的关键，并且他的辩证法首先源自于康德哲学中的辩证法因素，也就是说，他把康德哲学中的辩证的因素发展成了自己哲学中的辩证方法，那么，我们应该进一步追问：他主要继承和发挥了康德哲学中的哪些辩证法因素呢？这些因素主要应该表现在三个方面，即：主体或精神的能动性、矛盾的必然性和概念的辩证性。其中，主体或精神的能动性是基础。

1. 精神的能动性

西方近代哲学特别是 17 世纪形而上学是以近代力学为基础来看待物质世界的哲学，他们把物质世界看成是以广延为本质的被动的世界。尽管 18 世纪末到 19 世纪初的德国古典哲学家在登上哲学舞台时西方近代自然科学的发展已从搜集材料的阶段逐渐进到整理材料的阶段，各种自然科学乃至社会科学的发展日益明显地显示了自然现象乃至社会现象的整体联系

---

① ［德］黑格尔：《小逻辑》，贺麟译，商务印书馆 1980 年版，第 276 页。
② ［德］黑格尔：《小逻辑》，贺麟译，商务印书馆 1980 年版，第 276 页。

与辩证发展，并且这一切都影响到了德国古典唯心主义哲学家，促进他们去发展辩证法思想，但是，在自然观上，他们依然受到以往的自然观的影响，认为物质是惰性的。例如，黑格尔曾说："凡是在自然界里发生的变化，无论它们怎样地种类庞杂，永远只是表现一种周而复始的循环；在自然界里真是'太阳下面没有新的东西'，而它的种种现象的五光十色也不过徒然使人感到无聊。"①但是，近代唯心主义哲学却在物质世界之外看到了人的精神的能动作用。这种人的精神的能动作用也就是西方近代哲学所说的主体的能动作用。其实，西方近代哲学就是随着主体的崛起而登上哲学舞台的，它的典型表现就是笛卡尔的"我思"。笛卡尔认为"我思"是他的哲学首先找到的能够作为哲学支点的确定的东西，他由"我思"推出物质世界的存在，甚至进一步推出上帝的存在。康德虽然把"理性"批判作为自己哲学的起点，并通过"理性"批判限制了人的理性，但是，在此基础上，他又强调了"理性"的能动性。在他看来，"我思"、"自我"或"自我意识"不仅可以作为先天的"法"（认识形式）积极地形成知识，而且可以通过给予自然界以规律（人为自然立法）使自然世界成其为自然世界。就笛卡尔认为"我思"是推出世界的基础而康德认为"自我"是创造（建构）世界的条件来说，康德进一步发展了笛卡尔哲学中的主体能动性的思想。主体的能动性也就是精神的能动性，因此，它作为一种遗产构成了康德之后的其他德国古典唯心主义哲学家，尤其是黑格尔以精神的能动性发展精神辩证法的思想基础。当然，黑格尔在自己的客观唯心主义的立场上改造了笛卡尔、康德的能动的"我思"、"自我"，这就是说，他用自己哲学中的绝对的、客观的"绝对精神"、"绝对理念"代替了笛卡尔、康德的"我思"、"自我"，认为绝对精神、绝对理念作为精神性的实体自身就是主体，它具有主体的能动性，由此出发，他提出了"实体就是主体"的重要命题。

2. 矛盾的必然性

康德在阐述人的认识的进程时指出，人的认识在从知性走向理性，试

---

① ［德］黑格尔：《历史哲学》，王造时译，三联书店1956年版，第94页。

图用知性的工具去把握世界的本质（本体）时不可避免地会出现矛盾，这种矛盾就是他所说的纯粹理性的二律背反。尽管康德认为二律背反的正题与反题的关系其实只是两个对立命题之间的关系，但是，在他那里，从非先验哲学的角度来说，二律背反还是以正题与反题之间的矛盾形式表现出来的。因此，康德的"二律背反"明确地表达了在思维的进程中矛盾的不可避免的思想。其实，在康德的哲学中，还存在着诸如思维与存在、本体与现象等一系列相互矛盾的概念，但是，二律背反则最为典型地表现了矛盾的不可避免性。康德关于矛盾、特别是在思维进程中矛盾不可避免的思想对后来的德国古典哲学家、特别是黑格尔影响深刻。黑格尔说："康德……认为知性的范畴所引起的理性世界的矛盾，乃是本质的，并且是必然的，这必须认为是近代哲学界一个最重要的和最深刻的进步。"[①] 不过，黑格尔反对像康德那样停留在诸如本体与现象的外在对立上面，也反对康德把"二律背反"看成是主观思维的矛盾，并且只举出四对矛盾。在他看来，矛盾是客观存在因而是不可避免的现象，它普遍地存在于各种领域，其实，它就是世界万物的内在本质。因此他说："矛盾是推动整个世界的原则，说矛盾不可设想，那是可笑的。"[②]"认识矛盾并且认识对象的矛盾特性就是哲学思考的本质。"[③] 黑格尔把矛盾看成是"对立面的统一"、"不同诸规定的统一"，矛盾的思维就是坚持"亦此亦彼"而不局限于"非此即彼"的思维。黑格尔甚至认为，17 世纪形而上学在认识论上之所以陷入困难，就在于他们仅仅局限于"非此即彼"的思维方式；康德尽管进了一步，但他只把矛盾看成是有限的主观思维的矛盾，并且还想要消除它们。若是我们不坚执"非此即彼"的思维方式，而是在"非此即彼"中看到"亦此亦彼"，那么我们就可以打破 17 世纪形而上学关于理性和经验，以及康德形而上学关于现象与本质等一些相互对立的范畴之间的僵硬的、外在的、静止的对立，而将它们理解为内在的对立，进而达到它们的统一。

---

① ［德］黑格尔：《小逻辑》，贺麟译，商务印书馆 1980 年版，第 131 页。
② ［德］黑格尔：《小逻辑》，贺麟译，商务印书馆 1980 年版，第 248 页。
③ ［德］黑格尔：《小逻辑》，贺麟译，商务印书馆 1980 年版，第 132 页。

3. 概念的辩证法

康德的先验逻辑和形式逻辑一样包含概念、判断和推理三个部分，它们分别对应于知性认识（概念、判断）和理性认识（推理）。其中，概念是先验逻辑的基础。康德把概念看成是人的理论理性先验具有的"法"，他是人用来安排、整理感性认识从而让其具有普遍必然性的科学知识的"思维形式"或"认识形式"。这种先天的"法"作为一个整体也就是康德的先天"范畴表"。如前所说，康德的范畴表包含了四类范畴，其中，两类是数学的范畴，两类是力学的范畴，在每一类范畴中，他用三分法代替了传统逻辑的二分法，也就是说，他的范畴表中的每一类范畴都包含了三个范畴；其中，前两个范畴（分别构成唯理论和经验论的基础）互相对立，第三个范畴则是前两个范畴的统一和综合。这样一来，康德形而上学中的每一类范畴都形成了一个对立面的统一，形成一个从肯定到否定（互相对立）再到否定之否定（对立面的统一）的逻辑关系（进程），它也表现为一种正、反、合亦即由"正"到"反"再到"合"的逻辑关系（进程）。康德对于自己先天范畴表的上述处理方式对后康德的德国古典唯心主义影响颇深，黑格尔认为康德对范畴的"三分法"本能地暗示了概念的运动，他还认为一切形而上学的旧思维方式的根本缺陷就在于没有对自己所运用的范畴采取批判的态度，从而陷入"非此即彼"的思维方式。正是在康德"三分法"的基础上，后康德的德国古典唯心主义哲学家特别是黑格尔才发展出了系统的概念辩证法。

总体来说，康德在自己的哲学中以人的主体能动性为基础，在一定的意义上表达了在思维的进程中矛盾不可避免的思想，并在自己的先天范畴表中详细地阐述了矛盾（对立的统一）在概念中的表达形式，形成了初步的概念辩证法思想。后康德的德国古典唯心主义哲学家特别是黑格尔在唯心主义的基础上进一步发展了康德的概念辩证法思想，通过能动的精神去解决康德认为不能彻底解决的主体与客体、思维与存在、现象与本体之间的统一问题，认为能动的精神能够在自己的辩证运动中实现与客体的统一，它或者作为自我（费希特）、绝对精神（黑格尔）通过自己的能动活动产生客体然后再去统摄客体，以达到主体与客体的统一，达到自我意识；或者作为绝对理性（谢林）通过自己的不自觉活动，产生有限的自然与有限的理智，然后再通过进一步的发展，达到主体与客体、理智与自然的统一，达到实体的彻底自觉。当然，在后康德德国古典唯心主义哲学中，立足于康德哲学之辩证因素发展出系统的唯心主义辩证法的思想乃是一个从不太自觉到自觉，从不太成熟到成熟，从不太系统到系统的过程，它在黑格尔的哲学中终于走向了顶峰。

三、费希特的知识学学说

费希特（Johann Gottliebieb Fichte，1762—1814）是继康德之后的德国古典唯心主义哲学的第二位代表。他出生在一个手工业者家庭，家境贫寒，大学毕业后先后到波兰和瑞士任家庭教师。1794 年他担任了耶拿大学教授，1799 年，他因激进的资产阶级立场和支持学生运动而在无神论的名义下被逐出耶拿大学。随后，在柏林做了几年家庭教师后，他又于 1805 年进入埃尔朗根大学担任教授。从 1809 年开始，他一直担任柏林大学教授，并被选为柏林大学校长。在学术思想上，费希特起初信仰斯宾诺莎哲学，后来又深受康德哲学的影响，1794 年担任耶拿大学教授后，他就开始摆脱康德哲学并且批判康德哲学，最终逐渐形成了自己的"知识学"的形而上学体系。从 1801 年起，他的思想开始转向神秘主义。费希特的重要哲学著作有：《全部知识学的基础》（1794）、《知识学导言》（1797）、《论学者的使命》（1794）、《人的使命》（1800）等。

（一）费希特的知识学体系

费希特把哲学看成是"知识学"。在他那里，所谓"知识学"，就是阐释人类整个知识体系的可能性、有效性和内在联系的学说，它要"找出人类一切知识的绝对第一的、无条件的原理"[①]。所以，知识学在学科上是"关于一般科学的科学"[②]。在此意义上，它已经成了"科学的科学"。

---

① ［德］费希特：《全部知识学的基础》，王玖兴译，商务印书馆 1986 年版，第 6 页。
② 转引自杨祖陶：《德国古典哲学逻辑进程》，武汉大学出版社 1993 年版，第 134 页。

1. 知识学的主要任务

既然在费希特那里，知识学就是在找出人类一切知识之绝对第一的、无条件的原理的基础上，阐释人类整个知识体系的可能性、有效性和内在联系，那么，他的知识学的主要任务便应该是首先寻找这个第一的、无条件的原理，然后在它的基础上阐释人类整个知识体系的可能性、有效性和内在联系。那么，究竟什么才是作为知识学基础的第一的、无条件的原理呢？知识学作为"关于一般科学的科学"，也就是说，它作为人类全部知识的根据，不同于其他任何具体的知识（科学）。人类一切知识都是经验的知识，关于经验的知识的科学都是经验的科学，既包含自然科学，又包含社会科学，它们是有必然性感觉伴随的那些表象的体系。因此，知识学想要寻找的第一的、无条件的原理就应该是人类经验知识的根据。其实，康德也在寻找人类经验知识的根据，但是，康德把人类经验知识的根据仅仅看成是人的理论理性先天具有的"法"（认识形式），并且认为这种"法"仅仅对经验质料有效并且通过它的"立法"所产生的知识仅仅是经验的知识。在康德那里，理性的人（自我）和超越经验的对象都是不可知的，我们所知道的仅仅是"自我"的"法"以及它对经验质料的作用。费希特说："哲学既然要说明一切经验的根据，它的对象就必然是在一切经验之外。"[①]但是，这种在经验之外又作为经验"根据"的东西不能仅仅是不可知的东西，并且我们也不会满足于仅仅知道它是只能运用经验质料的形式（认识形式）。那么，它是什么呢？费希特的回答是：它就是作为实体的"自我"（理智）或自我意识。它是经验知识的根据，从它出发，我们就能够推出人类的全部知识体系，并且这种知识体系并不会给我们留下一个不可知的"物自体"。

费希特把自我与他要追寻的第一的无条件的原理联系起来。他所说的作为经验根据的"自我"不是个人的、有限的、经验的自我，而是无限的绝对自我，这种无限的绝对自我是唯一的实在，它既是一切事物的创造者，又是全部知识的基础。费希特进一步发挥了康德关于自我能动性的思

---

① 北京大学哲学系编：《西方哲学原著选读》下卷，商务印书馆1982年版，第321页。

想，在他看来，自我的本质就是活动，这种活动不是经验自我的知性活动，也不为自我之外的某种东西所规定，它是绝对能动的，第一性的纯粹精神活动。他把这种活动称之为"本原行动"。他说："在唯心论看来，理智是一行动，绝对不再是什么。"① 费希特进一步指出，自我的活动拥有它自己的基本原理或基本规律，从自我活动的基本原理或基本规律中，我们既可以引申出一个世界的表象亦即经验的物质世界来，也可以引申出我们自身的表象亦即认识和实践的主体来。因此，自我是主体和客体、思维和存在、理论理性和实践理性、感性和理性等的统一。它也是全部知识的基础。那么，自我的本原行动的基本原理和基本规律究竟是什么并且又是如何构成全部知识学基础的呢？

2.知识学的基本原理

费希特认为，自我活动的基本规律有三条，同样，知识学的基本原理也有三条。他通过阐述他的自我活动的三条规律或知识学的三条原理来阐述他的形而上学的哲学体系。自我活动的三条基本规律是："自我设定自我"、"自我设定非我"、"自我设定自我和非我"。第一条基本规律（原理）是"自我设定自己"。自我在这里既是自己产生自己的活动，又是这一活动的产物。因此，这一条规律既说明了活动是自我的本质，又说明了自我是作为自因的存在，它是唯一的实体。费希特说："设定着自我的自我，与存在着的自我，这两者是完全等同的、统一的、同一个东西"②，"……因此对自我来说，自我直截了当地必然地是。"③ 第二条基本规律（原理）是自我设定非我作为自己的对立面。费希特所说的"非我"就是自然。在他看来，"非我"是由"自我"设定的自己的对立面，它的存在以自我的存在为前提，也正因为如此，它才被称为"非我"。因此，在自我与非我的关系中，自我是能动的、原始的，非我是被动的、派生的。尽管如此，非我也有它的积极意义，即自我只有在与一个非我区别开来，作为其对立面并对其加以限制时，它才能被"设定"起来，才能有自己的规

① ［德］费希特：《全部知识学的基础》，王玖兴译，商务印书馆 1986 年版，第 13 页。
② ［德］费希特：《全部知识学的基础》，王玖兴译，商务印书馆 1986 年版，第 13 页。
③ ［德］费希特：《全部知识学的基础》，王玖兴译，商务印书馆 1986 年版，第 12 页。

定。在此意义上也可以说，自我和非我、主体和客体是相互设定的，因而也是相互联系、相互依赖的。第三条基本规律（原理）是"自我在自我之中对设一个可分割的非我以与可分割的自我相对立"①。费希特的意思是：绝对自我在自己之中对设一个自我和非我，这两个对设的自我和非我是可分割的，"可分割的"意味着它们是有限的、具体的，是某个人的经验的自我和某个事物的经验的非我。绝对自我就这样通过对设一个可分割的自我和一个可分割的非我，使二者互相对立、互相限制。费希特解释说：所谓"限制某个东西，意思就是说，不由否定性把它的实在性整个扬弃掉，而只部分地扬弃掉。因此，在限制的概念里，除实在性和否定性的概念之外，还含有可分割性的概念。"②"由于可分割的自我和可分割的非我都是由绝对自我对设起来的，所以，虽然在现实经验中，可分割的自我和非我、经验的主体和客体是对立的，而在绝对自我中，它们是统一的，它们的区别和对立仅仅是绝对自我的自身内部的区别和对立"。③费希特进一步认为，在第三条基本规律中，自我与非我的统一方式可以以两种形式发生：如果自我设定非我为限制者，则非我便作为对象决定自我，它是主动的，而自我作为被限制或被决定者，则是被动的，这就是理论理性；如果自我设定自己为限制者，则自我就作为取消异己东西的力量来克服非我，它是主动的，而非我作为被限制者或被克服者，则是被动的，这就是实践理性。自我作为绝对的自我就是在其所对设的自我与非我的相互限制之中通过辩证地发展来实现自己的。尽管费希特的知识学是认识论的理论，但是，由于他把自我活动产生规律（原理）的过程也看成是自我在辩证的发展中实现自己的过程，所以，在他那里，也在一定的程度上包含了认识论与存在论统一的思想。

知识学探讨的是认识论问题。但是，费希特与康德不同，康德认为认识论所建立的规律只适用于现象界，"自我"的能动性仅仅对经验对象

---

① ［德］费希特：《全部知识学的基础》，王玖兴译，商务印书馆1986年版，第27页。

② ［德］费希特：《全部知识学的基础》，王玖兴译，商务印书馆1986年版，第26—27页。

③ 强以华：《存在与第一哲学》，武汉大学出版社2005年版，第173页。

（现象）有效，他把本体领域作为物自体推向了认识论无法触及的领域。费希特则认为，哲学认识论应以"全部理性体系"为对象，认识论所建立的规律不仅对经验对象（现象）有效，而且对实践、道德、历史（本体）也都有效。所以，它是"全部知识学的基础"。如前所述，费希特在自己知识学探讨的自我活动的第三条基本规律中，通过自我和非我、主体和客体相互之间的两种统一的方式分别产生了理论理性和实践理性，亦即认识定理和意志定理，认为前者表明自我设定自己需要一个限制自己的对象，后者表明自我设定自己需要一个异己的力量以采取能动的活动。在理论理性中，自我作为设定非我的绝对自我是能动的，而它作为被非我限制的自我却又是被动的。因此，自我和非我处于对立的辩证关系中，正是在这种辩证关系中，费希特既引申出了理性矛盾，按照正、反、合的节奏，推演出一系列的范畴并力图找出它们的内在联系，又进一步引申出了知识的质料和对象的表象。所以，他反对康德只从自我引申出知识形式，却把知识的质料归结为彼岸世界的"物自体"的刺激的做法，指出形式和质料不是两块异质的东西。在实践理性中，自我作为设定自己为非我的限制者的绝对自我是能动的，而他作为也被非我所限制的自我时却又是被动的，这个矛盾就是绝对自我的本质矛盾。绝对自我构成了有限自我的本质，所以，有限的自我总是要克服异己的非我的限制以追求无限，追求独立与自由，它的这一追求过程其实就是返回自身从而达到自身的纯粹存在过程。

在后来的《人的使命》中，费希特还专门讨论了自然体系和自由体系的问题。在他看来，自然体系是受客观因果性支配的体系，它基于因果规律按照一定的顺序向前发展，从无机物到有机物，从有机物再到人类；自由体系是受主观目的性支配的体系，自我作为创造感性世界的原始力量基于主观目的自由地实现自己的意志，它既塑造自我的身体也塑造周围的世界。在前一种体系中，人是自然的仆人，他没有自由，他"的感性活动的能力仍在自然支配之下，不断受到自然力量的推动，由自然的力量产生出来"①，人也仅仅作为自然力量冷漠地对待他人；在后一种体系中，人是自

① ［德］费希特：《人的使命》，梁志学、沈真译，商务印书馆1982年版，第27页。

然的主人，他是自由的人，他的知性活动的能力"受一种超乎自然之上
的、完全摆脱自然规律的力量支配，而这种力量就是目的概念的力量，意
志的力量"①，人在自由中实现自己的爱。费希特认为前一种体系以知识为
宗旨，它能使人获得客观的知识，所以，他也把它称为知识体系；后一种
体系以人类之爱为宗旨，它能使人达到人类之爱，所以，他也把它称为爱
的体系。尽管两种体系都有优点，但是，费希特还是认为因果性应该从属
于目的性，因为目的性乃是自我创造自然体系因果链条的首要环节。

（二）德国古典哲学的初步发展

费希特在康德之后初步发展了德国古典哲学特别是古典唯心主义哲
学，从而为德国古典唯心主义的进一步发展特别是为黑格尔哲学的诞生奠
定了基础。他的初步发展一方面表现为用一种唯心主义代替了康德的二元
论，以及用可知论代替了康德的不可知论，另一方面则初步系统化了康德
哲学中的辩证法的因素。

1. 主观唯心主义的一元论

康德的认识论探讨的是人为自然立法，他一方面认为立法之人（自
我）是不可知的东西而我们仅仅知道他的立法作用，另一方面认为人的立
法仅仅对经验质料有效因而超越经验的本体也是不可知东西。费希特则直
接把作为实体的自我看成是认识论的对象，并立足于自我活动进一步既把
自我设定的"非我"，也把自我设定的"自我"都看成是认识论应探讨的
重要内容；在此基础上，他认为自我和非我能够达到相互统一，所以，它
们都是可知的东西。其实，费希特选择自我作为实体不仅是为了否定康德
的二元论和不可知论，也是为了反对唯物主义。他说："我们想把每种哲
学提出来解释经验的那个根据称为这种哲学的对象。"②在他看来，经验的
可能根据有两种，或是"物"（物自体）或是"自我"（理智）。凡是主张
以物为经验的根据、从物引申出经验、进而认为观念是物的产物的便是
"独断论"（"唯物论"）；凡是主张以自我为经验的根据、从自我引申出经

---

① ［德］费希特：《人的使命》，梁志学、沈真译，商务印书馆 1982 年版，第 27 页。

② 北京大学哲学系编：《西方哲学原著选读》下卷，商务印书馆 1982 年版，第 323 页。

验、进而认为物是自我的产物的便是"唯心论"。费希特敏锐地看到，不仅独断论和唯心论"这两个体系是绝对不能两立的"①，而且它们谁也驳不倒谁，原因在于："……它们的争论是关于那个无从再作推论的第一原理的争论；只要双方中任何一方的第一原理得到了承认，它就推翻了对方的第一原理。"②正是由于在独断论和唯心论之间一个体系引申出来的结论必然会取消从另一个体系引申出来的结论，所以，像康德那样把物自体和自我"混合成为一体是必然没有一贯性的。无论在什么地方，只要企图这样做，这个混合体的各个部分都是不会协调的，会在不知道什么地方产生一条巨大的裂缝"③。既然如此，那么，我们在必须于独断论和唯心论之间作一选择的情况下究竟应该选择哪一种哲学呢？费希特认为，唯心论才是唯一可能的哲学。从存在论上说，物自体本身就是理智抽象的产物，因而没有任何实在性的"意义"；从认识论上说，唯物论也不能说明从存在到表象的过渡。因此，只有那些不能意识到自己的独立和自由的人才会选择独断论。他说："一个天生萎靡的或是由于精神的奴役、博学的奢侈与虚荣弄得萎靡了、随和了的性格，将永远不能把自己提高到唯心论的程度。"④由此出发，费希特选择了唯心论，他的"知识学"以能动的自我为实体，以自我的"本原活动"为永恒运动的源泉，在此基础上，他在自我的范围内通过自我活动的三条基本规律或基本原理来说明人与自然的关系、主体与客体的关系、思维与存在的关系，建立了全部知识学的体系。在他看来，这样既克服了康德的二元论和不可知论，也抵制了唯物论，还消除了旧形而上学的危机和难题。

2.唯心主义的主观辩证法

费希特克服康德哲学二元论和不可知论、抵制唯物论的武器源自于康德自身，那就是康德哲学中的主体（精神）能动性思想。费希特在自己的哲学中肯定了康德关于自我意识及其能动性的思想，但是，他认为康德关

---

① 北京大学哲学系编：《西方哲学原著选读》下卷，商务印书馆1982年版，第327页。
② 北京大学哲学系编：《西方哲学原著选读》下卷，商务印书馆1982年版，第326页。
③ 北京大学哲学系编：《西方哲学原著选读》下卷，商务印书馆1982年版，第327页。
④ 北京大学哲学系编：《西方哲学原著选读》下卷，商务印书馆1982年版，第330页。

于自我意识及其能动性的思想却未能真正揭示出自我的本质。在他看来，康德把范畴、规律作为现存的东西从形式逻辑的判断形式中提取了出来，但却没有从一个统一的原则推演出人类的全部知识体系。因此，费希特要进一步扩大自我的能动性，将自我的本质直接规定为能动的活动，认为这种能动的活动遵循自己的规律就可以演化出人类的全部知识体系。

在进一步提升自我的能动性亦即将自我的本质规定为能动的活动的基础上，费希特还进一步发展了康德在纯粹理性二律背反中包含的矛盾思想和在先天范畴表中体现出来的概念辩证法思想，并将其运用于自我能动活动的过程之中，也就是说，运用于自我作为绝对自我设定自我、非我和自我与非我的活动过程之中，它具体包含了自我活动的三条基本规律亦即人类知识的三条基本原理。费希特认为，知识学的基础只需要这三条基本规律，若有了这三条基本规律，便无须他求。我们知道，矛盾就是对立面的统一，康德先天范畴表的四类范畴之每类范畴中三个范畴之间的关系其实就是对立面统一的关系。在费希特这里，三条基本规律的关系其实也是对立面的统一，它既包含了自我与非我的对立，又包含了自我与非我在绝对自我中的统一。同样，对立面统一的关系在节奏上也表现为肯定、否定和否定之否定或说正、反、合的关系，这种情况在费希特自我活动的三条规律的关系中也清晰地得到表达。在知识学的三条基本规律中，第一条基本规律属于"同一性原理"，它构成了"同一律"的基础；第二条基本规律属于"反设原理"，它构成了"矛盾律"的基础；第三条基本规律属于"根据原理"，它构成了"充足理由律"的基础。"同一性原理"是"正题"，是"实在性"，"反设原理"是"反题"，是"否定性"，"根据原理"是"合题"，是作为"实在性"和"否定性"统一的"限制性"。从"第一条规律"到"第二条规律"再到"第三条规律"、从"同一性原理"到"反设原理"再到"根据原理"、从"实在性"到"否定性"再到"限制性"的过程，也就是从自我到自我设置自己的对立面再到对立面的统一、从"肯定"到"否定"再到"否定之否定"、从"正题"到"反题"再到"合题"的过程，它们都是源自于自我的能动活动表现出来的有节奏的过程。这一过程在存在论上说明了世界的产生和发展，在认识论上说明了主体与客体、思维与存在的统一；不仅如此，它还客观上表达了存在论与认识论的统一，甚至表达了存在论、认识论与辩证法的统一。这样一来，费希特就通过自我的能动活动过程并经由自我能动活动的三条基本规律建构了全部人类知识学体系，并为经验提供了根据，也就是说，为人类的一切经验知识或具体科学提供了绝对第一的、无条件的原理。所以，黑格尔说："费希特哲学的最大优点和重要之点，在于指出了哲学必须是从最高原则出发，从必然性推演出一切规定的科学。其伟大之处在于指出原则的统一性，并试图从其中把意识的整个内容一贯地、科学地发现出来，或者像人们所说的那样，构造整个世界。"[1]

其实，尽管费希特不满意康德没有从自我的先天逻辑形式（范畴）推演出人类全部知识体系，但是，他自己也没有做到这一点，这就是说，在他的哲学中，自我活动通过三条基本规律所建构的所谓人类全部知识也仅仅是形式上的。造成这一现象的原因就是他的主观唯心主义。费希特把自我看成是唯一的实体。在他的知识学中，"非我"是由自我设定的，它之所以表现为"非我"（自然界），不过是自我需要它来实现自己的能动性，表明它是自我所创造出来的东西。所以，"非我"（自然界）并不是什么独立的存在而仅仅是自我的"设定"。所以他说："……凡是我所知道的，都是我的意识本身。任何意识不是直接的，便是间接的。第一种意识是自我意识，第二种意识则是关于非我的意识。"[2] 对此，我们不禁要问，难道我们实实在在感觉到的对象竟然不是外在的"物"的对象吗？在此方面，费希特比康德在唯心论的程度上更进一步，他说："我在我自身感觉，不是在对象中感觉，因为我是我自己，不是对象；所以，我感觉到的只是我自己的状态，而不是对象的状态。"[3] 正因为如此，所以，当自我借"非我"实现了自己的能动性乃至创造性，达到个人的自我意识以及人类的自我意识时，它就发现"非我"原来是自我自己设定的，它是自我的产

---

① ［德］黑格尔：《哲学史讲演录》第4卷，贺麟、王太庆译，商务印书馆1978年版，第311页。

② ［德］费希特：《人的使命》，梁志学、沈真译，商务印书馆1982年版，第74页。

③ ［德］费希特：《人的使命》，梁志学、沈真译，商务印书馆1982年版，第37页。

物。这样一来，费希特那里的自我与非我、主体与客体、思维与存在、本体与现象、感性与理性、理论和实践等等的对立面统一，实质上都是自我内部的东西。费希特的辩证法也仅仅是主观辩证法，亦即主体内部的形式辩证法。也正因为如此，尽管费希特的自我活动的第三条基本规律强调的就是自我与非我的统一，但是，无论他在理论理性中试图解决作为自我对立力量的"推动力"的来源问题时，还是他在实践理性中试图厘清无限自我、有限自我和非我之间的关系时，都显现出了理论上的困难和混乱。所以，黑格尔说道："由于自我设定非我，肯定的自我就必须限制其自身。尽管费希特力图解决这个矛盾，但是他仍然没有免除二元论的基本缺点。因此矛盾并没有得到解除，而那最后的东西只是一个应当、努力、展望。"①"实践理性据说就是上述的对立可以得到解决的地方。"②但是，"从实践的范围看来，终极的东西在于自我的活动是一种仰望，——这与康德所谓'应当'是同样的东西。"③因此，德国古典唯心主义哲学还需继续前行。

四、谢林的同一哲学学说

谢林（Friedrich Wilhelm Joseph Schelling 1775—1854）是德国古典唯心主义哲学发展过程中的第三位哲学家。他出生于符腾堡的一个乡村牧师家庭，比黑格尔晚两年进入图宾根神学院学习神学和哲学。1795 年大学毕业，他在莱比锡当了两年多家庭教师后于 1798 年进入耶拿大学担任自然哲学教授直至 1803 年。1803 年到 1806 年，他又任乌尔兹堡大学教授。1806 年到 1820 年，他担任慕尼黑美术学院秘书长。1820 年到 1841 年，他先后担任过埃尔朗根大学教授和慕尼黑大学教授等职务。1841 年，

---

① ［德］黑格尔：《哲学史讲演录》第 4 卷，贺麟、王太庆译，商务印书馆 1978 年版，第 320 页。

② ［德］黑格尔：《哲学史讲演录》第 4 卷，贺麟、王太庆译，商务印书馆 1978 年版，第 326 页。

③ ［德］黑格尔：《哲学史讲演录》第 4 卷，贺麟、王太庆译，商务印书馆 1978 年版，第 328 页。

普鲁士国王威廉四世召请谢林主持柏林大学的哲学讲座，主要是抵制黑格尔左派的哲学影响。后来，他因无人听他演讲而辞去教职。此后，他还担任过柏林科学院院士和普鲁士政府的枢密顾问。在学术上，谢林曾热切地追随费希特并从主观唯心论的角度批判康德，在耶拿大学任教授期间，他转而批判费希特并且以经过改造的斯宾诺莎哲学的立场创立了客观唯心主义的哲学体系，并在随后的一段时间中进一步完善了自己的哲学体系，这就是他的"同一哲学"体系。谢林在政治上曾经为法国大革命而欢呼，但是，大约从 1810 年起，他的政治立场逐渐转向反动，在哲学上也开始转向神秘主义，最终提出了自己的"天启哲学"。谢林的主要哲学著作有：《自然哲学体系初稿》（1799）、《先验唯心论体系》（1800）等。

（一）谢林的同一哲学体系

谢林的哲学包含他早期的"同一哲学"和晚期的"天启哲学"（以及神话哲学），其中只有早期的"同一哲学"才构成了德国古典唯心主义哲学发展逻辑的必要一环，所以，在本书中，我们只讨论他的同一哲学。那么，什么是他的同一哲学呢？也就是说，什么是同一哲学的对象，并且这一同一哲学的任务究竟是什么呢？

1. 同一哲学的对象

像西方近代哲学，特别是康德哲学以及费希特哲学一样，解决主体（主观的东西或表象，它的总体就是自我或理智）与客体（客观的东西或对象、它的总体就是自然）的关系、寻求它们之间的统一（同一）问题也构成了谢林哲学的出发点。但是，一旦涉及主体（自我、主观的东西）和客体（自然、客观的东西）的统一或一致的问题，或说，一旦涉及如何追求主体与客体的统一或一致的问题，那么，我们就会立即面临另外一个问题，即：知识中的这两种东西究竟何者居先的问题。费希特以自我居先，尽管康德的哲学是一种二元论，但他实际上也以自我居先，谢林不满意唯物主义以自然居先的做法，但也不满意费希特以及康德以自我居先的做法，认为自我作为主体只属于作为主体与客体二元对立之一方，它受到非我的限制，因而不能作为最高的哲学原则。在他看来："在知识活动本身，即当我进行认识时，客观的东西和主观的东西是统一在一起的，以致我们不能说二者当中何者居先。这里既不存在第一位的东西，也不存在什么第二位的东西，两种同时存在，而且是一个东西。"①这个东西就是谢林哲学中的作为主体、自我（主观的东西）和客体、自然（客观的东西）的"绝对同一"。谢林认为，这种"绝对"或"绝对同一"就是哲学的对象和最高原则。

何谓"绝对同一"？它就是一种客观的"绝对理性"或说绝对的"宇宙精神"，它既非精神的东西，也非物质的东西，既非思维，也非存在，既非主观的东西（主体、表象、自我），也非客观的东西（客体、对象、自然），而是一种更高的东西。他说："这种更高的东西……只能是绝对的同一性"②，也就是说，绝对的同一性作为更高的东西是物质与精神、思维（主体、自我）与存在（客体、对象）的绝对无差别。谢林认为，物质、精神都没有独立的存在，它们都以理性为唯一的本原，存在于理性之中。所以他说："哲学的观点就是理性的观点，哲学的知识就是一种关于事物自在地是怎样的知识，也就是事物在理性中是怎样的知识。"③

谢林进一步探讨了绝对同一作为世界的本原、实体与万事万物的关系。在他看来，绝对同一或绝对理性作为绝对的无差别，既没有质的差别，也没有量的差别，它的最高规律即是形式逻辑的同一律。同一律不仅是绝对理性的存在形式，而且是绝对理性的知识表现。然而，尽管绝对理性是绝对的无差别，但是现实世界必须是某种差别性存在，否认现实世界的差别性存在既违背了常识，也会使谢林的哲学失去现实的意义。因此，谢林围绕绝对同一和现实世界讨论了绝对的无差别和量的差别的问题，他的这一讨论涉及他关于绝对实体（"绝对全体"）和有限事物（"相对全体"）的关系问题。在此方面，他的思想明显受到了斯宾诺莎关于实体与样式之关系思想的影响。谢林认为，绝对的同一就是绝对的全体，它也就是宇宙存在本身；但是，绝对同一必须同时以主观世界和客观世界的形式

---

① [德] 谢林：《先验唯心论体系》，梁志学、石泉译，商务印书馆1983年版，第6页。
② [德] 谢林：《先验唯心论体系》，梁志学、石泉译，商务印书馆1983年版，第250页。
③ 转引自杨祖陶：《德国古典哲学逻辑进程》，武汉大学出版社1993年版，第160页。

去存在，后者是"相对的全体"。无论是主观世界或客观世界，它们自身都包含了无数的有限事物、个体，所以绝对同一总是以有限事物和个体的形式存在着，有限事物和个体则表现为绝对同一的样式。绝对的全体没有任何量的差别，而在每一种相对的全体中，或在每一个有限的事物和个体中，都存在着量的差别。尽管如此，它们任何一个也都必须遵循宇宙的最高规律即同一律，特别是它们任何一个也都包含了主观性和客观性两个方面，只是在不同的相对的全体或有限的事物和个体中主观性和客观性有着不同的比例罢了，而这种不同的比例恰好就是它们之间的量的差别。在客观世界（自然）中，客观性占有优势；在主观世界（自我）中，主观性占有优势。但是，从两个相对的全体来看，或从所有的有限事物来看，它们的客观性优势和主观性优势相互补充，最终达到一种平衡状态，表现为主观性和客观性在量上的相等和绝对的无差别。当然，普通的人无法达到这一认识高度，只有思辨哲学从绝对同一的角度看问题，才能看到事物的真实状态，也就是说，看到事物自身就是绝对同一。

2.同一哲学的任务

既然哲学的对象或最高原则是绝对同一，那么这是否意味着谢林直接就解决了西方近代认识论特别是康德哲学认识论的基本问题亦即主体和客体的统一（同一）问题了呢？谢林并不这样认为。在他看来，哲学的任务正是要"说明"这一"同一"问题。他说："一切知识都以客观东西和主观东西的一致为基础。……真理普遍认定是在于表象同其对象的一致。"① 为此我们必须说明客观的东西（对象、自然）与主观的东西（表象、自我或理智）如何才能相互一致，因此，谢林说道："哲学的课题就在于说明这种汇合活动"②。但是，我们究竟如何才能"说明"这种同一性的问题呢？谢林认为，为了"说明"这种同一性问题我们就必须先行"扬弃"这种同一性，也就是说，"使其中一个因素先于另一因素，从其中一个因素出发，以便从这一因素达到另一因素"③。于是我们便面临两种选择：或

---

① ［德］谢林：《先验唯心论体系》，梁志学、石泉译，商务印书馆1983年版，第6页。
② ［德］谢林：《先验唯心论体系》，梁志学、石泉译，商务印书馆1983年版，第6页。
③ ［德］谢林：《先验唯心论体系》，梁志学、石泉译，商务印书馆1983年版，第6页。

者使客观的东西处于第一位，然后去解决与它一致的主观的东西何以会归附于它的问题；或者使主观的东西处于第一位，然后去解决与它一致的客观的东西何以会归附于它的问题。前者是自然科学的课题，后者主要是哲学亦即他所谓的先验唯心论的课题。与此相应，谢林认为，绝对同一作为绝对的无差别是无意识的，但它有一种把自身提高为自觉（有意识）的精神实体的无意识的欲望活动、无意识的冲动（原始冲动），这种原始冲动造成了"原始对立"，它推动了绝对同一的创造活动，这种创造也就是精神的理智的创造过程。它或是无意识地和盲目地创造，或是有意识地和自由地创造。前者从无意识的绝对同一出发，在原始对立的推动下从客观走向主观，经由各个发展阶段最终上升到自我意识或理性；后者从有意识的自我意识出发，在原始对立的推动下从主观走向客观，经由各个发展阶段最终归于绝对同一。无论是前者还是后者，它们都意在解决主观的东西和客观的东西的一致性问题。

由此出发，谢林便把说明主体与客体的同一问题进一步分为两个相互补充的问题，所以，他也把哲学的任务进一步分为两个相互补充的任务。说明主体与客体同一问题被分为这样两个问题，即：(1)"表象何以能绝对地同完全独立于它们而存在的对象的一致；"[①](2)"某一客观的东西如何会因一种单纯思想的东西而改变，以致与之完全一致起来。"[②] 前一个问题是从认识的角度来说的，隐含地是从唯物主义角度来说的，它的完成可以提供真理和理论的确定性（亦即确保我们的知识具有必然真理）；后一个问题是从实践的角度来说的，隐含地是从唯心主义角度来说的，它的完成可以得到客观实在性和实践确定性（亦即意志的实在性）。因此，哲学的任务相应地也被分为解决前一个问题的任务和解决后一个问题的任务。他把从认识的角度解决前一问题的哲学称为自然哲学，并且把从实践的角度解决后一问题的哲学称为先验哲学。他说：从绝对同一的原则出发，哲学应包含两门基本科学，自然哲学和先验唯心主义。自然哲学的任务是要从客体引出主体，从自然界引出理智，即"把自然规律精神化为理智规律"，

① ［德］谢林：《先验唯心论体系》，梁志学、石泉译，商务印书馆1983年版，第13页。
② ［德］谢林：《先验唯心论体系》，梁志学、石泉译，商务印书馆1983年版，第13页。

"从实在论中得出了唯心论"①。先验唯心主义的任务是要从主体引出客体，以理智引出自然界，即"把理智规律物质化为自然规律"，"从唯心论得出了实在论。"② 这就是说，自然哲学和先验哲学不过是从不同的角度来说明主体与客体的同一问题。在他看来，说明主体与客体、主观的东西和客观的东西的同一的过程，既是实体展开自己，说明世界（自我世界和自然世界）的过程，也是关于实体、关于全部世界的知识的形成过程。因此，在他那里，也像在康德那里和费希特那里一样，存在论与认识论是相互统一的。

3. 自然哲学和先验哲学

自然哲学的任务是要从客体引出主体，从自然界引出理智，它要从实在论中得出唯心论的结论。谢林关于自然哲学的讨论构成了他的"同一哲学"的一个重要部分。

谢林指出，自然其实就是"可见"的精神。但是，他却不满意费希特局限于自我领域的做法，认为若要说明自然界的精神本质，就必须展示自然的丰富内容。为此，在自然哲学中，他从绝对同一原则出发，在原始冲动和原始对立的推动下，具体开启了从客观的东西到主观的东西、由自然到理智的"描述"进程，并把这个进程看成是理智从无意识的状态到有意识的状态、从不成熟的状态到成熟的状态的进程。在他看来，无意识的绝对同一性的无意识的欲望活动或无意识的冲动（原始冲动）乃是一种产生一切自然现象和自然产物的"原始的力"，它是自然现象统一的基础，以认识自己并把自己提升为有意识的自我意识为意向。谢林自然哲学所描述的绝对同一从无意识的状态到有意识状态的发展进程，其实是在吸收当时自然科学知识的基础上所展示的自然界的产生以及由低级到高级的发展过程，它先后经历了重力（物质）、光（磁、电、化学过程）和生命三个发展阶段。在最后阶段中，精神终于成熟，它经由无意识以来的发展过程终于实现了自我意识，表明物质（自然）不过就是可见的精神。因此，谢林通过描述绝对同一（理智）从无意识到有意识的发展进程，从"自然哲

① ［德］谢林：《先验唯心论体系》，梁志学、石泉译，商务印书馆1983年版，第18页。
② ［德］谢林：《先验唯心论体系》，梁志学、石泉译，商务印书馆1983年版，第18页。

学"的角度具体"说明"了客观的东西（自然）与主观的东西（理智）相互一致的问题。

谢林的自然哲学在"描述"绝对同一（理智）从无意识到有意识的发展进程中由于总结了自然科学的成就，所以，他在一定程度上看到了自然界的辩证发展和统一性。在他那里，这个进程因绝对同一的无意识的精神活动亦即"原始的力"而产生，这种"力"不仅产生了自然现象而且保持了自然现象的统一，而且它经由重力、光和生命的发展过程也正好体现了自然界由低级到高级的发展过程。其中，他还通过这一过程描述了自然界基于矛盾（对立面的统一）的正、反、合的发展节奏。这就是说，绝对同一作为宇宙精神因其无意识活动产生了差别性的两极，也就是主体（主观的东西）与客体（客观的东西）的对立，这种差别性的两极贯穿于自然界的发展全部过程，体现于自然界发展的不同阶段。在这些过程和阶段中，较低阶段的对立面作为正题和反题，发展为较高阶段的合题，这一合题作为新的正题与新的反题构成新的对立面，并且进一步走向新的更高阶段的合题。自然界的万事万物正是循着正、反、合的途径而构成了一个连续发展的序列，其中，最大的正、反、合（矛盾统一）就是重力（正题）、光（反题）和生命（合题）。最终，差别性的两级亦即主体（主观的东西）与客体（客观的东西）实现了同一。尽管谢林这里把自然界的发展看成是一个基于矛盾的有节奏的辩证发展的过程，但是，在他那里，自然界的发展过程同时也是宇宙精神（理智）的自我认识过程，在生命的阶段中，自然就从无机界进入到了有机界，最终无意识的精神终于意识到了自身。因此，自然界的发展也表现为宇宙精神（理智）从无意识的理智到有意识的理智、从不成熟的理智到成熟的理智的自我发展、自我认识的过程，它是自然作为可见的精神显露出它的精神本质的过程。

先验哲学亦即先验唯心主义的任务是要从主体引出客体，从理智引出自然界，它要从唯心论中得出实在论的结论。谢林关于先验哲学的讨论构成了它的"同一哲学"的另一个重要部分。

在先验哲学中，谢林依据绝对同一原则，在原始冲动和原始对立的推动下，具体开启了从主体到客体，从理智到自然的过程。这里，谢林根据他所理解的人的三种精神能力（认识能力、欲望能力和艺术能力）展示了与他所理解的和这三种精神能力对应的自我意识的三个发展阶段，最后形成了表现自我意识连续进展历史的三类（四种）哲学，即"理论哲学"、"实践哲学"、"自然目的论哲学"和"艺术哲学"。在理论哲学中，谢林研究了从事认识的理智（理论的自我），这种理智想要引申出自然界从而表明表象和客体的一致性。谢林在这里研究了（狭义的）认识活动，他把从事认识的自我分为感觉、创造的直观和反思三个基本阶段，在这三个基本阶段的发展中，自我意识由被动状态发展（这时感觉仿佛源自于外在的物自体）到无意识的活动状态再发展到意识到客体产生于自身的状态，并且主体与客体也由尚未区别的状态发展到外在对立的状态再发展到相互一致的状态。当自我意识在反思活动中发现对象源于自身时，它便从对象中解放出来达到了自由，从而走向了意志活动，于是理论的自我就转化为实践的自我。在实践哲学中，谢林研究了从事实践活动的理智（实践的自我），这种理智想要使客体服从自己并且有意识地创造一个道德世界（历史）。在实践的活动中，尽管个体的意志具有任意的自由，但是，"在一切行动中的客观对象都是某种共同的东西，它把人们的一切行动引导到唯一的共同目标上"[①]，从而产生个体意志无法预料到的结果。因此，真正的自由不是任意的自由，它必须服从某种必然的东西，首先是服从以普遍的欲望为根据的道德命令，它就是超越个别意志并决定个别意志的"应当"（力量）。因此，每一个个别意志一开始便面临着既成的道德世界、道德理想，它存在于具有不同目的的个别意志的相互作用的关系之中。谢林因此指出，在道德世界和人类历史中，"自由应该是必然，必然应该是自由"[②]，它表明真正的自由必须超越个体的主观而符合于客观。在讨论艺术哲学之前，谢林讨论了"自然目的论哲学"，他分析了以先验唯心主义为原则的目的论的主要原理，主要意图在于统一前述的"理论哲学"和"实践哲

---

① [德] 谢林：《先验唯心论体系》，梁志学、石泉译，商务印书馆1983年版，第248页。

② [德] 谢林：《先验唯心论体系》，梁志学、石泉译，商务印书馆1983年版，第244页。

学"。谢林认为，在认识阶段和在实践阶段，自我的发展都是以主体和客体的二元对立为基础的，它们执着于主体和客体的二元差别从而使得自我在这些阶段无法达到"绝对的同一"。自然目的论哲学则把理论哲学和实践哲学结合起来，凭借其"理智的直观"而超越主体和客体的二元对立，达到它们的同一。因此，自然的目的性是一种更高的哲学，"这种更高的哲学是联结二者（理论与实践——引者）的中间环节，它既非理论的亦非实践的，而是同时既是理论的又是实践的"。① 康德否认理智直观的存在，谢林则认为它是一种唯有天才哲学家方可达到的精神艺术感，在理智的直观中，自我同时产生自己和对象，因而自己和对象是同一的，"……无意识的精神则客观化于世界之中并人格化于自我之中"。② 在艺术哲学中，谢林指出，通过美感的直观我们便可达到彻底的、最终的"绝对同一"。谢林认为，绝对同一不是理解的对象乃至言说的对象，它仅仅是直观的对象。但是，只有在理智（而非感性）的直观中才能直观到它；并且，在理智的直观中，尽管被直观者由直观者所产生，而且二者是同一的，但这时依然存在着直观者和被直观者、主体和客体的某种差别，所以在理智的直观中对绝对同一的回复并不完全。只有在美感的直观中，通过想象力的审美活动，才可以在艺术品中达到主体与客体，自由与必然等等的绝对和谐和绝对同一。因此，艺术哲学是自我意识发展的最高阶段。谢林对艺术推崇备至，认为"哲学工具的总论和整个大厦的拱顶石乃是艺术哲学"③。

在先验哲学中，谢林所讨论的虽然主要是如何从有意识的自我出发逐步走向主体与客体的绝对同一的过程，但是，他还是分别从理论的自我和实践的自我或说理论的认识和实践的行为两个方面分别讨论了主体与客体的同一问题，并在自然目的论特别是艺术哲学（美学）中，通过引入"理智直观"和"审美直观"走向了主体与客体的绝对同一。在此讨论过程中，除了处处围绕着诸如主体与客体，以及理论与实践的对立面同一展开讨论之外，谢林还描述了道德的发展和人类的历史，并指出了其中包含的

---

① ［德］谢林：《先验唯心论体系》，梁志学、石泉译，商务印书馆1983年版，第14页。
② 转引自杨祖陶：《德国古典哲学逻辑进程》，武汉大学出版社1993年版，第180页。
③ ［德］谢林：《先验唯心论体系》，梁志学、石泉译，商务印书馆1983年版，第15页。

人的个别意志与历史的必然规律，以及自由与必然等之间的辩证关系。但是，从实质上说，谢林所表达的是理智的自由创造的过程，这一过程无非是想"说明"精神作为不可见的自然自身呈现出某种"可见性"，然后再把这种"可见性"收回从而表明它依然只是不可见的精神。

（二）德国古典哲学的再次发展

在费希特之后，谢林通过自己的"同一哲学"把德国古典唯心主义哲学的发展再次向前推进，进一步为黑格尔哲学的出现奠定了基础。他为黑格尔哲学奠定的进一步的基础在于：一方面他用客观唯心论取代了费希特的主观唯心论以及康德的二元论，从而为黑格尔的客观唯心论的出现作了更好的准备，另一方面他又进一步发展了费希特以及康德哲学中的辩证法思想，从而为黑格尔的系统的辩证法思想的提出作了更好的准备。

1. 客观唯心主义的一元论

德国古典唯心主义的发展历程是从康德的二元论逐渐走向黑格尔的客观唯心论的历程，其中，费希特首先把康德的二元论变成了唯心论，但他的唯心论只是主观唯心论，谢林则把费希特的主观唯心论进一步发展成为客观唯心论。在从费希特的主观唯心论到谢林的客观唯心论的转换中，斯宾诺莎的实体有着一定的影响。当然，斯宾诺莎的实体是物质性的自然，谢林认为他自己像古代人把呆板的埃及原象改造成活泼的希腊雕像一样，把斯宾诺莎那里的死板的物质实体改造成了生动的精神实体。从相似之处来说，谢林的绝对同一像斯宾诺莎的实体一样，既是唯一的实体，又是主体（思维属性）和客体（物质属性）的绝对同一，并且它们在某种意义上说也都是"直观"的对象；从区别之处来说，谢林的绝对同一又与斯宾诺莎的实体不同，斯宾诺莎的实体虽然也被称之为"神"，但是，它实质上却是物质性实体，谢林的实体则是理性，是客观的宇宙精神。所以，斯宾诺莎是唯物论者，谢林则是客观唯心论者，他的同一哲学是客观唯心论的一元论哲学。

由于谢林像费希特一样不满意于康德哲学的二元论，并且，康德哲学的二元论又内在地与他的不可知论密切相连，所以，谢林也像费希特一样，在克服康德哲学的二元论的同时，消除了康德哲学在主体与客体之间划下的鸿沟。当然，谢林并不像费希特那样认为单单凭借主观的"自我"就能克服康德的主体与客体的二元论，在他看来，绝对理性或宇宙精神自身就是主体与客体的绝对同一，我们需要做的事情无非就是分别从客体（自然）和主体（理智）出发去"说明"它们的同一。前者从认识的角度出发，它可以通过说明表象与对象的一致确保理论的确定性；后者从实践的角度出发，它可以通过说明对象与我们表象的一致确保实践的确定性。

2. 唯心主义的客观辩证法

表面看来，由于谢林把费希特的自我转换成了绝对的同一，好像他放弃了费希特的精神（主体）能动性思想，因为绝对的同一已经是一种"绝对的""同一"，所以，他的绝对同一应该像 17 世纪唯物主义哲学的惰性物质一样是一种静止的东西。但是，实际情形并不如此。

根据谢林的同一哲学，他的"绝对同一"是一种无意识的精神性的"原始冲动"（原始的力），它通过产生原始对立而让绝对同一运动起来，既展开了自然的运动又展开了自我的运动。在自然的运动（发展）中，自然界被描述为一个从无机界到有机界，从植物界到动物界、从动物界再到人以及人的自我意识的由低级到高级的发展过程；在自我的运动（发展）中，自我被描述为（狭义的）理论活动、（狭义的）实践活动，以及综合了理论活动和实践活动的自然目的论活动，特别是艺术活动，在此过程中，内含了意识形式、道德世界、人类历史和美感世界的创造。这样一来，谢林就"把哲学的各个部分陈述为一个连续的系列"[1]，也把从自然到社会的各个部分陈述为一个连续的系列。我们发现，这个系列的发展归根到底是矛盾推动下的理智的创造活动。从总体上说，他要寻求的是理智的无意识的创造活动和理智的有意识的创造活动、客观的东西与主观的东西、理论的确定性和实践的确定性的对立面的统一；就自然哲学和先验哲学各自来说，他既想通过正题、反题和合题（亦即对立面的统一）来说明自然的发展，也想通过自由和必然以及任意的自由和真正的自由来说明自

---

[1]　[德]谢林:《先验唯心论体系》，梁志学、石泉译，商务印书馆 1983 年版，第 2 页。

我（道德、历史等等）的发展。这样一来，谢林就在继承费希特以及康德哲学中辩证法思想（因素）的同时，在一定的程度上超越了费希特把辩证法仅仅局限于主观的自我从而把辩证法仅仅当作形式辩证法的做法，把自然界以及社会的发展进一步纳入了辩证法的范围之内。所以，他为费希特的形式的辩证法充实了某种内容。这一点很受黑格尔欣赏，他说："所以在谢林哲学里，内容、真理又重新成为重要的事情……"① 但是，由于绝对同一作为绝对理性和宇宙精神归根到底还是一种精神和理智，所以，在谢林那里，上述整个过程归根到底也还是精神的自我运动、自我发展和自我创造的过程；同时，尽管他关于上述整个发展过程的描述包含了一系列的辩证法思想，但是，这个过程的起点和终点都是"绝对的"同一。正是因为如此，谢林的辩证法思想常常和一些牵强附会的内容相互交织，甚至在最后还陷入非理性的理智直观之中，甚至陷入神秘的艺术或美感直观之中，所以他说："……艺术对于哲学家来说就是最崇高的东西，因为艺术好像给哲学家打开了至圣所，在这里，在永恒的、原始的统一中，已经在自然和历史里分离的东西和必须永远在生命、行动与思维里躲避的东西仿佛都燃烧成了一道火焰。"②

五、黑格尔形而上学的诞生

黑格尔哲学（形而上学）是黑格尔之前的德国古典哲学发展的逻辑结果。在此逻辑中，从存在论的角度说，在黑格尔之前的德国古典哲学经由了康德的二元论到费希特的主观唯心论再到谢林的客观唯心论之后，黑格尔哲学直接承接了谢林的客观唯心论；从辩证法的角度说，在黑格尔之前的德国古典哲学经由了康德哲学的辩证法因素到费希特哲学的主观辩证法内容再到谢林哲学的客观辩证法内容之后，黑格尔哲学直接承接了他之前

---

① ［德］黑格尔：《哲学史讲演录》第4卷，贺麟、王太庆译，商务印书馆1978年版，第348页。
② ［德］谢林：《先验唯心论体系》，梁志学、石泉译，商务印书馆1983年版，第276页。

全部辩证法思想的发展成果。在此基础上，黑格尔把客观唯心论与概念辩证法有机地结合起来，既把客观的唯心论进一步彻底化了，又把概念的辩证法进一步系统化了。这种客观唯心论和概念辩证法在有机结合中的彻底化和系统化在他那里通过一个关键性的命题"实体就是主体"表达出来。"实体就是主体"蕴藏着黑格尔哲学（形而上学）的全部秘密。

其实，尽管黑格尔哲学是黑格尔之前的德国古典哲学发展的逻辑结果，但是，这并不意味着黑格尔哲学仅仅承接了前黑格尔德国古典哲学的学术成果。如前所述，黑格尔哲学全面吸收了西方哲学史上主要哲学家的思想养料。从西方近代哲学说，他像全部近代哲学家一样要解决近代早期形而上学即 17 世纪形而上学主要关注的认识论问题亦即主体与客体、思维与存在的同一问题。他对这个问题的解决既使他走向了唯心论，又使他走向了辩证法。从走向唯心论的角度说，他认为 17 世纪形而上学在认识论上陷入危机的原因在于唯理论和经验论所坚持的"形而上学"的思维方式，即：他们各自片面（非此即彼）地执着于理性认识和经验认识的一个方面。因此，黑格尔试图引入辩证法以消除"形而上学"的思维方式。但是，根据 17 世纪形而上学的物质观，物质只有广延性的特征，它只是没有能动性的惰性的东西，因此，只有精神实体才有能动性。因此，黑格尔认为，为了发展辩证法就必须依赖精神的能动性，把实体看成是精神性实体。这个精神实体在黑格尔那里就是他哲学中的绝对精神。他在绝对精神的基础上发展了概念的辩证法。在绝对精神的基础上发展概念的辩证法时，黑格尔力图在全部西方形而上学史乃至西方哲学史中吸收辩证法的思想资源。他曾说道："辩证法在哲学上并不是什么新东西。"① 柏拉图是古代辩证法的发明者，辩证法在他的哲学中第一次以自由的科学的形式或说客观的形式出现。当然，黑格尔首先吸收的还是他之前的德国古典哲学家的辩证法思想，特别是康德的辩证法思想。在他看来，康德消除了人们把辩证法看成是随意的东西的普通的想法，而把它"表述为理性的必然运动"②。所以他说，面对 17 世纪的形而上学思维方式，就辩证法而言，"在

---

① ［德］黑格尔：《小逻辑》，贺麟译，商务印书馆 1980 年版，第 178 页。
② ［德］黑格尔：《逻辑学》上卷，杨一之译，商务印书馆 1982 年版，第 39 页。

近代，主要的代表人物是康德，他又促使人们注意辩证法，而且重新回复它光荣的地位。……在理性矛盾的讨论里，他并不只是在揭示出双方论据的反复辩驳，或评论两方主观的辩难；而他所研讨的、宁可说是，在于指出每一抽象的知性概念，如果单就其自身的性质来看，如何立刻就会转化到它的反面"。[1] 因此，"康德曾经把辩证法提得比较高，——而且这方面是他的功绩中最伟大的方面之一"[2]。正是在吸收全部西方形而上学史乃至哲学史的思想资源（当然首先是黑格尔之前的德国古典哲学的思想资源)的基础上，黑格尔才在绝对精神的基础上把客观唯心主义和辩证法有机地结合了起来，最终创立了自己的作为西方形而上学之集大成的形而上学体系。

---

① 〔德〕黑格尔：《小逻辑》，贺麟译，商务印书馆 1980 年版，第 179 页。
② 〔德〕黑格尔：《逻辑学》上卷，杨一之译，商务印书馆 1982 年版，第 38 页。

第二章　黑格尔哲学的辩证论

像康德哲学一样，黑格尔哲学（形而上学）也是一种以挽救形而上学为己任的哲学。它的具体做法是：在康德把不可知的超验实体作为物自体推向彼岸世界之后再次把它拉回到此岸世界并且当作形而上学的对象，由此建立了关于这一超验实体对象的绝对真理体系，进而重新把形而上学变成了旧形而上学意义上的第一科学或"科学之科学"。黑格尔哲学之所以能做到这一点，在他本人看来，乃是因为他采用了辩证法的方法。所以，黑格尔哲学不是旧形而上学特别是 17 世纪旧形而上学的简单复辟，它是一种具有丰富内容的复辟。由于黑格尔哲学的辩证法在黑格尔复辟旧形而上学中的特殊地位，我们把他的哲学（形而上学）称之为辩证论。

一、辩证论哲学的任务

黑格尔辩证论哲学的主题与他自觉承担的哲学使命密切相关，他为自己规定的哲学使命决定了他的哲学的主题，而他的哲学的主题正是为了完成他为自己规定的哲学使命。那么，什么是他为自己规定的哲学使命，而这一使命又是如何决定了他的哲学的主题的呢？

（一）辩证论哲学的使命

根据黑格尔的《1800 年体系残篇》，他在 1800 年开始就把自己的学术兴趣转向了思辨哲学，而他在 1800 年 11 月 2 日给谢林的信中进一步说："我不满足于开始于人类低级相应的科学教育，我必须攀登科学的高峰。我必须把青年时代的理想变为反思的形式，也就是化为一个体系。"①因此，从 1800 年起，黑格尔就开始了自己创建思辨的哲学体系的活动，而他创建思辨哲学体系的主要成果则体现在他的一系列重要哲学著作例如《精神现象学》、《逻辑学》（大逻辑）、《哲学百科全书纲要》（《哲学全书》）等之中。

在《逻辑学》（大逻辑）的第一版的序言之中，黑格尔一开始就说："近二十五年……这段时期以前，那种被叫作形而上学的东西，可以说已经连根拔掉，从科学的行列里消失了。什么地方还在发出，或可以听到从前的本体论、理性心理学、宇宙论或者甚至从前的自然神学的声音呢？例如，关于灵魂的非物质性，关于机械因和目的因的研究，哪里还有人对它发生兴趣呢？过去关于上帝存在的证明，也只是就历史而言，或是为了修身养性和勤勉性情，才被引用。对于旧形而上学，有的人是对内容，有的人是对形式，有的人是对两者都失掉了兴趣……。"②这里，黑格尔描述了他登上哲学舞台时形而上学所面临的被连根拔掉的窘境，他的这种描述与康德在自己登上哲学舞台时所认为的自己面对的形而上学的窘境十分相似。针对形而上学面临的窘境，康德把挽救形而上学作为自己的哲学使命，他想通过自己的先验论把形而上学重新变成科学，认为这种科学不仅体现在整体上也体现在形而上学的每一个部分之中。那么，黑格尔如何对待形而上学面临的窘境呢？在他看来"……当一个民族失去了它的形而上学，当从事于探讨自己的纯粹本质的精神，已经在民族中不再真实时，这至少……是很可怪的。"③他甚至于认为："一个有文化的民族竟没有形而上学——就像一座庙，其他各方面都装饰得富丽堂皇，却没有至圣的神那

---

① ［德］黑格尔：《黑格尔书信百封》，苗力田译，上海人民出版社 1981 年版，第 58 页。

② ［德］黑格尔：《逻辑学》上卷，杨一之译，商务印书馆 1982 年版，第一版序言第 1 页。

③ ［德］黑格尔：《逻辑学》上卷，杨一之译，商务印书馆 1982 年版，第一版序言第 1 页。

样"①。所以，他也像康德一样把挽救形而上学看成是自己的使命。他在客观唯心论的基础上试图通过一种新的方法亦即辩证的方法来消除了他之前的旧形而上学（包括康德哲学）的方法局限，创立一门科学的集大成的形而上学的真理体系，从而复辟已被连根拔掉的形而上学。

（二）辩证论哲学的任务

既然黑格尔把挽救形而上学作为自己的哲学使命，并且，他试图通过基于客观唯心论的辩证法创立一门科学的集大成的形而上学的真理体系来完成这一使命，那么，他的哲学任务也就是"通过基于客观唯心论的辩证法创立了一门科学的集大成的形而上学的真理体系"。在这一任务中，有两个关键的概念，一个是客观唯心论，另一个是辩证法。客观唯心论作为一种存在论，它探讨的是世界本原问题，这个本原作为存在就是"实体"；辩证法在黑格尔那里作为一种基于客观唯心论的概念辩证法具有主体（精神）的能动特征。当黑格尔把辩证法看成是实体（精神、概念）自身运动的辩证法时，他哲学中的实体也就成了一种主体。因此，在黑格尔哲学任务中涉及的两个关键的概念亦即客观唯心论和辩证法中，与客观唯心论相连的"实体"和与辩证法相连的"主体"其实属于一个东西，由此出发，黑格尔提出了"实体就是主体"的命题。所以，简单地说，他的哲学任务就是论证"实体就是主体"。他在《精神现象学》中说："一切问题的关键在于：不仅把真实的东西或真理理解和表述为实体，而且同样理解和表述为主体。"②"实体就是主体"是黑格尔形而上学体系的核心命题，它一方面体现了黑格尔形而上学的客观唯心论的原则，另一方面又体现了黑格尔形而上学的辩证法原则。

在黑格尔的哲学（形而上学）中，实体作为客观唯心论的实体，意味着它是一种客观的精神，亦即他所谓的"绝对精神"、"绝对理念"，它是

---

① ［德］黑格尔：《逻辑学》上卷，杨一之译，商务印书馆1982年版，第一版序言第2页。

② ［德］黑格尔：《精神现象学》上卷，贺麟、王玖兴译，商务印书馆1981年版，第10页。

一种纯粹的思维（概念、思想）。黑格尔解释说，这种绝对精神是唯一客观、独立的存在，是宇宙万物的本质和基础。同时，主体作为能动辩证的主体，意味着它是实体的存在形式，也就是说，绝对精神作为实体以主体的形式存在着，从而表现为一种能动的、辩证运动的精神性实体。由于实体或说绝对精神自身以主体的形式存在着，所以，在绝对精神那里，运动是它的自我运动，发展是它的自我发展，并且，它是在自己的内在矛盾推动下的自我运动和自我发展。

首先，实体作为主体的过程是实体的自我运动、自我发展和自我认识的过程。根据黑格尔的观点，实体作为绝对精神是具体的统一或说不同诸规定的统一，并且，真理也是具体而非抽象的统一，因此，绝对精神同时也就是真理，哲学以绝对精神为对象也就是以真理为对象，他说："……真理不仅应是哲学所追求的目标，而且应是哲学研究的对象。……现时哲学观点的主要兴趣，均在于说明思想与客观对立的性质和效用，而且关于真理的问题，以及认识真理是否可能的问题，也都围绕思想与客观的对立问题而旋转。"① 这里，哲学以精神（概念、思维）为对象与以真理为对象是一回事情。在黑格尔那里，绝对精神作为具体的不同诸规定的统一最初是以潜在的形式存在着的，它要在自己的运动过程中展开自己、显现自己、实现自己，从而让自己得到满足，这一运动过程也就是它自我发展的过程，由于这一自我发展的过程是真理以潜在的形式展开自我、显现自我、实现自己和满足自己的过程，或说，绝对精神发现自己的潜在内容或真理的过程，所以，它也属于绝对精神自我认识（从而实现自己为真理）的过程。

其次，实体作为主体的过程也是实体在内在矛盾的推动下自我运动、自我发展和自我认识的过程。在黑格尔那里，实体作为绝对精神之所以会由潜在的形式发展成为现实的形式，也就是说，它的具体的不同诸规定的统一之所以会展开自己、显示自己和实现自己从而使自己得到满足，并在此过程中实现自我发展和自我认识，乃是因为绝对精神是活生生的精神，

---

① ［德］黑格尔：《小逻辑》，贺麟译，商务印书馆 1980 年版，第 93 页。

它包含了使它具有能动性的内在矛盾。绝对精神作为具体的不同的诸规定的统一，首先就是对立面的统一，当绝对精神从潜在状态展开、显示、实现和满足自己时，它会通过设置自己的客观的对立面并且通过克服自己的对立面从而把对立面纳为己有（亦即实现概念与对立面的统一）来达到自己的目的，这个过程就是矛盾运动的过程。黑格尔在谈到绝对精神的本性是真理的同时也把它的本性说成是自由，在他看来，尽管精神的本性是自由，但是，它也必须通过从潜在到现实的自我发展、自我认识过程才能实现自己。其实，绝对精神自我发展、自我认识的过程作为它"设置客观的对立面、克服对立面并且实现与对立面统一"的过程就是发现"客观的"对立面中的精神实质的过程。精神的自由就是它独立于作为对立面的客观的对象，当它发现了客观的对象实质上就是精神时，它就成了自由的精神或说实现了自己的自由。所以他说：精神或思维的较高要求在于："……基于思维坚持不放，在这种意识到的丧失了它的独立自在的过程中，仍然继续忠于它自身，力求征服它的对方，即在思维自身中以完成解决它自身的矛盾。"①黑格尔在谈到绝对精神在纯粹思维亦即逻辑阶段的运动时说："认识到思维自身的本性即是辩证法，认识到思维作为理智必陷入矛盾、必自己否定其自身这一根本见解，构成了逻辑学上的一个主要课题。"②

（三）辩证论哲学的展开

实体作为主体的过程就是作为实体的绝对精神、绝对理念在内在矛盾的推动下自我发展、自我认识的过程。由于这个过程本质上是精神自己设置自己的对立面，并在对立面中发现自己的精神本质，从而克服对立面回到精神的过程，所以，"……精神在最深的意义下，便可说回到它的自己本身了。"③它的自我发展、自我认识的过程其实只是回归自己本身的过程。黑格尔在探讨哲学的开端时说，哲学与别的科学一样也必须从一个主观的假定开始，它先假定思维的存在作为思维的对象，但是，由于哲学是

---

① ［德］黑格尔：《小逻辑》，贺麟译，商务印书馆1980年版，第51页。
② ［德］黑格尔：《小逻辑》，贺麟译，商务印书馆1980年版，第51页。
③ ［德］黑格尔：《小逻辑》，贺麟译，商务印书馆1980年版，第51页。

思维的自由活动，它是独立自为的东西，所以，它自己创造自己的对象，自己提供自己的对象。因此，"哲学开端所采取的直接的观点，必须在这哲学体系发挥的过程里，转变成为终点，亦即成为最后的结论。当哲学达到这个终点时，也就是哲学重新达到其起点而回归到它自身之时。这样一来，哲学就俨然是一个自己返回到自己的圆圈，因而哲学便没有与别的科学同样意义上的起点。所以哲学上的起点，只是就研究哲学的主体的方便而言，才可以这样说，至于哲学本身却无所谓起点"。① 但是，黑格尔强调说：精神的这种自己返回自己的圆圈的活动并非无意义的活动，它的意义在于：正是由于这种活动，精神才把自己潜在的本性或说丰富内容（具体的不同诸规定的统一）呈现了出来，从而展开、显示、实现了自己，得到了满足；同时，也正是由于这种活动，精神才实现了自我发展和自我认识，获得了真理，走向了自由。这种情况就像一粒种子只有在成长过程中才能充分展示自己的潜在本性和丰富内容一样。在黑格尔那里，由于绝对精神发展的圆圈路径作为一个"设置对立面、克服对立面并实现与对立面统一"的路径是一个对立面统一的过程，在这个过程中，第一个环节是肯定而第二个环节作为第一个环节的对立面是对肯定的否定，并且最后一个环节作为对对立面的否定又是新的否定（它也是对第一个环节的肯定），所以，它也是一个否定之否定的过程。当黑格尔在自己的哲学中描述绝对精神自我发展、自我认识的圆圈过程或对立面统一的过程或否定之否定过程时，他把肯定称之为"正题"，把否定称之为"反题"，并把否定之否定称之为"合题"，所以，上述过程也被他表述为"正（正题）、反（反题）、合（合题）"的过程。总体而言，在黑格尔那里，哲学作为探讨实体就是主体的哲学，它探讨的就是绝对精神在内在矛盾推动下是自我展开的过程，它在这个自我展开过程中显现了自己的丰富内容，并实现了自我认识。所以黑格尔说："……达到概念的概念，自己返回自己，自己满足自己，就是哲学这一科学唯一的目的、工作和目标。"②

在黑格尔哲学中，就绝对精神发展的圆圈来说，我们可以发现两种

① ［德］黑格尔：《小逻辑》，贺麟译，商务印书馆1980年版，第59页。
② ［德］黑格尔：《小逻辑》，贺麟译，商务印书馆1980年版，第59页。

圆圈。第一种圆圈由"精神现象学"、"逻辑学"和"应用逻辑学"三种
学说构成，其中论述"精神现象学"的主要著作是《精神现象学》，论
述"逻辑学"的主要著作是《耶拿逻辑》、《逻辑学》、《小逻辑》，论述
"应用逻辑学"的主要著作是《自然哲学》、《精神哲学》，以及《法哲学
原理》、《历史哲学》、《美学》、《宗教哲学》、《哲学史讲演录》等；第二
种圆圈则由《哲学全书》所包含的三个部分亦即"逻辑学"、"自然哲学"
和"精神哲学"三种学说构成，其中，第一部分与后面两个部分的关系是
"逻辑学"和"应用逻辑学"的关系。这两个圆圈的区别在于两个方面：
其一，与第二个圆圈相比，第一个圆圈在"逻辑学"和"应用逻辑学"之
前多了一个"精神现象学"；其二，与第二个圆圈相比，第一个圆圈中的
"应用逻辑学"是一种广义的"应用逻辑学"，它包含了诸多的具体学说。
问题在于：哪一个圆圈更能体现黑格尔的哲学体系呢？我们可以从两个圆
圈的两个区别来分析。就第一个区别说，上述两个圆圈的说法都符合黑格
尔本人的看法，但他更为成熟的看法则更重视第二个圆圈。黑格尔在《逻
辑学》第一版序言中谈到自己的"科学体系"时，曾明确地把"精神现象
学"（作为意识的经验科学）看成是"逻辑学"，以及"自然哲学"和"精
神哲学"的前提，他曾说他"原定在《科学体系》第一部分（即包含'现
象学'的那一部分）之后，将继之以第二部分，它将包括逻辑学和哲学的
两种实在科学，即自然哲学与精神哲学"[1]，认为这样一来"科学体系也就
可以完备了"[2]。他在《逻辑学》的导论中则进一步说："因为精神现象学不
是别的，正是纯科学概念的演绎，所以本书便在这样的情况下，把这种
概念及其演绎作为前提。"[3]正是因为如此，马克思才说"精神现象学"是
"黑格尔哲学的真正诞生地和秘密"，恩格斯则说道："黑格尔的体系包括
了以前的任何体系所不可比拟的巨大领域，……精神现象学……，逻辑学、
自然哲学、精神哲学，而精神哲学又分成各个历史部门来研究，如历史哲

① ［德］黑格尔：《逻辑学》上卷，杨一之译，商务印书馆1982年版，第一版序言第5—6页。
② ［德］黑格尔：《逻辑学》上卷，杨一之译，商务印书馆1982年版，第一版序言第6页。
③ ［德］黑格尔：《逻辑学》上卷，杨一之译，商务印书馆1982年版，第30页。

学、法哲学、宗教哲学、哲学史、美学史等，——在所有这些不同的历史领域中，黑格尔都力求找出并指出贯穿这些领域的发展线索。"①但是，需要注意的是，黑格尔在《逻辑学》第一版序言中谈到自己的"科学体系"时用了"原定"一词，并在1830年加"注"说"科学体系"一词后来已不再用，而是改用《哲学全书》来代替原定计划中的除了"精神现象学"的其他部分或说计划中的第二部分。并且，就实际内容说，《精神现象学》与作为应用逻辑学的《精神哲学》存在着明显的对应关系："精神现象学"阐释的是自然的意识如何从感性的确定性经由诸多"意识形态"的发展最终走向了作为精神之最高形态的哲学这一意识形态的过程，"精神哲学"所阐释的则是人的精神如何从自然的灵魂经由诸多的环节而最终发展到哲学这一最高形态的绝对精神的过程，这两个过程显然存在着对应关系；"精神现象学"作为意识的经验科学包含了"意识"、"自我意识"、"理性"、"精神"、"宗教"、"哲学"六个环节，"精神哲学"则包含"主观精神"、"客观精神"和"绝对精神"三个环节，其中，在前者的"意识、自我意识和理性"与后者的"主观精神"（主要是"主观精神"中的"精神现象学"）之间，前者的"精神"与后者的"客观精神"之间，以及前者的"宗教"、"哲学"与后者的"绝对精神"之间也存在着明显的对应关系。当然，尽管它们之间存在着明显的对应关系，但是"精神哲学"的内容要比"精神现象学"的内容更为成熟和丰富。因此，我们可以认为，黑格尔后来的更为成熟的想法是把《哲学全书》即"逻辑学"和"应用逻辑学"作为自己的哲学体系的集中表述。就第二个区别亦即"与第二个圆圈相比第一个圆圈的应用逻辑学是一种广义的应用逻辑学"而言，我们认为，尽管第一个圆圈中的"广义的"应用逻辑学更为详细，但是，就体现黑格尔的哲学体系说，第二个圆圈中的"自然哲学"和"精神哲学"作为应用逻辑学则更为集中。由于《哲学全书》更是黑格尔成熟的关于哲学体系的表述，并且它的关于应用逻辑学作为非广义的应用逻辑学的处理方法也更为集中地体现了黑格尔的哲学体系，所以，在本书中，我们主要以《哲学全书》为蓝

---

① 马克思恩格斯：《马克思恩格斯选集》第4卷，人民出版社1972年版，第215页。

本来分析黑格尔的哲学（形而上学）体系。

　　既然绝对精神作为真理能够自由地创造自己、发展自己、认识自己，它自身就是一个在必然的运动中展开自我、发展自我、认识自我的整体，那么，描述它的必然运动的哲学就应该是一个全体，它必然会表现为一个完整的体系。在黑格尔看来，"真正的自由的思想本身就是具体的，而且就是理念；并且就思想是全部普遍性而言，它就是理念或绝对。关于理念或绝对的科学，本质上是一个体系，因为真理作为具体的，它必定是在自身中展开其自身，而且必定是联系在一起和保持在一起的统一体，换言之，真理就是全体"①。同时，他又指出，这个全体是由各个部分构成的全体，而这些部分就是绝对精神在自我展开、自我发展、自我认识过程中的必然性环节，全体之所以是全体，正是由各个作为必然环节的部分构成的全体。所以黑格尔指出："哲学的内容，只有作为全体中的有机环节，才能得到正确的证明，否则便只能是无根据的假设或个人主观的确信而已。""所谓体系常被错误地理解为狭隘的、排斥别的不同原则的哲学。与此相反，真正的哲学是以包含一切特殊原则于自身之内为原则。"②因此，"……哲学的全体，真正地构成一个科学。但同时它也可以是由好几个特殊科学所组成的全体。"③黑格尔认为，他自己的哲学亦即"哲学全书"就是以这种包含了作为部分的必然环节（以及以这些必然环节为研究对象的特殊科学）在内的全体作为研究对象的哲学。他的"哲学全书"与其他各种百科全书的区别在于：它是一个有着内在秩序和统一性的有机的整体而非某种只有外在秩序和外在统一的零碎知识的凑合体。黑格尔进一步从圆圈的角度指出了哲学所探讨的整体与部分的关系。他说绝对精神自我展开、自我发展、自我认识的每一个必然环节自身也是一个全体，因而也是一个圆圈，它是作为哲学整体的大圆圈中的小圆圈；同时，它们作为全体（小于哲学整体的全体）自身还会包含更小的全体（部分），也就是说，也会包含比它这个圆圈更小的圆圈。据此，黑格尔对于自己的哲学体

---

① ［德］黑格尔：《小逻辑》，贺麟译，商务印书馆1980年版，第56页。
② ［德］黑格尔：《小逻辑》，贺麟译，商务印书馆1980年版，第56页。
③ ［德］黑格尔：《小逻辑》，贺麟译，商务印书馆1980年版，第57页。

系（它通过《哲学全书》表达出来）进行了这样的总结："哲学的每一部分都是一个哲学全体，一个自身完整的圆圈。但哲学的理念在每一部分里只表达出一个特殊的规定性或因素。每个单一的圆圈，因它自身也是整体，就要打破它的特殊因素所给它的限制，从而建立一个较大的圆圈。因此全体便有如许多圆圈所构成的大圆圈。这里面每一圆圈都是一个必然的环节，这些特殊因素的体系构成了整个理念，理念也同样表现在每一个别环节之中。"①

在具体展开《哲学全书》的内容从而具体阐述绝对精神、绝对理念的发展过程时，黑格尔说，由于哲学的全科学研究的是全体，所以，我们关于哲学这一科学的各个部门的划分只能是某种预想的东西。由于"……理念完全是自己与自己同一的思想，并且理念同时又是自己与自己对立以实现自己，而且在这个对方里只是在自己本身内的活动"②，因此哲学这门科学便可以分为三个部分，即逻辑学、自然哲学和精神哲学。这三种哲学的研究对象都是绝对理念，逻辑学研究的是纯粹理念，绝对理念这时尚处在"自在"的阶段，所以，逻辑学是研究理念自在自为的科学。但是，逻辑学所研究的逻辑范畴体系作为先于自然和人的精神的逻辑范畴体系构成了整个世界的基础，自然哲学和精神哲学仅仅是应用逻辑学。自然哲学研究的是以外在化形式或异化形式表现出来的亦即体现在自然界中的理念，所以，自然哲学是研究理念的外在化或异在的科学。它是逻辑学在自然方面的应用。精神哲学研究的是从外在化形式或异化形式中返回自身的理念亦即体现在人的精神中的理念，绝对理念这时已经处于"自为"的阶段（亦即"自为存在着、并正向自在自为发展着的理念"）③。所以，精神哲学是研究理念由它的异在而返回到它自身的科学。《哲学全书》所阐述的绝对理念的发展过程就是绝对理念自我展开的过程，它表现为绝对理念在矛盾的推动下从自在到自为的自我发展过程，也表现为绝对理念在矛盾的推动下自我认识从而走向具体的绝对真理的过程。这个过程作为一个

① [德] 黑格尔：《小逻辑》，贺麟译，商务印书馆 1980 年版，第 56 页。
② [德] 黑格尔：《小逻辑》，贺麟译，商务印书馆 1980 年版，第 59—60 页。
③ [德] 黑格尔：《小逻辑》，贺麟译，商务印书馆 1980 年版，第 60 页。

大圆圈乃是一个绝对理念从自在的阶段为了走向自为的阶段而首先异化为自然界亦即产生出自己的对立面，然后在人的精神的发展过程中扬弃自然界亦即克服理念（精神）与自然的对立达到它们的对立面的统一的过程。因此，这个大圆圈本身就是一个对立面统一的过程，绝对理念经由这个对立面统一的过程实现了自己，达到了主体与客体、思维与存在、自然与精神的统一，也实现了存在论、认识论、辩证法乃至逻辑学等的统一。

　　需要强调的是，尽管黑格尔把理念作为哲学的对象，并且认为理念是整个世界的基础，但是他在说"哲学可以定义为对于事物的思维着的考察"[①]的基础上还是指出了哲学的现实内容，也就是说，他还是在客观唯心主义的范围内实际上探讨了现实的世界，包括自然世界和人的精神世界，所以，他说"哲学的内容就是现实"[②]，并说："哲学所研究的对象是理念，而理念并不会软弱无力到永远只是应当如此，而不是真实如此的程度。所以哲学研究的对象就是现实性……。"[③]

二、逻辑学

　　"逻辑学"是黑格尔哲学体系的第一个环节，也是黑格尔哲学圆圈的肯定部分，它探讨的是绝对精神在逻辑阶段的自我发展和自我认识。因此，黑格尔探讨"逻辑学"的《逻辑学》（特别是《小逻辑》）一书便构成了黑格尔探讨自己全部哲学体系的书《哲学全书》的第一部分。我们先来看看何谓黑格尔的"逻辑学"？

（一）逻辑学及其结构

1.何谓黑格尔的逻辑学

"逻辑学是研究纯粹理念的科学，所谓纯粹理念就是思维的最抽象的

---

① ［德］黑格尔：《小逻辑》，贺麟译，商务印书馆1980年版，第38页。
② ［德］黑格尔：《小逻辑》，贺麟译，商务印书馆1980年版，第43页。
③ ［德］黑格尔：《小逻辑》，贺麟译，商务印书馆1980年版，第45页。

要素所形成的理念"。① 这就是说，逻辑学是关于纯粹理念或纯粹概念的科学，这些纯概念就是一些最简单、最基本和最熟知的概念。②

一旦涉及到思维、理念、概念，就会涉及思维（逻辑）的内容和形式的关系问题。黑格尔肯定了柏拉图、特别是亚里士多德把思维形式从质料中解脱出来，从而提出这些共相本身作为考察对象的做法，认为这是"一种了不起的进步；这是认识共相的开端"③。但是，他像康德一样不满意逻辑学仅仅考察思维形式的做法，也就是说，他并不支持思维仅仅是附着于内容（质料）的形式而非内容本身的说法，在他看来，概念作为共相乃是事物的本性和基础。他说："……本性、独特的本质亦即在现象的繁多而偶然中和倏忽即逝的外表中的真正长在的和实质的对象，就是事物的概念，就是事物本身中的共相，正如每一个人，尽管是无限独特的，但在他的一切独特性中，首先必须是人……。这个不可或缺的基础、这个概念、这个共相，只要人们在运用思想这个词时，能从表象中抽象出来，那它就是思想本身，不能看作仅仅是附着于内容的、无足轻重的形式。"④ 这就是说，思维（概念）不仅仅是形式，它作为事物的概念自身也是内容，作为内容，它既是个体性事物的实体性基础，也是因表现为内容而有了规定的概念。黑格尔说："这个概念本身……是思维的对象、产物和内容，是自在自为的事情，是逻各斯（Logos），是存在者的东西的理性，是戴着事物之名的东西的真理，至少它是应该被放在逻辑科学之外的'逻各斯'。"⑤ 当逻辑的形式和内容统一起来时，逻辑作为形式的科学就变成了关于真理的科学了。

逻辑学作为形式和内容统一的科学，它以真理（具体概念）为对象，并且阐述概念自身的运动形式。黑格尔指出："直到现在的逻辑概念，还是建立在通常意识所始终假定的知识内容与知识形式或真理与确定性的分离之上的。"⑥ 在他看来，"自亚里士多德以来，它既未后退一步，也未

---

① ［德］黑格尔：《小逻辑》，贺麟译，商务印书馆1980年版，第63页。

② 杨祖陶：《康德黑格尔哲学研究》，武汉大学出版社2001年版，第295页。

③ ［德］黑格尔：《逻辑学》上卷，杨一之译，商务印书馆1982年版，第10页。

④ ［德］黑格尔：《逻辑学》上卷，杨一之译，商务印书馆1982年版，第14页。

⑤ ［德］黑格尔：《逻辑学》上卷，杨一之译，商务印书馆1982年版，第17页。

⑥ ［德］黑格尔：《逻辑学》上卷，杨一之译，商务印书馆1982年版，第24页。

前进一步"①。"批判哲学诚然已经使形而上学成为逻辑，但是……，它和后来的唯心论（费希特哲学——译者）一样，由于害怕客体，便给与逻辑规定以一种本质上是主观的意义……"②，它要在现实世界中寻找质料。但在黑格尔看来，"……真理的领域决不是要在质料那里去找。逻辑形式之空洞无物，唯一在于观察和处理形式的方式。形式既然只是固定的规定，四分五裂，没有结合成有机的统一，那么，它们便是死的形式，其中没有精神，而精神却是它们的具体的、生动的统一。因此它们缺失坚实的内容——一种本身就是内容的质料。"③ 这种内容不是要到外面去找，"……逻辑的理性本身，就是那个客体性的或实在的东西，它在自身中结合了一切抽象的规定，并且就是这些规定的坚实的、抽象—具体的统一。所以，对于通常所谓质料的那种东西，不需要向远处找寻；假如逻辑空洞无物，那并不是逻辑对象的过错，而是唯一在于把握对象方式的过错"④。现在，黑格尔要逻辑学继续前进，他要把逻辑的形式与内容结合起来使之变成关于真理的学科，为此，他还要纠正康德的把握对象的方法。

黑格尔关于逻辑的内容和形式的观点与他关于逻辑的对象和方法的观点密切相关。他之所以要纠正康德在逻辑中把握对象的方法，就在于他认为康德尽管在把握对象时试图把逻辑内容和逻辑形式结合起来，但却把内容变成是外在于形式的东西。在他看来，纯粹思维乃是一种客观的思维，"这种客观思维，就是纯科学的内容。所以纯科学决不是形式的，它决不缺少作为现实的和真正的知识的质料，倒是唯有它的内容，才是绝对真的东西，或者，假如人们还愿意使用质料这个名词，那就是真正的质料，——但是这一种质料，形式对于它并不是外在的东西，因为这种质料不如说是纯思维，从而也就是绝对形式本身。因此，逻辑须要作为纯粹理性的体系，作为纯粹思维的王国来把握。这个王国就是真理，正如真理本身是毫无蔽障，自在自为的那样。"⑤因此，黑格尔在把逻辑内容和逻

---

① [德] 黑格尔：《逻辑学》上卷，杨一之译，商务印书馆 1982 年版，第 33 页。
② [德] 黑格尔：《逻辑学》上卷，杨一之译，商务印书馆 1982 年版，第 33 页。
③ [德] 黑格尔：《逻辑学》上卷，杨一之译，商务印书馆 1982 年版，第 29 页。
④ [德] 黑格尔：《逻辑学》上卷，杨一之译，商务印书馆 1982 年版，第 29 页。
⑤ [德] 黑格尔：《逻辑学》上卷，杨一之译，商务印书馆 1982 年版，第 31 页。

辑形式结合起来时，直接把形式看成是内容自身的一部分，认为内容就是纯粹思维或概念，形式就是纯粹思维或概念的存在形式，前者其实就是逻辑学的对象，后者就是逻辑学对象的存在形式、方式、方法。"这个方法就是关于逻辑内容的内在自身运动的形式的意识"①。黑格尔自认为他在《精神现象学》中就一个具体的对象亦即"意识"提供了这个方法的范例，在那里每一个意识的形态在实现时也一同消解了，结果它通过自己的否定过渡到一个更高的形态。所以，"……唯一的事就是要认识以下的逻辑命题，即：否定的东西也同样是肯定的；或说，自相矛盾的东西并不消解为零，消解为抽象的无，而是基本上仅仅消解为它的特殊内容的否定；或说，这个否定并非全盘否定，而是自行消解的被规定的事情的否定，因而是规定了的否定；于是，在结果中，本质上就包含着结果所从出的东西；——这原是一个同语反复，因为否则它就会是一个直接的东西，而不是一个结果。由于这个产生结果的东西，这个否定是一个规定了的否定，它就有了一个内容。它是一个新的概念，但比先行的概念更高、更丰富；因为它由于成了先行概念的否定或对立物而变得更丰富了，所以它包含着先行的概念，但又比先行概念更多一些，并且是它和它的对立物的统一"。②黑格尔指出："从这个方法与其对象和内容并无不同看来，……正是内容在自身中所具有的、推动内容前进的辩证法。"③"思辨的东西（das Spekulative），在于这里所了解的辩证的东西，因而在于从对立面的统一中把握对立面，或者说，在否定的东西中把握肯定的东西。"④因此，黑格尔在肯定内容与形式统一的基础上认为逻辑学的对象（内容）和方法（形式）也直接统一，并且这个方法也就是他的辩证法，或说对立面统一的方法或否定之否定的方法。在他那里，矛盾才是思维的本质规定。其实，在黑格尔那里，真正使内容表现为内容并使内容具有必然发展历程的就是它的方法。他说："为了使逻辑的枯骨，通过精神，活起来成为内容和含蕴，

① ［德］黑格尔：《逻辑学》上卷，杨一之译，商务印书馆1982年版，第36页。
② ［德］黑格尔：《逻辑学》上卷，杨一之译，商务印书馆1982年版，第36页。
③ ［德］黑格尔：《逻辑学》上卷，杨一之译，商务印书馆1982年版，第37页。
④ ［德］黑格尔：《逻辑学》上卷，杨一之译，商务印书馆1982年版，第39页。

逻辑的方法就必须是那唯一能够使它成为纯科学的方法。"① 由此出发，黑格尔认为他的逻辑学与其他科学的不同之处在于：它所研究的对象和它的科学方法不可分离，后者（逻辑的概念、规则、法则等）构成了逻辑内容本身的一部分，并且必须在逻辑之内才能得到证明。他进一步认为，正因为如此，逻辑学无法预先说出逻辑是什么，"只有逻辑的全部研究才会把知道逻辑本身是什么这一点，摆出来作为它的结果和完成"②。所以，他说："……逻辑的对象即思维，或更确切地说，概念的思维，基本上是在逻辑之内来研究的；思维的概念是在逻辑发展过程中自己产生的，因而不能在事先提出。"③

2. 逻辑学的分类与结构

在阐述"逻辑学"之前，黑格尔为"逻辑学"进行了分类，当然，由于"逻辑学"的内容只能在"逻辑学"的展开中才能得到说明，所以，这种事先分类乃是一种"假定"。在大小逻辑中，尽管黑格尔的分类本质上相互一致，但也存在着一定的区别。在《大逻辑》中，黑格尔在谈到逻辑的一般分类时说分类是概念的规定性发展了的表现或说概念的判断。逻辑作为纯粹思维的科学，它以纯粹的知为本原，这种知是具体的生动的统一，它克服了客观的自为之有和主观的自为之有在意识中的对立，在它之中，有（或存在）被意识到是纯粹概念自身而纯粹概念也被意识到是真正的有（或存在）。所以，完整的概念必须既要当作有的概念来观察又要当作概念本身来观察，前者是自在的概念或有的概念（存在于无机的自然之中）后者是概念本身或自为之有的概念（存在于有思维的人以及其他有机个体之中）。由此出发，他把逻辑分为有的概念的逻辑和概念的概念的逻辑，或用虽然习见但却充满歧义的名词说，客观的逻辑和主观的逻辑。黑格尔进一步指出，逻辑学的基本环节作为概念自身的统一或概念诸规定的不可分离又在它们的区别中建立起来，所以，它们也处于相互关系之中，因此，便发生了一个中介区域亦即作为反思规定体系的那种概念，它是有

① ［德］黑格尔：《逻辑学》上卷，杨一之译，商务印书馆 1982 年版，第 35 页。
② ［德］黑格尔：《逻辑学》上卷，杨一之译，商务印书馆 1982 年版，第 23 页。
③ ［德］黑格尔：《逻辑学》上卷，杨一之译，商务印书馆 1982 年版，第 23 页。

向概念的内在之有过渡的体系的那种概念。"这就是本质论,处于有论和概念论之间。"①在"大逻辑"中,黑格尔依然将它归之于客观逻辑之下。黑格尔认为,他的客观逻辑有一部分相当于康德的先验逻辑,它也代替了昔日作为关于世界科学大厦的形而上学。总体来说,在《大逻辑》中,黑格尔将逻辑分为客观逻辑和主观逻辑,在更明细的意义上,将它分为"有的逻辑"、"本质的逻辑"和"概念的逻辑"。在《小逻辑》中,黑格尔直接将逻辑分为"存在论"(亦即有论)、"本质论"和"概念论",其中,存在论是关于思想的直接性——自在或潜在的概念的学说,本质论是关于思想的间接性(反思性)——自为存在和假象的概念的学说,概念论是关于思想返回自身和思想的发展了的自身持存——自在自为的概念能动学说。黑格尔说,在这三个部分中,只有概念才是真理亦即存在和本质的真理,但是,我们不能直接从真理开始,因为"真理既是真理,必须证实其自身是真理,此种证实,这里单就逻辑学的范围来说,在于证明概念是自己通过自己,自己与自己相联系的中介性,因而就证明了概念同时是真正的直接性。"②虽然大小逻辑的分类存在形式的差异,但它们的一致则是主要的。在黑格尔的《大逻辑》和《小逻辑》的关系上,尽管"大逻辑"的内容要比《小逻辑》丰富很多,并且《小逻辑》原本是印发给学生用的教材,但是,他是黑格尔更晚时期的作品,并且在后面出的版本中又经过了黑格尔的修改和完善,因此,它比《大逻辑》更为集中、紧凑和成熟。由于这个原因,在具体阐述黑格尔的逻辑学的内容时,我们将以《小逻辑》为主。

根据黑格尔对"逻辑学"的分类,他的"逻辑学"之"存在论"、"本质论"和"概念论"构成了一个大圆圈。在这个大圆圈中,还存在着一系列层层递进的小圆圈。我们知道,在黑格尔的哲学中,圆圈的每一个环节作为概念自我展开或自我发展、自我认识的一个环节,都是一个全体,它本身就是具体的统一,所以,它本身也是一个独立的圆圈。它是比它更大的圆圈的一个部分或环节,又作为圆圈包含了更小的部分或环节,更小的部分或环节进一步构成了更小的圆圈。因此,由大到小层层递进的圆

---

① 〔德〕黑格尔:《小逻辑》,贺麟译,商务印书馆 1980 年版,第 45 页。
② 〔德〕黑格尔:《小逻辑》,贺麟译,商务印书馆 1980 年版,第 185 页。

圈系列便构成了黑格尔"逻辑学"体系的完整结构。在这个结构中，"存在论"、"本质论"和"概念论"构成整个逻辑学的大圆圈，它们自身作为大圆圈中的具体环节又各自构成了大圆圈中的次一级圆圈。在"存在论"这个次一级的圆圈中，又包含了"质"、"量"、"尺度"三个更次一级的圆圈；在"本质论"这个次一级的圆圈中，又包含了"作为实存的根据"、"现象"和"现实"三个更次一级的圆圈；在"概念论"这个次一级的圆圈中，又包含了"主观概念"、"客体"、"理念"三个更次一级的圆圈。当然，无论是"质"、"量"、"尺度"，还是"作为实存的根据"、"现象"、"现实"，乃至于"主观概念"、"客体"、"理念"，它们自身作为概念自我发展、自我认识中的一个环节，也是一个全体，它们自身也都是一个圆圈，并且还包含了更更次一级的圆圈。例如，就"质"而言，它包含了一个由"存在"、"定在"、"自为存在"组成的圆圈，而"存在"又进一步包含了由"有"、"无"、"变"（参见大逻辑目录）组成的圆圈，如此等等。黑格尔的"逻辑学"就是通过这样的圆圈系列展现出来，理念在此展现过程中从抽象走向具体、从简单走向复杂、从自在走向自为，乃至从直接性认识走向间接性认识，最终走向绝对理念，实现了它在逻辑阶段的自我发展和自我认识。

（二）存在论

"存在论"是"逻辑学"所包含的圆圈即"存在论"、"本质论"和"概念论"中的第一个环节。它所讨论的存在是理念在逻辑范围内的第一个发展阶段，它研究的对象是存在自身的规定，在存在论上是宇宙万物的最直接的规定，在认识论上则处在由感性的意识直接上升到知性的确定性的阶段，在逻辑学上是对逻辑学对象的直接肯定的表述。此时，概念运动的基本特征是直接的"过渡"，也就是说，后一个概念出现了，前一个概念就消失了。

在"存在论"中，概念的自我发展和自我认识开始于"纯存在"，即：无任何规定性的存在。这就是说，它从对自身的"无知"开始，并由此走向与存在直接同一的"质"的规定性，然后再进一步走向"量"的规定性以及作为"质"与"量"统一的"尺度"。黑格尔把"纯存在"(纯有)作为逻辑学的开端,如前所述,"纯存在"是没有任何规定性的存在,是对自身的"无知",作为"纯粹"的存在,它既不与他物不同,也不与自身不同,它对内对外都毫无差别,在它之中,既无可直观的东西也无可思维的东西,或说,它是一种纯粹的、空的直观和空的思维。一句话,"有是纯粹的无规定性和空。""有、这个无规定的直接的东西,实际上就是无,比无恰恰不多也不少。"①"所以纯有与纯无是同一个东西。"②这样,真理便走进了"无中之有"和"有中之无"。但是,真理作为真理,它不是有与无的无区别,而是有与无的绝对有区别,且这有区别的有与无绝不曾分离,"所以,它们中的真理是一方直接消失于另一方之中的运动,即变。"③"变"是"有"与"无"之后的"第三者",在变之中,有是肯定、无是否定,它们相互对立,变则是它们的统一,它也是否定之否定,包含了有与无的过渡。这样一来,黑格尔就在逻辑学中形成了概念在矛盾的推动下由低级到高级的自我发展和自我认识过程中的第一个圆圈,即"有"、"无"、"变"的圆圈。根据黑格尔的推演,"变"(变易)因自身的矛盾而过渡"有"与"无"皆被扬弃于其中的同一,它的结果就是"定在"(限有)。定在已是一种有规定的存在,这种规定性作为直接的或存在着的规定性就是"质"。接着,黑格尔经由"自为存在"的分析就过渡到了"量"这一规定,再经由"纯量"、"定量"和"程度"的分析进一步过渡到"尺度"这一规定。

在"存在论"中,黑格尔重点讨论了存在发展的"质"、"量"、"尺度"三个阶段,其中,认真研究了"质变和量变的关系"问题。所谓"质首先就具有与存在相同一的性质,两者的性质相同到这样的程度,如果某物失掉它的质,则这物便失其所以为这物的存在。"④这就是说,"质"就是让某物成为某物的性质,"质的存在本身,就其对他物或异在的联

---

① [德] 黑格尔:《逻辑学》上卷,杨一之译,商务印书馆 1982 年版,第 69 页。
② [德] 黑格尔:《逻辑学》上卷,杨一之译,商务印书馆 1982 年版,第 70 页。
③ [德] 黑格尔:《逻辑学》上卷,杨一之译,商务印书馆 1982 年版,第 70 页。
④ [德] 黑格尔:《小逻辑》,贺麟译,商务印书馆 1980 年版,第 188 页。

系而言，就是自在存在。"① 反之，"量"与存在的关系不同于"质"与存在的关系，"……量的性质……与存在相外在，量之多少并不影响到存在。"② 若说量也是纯粹的存在，那么，它是被认作扬弃了的不关轻重的纯粹存在。对于"质"与"量"两个发展阶段来说，"尺度……是前两个阶段的统一，是有质的量。"③"尺度既是质与量的同一，因而也同时是完成了的存在。"④ 尺度是质的量的范围和程度，任何事物作为具有质的规定的事物都有量的范围和程度，也既是说，任何事物都有其尺度，在一个限度内，量的大小不会影响事物的存在，正如房子或大一点或小一点都是房子，红色或深一点或浅一点都是红色一样，但是，一旦通过更多的增加或更多的减少而超越了某个限度（尺度），那么，某事物就不再成其为某事物了。这就是说，在黑格尔那里，"质"和"量"处于对立之中，"尺度"则是它们的统一，当事物之量的变化在尺度的范围和程度之内时，量变不会引起质变，而当事物之量的变化超过了尺度的范围和程度时，量变就会引起质变。"质变"是通过"飞跃"来实现的。黑格尔指出，量变作为渐进式的发展，它的渐进过程的中断就是量变对于尺度的突破，它就是"飞跃"，只有"飞跃"才能说明旧事物向新事物的转变，也才能真正地说明发展。"飞跃"作为发展的关键环节普遍存在于自然和社会之中，因此，传统哲学说"自然界中没有飞跃"的观点是一种错误的形而上学观点。根据黑格尔的看法，当某物的量变超过了尺度引起质变从而使得某事物不再是某事物时，"于是从尺度出发，就可进展到理念的第二个大范围，本质。"⑤

（三）本质论

"本质论"是"逻辑学"所包含的圆圈即"存在论"、"本质论"和"概念论"中的第二个环节。它所讨论的本质是理念在逻辑范围内的第二

---

① [德] 黑格尔：《小逻辑》，贺麟译，商务印书馆 1980 年版，第 203 页。
② [德] 黑格尔：《小逻辑》，贺麟译，商务印书馆 1980 年版，第 188 页。
③ [德] 黑格尔：《小逻辑》，贺麟译，商务印书馆 1980 年版，第 188 页。
④ [德] 黑格尔：《小逻辑》，贺麟译，商务印书馆 1980 年版，第 234 页。
⑤ [德] 黑格尔：《小逻辑》，贺麟译，商务印书馆 1980 年版，第 188 页。

个发展阶段，它研究的对象是存在的内在本质关系和规律的规定，在存在论上这些规定是存在的本质关系，在认识论上它们则处于知性规定在坚持自身时产生自我否定、并进而陷入自身矛盾的阶段，在逻辑学上它们是对逻辑学对象的否定的间接的表述。此时，概念运动的基本特征是间接的"反思"，也就是说，概念的进展表现为相互映现，从而总是成双成对地出现。黑格尔认为，直接的存在不是真理的本来面目，所以，思维不能停留在直接的存在（它的规定包括质、量、尺度等）上面，而必须透过直接的存在而深入到它背后的本质之中。所以，认识进一步扬弃直接的存在而深入到了内在的本质，并且使"反思"成为重要的认识形式。由于概念的进展在反思之中以相互映现、成双成对的形式出现，也就是说，以彼此区别、彼此联系的矛盾（对立面统一）的形式出现，所以，在本质论中，黑格尔讨论了一系列具有矛盾关系的概念和范畴，包括同一和差别、原因和结果、必然和偶然、自由和必然、可能和现实、形式和内容，等等。其中，本质与现象是"本质论"中的最大一对矛盾，"本质"、"现象"和作为"本质"和"现象"之对立面统一的"现实"三个概念构成了概念在"本质论"阶段发展的三个主要环节，也构成了概念在"本质论"阶段发展的基本圆圈。

在"本质论"中，概念的自我发展和自我认识开始于"本质自身"，并且经由"现象"这一本质自身的对立面进而走向它们二者的统一亦即"现实"。黑格尔说："本质映现于自身内，或者说本质是纯粹的反思；因此，本质只是自身联系，不过不是直接的，而是反思的自身联系，亦即自身同一。"①这就是说，本质作为自身之内的（自我）反映就是映现在思维中的抽象的本质，它就是作为万变之中不变的自身同一，其逻辑规律的形式就是形式逻辑的"同一律"。黑格尔把这种同一称之为排除了差别和矛盾的"抽象的同一"，认为它是知性的产物、空洞无物的抽象。在他看来，本质的自我反映或自身同一其实是一种包含了差别的具体的同一。具体的同一作为有差别的同一首先是肯定与否定的差异，它既包含了肯定的

---

① ［德］黑格尔：《小逻辑》，贺麟译，商务印书馆1980年版，第247页。

方面（同一的自身联系）又包含了否定的方面（差别），它们相互对立又依赖对方方能存在，所以这种差异也是对立；更进一步，由于这种对立是对立双方在相互反对、相互排斥和相互否定中的相互规定、相互包含和相互依赖，它们包含在同一事物之中，表明事物都是包含了自相矛盾的整体，因此，对立已经设立起了矛盾。知性把差异看成是外在的彼此独立因而漠不相干的事物之间的差异，殊不知它是同一事物的本质的差别（差异、对立、矛盾）。黑格尔进而提出了"扬弃"这一概念，认为扬弃既包含了"舍弃"又包含了"保存"，它是舍弃和保存的统一。他说，矛盾双方的活动都具有既扬弃自己又扬弃对方的双重性，它的结果就是矛盾扬弃自己而进展到一个新的范畴"根据"。"根据既包含同一又包含差别在自身内作为扬弃了的东西，并把它们降低为单纯观念性的环节"①。从"根据"出发，经由"实存"和"物"的讨论，黑格尔从"本质论"之"本质自身"转入到"现象"这一概念的分析。在他看来，现象是本质的表现，本质必然通过现象表现出来，现象和本质的关系是对立面统一的关系。只有"坏的"形而上学才把它们割裂开来。当我们把现象和本质看成是对立面的统一体时，它就是"现实"。"现实"是"本质论"中"本质"和"现象"之后的概念发展的第三个阶段，它作为现象和本质的统一体乃是外在方面和内在方面矛盾运动的统一体。黑格尔把"偶然性"理解成"现实"的外在方面，它是作为"条件"的直接现实性，把"可能性"理解成"现实"的内在方面，它是作为"实质"的条件的总和，也就是说，它是由条件总和构成的内在可能的东西，在现实的发展过程中，这种内在的可能排除其他的可能性，并为实现自己创造条件，以不可阻挡之势"必然地"实现自己和证明自己，从而使自己从"可能性"走向"现实性"。由此可见，在精神的基于矛盾的能动活动中，"可能性"经由"条件"、"实质"和"必然"而转化成了"现实性"。黑格尔认为，必然性在未被理解时是"盲目的"，概念就是对于它的理解，由此出发，概念的自我发展和自我认识便又转入到了"本质论"之后的另外一个阶段——"概念论"的阶段。

---

① ［德］黑格尔：《小逻辑》，贺麟译，商务印书馆 1980 年版，第 258 页。

在"本质论"中，黑格尔基于反思的形式探讨了诸多范畴的矛盾关系，也就是说，他把矛盾关系作为分析概念发展、范畴递进的基础。所以，黑格尔特别重视"矛盾"在概念进展亦即概念的自我发展和自我认识中的重要地位，并在"本质论"中对矛盾规律作了最为集中最为系统的阐述。首先，他规定了矛盾的真实内涵。在他看来，矛盾不是外在的矛盾，而是同一事物的内在的矛盾，因此，矛盾双方既存在着肯定自己否定对方的排斥关系，也存在着离开自己否定的一方自己就无法存在的依存关系，同时，由于矛盾双方对于自己和对方都既肯定又否定，既扬弃自己又扬弃对方，所以，它们之间也存在着相互转化的关系。在矛盾的自我扬弃中，新的矛盾统一体便会取代旧的矛盾统一体，从而实现概念（事物）的自我发展和自我实现。其次，他坚持了矛盾存在的普遍性。他说："事实上无论在天上或地上，无论在精神界还是在自然界，绝没有像知性所坚持的那种'非此即彼'的抽象的东西，无论什么可以说得上存在的东西，必定是具体的东西，因而包含有差别和对立于自身之内的东西。"① 由于一切真实的东西都是具体的不同诸规定的统一体，也就是说，都是矛盾的统一体，所以，思维矛盾并不像旧形而上学认为的那样是人为制造出来的东西，思维其实就是矛盾，它的任务就是理解和把握矛盾，从而理解和把握具体的对象，引领思维前进。最后，他强调了矛盾发展的重要性。他把矛盾看成是一切运动的源泉和一切生命力的根源，指出正是由于事物、概念等的内在矛盾，事物、概念才会发展并实现自己。所以，他说："矛盾是推动整个世界的原则，说矛盾不可设想，那是可笑的。"② 最后，他在坚持内在矛盾是普遍的运动源泉的基础上指出了旧形而上学在此问题上的局限。在此方面，他特别指出了形式逻辑规律的局限。在他看来，"同一律"追求的是抽象的同一，它或者舍弃了事物的多样特性或者把事物的多样特性概括为一，其实，这种形式上的"抽象的同一"作为知性的空洞无物的抽象只是毫无意义的"同语反复"，在现实中，根本就没有这样的同一性。"矛盾律"不过是"同一律"的否定的说法，前者强调的是"甲'是'甲"，

---

① ［德］黑格尔：《小逻辑》，贺麟译，商务印书馆1980年版，第258页。
② ［德］黑格尔：《小逻辑》，贺麟译，商务印书馆1980年版，第248页。

后者主张的则是"甲'不是'非甲"。正如在现实中根本没有抽象的同一性一样，在现实中也必然存在着"矛盾"。"排中律"追求是如何排除思维矛盾，它认为"甲不是正甲必是负甲"，也就是说，"非此即彼"，因此，只有选择一项同时排除另外一项才能排除思维矛盾。但是，黑格尔指出，排中律的主张本身就已陷入了矛盾，因为它说出了"正甲"和"负甲"之外的第三个"甲"，它作为"正甲"和"负甲"的共同背景既非"正甲"也非"负甲"，但又既可建立为"正甲"又可建立为"负甲"。所以，他要用辩证法的"亦此亦彼"取代形而上学的"非此即彼"。正是在矛盾规律或说对立面同一规律的基础之上，黑格尔才在他的"本质论"中阐述了一系列具体的对立统一范畴。

（四）概念论

"概念论"是"逻辑学"所包含的圆圈即"存在论"、"本质论"和"概念论"中的第三个环节。它所讨论的概念是理念在逻辑范围的第三个发展阶段，它所研究的对象是概念，它是存在和本质的对立面的统一。黑格尔把"存在论"和"本质论"称为"客观逻辑"，并把"概念论"称为"主观逻辑"。在存在论上，概念"是自由的原则，是独立存在着的实体性力量。概念又是一个全体，这全体中的每一环节都是构成概念的一个整体，而且被设定和概念有不可分离的统一性"①。黑格尔认为，概念作为主观的形式乃是此前（"存在论"和"本质论"阶段）所有范畴的集大成者，它创造一切"存在"并赋予一切"存在"以"本质"，所以，概念不是空洞的主观的形式。概念的实现就是真理，因此，"思想或逻辑理念的三个主要阶段，其彼此关系可以这样去看：只有概念才是真理，或者更确切点说，概念是存在和本质的真理，这两者若坚持在其孤立的状态中，决不能认为是真理。"②据此，他说："概念观点一般地讲来就是绝对唯心论的观点。"③在认识论上，概念论是在肯定的知性和否定的理性的对立面中把

---

① ［德］黑格尔：《小逻辑》，贺麟译，商务印书馆1980年版，第327页。
② ［德］黑格尔：《小逻辑》，贺麟译，商务印书馆1980年版，第185页。
③ ［德］黑格尔：《小逻辑》，贺麟译，商务印书馆1980年版，第327页。

握它们的统一，扬弃它们各自的片面性而将其作为环节包含于自身之中。在逻辑学上，概念论是对逻辑学对象的具体的统一的表述。此时，概念的进展表现为发展，它经过发展将其潜在的内容实现出来而回复到更高级的概念亦即理念。黑格尔说："概念的进展既不复仅是过渡到他物，也不复仅是映现于他物内，而是一种发展。""过渡到他物是'存在'范围的辩证过程，映现在他物内是'本质'范围内的辩证过程。反之，概念的运动就是发展，通过发展，只有潜伏在它本身中的东西才得到发挥和实现。"① 在"概念论"中，概念的自我发展和自我认识经历了"主观性"、"客观性"和"理念"三个阶段。

在主观性或"主观精神"阶段，黑格尔系统地阐述了自己关于概念、判断和推论的思想，研究了辩证逻辑的概念、判断和推论的各种具体形式及其相互关系，将其表述为一个有机的整体和合乎规律的发展过程。他还认为，辩证逻辑的逻辑形式虽然是主观的，但从来源和内容看，它们则是客观的。并且，他还从自己的辩证的逻辑思想出发批判了形式逻辑和形而上学关于概念、判断和推论的思想。在他看来，尽管概念相对于感性事物而言也具有"抽象性"，但是，它并不是形式逻辑所说的那种抽象的概念而是具体的概念（共相），这就是说，它是包含了特殊性和个别性的普遍性或说不同诸规定的统一体。概念作为具体的概念也是能动的概念，它通过判断和推论把潜藏于自身的三个环节即普遍、特殊和个别的区别和统一实现出来，从而使得它从主观性发展到了客观性，进入"概念论"的第二个发展阶段。

客观性（客体）包含了机械性、化学性以及作为二者统一的目的性三个阶段。"目的是由于否定了直接的客观性而达到自由实存的自为存在着的概念。目的是被规定为主观的。"② 主观目的通过工具与对象发生关系，由于工具本身也是对象，所以，主观目的通过"理性的狡计"让对象彼此之间发生关系、相互消耗，最终实现了自己的目的，达到了主观性和客观性的统一，这种统一就是真理亦即"理念"。

---

① ［德］黑格尔：《小逻辑》，贺麟译，商务印书馆1980年版，第329页。
② ［德］黑格尔：《小逻辑》，贺麟译，商务印书馆1980年版，第387页。

"理念是自在自为的真理，是概念和客观性的统一"。① 黑格尔认为，真理是全面的，因其全面性而是具体的对立面的同一，并因其对立面的同一（矛盾）而处于发展过程之中。他从绝对唯心论的立场出发，认为真理的发展过程就是"思维统摄存在，主观性统摄客观性"② 的过程。黑格尔进一步基于真理的全面性、具体性和发展过程指出"真理本质上又在认识之中"③，亦即处于由无知到有知、由简单到复杂、由贫乏到丰富、由片面到全面的发展过程之中，后者的每一个环节都扬弃了前者，且比前者更为复杂、丰富、全面，包含了更多的真理。整个"逻辑学"就是这样一种绝对精神从"纯存在"到"绝对理念"的自我发展、自我认识的辩证的过程。在黑格尔那里，"理念"的发展经历了"生命"、"认识"和"绝对理念"三个环节。"生命"是直接形式的理念，它被纳入逻辑范畴是为了表明只有有了人才能有认识；"认识"是间接形式的理念，这时它有了人（主观性）和自然（客观性）的区别，认识的任务就是扬弃它们的对立和片面性实现它们的同一，它通过理论理念和实践理念来实现这种同一；"绝对理念"作为主观性和客观性（主观精神和客体）的统一，"首先是理论的和实践的理念的统一，因此同时也是生命的理念和认识的理念的统一"④，其实，它更是"逻辑学"全部范畴的统一，它以扬弃的形式包含了"逻辑学"的全部范畴以及它们的运动。所以，"这种统一乃是绝对和全部的真理"⑤。需要特别指出的是，在"认识"阶段中，黑格尔把认识过程表述为"理论理念"和"实践理念"的双重运动。前者是（狭义的）认识活动，其目的是通过接受客观性来消除主观性自身的片面性；后者是意志活动（善），其目的是把主观性自身的合理的必然性或规定性输入到客观世界的偶然性现象之中以消除客观性的片面性。由于意志的活动要使当前的世界符合自己的目的，所以，实践的理念比"认识的理念更高，因为它不

---

① [德] 黑格尔：《小逻辑》，贺麟译，商务印书馆 1980 年版，第 397 页。
② [德] 黑格尔：《小逻辑》，贺麟译，商务印书馆 1980 年版，第 403 页。
③ [德] 黑格尔：《逻辑学》下卷，杨一之译，商务印书馆 1982 年版，第 454 页。
④ [德] 黑格尔：《小逻辑》，贺麟译，商务印书馆 1980 年版，第 421 页。
⑤ [德] 黑格尔：《小逻辑》，贺麟译，商务印书馆 1980 年版，第 421 页。

仅具有普遍的资格，而且具有绝对现实的资格"①。

在"理念"中，黑格尔在转向"绝对理念"（绝对真理）这一"逻辑学"的最后概念即理念发展的最高概念后专门讨论了逻辑学之全部概念的内容和形式的关系问题。在"逻辑学"中，由于"绝对理念"以全部概念为内容，所以，黑格尔觉得在此只需讨论概念运动的形式。这种形式也就是黑格尔哲学的认识方法，也就是说，它就是黑格尔"逻辑学"中表现出来的作为绝对理念自我展开或自我发展、自我认识的概念运动的辩证法。在他看来，哲学方法决定于哲学对象的本性，亦即决定于哲学的内容，它与哲学的内容本质上是一致的。"在这里作为理念的形式，除了仍是这种内容的方法外没有别的了，——这个方法就是对于理念各环节〔矛盾〕发展的特定的知识。"②从内容说，理念是全体；从形式说，理念是一个过程。"因为只是就理念的同一性是概念的绝对的和自由的同一性来说，只是就理念是绝对的否定性来说，因此也只是就理念是辩证来说，〔它才是个过程〕。"③在《小逻辑》一书中，黑格尔详细阐明了这一现象。他说：绝对理念是普遍，但是，它作为普遍不是与特殊内容相对立的抽象形式，它是绝对的形式，它的"一切的规定和它所设定的全部充实的内容都要回复到这个绝对的形式中"④。这就是说，绝对理念作为普遍必须经过辩证的发展过程（方法）才能把自己全部展开或说回复到自身，只有经历了这种展开或回复的过程（方法）它才能实现自己。"在这方面，绝对理念可以比作老人，老人讲的那些宗教道理，虽然小孩子也会讲，可是对于老人来说，这些宗教道理包含着他全部生活的意义。""意义在于全部运动。""同样，绝对理念的内容就是我们迄今所有的全部生活经历。那最后达到的见解就是：构成理念的内容和意义的，乃是整个展开的过程。我们甚至可以进一步说，真正哲学的识见即在于见到：任何事物，一孤立起来看，便显得狭隘而有局限，其所取得的意义与价值即由于它是从属于全体的，并且是理

①　[德] 黑格尔：《逻辑学》下卷，杨一之译，商务印书馆 1982 年版，第 523 页。
②　[德] 黑格尔：《小逻辑》，贺麟译，商务印书馆 1980 年版，第 422 页。
③　[德] 黑格尔：《小逻辑》，贺麟译，商务印书馆 1980 年版，第 403 页。
④　[德] 黑格尔：《小逻辑》，贺麟译，商务印书馆 1980 年版，第 423 页。

念的一个有机的环节。由此足见，我们已经有了内容，现在我们还须具有的，乃是明白认识到内容即是理念的活生生的发展。而这种单纯的回顾也就包含在理念的形式之内。我们前此所考察过的每一个阶段，都是对于绝对的一种写照，不过最初仅是在有限方式下的写照。因此每一阶段尚须努力向前进展以求达到全体，这种全体的开展，我们就称为方法。"① 因此，"……方法并不是外在的形式，而是内容的灵魂和概念。"② 黑格尔由此出发进一步分析了思辨方法的各个环节，包括"开始"、"进展"和"目的"。在此过程中，包含了分析和综合的统一、肯定与否定的统一、对立面的统一，以及这些方法相互之间的统一。这样一来，他就使理念的展开或回复过程同时也表现为由低到高、由浅入深、由抽象到具体、由片面到全面的自我发展过程和自我认识过程，并且表现为圆圈式的发展和认识过程，它不仅表现为一个大的圆圈，而且也表现为大圆圈包含小圆圈、小圆圈复包含更小圆圈的层层递进的圆圈系列。因此，"目的是对最初起点［开始］的否定，但由于目的与最初的起点有同一性，所以目的也是对于它自身的否定。因此目的即是一统一体，在此统一体里，这两个意义的最初作为观念性的和作为环节的，作为被扬弃了的，同时又作为被保存住了的就结合起来了。概念以它的自在存在为中介，它的差异，和对它的差异的扬弃而达到它自己与它自己本身的结合，这就是实现了的概念。——这就是说，这概念包括着它所设置的不同的规定在它自己的自为存在里。这就是理念。"③ 这就是真理。"这唯一理念的各特殊环节中的每一环节即自在地是同一理念，复通过概念的辩证法而推演出理念的简单的自为存在。"④

黑格尔认为，绝对理念是绝对精神在"逻辑"阶段发展的终点，它既调和了一切对立和矛盾，也终止了发展。这样一来，黑格尔充满辩证法内容的"逻辑学"就以形而上学终结了自己。但是，黑格尔却认为，正是由于绝对精神在绝对理念这里终止了发展，所以，它才超越了纯粹概念的发

---

① ［德］黑格尔：《小逻辑》，贺麟译，商务印书馆1980年版，第423—424页。
② ［德］黑格尔：《小逻辑》，贺麟译，商务印书馆1980年版，第427页。
③ ［德］黑格尔：《小逻辑》，贺麟译，商务印书馆1980年版，第426页。
④ ［德］黑格尔：《小逻辑》，贺麟译，商务印书馆1980年版，第427页。

展形式转化到了"自然"阶段。这就是说，思维转化到了自己的对立面"自然界"，黑格尔把这种转化称之为"外化"或"异化"。于是，他从研究绝对精神在逻辑阶段的发展转向了绝对精神在自然阶段的发展，与此相应，他从自己的《逻辑学》转向了他的作为应用逻辑学的《自然哲学》。

三、应用逻辑学：自然哲学

"自然哲学"是逻辑学的应用之一，它是黑格尔哲学体系的第二个环节，也是黑格尔哲学圆圈的否定部分，它探讨的是绝对精神在自然阶段的自我发展和自我认识。因此，黑格尔的探讨"自然哲学"的《自然哲学》一书便构成了他的《哲学全书》第二个部分。

（一）自然哲学及其结构

1.何谓黑格尔的自然哲学

自然哲学依然是研究理念的科学，不过，它是研究异在的理念或理念的异在化的科学。理念的异在化或外在化就是自然（界），所以，自然哲学也可以说是研究体现了理念的自然界的科学，也就是说，它表面研究的是自然界，实际研究的则是潜藏在自然界中的理念或说绝对精神。因此，为了更好地理解黑格尔的自然哲学，我们必须理解他关于理念与自然关系的思想。

尽管自然是异化或外在化的理念，也就是说，它本质上就是理念，但是，异化或外在化还是表明了自然与理念之间不仅有区别，甚至还有对立。根据黑格尔的观点，既然理念的"本性"是精神，那么，理念异化或外在化为它的对立面（自然）就意味着理念的"堕落"。虽然这种"堕落"对于绝对精神（理念）的发展来说是一个必经阶段，但是，精神还是必须克服和超越这种异化或外在化的"堕落"状态从而回归到自身。其实，在黑格尔的哲学体系中，理念的异化或外在化亦即自然之所以是绝对精神（理念）发展的必经阶段，恰恰是因为只有经历了这个阶段绝对精神（理念）才能作为主观性和精神而存在，才能在自然界中认识到自己的本性。因此，黑格尔认为他的哲学考察自然界的任务就是发现自然界的精神本质，以及自然界的发展过程就是精神力图克服和超越其异化或外在化的"堕落"状态的过程。这个过程既说明了精神先于自然，也说明了精神高于自然。他说："神圣的理念恰恰在于自己决然将这种他物从自身置于自身之外，又使之回到自身之内，以便作为主观性和精神而存在。自然哲学本身属于这条回归的道路，因为正是自然哲学扬弃自然和精神的分离，使精神能认识自己在自然内的本质。"①

在他那里，由于精神是能动的，"外在性……构成自然的规定"②，所以，自然界的运动、发展和联系，归根到底都只是精神的运动、发展和联系，自然界本身则是不变的、孤立的、无联系的。尽管如此，在自然界的发展归根到底是作为自然本质的精神、理念的发展的前提下，黑格尔还是力图从德国的自然哲学出发，依据当时的自然科学发展成果，用自己的思辨哲学来把自然界描绘成为一个从低到高、从简单到复杂、从无机到有机的演化整体，并把精神的能动性（矛盾）看成是这种发展的内在的动力。他说："自然必须看作是一种由各个阶段组成的体系，其中一个阶段是从另一个阶段必然产生的，是得出它的另一阶段的最切近的真理"③。当然，"形态的变化只属于概念本身，因为唯有概念的变化才是发展"④，所以，"引导各个阶段向前发展的辩证的概念，是各个阶段内在的东西"⑤。根据黑格尔的观点，理念在自然阶段的发展形式是天然的必然性的形式，这种必然性以自然界的形成物的丰富多样的偶然性表现出来，因此，在自然界中，或说在理念异化或外在化的范围内，矛盾指的是必然性（规律性）和偶然性（无规则性）之间的矛盾，它们也是自然哲学的研究对象。正如黑格尔所说："既然理念作为自然，是在其自身之外的，那么理念的矛盾更确切地看，就是这样的矛盾：一方面是概念所产生的理念的各个形成物的必然性及其在有机总体中的理性规定，另一方面则是这些形成物的不相干

①　[德] 黑格尔：《自然哲学》，梁志学等译，商务印书馆 1980 年版，第 20 页。
②　[德] 黑格尔：《自然哲学》，梁志学等译，商务印书馆 1980 年版，第 19 页。
③　[德] 黑格尔：《自然哲学》，梁志学等译，商务印书馆 1980 年版，第 28 页。
④　[德] 黑格尔：《自然哲学》，梁志学等译，商务印书馆 1980 年版，第 28 页。
⑤　[德] 黑格尔：《自然哲学》，梁志学等译，商务印书馆 1980 年版，第 29 页。

的偶然性及不可规定的无规则状态。"①当然，在黑格尔那里，由于自然自身并不具有任何能动性，所以一旦精神、理念克服和超越了它之后，它就成了被精神、理念遗弃的"死尸"。

总的来说，我们研究黑格尔的自然哲学既要看到他的本义也要超越他的本义看到包含在他的本义中的精彩之处。从黑格尔的本义说，他提出自然哲学，研究自然界的目的是为了论证绝对精神的宇宙本体地位，表明精神产生自然又高于自然，论证唯心主义基础上的思维与存在的统一，论证形而上学的绝对真理，论证形而上学是包罗万象的、凌驾于其他具体科学之上的"科学之科学"。所以自然哲学看似研究自然界，实是研究精神；它所研究的自然的发展过程与其说是自然自身的发展过程，不如说是精神一步一步地扬弃自己的异在的过程。从包含在他的本义中的精彩之处说，他通过必然性和偶然性的矛盾（这也就是理念和自然的矛盾，客观上可理解为自然界自身的矛盾）把自然界概括成为一个由低级到高级、由简单到复杂的演化过程，表明自然界是一个辩证发展的有机整体。不过，黑格尔"自然哲学"中的这些精彩之处是与他用思辨哲学对自然界发展过程的强行"裁剪"以及他关于自然界发展的一些十分荒谬的奇谈怪论联系在一起的，所以遭到了一批重视经验的自然科学家的批评，例如德国著名生物学家施莱登说他的自然哲学是"一连串粗鲁的经验错误，毫无价值的批判或不加任何评价的引文的堆积"②。当然，在关于他的自然哲学的探讨中，我们主要关注的是他的思想的积极方面。

此外，在《自然哲学》的"导论"中，黑格尔还专门考察了对待自然的态度。黑格尔说："我们对待自然界的态度，一方面是理论的，一方面是实践的。"③他反对单纯地从感性知识出发，对自然界一味静观默想的片面的理论态度，指出这种态度虽然包含了普遍性，但却没有规定性；同时，他也反对单纯地从利己欲望出发，无视客观规律而任意砍伐自然的片面的实

---

① ［德］黑格尔：《自然哲学》，梁志学等译，商务印书馆1980年版，第32页。

② 转引自梁志学：《黑格尔〈自然哲学〉简评》，见［德］黑格尔：《自然哲学》，梁志学等译，商务印书馆1980年版，xxiii。

③ ［德］黑格尔：《自然哲学》，梁志学等译，商务印书馆1980年版，第6页。

践态度，指出这种态度尽管包含了个别性，但却没有包含普遍性。针对片面的理论态度，他嘲笑说："……我们也许可以说，连动物也不会像这种形而上学家那样愚蠢，因为动物会扑向事物，捕捉它们，把它们吞食掉"[1]；针对片面的实践态度，他则强调，若是我们局限于自然界中的个别的事物，那么，我们"并不能征服自然本身，征服自然中的普遍东西，也不能使这种东西服从自己的目的"[2]。因此，我们应该把对待自然的理论态度和对待自然的实践态度结合起来。

2. 自然哲学的分类与结构

黑格尔把绝对精神在自然阶段的发展分为"机械性"、"物理性"和"有机性"三个阶段，并且相应地把自然哲学分为"力学"、"物理学"和"有机物理学"三个部分。他解释说，"这种划分是从那种在其总体中已被把握的概念的观点出发的，而且标明概念分裂成它的各个规定的过程。"[3]但是，这一过程的目的则在于表明概念在自然界中的自我规定中最终能够通过有机生命回复到自身从而展开和实现自身。因此，一方面，概念通过分裂展示它的各个规定，概念正是通过赋予这些规定以暂时的独立性而实现自己，将自身设定为理念；另一方面，"……概念正在于它既可以把自己的各个环节展示出来，并把自身分解为各个不同的东西，又可以使这些如此显得独立的阶段回到它们的统一性和观念性，回到概念本身，这样概念事实上才使自身成为具体概念，成为理念和真理。"[4]

根据黑格尔对于"自然哲学"的分类，他的"自然哲学"之"力学"、"物理学"和"有机物理学"构成了一个大的圆圈。在这个大的圆圈中，还存在着一系列层层递减的小圆圈。在力学中包含了"空间和时间"、"物质和运动"（有限力学）和"绝对力学"这个次级圆圈；在物理学中，包含了"普遍个体性物理学"、"特殊个体性物理学"和"总体个体性物理学"这个次级圆圈；在有机物理学中，包含了"地质自然界"、"植物有机

---

①　[德] 黑格尔:《自然哲学》，梁志学等译，商务印书馆1980年版，第13页。
②　[德] 黑格尔:《自然哲学》，梁志学等译，商务印书馆1980年版，第7页。
③　[德] 黑格尔:《自然哲学》，梁志学等译，商务印书馆1980年版，第35—36页。
④　[德] 黑格尔:《自然哲学》，梁志学等译，商务印书馆1980年版，第36页。

体"和"动物有机体"这个次级圆圈。当然，这些圆圈还包含了更次一级、甚至比更次一级再次一级的圆圈。尽管黑格尔偶然也有不按圆圈来编排理念在自然界中的发展过程的现象，但从总体上来说，他的"自然哲学"也是一个由层层圆圈构成的圆圈系统。在此圆圈系统中，对立面的统一依然是其核心内容，对立面的统一作为矛盾、特别是对立面统一中的否定环节属于圆圈运动的关键动力。在他看来，理念通过自己在自然界中的各种规定发展自己、认识自己，而当出现了人和人的自我意识时，理念（精神）就克服了自己的异化或外在化现象，从"堕落"的状态中超脱出来回到自身，实现由"自然"向"精神"的转化，从而进入他的"精神哲学"。

（二）力学

力学探讨的是处于自然界发展之"机械性"阶段的理念，这时，物体作为"绝对外在性"出现。在绝对外在性中，物质系统所包含的理念还没有把它的各个部分统一起来，这些部分彼此之间漠不相关、一盘散沙，都在自身之外寻求自己的中心，因而也表现为盲目无穷的杂多性。在力学中，黑格尔考察了完全抽象的相互外在的关系亦即空间和时间、个体化的相互外在的东西及其在那种抽象状态中的关系亦即物质和运动、在自由运动中的物质（天体运动）。在他看来，空间和时间是单纯的形式，它不像康德认为的那样是主观的形式而像牛顿认为的那样是客观的形式，但也不像牛顿认为的那样是可以脱离物质运动的空洞的空间和时间。他从空间和时间推演出位置、物质和运动。他把位置看成是空间点和时间点亦即此处和此刻的无差别同一，并且由此出发推出物质与运动，指出运动构成了物质的本质，它是空间和时间的统一。他说："空间与时间从属于运动。"① 物质与运动构成了黑格尔的有限力学，在有限力学中，黑格尔考察了诸如吸引与排斥、惯性、质量、重力、落体等等概念。他在考察"重力"时指出："重力构成物质的实体性，物质本身具有力求达到处于物质之外的中

_____

① ［德］黑格尔：《自然哲学》，梁志学等译，商务印书馆 1980 年版，第 58 页。

心的趋向……"① 这就是说，分散出现的物质都趋向于一个在它们之外的重力中心，这个重力中心作为物质的实体性则企图把盲目杂多的机械物体都吸引到一个统一体系之中，于是我们便有了一个球体亦即天体系统。黑格尔认为，这里真正体现的是思维的统治力量。黑格尔考察"天体系统"或"天体运动"的部分属于他的力学理论中的绝对力学部分，他所考察的天体系统主要指的是太阳系。在绝对力学中，黑格尔把太阳系看成是自己运动的体系，他分析了万有引力、行星概念，并从碰撞、压力、摩擦等等概念在太阳系起作用的一些相互关系中逐步引入了某些可以作为物理学对象的质的个体化事物，从而进入"物理学"的探讨。

（三）物理学

物理学探讨的是处于自然界发展之"物理性"阶段的理念，这时，物体作为有个性（物理和化学特性）的形式出现。在这个阶段中，内在的概念已把各个物理物体或元素结合起来形成个体性，使它们具有了一种反映的关系。在"物理学"中，黑格尔把个体性区分为普遍个体性、特殊个体性和总体个体性。在普遍个体性阶段，黑格尔考察了自由物理物体、物理元素和气象过程几个环节，并且据此考察了太阳系或如他所说的"从物理方面规定的天体"②（太阳、月亮、彗星、行星），四种元素系统（气、火、水、土）和气象系统（他把气象过程看成是产生前述元素的个体的过程）。在特殊个体性阶段，黑格尔考察了比重、内聚力、声音和热四个环节。在总体个体性阶段，他考察了磁、光电和化学过程三个环节。黑格尔力图找到从物理现象到化学过程再到有机生命的发展线索。他说："化学过程是电与磁的统一"③，并且"化学过程是无机自然界所能达到的顶峰；无机自然界在化学过程里自己毁灭了自己，证明唯有无限的形式才是自己的真理。这样，化学过程就通过形态的衰落而成为向有机界这个更高领域的过渡，在有机界里无限的形式作为无限的形式把自身造成实在的，就是说，

---

① ［德］黑格尔:《自然哲学》，梁志学等译，商务印书馆 1980 年版，第 62 页。

② ［德］黑格尔:《自然哲学》，梁志学等译，商务印书馆 1980 年版，第 114 页。

③ ［德］黑格尔:《自然哲学》，梁志学等译，商务印书馆 1980 年版，第 362—363 页。

无限的形式在有机界达到其实在性的概念。"① 于是，他从化学过程走向了有机生命的探讨。

（四）有机物理学

有机物理学探讨的有机性是机械性和物理性的统一，这时，理念已经是有生命的个体的理念了。黑格尔把生命看成是各种对立面（外在东西和内在东西、目的和手段、主体和客体、原因和结果）的结合，认为它是辩证法在自然界里的充分体现。在它看来，概念在生命里找到了自己，这里的个体作为有生命的个体或作为能够自我保持、自我组织和自我繁殖的有机生命是充实的、自我性的、自为存在的、主观的总体，它能以自身为目的，并把自己内部和自己周围的各个环节降低为自己的手段。在有机物理学中，黑格尔考察了作为普遍主观性的地质有机体、作为特殊主观性的植物有机体和作为个别主观性的动物有机体。根据黑格尔的观点，"生命的主要规定是主观性"②。地质有机体指的是地球，它虽然不是有生命的东西，但它却是一切生命存在的基础和基地，一切有生命的东西都从它产生并且复归于它。因此，它是一个生命的无机体。黑格尔说："生命……首先是地质自然界，而这样它就只是生命的基地。它诚然可以说是生命，是个体性、主观性，但并不是真正的主观性，不是把相关部分归于一体。"③植物有机体则是生命的开始，但它却是最简单的生命形态。这种有生命的东西作为自己是自己的原因已经是某种主观性，但它仅仅是形式的主观性，这种生命没有自我感或自我感觉，因此，"这种形式的主观性还不是和客观性、和相关部分的系统同一的主观性"④，它在与他物的相互关系中保持自己的同时也被牵引到自身之外而不能返回自身从而真正地保持自己，它在作为主体展现自己的各个部分并使它们形成一个整体的同时又由于它的各个部分也是一些个体因而没有形成真正的有机系统。动物有机体

---

① ［德］黑格尔：《自然哲学》，梁志学等译，商务印书馆 1980 年版，第 374 页。
② ［德］黑格尔：《自然哲学》，梁志学等译，商务印书馆 1980 年版，第 379 页。
③ ［德］黑格尔：《自然哲学》，梁志学等译，商务印书馆 1980 年版，第 379 页。
④ ［德］黑格尔：《自然哲学》，梁志学等译，商务印书馆 1980 年版，第 380 页。

是植物有机体的进一步发展，它是理念在异化或外在化阶段的最高生命形态，它作为完善的生命力已经有了个体的主观性，"动物生命的这些部分所组成的系统也观念地设定起来了。这样，有生命的东西才是主体，是灵魂……。"① 因此，动物有机体是自在自为的臻于完善的生命，动物作为主体在他在中维持自己，把自己的各个部分组成一种真正的有机系统。但是，只有到了动物有机体的最高阶段，才能产生能够感觉和思维自己的人，一旦发展到了人的阶段，理念就超越了自然界的范围进入到了绝对精神发展的第三个阶段——精神阶段。从此自然界的发展便结束了并达到了平静，陷入了简单的循环。

四、应用逻辑学：精神哲学

"精神哲学"同样是逻辑学的应用之一，它是黑格尔哲学体系的第三个环节或最后一个环节，也是黑格尔哲学圆圈的否定之否定部分或对开端的回归部分，它探讨的是绝对精神在（人的）精神阶段的自我发展和自我认识。因此，黑格尔的《精神哲学》一书便构成了他的《哲学全书》的第三个部分。

（一）精神哲学及其结构

1.何谓黑格尔的精神哲学

精神哲学同样是研究理念的科学，这时的理念既不像在逻辑阶段那样表现为"纯粹概念"，也不像在自然阶段那样表现为"自然界"，而是体现为人的精神、人类的全部精神活动及其产物。根据黑格尔的解释，在逻辑阶段中，理念是自在自为的在自身内的理念，它有内在性或抽象性的片面性；在自然阶段中，理念是外在于自然中的理念，它具有外在性或物质性的片面性；而在精神的阶段，理念已从它的外在化中返回到了精神自身，它是自在存在着的并向自在自为生成着的理念，它表现为人的精神及

---

① 　[德] 黑格尔：《自然哲学》，梁志学等译，商务印书馆 1980 年版，第 381 页。

其全部活动，体现在意识的历史、人类的历史和意识形态之中，它克服了理念在逻辑阶段和自然阶段各自的片面性，是它们的统一，是它们的根据与真理。因此，精神哲学的对象是全部哲学中最崇高的对象，它也使精神哲学成为最高的哲学科学。

黑格尔在强调主观精神或个人的有限精神必须被看成是理念的一种实现时提出了"观念论"这一概念，认为它对于我们把握精神之为精神亦即精神不同于自然的根本规定具有重要意义。所谓观念性就是一种得到证明的精神或精神性，它证明自己的方式就是：使自己与自己对立进而扬弃这一对立，它通过建立外在性（他物）并克服与外在性的对立而回复到内在的精神自身而表明自己的精神性（观念性）。由于精神的观念性特征体现了理念的本性，所以黑格尔强调：必须把精神理解成为永恒理念的一种摹写。这里有两个重要因素：其一，精神本质上是自相同一的，它建立异化的、外在的东西乃是为了说明异化的、外在的东西本质上是精神的东西；其二，精神必须实现自己，它只有通过异化以及克服异化这一设置对立和克服对立从而走向统一的过程或说否定之否定的过程才能实现自己，也就是说，它只有通过辩证性（主体性、能动性或发展性）才能证明自己的绝对的精神性。从精神的观念性出发，我们可以"发现精神的最初的和最简单的规定就是：精神是自我"①。由于自我就是自我意识，所以，自我便把自己视为对象与自己对立起来，从而从自身走向自身的区别，并进一步去回复到与自身的统一，发现作为对象的自我和作为主体的自我原来只是同一个自我。这样，自我的观念性就从外在的关系中得到了证实。这就是黑格尔的个人的有限的主观精神。黑格尔认为，由于个人的有限的主观精神的这种观念化是以一种外在的方式进行的观念化，所以，它是一种片面的不完善的观念化。只有在哲学的思维中精神才能认识到精神的观念化活动和包含在事物中的永恒理念对事物的扬弃活动的完全同一性，所以，只有在哲学的思维中精神才能成为完全把握了自身的现实的理念，从而成为绝对精神。

---

① ［德］黑格尔：《精神哲学》，杨祖陶译，人民出版社2006年版，第14页。

　　黑格尔从精神的观念性出发指出了精神的自由本性。什么是精神的自由呢？黑格尔说："精神的实体是自由，就是说，对于他物的不依赖性、自己与自己本身相联系。"① 这就是说，精神在本性上是独立的自为的存在，它只与自身相联系而不依赖任何他物。但是与此同时，精神实体作为自由的实体，也与他物相关，这就是说，"精神是自为存在着的、以自己本身为对象的实现了的概念。精神的真理和自由就在于这个在它里面存在着概念和客观性的统一。"② 精神以自身为对象表明这种客观性（他物）归根到底还是精神，精神的发展恰好就是为了发现作为客观性的他物的观念或精神本性从而回归自己的同一性，从而证明实体的观念性。需要注意的是：尽管作为对立物的他物在本质上就是观念和精神，但是，对于自由的精神实体来说，它们却不是可有可无的东西，因为"精神的自由不但是一种在他物之外，而且是一种在他物之内争得的对于他物的不依赖性，精神的自由之成为现实不是由于逃避他物，而是由于克服他物。"③ 具体说到精神哲学中的"精神"，黑格尔认为，对于个人有限精神的自我来说，他通过设置他物并且克服他物表明他物仅仅是我的他物（我的某某表象）才能表明自己的自由。但是，黑格尔把这种精神能够扬弃它自身内的任何一个他物的自由仅仅看成是形式的自由（任意），认为它并非真正的自由。但这种自由为真正的自由提供了基础和可能。"为了使精神的自由成为现实的或实在的，个人精神就必须超出其自身而进入自身以外的他物，进入人与人的关系，通过实践活动去实现自己的自由。"④ 黑格尔指出，精神在实际上扬弃外物、把外物据为己有从而让自己具有实在性的同时，为了实现自己的自由，它必须在活动中限制包括自己在内的不同个体的源自各有目的的自由，为此应该进入精神不断创造着的法、道德、伦理等适合于精神本质和概念自由的外在世界。在此世界中，主观精神的自由作为必然性出现，它就是客观精神。黑格尔指出，客观精神作为受外在的客观性限制的

---

① ［德］黑格尔：《精神哲学》，杨祖陶译，人民出版社 2006 年版，第 20 页。
② ［德］黑格尔：《精神哲学》，杨祖陶译，人民出版社 2006 年版，第 20 页。
③ ［德］黑格尔：《精神哲学》，杨祖陶译，人民出版社 2006 年版，第 20 页。
④ 参见 ［德］黑格尔：《精神哲学》，杨祖陶译，人民出版社 2006 年版，译者导言。

自由还不是精神自由的完全实现，它还必须继续前进，只有当精神进展到作为主体和客体绝对同一的绝对精神时，它才最终认识到世界的万事万物都是自身的表现，精神的自由才能得到完全的实现。可见，精神作为自由的实体，它的自由不是某种现成的东西而是通过精神自己的活动争取来的东西，在此争取的过程中，它由潜在（可能）走向现实，由自在走向自为、由必然走向自由，它在此过程中展开了自己、实现了自己、证明了自己、发展了自己、认识了自己。

在黑格尔那里，精神的这种展开和实现自己的过程也是精神的"显示"过程，所以，他还从精神的观念性推论出精神的"显示"的规定。对比我们前面关于精神之自由实现过程的分析，精神的"显示"就是精神把自己的内容显示出来从而实现自己、认识自己，它作为精神的形式本身就是精神的内容，也就是说，它就是形式与内容的同一。所以，精神只有作为显示自己的精神才是存在着的现实的精神。"所以，精神自我实现的过程既是其自由本质实现的过程，也是其显示自身的过程。"①

总之，"精神哲学作为一门真正的科学……是要在精神活生生的发展中去认识精神的本质或概念和精神自身从一个环节到另一个环节、从一个阶段到另一个阶段、从一种形态到另一种形态的必然性，也就是它成为一个自我实现、自我认识了的有机整体的必然进程。"②而它用以实现这一目标的方法就是概念的辩证法。这种方法决定于它的对象的内容，它是根据对象内容的必然性用特有的对立面统一的方式或否定之否定的节奏发展内容的方法，也就是说，它是与内容相互同一的方法。

2. 精神哲学的分类与结构

黑格尔把绝对精神在精神阶段的发展分为"主观精神"、"客观精神"和"绝对精神"三个阶段，并且相应地把精神哲学分为研究"主观精神"的哲学、研究"客观精神"的哲学和研究"绝对精神"的哲学三个部分。其中，主观精神哲学包含了由"人类学"、"精神现象学"和"心理学"三个部分构成的圆圈；客观精神哲学包含了由"法"、"道德"和"伦理"

---

① 参见［德］黑格尔:《精神哲学》，杨祖陶译，人民出版社2006年版，译者导言。
② 参见［德］黑格尔:《精神哲学》，杨祖陶译，人民出版社2006年版，译者导言。

三个部分构成的圆圈；绝对精神哲学包含了由"艺术"、"宗教"和"哲学"三个部分构成的圆圈。这些圆圈都包含在"精神哲学"中的由"主观精神"、"客观精神"和"绝对精神"三个部分所构成的大圆圈之内，并且它们自身（作为比上述大圆圈次一级的圆圈）又包含了更次一级的圆圈，甚至更更次一级的圆圈。例如，在主观精神哲学中，人类学包含了由"自然灵魂"、"感觉灵魂"和"现实灵魂"三个部分构成的更次一级的圆圈；精神现象学包含了由"意识"、"自我意识"和"理性"三个部分构成的更次一级的圆圈；心理学包含了由"理论精神"、"实践精神"和"自由精神"三个部分构成的更次一级的圆圈，如此等等。整个"精神哲学"就是这样一个大圆圈包含小圆圈，小圆圈包含更小的圆圈乃至更更小的圆圈所构成的圆圈系统，它们都是大大小小的对立面统一的系统，也是大大小小的否定之否定的系统，在这些大大小小的对立面统一或否定之否定的圆圈系统中，精神按照必然性的路径不断从较低的环节、阶段走向较高的环节、阶段，最终走向了绝对精神，展开了自己，实现了自己，认识了自己，既达到了绝对真理，又实现了真正的自由。

（二）主观精神哲学

主观精神哲学所研究的"主观精神"指的是尚未与外物发生关系亦即仅仅存在于自身之内的个人精神，黑格尔称它为"在与自己本身相联系的形式中"[①]的精神。因此，它是一种主观自由（自在自由）的精神。

主观精神哲学所研究的个人精神就是个人的意识，它的目的是要说明个人如何从最初的与动物意识无本质区别的自然灵魂状态逐步发展为有理性能力并试图使外部世界服从自己以实现自由意志的人的发展过程。黑格尔把这个过程分为灵魂、意识和精神三个阶段，相应地他也把主观精神的哲学分为研究灵魂的"人类学"、研究意识的"精神现象学"和研究（个人）精神的"心理学"。

人类学以灵魂为研究对象，它要探讨灵魂如何从最原始在自然状态发

---

① ［德］黑格尔：《精神哲学》，杨祖陶译，人民出版社 2006 年版，第 27 页。

展到摆脱了自然性走向自我的过程，为此，黑格尔沿着由低到高的顺序分别考察了"自然灵魂"、"感觉灵魂"和"现实灵魂"三个发展环节。在现实灵魂阶段，灵魂使肉体成为自己的工具，从而使自己成为自为的、个别的主体，它是内在的东西，身体则是属于它的外在的东西，现实的灵魂就是这种内在的东西和外在的东西的统一。黑格尔把肉体（身体）看成是灵魂的符号，认为它是灵魂塑造的艺术品，由于灵魂对肉体的塑造并不是绝对的，身体在有机生命方面并不受制于灵魂，所以，灵魂在感到自身的力量局限时把身体作为异己的东西从自身赶出去从而实现了自己在存在形式上的解放并成为了"自我"。这样一来，它就认识到了自己的观念性，认识到了自己是主体。就自我（主体）将其诸规定的自然总体作为客体与自己分割开（排除出发）作为外部世界同时又与外部世界发生联系而言，就是意识。

精神现象学以意识为研究对象，它要探讨精神作为意识如何把握外在于它的独立的客体的问题，目的是把关于对象的知识的确定性提高成为真理。为此，黑格尔分析了"意识本身"、"自我意识"和"理性"三个发展环节。理性是意识和自我意识的统一，在理性中，自我与对象（或主体与客体）统一了起来，也就是说，它作为具有自我意识的东西确信着事物的本质的种种规定也就是它的种种思想。所以，这样的理性就是进行着知的真理，它就是精神。

心理学以（狭义的）精神为研究对象，它的目的是把自身分为主客对立的整体并且"知"它们的统一和真理，发现精神的客体最终产生于精神自身，也就是说，认识到精神乃是正在自知的真理。精神作为灵魂与意识的统一，它像灵魂一样是一个整体但却消除了灵魂整体的直接单纯性，它像意识一样是一种"知"但却不是意识那样的对外在独立对象的"知"。因此，精神是在内部有了主客差别的整体并是对自身有了主客之分的总体的"知"。这样的作为主客统一的总体就是理性或真理。精神对它自身的"知"就是对它自身作为理性、真理亦即主客统一的"知"，换句话说，让这种统一从自在走向自为。精神起初还不是真正的精神，它因其直接性的限制还以为对象是源自于外部的对象，因此，它必须扬弃这种限制它的直接性从而扬弃以为对象源自于外部的表面现象，向着自己解放自己，证明自己是从自己的"知"中发展出全部的内容和客体、进而证明自己是自由地、绝对地自我决定着的。因此，心理学中考察的精神的各种能力和普遍活动的各种方式其实都是精神扬弃自己的直接性或主观性的形式、并进而向着自己解放自己的发展阶段，它们也是精神对本身"知"的发展阶段。黑格尔把这样的发展阶段分为"理论精神"、"实践精神"和"自由精神"三个环节。理论精神亦即理智，它主要是认识活动，是"知"的冲动，它的任务就是把貌似外来的客体由给予的、个别的、偶然的形式变成主观的、普遍的、必然的理性的东西，从而使之成为自己的东西。在经过了直观、表象（回想、想象力、记忆）和思想或思维（知性、判断、推理）三个小的发展环节后，理智（理论精神）便过渡到了实践精神。实践精神亦即意志，它就是知道自己是内容的决定者的理智，因此，它也就是知道自己在给自己做决定的能力。在意志阶段，黑格尔讨论了实践的感觉、冲动和任意、幸福，在讨论中，他说当意志不是以自我决定的某种特殊内容而是以自我决定本身（或自由）为对象时，意志就成了现实的自由意志。于是，他转而讨论自由精神。自由精神作为现实的自由意志是理论精神和实践精神的统一，现实的自由意志作为以自由这个普遍规定为目的的意志，只有在它是自由理智（思维到这个普遍规定）时才有可能。一旦个人知道自己的本质、目的、使命就是自由，并且决心以自己的行动来实现自己的本质、目的、使命时，他的精神就超越了主观精神的范围而进入到了客观精神。

（三）客观精神哲学

客观精神哲学所研究的"客观精神"是体现在客观世界即精神自己产生和已经被它产生出来了的外部世界（法的、道德的、伦理的世界）之中的精神，黑格尔称它为存在于"实在的形式中"① 的精神。这就是说，主观精神是个人内部的精神，客观精神则是个人内部精神的外部表现。"所

---

① 　[德] 黑格尔：《精神哲学》，杨祖陶译，人民出版社2006年版，第7页。

谓外部表现，是指与身体有机联系在一起的人的精神所创造和继续创造着的法律、社会、国家、风尚、习惯、道德、伦理的世界。"①在主观精神阶段中，在主观精神的范围内达到了现实的自由意志，客观精神的目的则是要在外部世界中实现自由，让外部世界成为客观精神所创造的具有自由的关系的世界。因此，自由在这里是作为现存的必然性出现的。

黑格尔认为，在主观精神范围内达到的现实的自由意志必须真正实现出来，这种真正的实现必须在主观之外的领域亦即作为外部世界的社会历史领域方能完成。由于人在社会中有着个人的任性，所以，在人与人的相互关系中，不同的个人的"任性"也会相互冲突；而在社会历史中，自由意味着要克服个人的任性，个别性的意志必须受到限制，也就是说，必须受到自由意志本身所建立的法的限制。这种限制正是为了实现人在外部世界中的自由，换句话说，人只有在社会中通过限制个人任性才能实现意志的自由。根据限制的类型，客观精神的发展包含了抽象法、道德、伦理三个阶段。

在抽象法的阶段，自由意志是直接或说个别的自由意志（人），个人的自由意志的定在是财产或所有物，也就是说，个人的自由意志借外在的财产或所有物来实现自身。因此，在此阶段中，黑格尔分析了私有制问题，财产或所有物的占有、使用、转让等问题，并且围绕财产或所有物分析了契约与不法的问题。

在道德的阶段，自由意志映现在自己内，它的定在就是主观的意志法或说个人的内在良心，也就是说，自由意志在内心中的实现就是道德。因此，在此阶段中，黑格尔分析了故意、意图与福利、善与恶等问题，指出善是道德目标，但是，善不是不可及的"应当"，而是被实现出来的自由。

在伦理的阶段，自由意志是实体性的意志，它是自由的充分的实现，它作为法与道德或外与内、客与主的统一或整体的现实就是家庭、市民社会和国家中的伦理。这也是说自由意志在家庭、市民社会和国家中得到了充分实现。因此，在此阶段中，黑格尔讨论了个体与家庭、市民社会和

---

① 杨祖陶：《黑格尔〈精神哲学〉指要》，舒远招整理，人民出版社 2018 年版，第 105 页。

国家的关系，表达了他关于家庭（婚姻、家庭财富、子女教育与家庭解体）、市民社会（需要系统、司法、警察与同业公会）和国家（内部国家法、外部国家法、世界历史）的观点。黑格尔把每一个国家都看成是独立完整的精神有机体，因此，他讨论了国与国的关系，分析了国际法。在他看来，由于"绝对精神"是不受限制的普遍性而国家作为一个民族的伦理理念却受着限制，所以，"绝对精神"必须超越民族、国家的界限而作为"世界精神"在世界的历史中发展。

在谈到世界历史时，黑格尔虽然把历史说成是世界精神的历史，说成是世界精神利用人类来实现它的自由本质的历史，但是，他也敏锐地把世界历史描述成为一个在矛盾的推动下按照内在必然规律前进的历史，一个由必然走向自由的历史，并认为在此过程中，也就是说，在由必然走向自由的过程中，世界精神通过玩弄"理性的狡计"来实现自己的目的，它让人们各自自觉地去追求各自的特殊目的，但最终实现的却是它的目的。所以他说"世界历史无非是'自由'意识的进展"①，但我们应当从这个进展的必然性去认识它。从总体上看，尽管黑格尔把人类社会生活以及历史的各个方面都看成是"客观精神"的发展环节，但是，正是借助于这种"客观精神"，他才表述了人类社会生活和历史必然性发展的思想，并且认为这种必然性既支配着个人生活又借助于个人生活来达到自己走向自由的最终目的。

黑格尔指出，在世界历史中，客观精神尽管作为世界精神经历了由低级到高级的发展，但是，它依然是受到外在性限制的有限的精神，自由因此也不完全，所以，理念还要进一步发展到绝对精神。

（四）绝对精神哲学

绝对精神哲学所研究的"绝对精神"是主观精神和客观精神的对立面的统一，它克服了主观精神和客观精神各自的片面性。这就是说，主观精神作为在个人的内心发展的精神具有内在性的片面性，客观精神作为在人类社会和历史中发展的精神具有外在性的片面性（不自觉性），绝对精神

① ［德］黑格尔:《历史哲学》，王造时译，三联书店1956年版，第19页。

作为它们的统一克服了它们的片面性，它认识到自己作为主体其实就是客体本身，从而使主体与客体处于绝对的统一之中，所以，它是精神对自己的最高的认识，它的唯一目的和活动就是以自身为对象并且自觉地显示自身，因而它是绝对的、无限的、自由的精神。绝对精神是在绝对的精神或艺术、宗教和哲学的观点里实现的精神，黑格尔称它为"在其绝对真理中"①的精神。

在黑格尔看来，绝对精神作为在绝对的精神或艺术、宗教、哲学的观点里实现的精神，它的自我发展和自我认识过程经历了艺术、宗教和哲学三个阶段。

在艺术阶段，绝对精神以具体的感性直观形式显示自己、认识自己，它分为"象征的艺术"、"古典的艺术"和"浪漫的艺术"三种形式。黑格尔把美看成是理念的直观的形象的表现，针对理念，他说："正是这个概念与个别现象的统一才是美的本质和通过艺术所进行的美的创造的本质"②。

在宗教阶段，绝对精神以象征性的表象显示自己、认识自己。黑格尔说："在真正的宗教，即其内容是绝对精神的宗教概念里，本质上包含着这样一点：它是被启示的，确切地说是被上帝启示的。"③因此，他主要讨论的是启示的宗教亦即基督教。在讨论中，他具体分析了上帝的可知性、宗教作为表象的认识和上帝的三度显身问题，指出上帝分别以"普遍性"、"特殊性"和"个别性"三个环节显示自身，表明上帝不仅显示自己为"始终在自身中存在的永恒的内容"④，而且"作为永恒本质与其显示的区分……而成为内容进入其中的现象世界"⑤，同时"作为无限的回归和外化世界与永恒本质的调解……从现象返回到其丰富多彩的统一性里"⑥。他还认为，宗教像哲学一样是一种认识形式，它是对上帝、绝对精神、真理的认识。

---

① [德] 黑格尔：《精神哲学》，杨祖陶译，人民出版社 2006 年版，第 27 页。
② [德] 黑格尔：《美学》第一卷，朱光潜译，商务印书馆 1979 年版，第 130 页。
③ [德] 黑格尔：《精神哲学》，杨祖陶译，人民出版社 2006 年版，第 377 页。
④ [德] 黑格尔：《精神哲学》，杨祖陶译，人民出版社 2006 年版，第 379 页。
⑤ [德] 黑格尔：《精神哲学》，杨祖陶译，人民出版社 2006 年版，第 379—380 页。
⑥ [德] 黑格尔：《精神哲学》，杨祖陶译，人民出版社 2006 年版，第 380 页。

在哲学阶段，绝对精神以概念、纯粹思维的形式来显示自己、认识自己。黑格尔指出，哲学"这门科学是艺术和宗教的统一。"①尽管艺术、宗教、哲学都是绝对精神的自我显示和自我认识，但是，艺术由于借助外在的感性直观的东西来认识绝对精神因而还未彻底摆脱对象性的局限，宗教虽然转向到主体的内心（表象、内心的虔诚态度），可它还未达到最高形式的内在性，只有哲学用纯粹思想的形式来显示自己、认识自己，它既有艺术的对象性（但已将感性因素转换成了最高形式的客观事物亦即思想形式），也有宗教的主体性（已纯化为思想形式），在它之中，思想既是最内在、最真实的主体性，也是最实在、最普遍的客体性。哲学思维因其仅仅与自身相关而属于最自由的思维，它是思维的绝对的自我意识。在此方面，黑格尔分析了"哲学作为概念的认识"、"哲学与宗教的关系"和"哲学概念运动的三个推论"。若是进一步联系到他的《哲学史讲演录》，我们就会发现，他的一个重要思想是：他把哲学与哲学的历史统一了起来，认为哲学是哲学史发展的必然结果；并且，在他那里，他自己的关于绝对精神的哲学就是西方哲学史长期发展的必然结果和最后顶峰。

黑格尔认为，哲学和哲学史是同一的，二者都是关于真理的科学，是对真理的概念式的把握，都表现为一个合乎逻辑的过程。他说："概念的发展在哲学里面是必然的，同样概念发展的历史也是必然的。"②区别在于：哲学的必然性是纯粹的，哲学史的必然性是通过大量的偶然性表现出来的。尽管哲学史上的不同的哲学体系各有自己的特殊内容，而且意见相左、彼此对立，仿佛是杂乱无章的意见的罗列，但实际上如果撇开这些哲学体系各自的特殊的内容、表面的表述，这些哲学体系的原则就会构成真理发展过程中的一个必然环节，共同表现为合乎逻辑的、向绝对真理进展的辩证的概念进程。哲学史上的诸哲学体系似乎都被推翻了，实际上被推翻的是它们的绝对性和至上性。对于哲学史和哲学（即历史和逻辑）相一致的观点，黑格尔系统地表述道："……历史上的那些哲学系统的秩序，与理念里

---

① ［德］黑格尔：《精神哲学》，杨祖陶译，人民出版社 2006 年版，第 383 页。

② ［德］黑格尔：《哲学史讲演录》第 1 卷，贺麟、王太庆译，商务印书馆 1959 年版，第 40 页。

的那些概念规定的逻辑推演的次序是相同的。我认为，如果我们能够对哲学史里面出现的各个系统的基本概念，完全剥掉它们的外在形态和特殊应用，我们就可以得到理念自身发展的各个不同阶段的逻辑理念了。反之，如果掌握了逻辑的进程，我们亦可从它里面的各主要环节得到历史现象的进程，不过我们当然必须善于从历史形态所包含的内容里去认识这些纯粹概念。"① 所以，"哲学的历史就是发现关于'绝对'的思想的历史。"② 并且，"那在时间上最晚出的哲学体系，乃是前此一切体系的成果，因而必定包括前此各体系的原则在内；所以一个名副其实的哲学体系，必定是最渊博、最丰富和最具体的哲学体系。"③ 在黑格尔看来，这种"绝对"的思想正好出现在他自己的哲学中，他自己的哲学体系，就是作为哲学史发展的必然结果的"名副其实的最渊博、最丰富和最具体的哲学体系"，它既是哲学发展的顶峰，也是绝对的真理，它最后终结了哲学史的发展。

在黑格尔的哲学中，艺术、宗教、哲学都以绝对精神为对象，都已实现了绝对的知识，然而，黑格尔在这个绝对知识的范围内，仍把从艺术到哲学的发展过程表述为一个从外在的感性直观到内在的表象再到作为二者统一的概念的思维的发展过程，并由此过程让绝对精神最后完成了自我发展，达到了自我认识，展示了绝对知识，获得了真正的自由。他说："真理是精神……自由；自由使精神真实。"④ 按照黑格尔的意思，当他完成了自己的哲学体系时，在他通过自己的辩证法框架获得了绝对知识之后，辩证的发展终结了，哲学和哲学史的发展也终结了。形而上学经历了充满曲折的发展过程终于在黑格尔的唯心论的辩证法中变成了"科学之科学"，形而上学体系重新成了至真至善的体系。

---

① [德] 黑格尔：《哲学史讲演录》第 1 卷，贺麟、王太庆译，商务印书馆 1959 年版，第 34 页。

② [德] 黑格尔：《小逻辑》，贺麟译，商务印书馆 1980 年版，第二版序第 10 页。

③ [德] 黑格尔：《小逻辑》，贺麟译，商务印书馆 1980 年版，第 55 页。

④ [德] 黑格尔：《精神哲学》，杨祖陶译，人民出版社 2006 年版，第 20 页。

第三章　存在论：认识论与方法论

在存在论与认识论的问题上，黑格尔像康德一样不同于康德之前的旧形而上学。旧形而上学首先确定何谓存在并建立存在论，然后再把存在作为外在对象通过探讨如何把握存在并建立认识论。在康德看来，存在只有在认识之中才能被认识，所以，存在论只有在认识论之中才能被建立起来，存在论与认识论相互统一，他甚至还把方法论与逻辑学（作为认识方法）也统一在存在论与认识论的统一之中。黑格尔也把存在论与认识论统一起来，并把方法论与逻辑学也统一到存在论与认识论的统一之中，在他的这种统一之中，方法论起着至关重要的作用。当然，他与康德也有不同，即：他并不认为存在论必须建立在认识论中，而是在坚持"认识是存在的自我认识"的基础上认为认识论是存在论的一个部分。

一、存在论与认识论的统一

我们先来探讨黑格尔关于存在论与认识论统一的思想，在他那里，存在是一个动态系统，它在这个动态系统中展开自己，它的展开自己的过程既是它的自我发展过程，也是它的自我认识过程。

（一）绝对：潜能与现实

黑格尔哲学中的作为哲学对象的存在就是"绝对"，他说："绝对就是哲学的研究对象。"①这种"绝对"就是"绝对精神"或"绝对理念"。"绝对"作为存在亦即作为绝对精神或绝对理念是一种独立于人的主观精神的客观的精神性的实体,所以,黑格尔关于存在的观点是一种绝对唯心主义的观点。但是,他的存在作为绝对精神却是活生生的具体的精神,它是有着丰富内容的全体。正因为如此,以这种全体为研究对象的哲学也是全体。黑格尔曾明确地把哲学看成是一个全体,认为哲学的全体真正地构成一个科学。他进一步指出:"哲学的每一部分都是一个哲学全体。"②所以,哲学的全体作为一个科学"……同时它也可以是由好几个特殊科学所组成的全体。"③然而,绝对精神这一全体并非已是现实地存在着的全体,而是潜在的或可能的全体,它要通过一个发展过程把自己的全部的丰富内容加以展开、显示出来,从而使自己得到实现,也就是说,得到证明和满足,最终表明自己真的是"绝对真理"。由于展开、显示的过程是绝对精神实现自己并证明自己是绝对真理的过程,所以,它是一个必要的过程。他说:"哲学的内容,只有作为全体中的有机环节,才能得到正确的证明,否则便只能是无根据的假设或个人主观的确信而已。"④并且,"全体的自由性,与各个环节的必然性,只有通过对各环节加以区别和规定才有可能。"⑤因此,概括地说,黑格尔所说的哲学研究对象(存在)作为世界的本原就是绝对精神(绝对理念),它是一个有待于现实化(展开、显示、实现)的潜在的或可能的大全或真理。哲学的任务也就是让这一潜在的和可能的大全充分地现实化,实现这个大全或真理。

(二) 发展自己和发现自己

黑格尔把作为大全的绝对或绝对精神从潜在到现实的充分现实化过程看成是绝对发展自己和发现自己的过程。我们曾说,绝对精神展开、显示、实现自己的过程乃是一个把自己的潜在性加以现实化的必要的过程。

---

① [德] 黑格尔:《小逻辑》,贺麟译,商务印书馆 1980 年版,第二版序第 10 页。
② [德] 黑格尔:《小逻辑》,贺麟译,商务印书馆 1980 年版,第 56 页。
③ [德] 黑格尔:《小逻辑》,贺麟译,商务印书馆 1980 年版,第 57 页。
④ [德] 黑格尔:《小逻辑》,贺麟译,商务印书馆 1980 年版,第 56 页。
⑤ [德] 黑格尔:《小逻辑》,贺麟译,商务印书馆 1980 年版,第 56 页。

这里，我们进一步说，黑格尔绝对精神潜在性的现实化过程之必要性主要体现在两个方面：其一，它要"发现"自然和人的精神及其产物的精神性本质（发现自己的精神实质）；其二，它要"展示"绝对精神通过实现自己的潜在内容创造全部自然和精神（即人的精神以及人的精神的产物，下同）从而走向全体或绝对真理的能力（展示自己的创造能力）。就前一个"发现"来说，黑格尔认为，尽管绝对精神就是世界的本原和基础，但是，世界也以纯粹思维（理念）的形式，特别是以自然的形式和精神的形式表现出来。因此，他给自己的绝对唯心论哲学规定的重要任务就是要在自然和精神中"发现"它们的精神实质，"发现"它们的"观念性"特征。所以，在谈到哲学的反思时，黑格尔说："反思以思想的本身为内容，力求思想自觉其为思想。"① 这也就是说，哲学反思绝对精神之现实化的历程也就是"自觉"思想之为思想的历程。就后一个"展示"来说，尽管哲学的对象仅仅是绝对精神，并且哲学的重要任务之一就是"自觉"思想为思想，但是，在他看来，哲学所理解的精神"……属于活生生的精神、属于原始创造的和自身产生的精神所形成的世界，亦即属于意识所形成的外在和内心的世界"②，因此，他给自己的辩证法的哲学规定的重要任务就是"展示"绝对精神通过实现自己的潜在内容创造全部自然和精神从而走向全体或绝对真理的能力。

根据黑格尔的观点，上述过程作为绝对精神的自我展开、显示和实现的过程，也就是说，作为绝对精神"发现"自己的精神实质和"展示"自己的创造能力的过程，也就是绝对精神自我认识和自我发展的过程。说它是自我认识过程，乃是因为他在把绝对精神看成是世界的本原和基础的同时也把它看成是潜在的因而有待于展开、显示和实现的东西，它必须经过这个具体的展开、显示和实现的过程才能"发现"自己，即发现自己潜藏在自然万物、社会活动，乃至人类历史中的精神性实质和观念性实质，发现自然万物、社会活动，乃至人类历史不过是精神的各种具体表现和丰富内容。"发现"就是"认识"，它作为绝对精神对自己潜在内容的"发现"

---

① ［德］黑格尔:《小逻辑》，贺麟译，商务印书馆1980年版，第39页。
② ［德］黑格尔:《小逻辑》，贺麟译，商务印书馆1980年版，第43页。

就是绝对精神的"自我认识"。就此而言，发现过程或自我认识过程应属于认识的过程因而也应该属于认识论的内容。说它是自我发展过程，乃是因为黑格尔哲学在"展示"绝对精神创造能力的过程之中，把这一创造过程看成是精神（概念）由最贫乏、最抽象、最简单的阶段逐渐走向越来越丰富、越来越具体、越来越复杂的阶段的过程。在他看来，随着精神的一路向前，每一在后的阶段都会"扬弃"在它前面的阶段，它在扬弃中，都会在否定的同时肯定前一阶段的成就，也就是说，把前一阶段的积极内容包含在自身之内，从而比前一阶段更为丰富、更为具体、更为复杂。因此，绝对精神自我展开、自我显示和自我实现的过程是一个绝对精神由低级到高级的运动过程，作为由低级到高级的运动过程，它是一个"先前"的"发展"过程。由于这一发展过程归根到底是绝对精神通过各种形式展现自己的过程，所以，它是绝对精神自我发展的过程。"展示"包含了"创造"，它作为绝对精神对于自然和精神的创造证明只有绝对精神才是世界的最后实体。就此而言，展示过程或自我发展过程就是展示自己是世界本原的存在过程因而也应该属于存在论的内容。

（三）认识论统一于存在论

在黑格尔的哲学中，绝对精神由潜在到现实的充分现实化过程作为绝对精神的自我发展过程和自我认识过程，乃是一个体现了存在论和认识论相互统一的过程。我们在前面简单地把绝对精神"发现"（认识）自己的过程看成绝对精神自我认识的过程，认为它是一个认识的过程因而属于认识论的内容，并把绝对精神"展示"（创造）自己的过程看成是绝对精神自我发展的过程，认为它是一个存在的过程因而属于存在论的内容。现在我们进一步认为，实际情况应该更为复杂。在黑格尔那里，绝对精神自我认识的过程其实正是一个它证明自己"存在"的过程，所以，它也是一个存在论的过程。根据黑格尔的描述，在绝对精神的自我认识过程中，绝对精神不仅通过异化或外在化表现为自然界以及自然界的全部发展过程（机械性、物理性、有机性），而且也表现为人的精神以及人的精神活动的全部产物（法、道德、家庭、市民生活、国家，乃至艺术、宗教、哲学等）。因此，绝对精神自我认识的过程既是它在自然和人的精神中发现自己的过程，也是它证明精神就是世界的本原和基础、全部自然界和人的精神以及人的精神活动的全部产物（社会过程和历史过程）最终都不过是绝对精神的产物和表现的过程。同样，绝对精神的自我发展过程也是一个它证明自己能够通过自己的创造能力走向绝对真理的过程，所以，它也是一个认识论的过程。根据黑格尔的描述，在绝对精神的自我发展过程中，尽管绝对精神所展示的内容十分丰富，但它所展示的主要内容却是自然和精神，客体和主体，存在和思维，它通过创造性地设置自然和精神、客体与主体、存在与思维之间的对立又通过否定力量克服对立双方的片面性来实现它们之间的对立面的统一。因此，绝对精神自我发展的过程就是它实现自然和精神、客体与主体、存在与思维之间相互统一的过程，也就是说，就是实现绝对真理的过程。黑格尔对认识真理充满了热忱，他说："我的哲学的劳作一般地所曾趋赴和所欲趋赴的目的就是关于真理的科学知识。这是一条极艰难的道路，但是唯有这条道路才能够对精神有价值、有兴趣"。①

因此，绝对精神自我发展和自我认识的过程既是它的"存在"的过程也是它的"认识"过程。在此过程中，绝对精神既证明了自己就是世界的本原和基础，也证明了自己就是绝对真理。在描述绝对精神自我发展和自我认识的黑格尔的哲学中，存在论与认识论相互统一。

二、存在论与方法论的统一

在探讨了黑格尔关于存在论与认识论统一的思想之后，我们再来分析黑格尔关于存在论与方法论统一的思想。一般来说，方法论是认识论的一个部分，这种情况在黑格尔的哲学中也是一样。既然黑格尔哲学中的存在论与认识论相互统一，那么，他哲学中的存在论与方法论也就应该相互统一。不过，尽管黑格尔哲学中的方法论是认识论的一个部分，但他哲学中

---

① ［德］黑格尔：《小逻辑》，贺麟译，商务印书馆 1980 年版，第二版序第 5 页。

的方法论却又特别地表现为存在论自身的方法论。

（一）绝对：道路与形式

我们曾在前面指出，黑格尔的哲学对象"绝对"或绝对精神（绝对理念）是一种全体，它是包含了诸多活生生的内容的具体的丰富的统一，并且它的自我发展过程和自我认识过程是它的全体的内容逐步展开、显示和实现的过程，也就是说，它的全体的内容由潜在到现实的充分现实化过程。问题在于：作为全体的绝对精神究竟采取什么样的道路和形式展开自己、显示自己和实现自己呢？其实，我们已经提到，绝对精神展示自己的过程就是它的创造过程，亦即它在创造过程中设置对立克服对立实现统一的过程，据此，我们发现，在黑格尔那里，绝对精神所采取的展开自己、显示自己和实现自己的道路和形式就是辩证法的道路和形式。

辩证法的道路和形式本质上是矛盾运动的形式。黑格尔在《小逻辑》中分析作为他的逻辑学乃至他的全部哲学体系开端的科学概念时说："……科学的概念，我们据以开始的概念，即因其为这一科学的出发点，所以它包含作为对象的思维与一个（似乎外在的）哲学思考的主体间的分离，必须由科学本身加以把握。"[①]这就是说，黑格尔哲学所探讨的对象绝对精神作为一个自我发展、自我认识的实体，它一开始就是把自己与自己对立起来的实体，也就是说，它一开始就是把自己置于自我矛盾的实体。因此，黑格尔哲学中的绝对精神展开自己、显示自己和实现自己的全部自我发展和自我认识的过程都是矛盾运动的过程或说在矛盾的推动下向前发展和深化认识的过程。需要注意的是：其一，在此过程中，矛盾是绝对精神（概念）的内在矛盾，它表明绝对精神展开、显示和实现的过程是它在自己的内在矛盾推动下的展开、显示和实现的过程，正是因为如此，绝对精神的运动才是自我运动，它的发展才是自我发展，它的认识也才是自我认识；其二，矛盾作为绝对精神（概念）的内在矛盾就是对立面的统一，

---

① ［德］黑格尔：《小逻辑》，贺麟译，商务印书馆 1980 年版，第 59 页。

它也表现为肯定与否定的矛盾，因此，绝对精神的展开、显示和实现的过程作为矛盾运动过程或对立面统一过程就是它从肯定到否定、再到通过对"否定"的"否定"重新回到更高层次上的"肯定"亦即否定之否定的过程。它使绝对精神这一全体的自我发展和自我认识形成为一个闭环系统，它的运动既包含了前进，也包含了在更高层次上的回归，从而使得绝对精神展开自己、显示自己和实现自己的辩证的道路表现为一种波浪式或圆圈式的形式。

（二）实现内容和实现形式

内容和形式或质料和形式是西方哲学史上两个极其重要的概念。在本书第一卷中，我们就指出古希腊最早的自然哲学在探讨世界的始基时就分别是从质料（伊奥尼亚学派）和形式（南意大利学派）开始的。由于以质料为始基的做法侧重于唯物主义，以形式为始基的做法侧重于唯心主义，所以，主张以质料为始基的伊奥尼亚学派和以形式为始基的南意大利学派分别构成了唯物主义和唯心主义的先驱。由于唯物主义侧重于质料学说，唯心主义则侧重于形式学说，所以，在某种意义上说，质料和形式亦即内容和形式在西方哲学史上或多或少都存在着一定程度的分离，并且这种分离也表现在思维和认识之中。不仅如此，由于从亚里士多德开始创立的专门研究思维形式的逻辑学的出现，更导致了有些哲学家专注于思维的形式而忽视思维的内容，从而进一步推进了把思维的形式和内容区别开来的现象。康德在自己的《纯粹理性批判》的"先验逻辑"中曾尝试把思维的形式和思维的内容结合起来，力图把逻辑学变成关于真理的学科。在此背景下，黑格尔把辩证法引入他的逻辑学乃至全部的哲学，试图在把思维（概念、理念）的形式表述为系统的辩证运动形式的基础上将思维的内容和思维的形式结合起来，把逻辑学和哲学变成关于真理的科学。

在黑格尔的哲学中，绝对精神（概念、理念）的内容就是它作为全体所包含的全部内容（环节），而它的形式就是这些内容在由潜在状态到现实状态的运动形式（道路）。黑格尔说，对于概念的内容来说，它的形式不是什么外在于它的偶然的形式，而是和它有着有机联系的形式。逻辑学是黑格尔全部哲学中专门研究纯粹思维的科学，正是在逻辑学中，黑格尔反复强调逻辑学是关于真理的科学。他说："什么是逻辑学的对象？对于这个问题的最简单、最明了的答复是，真理就是逻辑学的对象。"①"逻辑学是纯科学，即全面发展的纯粹的知。"②由于真理就是思维内容和思维形式的统一，所以他的意思正是在于强调逻辑学作为真理的科学应是思维内容和思维形式相统一的科学。对此，列宁说道："逻辑不是关于思维的外在形式的学说，而是关于'一切物质的、自然的和精神的事物'的发展规律的学说"③。在黑格尔的哲学中，不仅逻辑学是思维的内容和形式的统一，而且他的整个哲学也都是思维（概念）的内容和形式的统一，都是关于真理的科学。

黑格尔所说的内容归根到底就是他的绝对精神（概念、理念），它体现了黑格尔哲学的唯心主义原则；而他所说的形式作为他的哲学所描述的绝对精神或概念、理念由潜在到现实的运动形式就是他的绝对精神或概念、理念辩证运动的形式，它体现了黑格尔哲学的辩证法原则。因此，内容与形式的统一在黑格尔的哲学中就是唯心主义与辩证法的统一或说实体与主体的统一。所以他在谈到逻辑学时说道："方法就是关于逻辑内容的内在的自身运动的形式的意识"④。对于黑格尔的唯心主义来说，辩证法在其中起着至关重要的作用，正是它才使黑格尔的绝对精神成了活生生的精神，成了万事万物的本原和基础，并且成了具有丰富内容的具体的绝对真理。这就是说，若要把绝对精神变成作为万物基础和绝对真理的活生生的精神，就必须使绝对精神能够在展开、显示和实现自己的过程中能够通过不断克服自身的片面性而实现由抽象到具体、由贫乏到丰富、由简单到复杂、由自在到自为地有规律（必然性）的自我发展和自我认识，为此，绝对精神就必须有内在动力或说内在的"创造力"，也就是说，必须有内在矛盾，必须在肯定中包含了否定。因此，黑格尔强调，在他那里，引导概

---

① ［德］黑格尔：《小逻辑》，贺麟译，商务印书馆1980年版，第64页。
② ［德］黑格尔：《小逻辑》，贺麟译，商务印书馆1980年版，第53页。
③ 《列宁全集》第38卷，人民出版社1986年版，第89页。
④ ［德］黑格尔：《逻辑学》上卷，杨一之译，商务印书馆1982年版，第36页。

念自己向前的就是否定的东西。正是由于辩证法对于唯心主义的重要性，所以黑格尔在《逻辑学》中说："……它们（逻辑形式——引者）作为概念的形式乃是现实事物的活生生的精神。现实事物之所以真，只是凭借这些形式……"①

（三）方法论统一于存在论

在黑格尔的哲学中，既然绝对精神（概念、理念）的内容和形式或说存在和存在形式是统一的，并且存在就是作为世界之本原和基础的绝对精神的存在，方法也就是作为世界之本原和基础的绝对精神的运动形式（这种运动形式也可以说就是运动的方法），那么，绝对精神的存在与方法就是统一的，探讨存在的存在论与探讨方法（形式）的方法论就应该是统一的。尽管从方法论是认识论的一部分来看黑格尔哲学的中"存在论与认识论的统一"也决定了存在论与方法论的统一，但是，在黑格尔的哲学中，存在论与方法论的统一不仅体现在通常的存在论与认识论的统一之中，而且它更有自己的特殊表现，即：正如它的认识论本身属于一个实体（绝对精神）的存在过程一样，它的方法论（作为绝对精神自我发展和自我认识的形式）也是一个实体的存在过程。这就是说，由于黑格尔哲学所描述的绝对精神（概念、理念）自我运动（展开、显示、实现）或说自我发展、自我认识的形式就是辩证的形式，它与绝对精神的内容密不可分，甚至就是绝对精神内容的一个部分，所以，他哲学中的阐述绝对精神自我运动形式的方法也正好是他哲学中的阐述绝对精神自身内容的方法。正如绝对精神的自我运动形式直接属于绝对精神作为存在或世界之本原和基础的内容一样，它作为黑格尔哲学的方法论也直接属于黑格尔哲学的存在论。

三、存在论、认识论与方法论的统一

既然在黑格尔的哲学之中存在论与认识论相互统一，并且存在论与方

---

① ［德］黑格尔：《小逻辑》，贺麟译，商务印书馆 1980 年版，第 331 页。

法论也相互统一，那么，在他的哲学中存在论、认识论和方法论也应该相互统一。同时，在某种意义上说，黑格尔的哲学也就是他的逻辑学，因为他把"逻辑"看成是绝对精神发展的第一个阶段，并把绝对精神发展的另外两个阶段亦即"自然"阶段和"精神"阶段看成是"逻辑"的应用阶段，同时，他还把"逻辑学"当作阐述自己哲学体系《哲学全书》的第一个部分，并把阐述他的哲学体系的《哲学全书》的后两个部分亦即"自然哲学"和"精神哲学"理解为"应用逻辑学"。由于黑格尔的全部哲学包含"逻辑学"和"应用逻辑学"两个部分，所以，我们便可以把黑格尔的全部哲学（在某种意义上）都理解成"逻辑学"。在黑格尔哲学包含了存在论、认识论与方法论统一的基础上，若把黑格尔的全部哲学都理解成逻辑学，我们还可以进一步发现，在黑格尔的哲学中，存在论、认识论、方法论与逻辑学也是统一的。这种情况在黑格尔专门论述"逻辑"的"逻辑学"中更为突出，他的逻辑学典型阐述了存在论、认识论、方法论与逻辑学相互统一的思想。

我们在前面已经提到，早在康德的哲学中，就已在某种程度上存在着存在论、认识论、方法论与逻辑学相互统一的思想了。我们曾在本书第二篇中分析了康德存在论与认识论统一的思想，他的认识论包含了他的先验的方法论，这种方法论不仅是认识论的一部分，而且也是存在（世界）得以成为存在（世界）的一部分，所以，它不仅统一于认识论，在某种意义上说，也统一于存在论。同时，康德哲学认识论中的关键内容之一就是先验逻辑，他的先验逻辑较之于形式逻辑的最大不同之处在于它是认识论与逻辑学相互一致的逻辑，也就是说，它不仅与形式逻辑一样去探讨思维的形式，从而成为真理的必要条件，而且超越形式逻辑仅对思维形式的探讨，进一步去追寻概念的来源，追寻思维的内容，从而把真理的必要条件和充分条件结合起来。这就是说，他把逻辑学与认识论（内在地包含了方法论）统一了起来，使逻辑学成为关于认识真理的学说。既然在康德那里，认识论与存在论相互统一，而逻辑学又与认识论（内在地包含了方法论）相互统一，那么，在一定的程度上说，他的存在论与逻辑学也应该是相互统一的。康德这种存在论与认识论乃至与方法论、逻辑学相统一的思想对黑格尔应该有所影响。若从整体上来看待黑格尔哲学之存在论与认识论、方法论、逻辑学相统一的思想，最好的办法就是围绕他的哲学的圆圈（正、反、合）特征来思考。在前文中，我们已经讨论了黑格尔哲学体系中的圆圈思想，并且指出他哲学体系中的圆圈思想既体现了他的哲学的绝对唯心主义原则，也体现了他的哲学的辩证法原则。若要理解黑格尔的圈圈思想究竟是如何同时体现他的哲学的绝对唯心主义和辩证法原则、并在此基础上进一步体现他的哲学的存在论、认识论、方法论和逻辑学相互统一的观点的，最好的办法就是深入分析他对哲学特别是逻辑学开端问题的讨论。

黑格尔在他的《哲学全书》的第一部分《逻辑学》中专门探讨了逻辑学的开端问题，由于逻辑学阐述的是绝对精神展开或实现自己的第一阶段，所以，他的逻辑学的开端也是他的全部哲学的开端。根据黑格尔的观点，绝对精神展开或实现自己的过程既是一个前进的过程也是一个回溯的过程，也既是说，它同时是前进和回溯的双向过程。从前进的角度说，它从潜在状态走向现实状态，把自己的具体的丰富内容全部展示了出来；从回溯的角度说，它的前进过程不过是回归到本来的"自己"，这个本来的"自己"就是它"自己"之所以是"自己"的"根据"（精神的本性）。所以他说："前进就是回溯到根据，回溯到原始的和真正的东西；被用作开端的东西就依靠这种根据，并且实际上将是由根据产生的"①。既然前进的过程就是回溯的过程，那么，我们就可以直接把"前进"看成是"回溯"；与此相反，既然回溯的过程就是前进的过程，那么，我们也可以直接把"回溯"看成是"前进"。由此出发，在关于绝对精神的哲学研究之中，我们既可以把从"开端"到"结果"的前进过程看成是从"结果"到"开端"的回溯过程，也可以把从"结果"到"开端"的回溯过程看成是从"开端"到"结果"的前进过程。这样一来，正如前进的过程和回溯的过程可以颠倒和替代一样，开端和结果也可以颠倒和替代，或说，我们可以把开端看成是结果，也可以把结果看成是开端。因此，在黑格

---

① ［德］黑格尔：《逻辑学》上卷，杨一之译，商务印书馆 1982 年版，第 55 页。

尔的哲学中，前进和回溯、开端和结果都是相对的规定，"最初的东西又同样是根据，而最后的东西又同样是演绎出来的东西；因为从最初的东西出发，经过正确的推论，而到最后的东西，即根据，所以根据就是结果。"① 既然哲学的对象是绝对精神，那么，哲学的对象也就是绝对或者说客观的概念，那么，"……达到概念的概念，自己返回自己，自己满足自己，就是哲学这一科学唯一的目的、工作和目标。"② 哲学作为独立自为的学科，它自己提供对象，自己创造对象，它的开端达到终点时其实就是回到起点从而回归到自身。这俨然是一个圆圈，它表明哲学根本没有其他科学的那种意义上的起点。从上述黑格尔分析哲学特别是逻辑学开端的思想可以发现：他的哲学所探讨的全部内容只是绝对精神的观念性的内容，世界上的万事万物及其运动和产物其实都是客观的"绝对精神"的各种表现，所以，从存在论上说，世界实质上只有一种存在，它就是"绝对精神"，探讨存在的真正的哲学只能是绝对唯心主义哲学。

但是，既然黑格尔哲学的圆圈是一个"圆圈"，那么，它的开端和结果之间就不是一条直线，它必须从某一点开始，经过纯粹精神（思维）的发展之后，接着产生出自己的对立面，然后再经由克服自己的对立面（在更高的层次上）回复到自身。根据黑格尔的观点，纯粹的思维就是精神在逻辑发展阶段中的思维，它的对立面就是作为精神异化或外在化的自然阶段的自然，克服对立面回复到自身的精神就是（在更高的层次上）重新回复到精神阶段的（人的）精神；不仅如此，在逻辑、自然、精神三个发展阶段的内部，还包含了诸多的发展环节，每一个发展环节复又包含了各自的发展环节，这些环节自身也都是对立面的统一。绝对精神正是经由这种产生对立面、克服对立面又回复到自身的过程才使圆圈成其为圆圈，并且使大圆圈套小圆圈再进一步套更小的圆圈，从而展开、显示和实现自己的全部内容，实现绝对精神由抽象到具体、由贫乏到丰富、由简单到复杂、由自在到自为的自我发展以及自我认识，使绝对精神的全部内容从潜在状态成为现实状态。从"发展"的角度说，它成了现实的绝对精神；从"认

① ［德］黑格尔：《逻辑学》上卷，杨一之译，商务印书馆 1982 年版，第 56 页。
② ［德］黑格尔：《小逻辑》，贺麟译，商务印书馆 1980 年版，第 59 页。

识"的角度说，它则成了绝对真理（实现了自然与精神、客观与主观、存在与思维的绝对同一）。

为此，黑格尔就必须为它的哲学找到一个开端，他把最为抽象、贫乏、简单的自在概念"存在"作为它的全部哲学特别是逻辑学的开端，然后经过圆圈式的发展，亦即经由诸多的对立面的统一、肯定与否定的统一、正题与反题的统一（合题）实现了他的绝对精神的自我发展和自我认识。这样，他的开端理论就得到了进一步地丰富。他说："开端的规定性，是一般直接的和抽象的东西，它的这种片面性，由于前进而失去了；开端将成为有中介的东西，于是科学先前运动的路线，便因此而成了一个圆圈。"①。由此出发，他进一步说："这样，意识在它的道路上，便将从直接性出发，以直接性开始，追溯到绝对的知，作为它的最内在的真理。于是，整个最后的对象，即根据，也是最初的东西所从而发生的那个东西，它首先作为直接的东西出现——这样，绝对精神，它出现为万有的具体的、最后的最高真理，将更加被认识到它在发展的终结时，自由地使自己外化，并使自己消失于一个直接的有的形态——决意于一个世界的创造，这个世界包含在结果以前的发展中的全部事物，而这全部事物，由于这种倒转过来的地位，将和它的开端一起转变为一个依赖作为本原的结果的东西。"② 根据这里的更为丰富的黑格尔关于哲学特别是逻辑学开端的理论，我们可以引出如下结论，即：他的哲学所探讨的绝对精神是一种通过发展而深入自己的根据从而彻底"证明"（发现）自己精神本性的实体，为此，它要经历圆圈式的辩证发展过程，它在辩证发展中不断创造自己的对立面又克服自己的对立面，不断制造自己的否定又克服对自己的否定，从而不断消除自己的抽象性而走向具体性、不断消除自己的片面性而走向全面性，最终走向绝对真理。这里，绝对精神作为实体的存在同时也是"辩证发展"的存在，并且还是在自我认识中走向绝对真理的存在，这一切都发生在一个逻辑的过程之中，因此，黑格尔哲学作为探讨绝对精神的存在论哲学，同时也是探讨绝对精神的存在形式（自我发展和自我认识）的认识

---

①　[德] 黑格尔：《逻辑学》上卷，杨一之译，商务印书馆 1982 年版，第 56—57 页。

②　[德] 黑格尔：《逻辑学》上卷，杨一之译，商务印书馆 1982 年版，第 55—56 页。

论者哲学和方法论哲学，并且同时就是逻辑学，这里，认识论和方法论以及逻辑学不是外在于绝对精神这一存在的认识论、方法论以及逻辑学，也就是说，它们不是外在于绝对精神这一存在的理论（似乎先有绝对精神作为认识论对象，然后通过主体去制定一定的认识理论和方法理论以及逻辑理论从"外面"去"认识"这一对象），而是绝对精神自身的存在形式（自我发展和自我认识形式）的反映，所以，它们与黑格尔的存在论是内在地相互一致的。

从本书探讨的西方形而上学历史的主题出发，我们主要关注存在论问题。但是，在西方形而上学的发展史上，认识论问题是一个涉及存在论是否能够成立的问题。康德认为他之前的旧形而上学正是由于把存在论与认识论分离开来才陷入存在论的危机的，所以，他把存在论与认识论统一起来，在认识论中建构存在论。黑格尔也像康德一样把存在论与认识论统一了起来。因此，当我们从探讨西方形而上学的历史这一主题出发主要关注存在论问题的同时，也把关于存在的认识论问题纳入重点关注的视野。尽管我们从探讨西方形而上学的历史这一主题出发主要关注形而上学的存在论和认识论的统一问题，但这也把关于存在论以及认识论与方法论乃至逻辑学的一致包含在其中了，因为方法论原本就是认识论的一个部分，逻辑学若是属于内容和形式相统一的逻辑学，它本身就是关于真理的科学，也就是说，它本身就是认识论了。所以，黑格尔在谈到他的逻辑学是内容与形式统一的逻辑学时明确指出：这样一来，逻辑学就与形而上学结合了起来。"……通常所了解的逻辑的那种东西（指仅仅研究形式的逻辑学——引者），是完全没有顾及形而上学的意义而被考察的。"[①]这里，我们要强调的是，虽然我们在探讨西方形而上学历史时主要关注的是存在论与认识论的统一，但是，在探讨黑格尔的哲学（形而上学）时，却应该特别关注他的存在论与方法论的统一。这是因为：在黑格尔那里，无论是存在论还是认识论，甚至是存在论与认识论的统一，都因他的方法论亦即辩证法才有可能。所以，黑格尔在谈到自己的哲

---

① [德] 黑格尔:《逻辑学》上卷，杨一之译，商务印书馆1982年版，第29页。

学劳作的目的就是关于真理的科学知识并且认为这是一条艰难的道路时，接着指出："……只有正确的方法才能规范思想，指导思想去把握实质，并保持于实质中。"①

四、精神自由的哲学追求

我们在讨论黑格尔的"精神哲学"时就已谈到了他关于精神的自由本性的思想。现在，我们再进一步讨论这一问题，以便指出黑格尔的哲学追求其实就是对于精神自由的追求。在前面我们曾引用过黑格尔在《小逻辑》的"导言"中所说的一段话，即："真正的自由思想本身就是具体的，而且就是理念；并且就思想的全部普遍性而言，它就是理念或绝对。"②这就是说，黑格尔把绝对（绝对精神、绝对理念）看成是"真正的自由思想"，认为自由是绝对的本性。这里，绝对的本性是思想（思维）和绝对的本性是自由具有同样的意义，它表明绝对的本性是思想的自由或自由的思想。思想的自由和自由的思想意味着绝对的自由作为精神的自由在于它不依赖于自身之外的任何他物，它只与自身相联系。其实，这种关于自由的理解与康德关于意志自由的理解存在着某种相似性，康德那里的意志自由也是意志不受制于他律而仅仅受制于自律（意志自己为自己颁布的规律）的自由。但是，黑格尔关于精神自由的理解与康德关于意志自由的理解又存在着明显区别，在康德那里，要实现意志自由，意志就必须独立于他律，而在黑格尔这里，精神要实现自己的自由，必须产生他物并克服他物，它表明黑格尔所谓的精神的自由是在他物之内争得的对于他物的不依赖性（独立性）。其实，黑格尔的意图在于尽管精神的本性是自由，但是，这种自由的本性必须现实化，否则，它仅仅是抽象（而非具体）的自由或潜在（而非现实）的自由。正是因为如此，他才在把哲学的对象看成是"理念"的同时强调"理念并不会软弱无力到永远只是应当如此，而不

---

① [德] 黑格尔：《小逻辑》，贺麟译，商务印书馆 1980 年版，第二版序第 5 页。
② [德] 黑格尔：《小逻辑》，贺麟译，商务印书馆 1980 年版，第 55—56 页。

是真实如此的程度"①。他还特别指出："哲学的最高目的……亦即达到理性与现实的和解"②。

若把黑格尔上面的思想进一步具体化，那么，我们可以这样理解，即：绝对作为实体就是精神，这种精神是不依赖于任何外物的独立思想（思维），所以，它是绝对自由的精神。但是绝对作为精神是一种包含了诸多具体内容或环节的活生生的精神，它是一种大全或全体，"全体的自由性，与各个环节的必然性，只有通过对各环节加以区别和规定才有可能。"③因此，绝对必须展开、显示、实现自己，把自己的诸多的具体内容或环节通过一种必然性呈现出来，使自己充分现实化。在他看来，这种现实化的过程乃是绝对自己产生对立面并克服对立面或自己产生否定并克服否定的过程，换句话说，它是绝对在内在的自我矛盾中发展自己、认识自己的过程。我们在前面探讨黑格尔的"精神哲学"时已经分析了精神如何在（人的）"精神"发展阶段走向自由的问题，其实，由于他所说的绝对的本性就是自由，所以，他的整个哲学都在探讨精神（绝对精神）如何在发展中走向自由的问题。从他的整个哲学出发，我们发现，绝对在经由纯粹理念范围内的逻辑发展之后便把自己异化或外在化为自然界作为自己的对立面或否定，然后再克服对立面或否定返回到精神的领域，实现了自然与精神、客体与主体、存在与思维的统一。同时，在绝对从纯粹理念到自然再到精神的发展过程中，包含了一系列的大大小小的产生对立面又克服对立面、产生否定又克服否定的过程，其中，大过程包含了小过程，大的对立面的统一包含了小的对立面的统一，大的否定之否定包含了小的否定之否定。由于对立面的统一或否定之否定表现为一个由正题（自身、肯定）到反题（对立、否定）再到合题（统一、否定之否定）的圆圈，所以，上述过程也表现为大圆圈包含小圆圈，大的正题、反题、合题包含小的正题、反题、合题的过程。在黑格尔哲学所描述的精神的运动之中，这些过程不是任意的过程，而是必然的过程，正是由于它的内在必然性，绝

---

① [德] 黑格尔：《小逻辑》，贺麟译，商务印书馆 1980 年版，第 45 页。
② [德] 黑格尔：《小逻辑》，贺麟译，商务印书馆 1980 年版，第 43 页。
③ [德] 黑格尔：《小逻辑》，贺麟译，商务印书馆 1980 年版，第 56 页。

对才在自己的运动中逐步展现、显示、实现自己的具体的丰富内容或环节，完成自己从抽象到具体、从贫乏到丰富、从简单到复杂、从低级到高级、从自在到自在自为的发展和认识。这个过程一方面证明了绝对包含了丰富的内容和环节，另一方面则证明了它的丰富的内容和环节（无论是自然还是人及其产物）的本质和实质都是精神，它们不过是精神的各种表现。综合地说，它们证明了绝对能够承受自我分裂的痛苦，能够勇敢地克服自己的外化表现从而证明自己的精神本性，证明自己的精神本性就是证明自己的独立性从而表明自己是自由的实体。

黑格尔的哲学作为描述绝对精神的发展过程并且证明绝对精神的发展就是概念的自我发展、自我认识或自我从低级到高级的演化的哲学，也就是追求精神自由的哲学。它在实现世界精神化和自由化的同时也实现了绝对真理，它在康德之前的旧形而上学的绝对真理被康德否定之后又在辩证法的基础上发现了绝对真理，即：发现了关于世界实体的绝对真理。康德之前旧形而上学关于世界实体的绝对真理体系在黑格尔的哲学中以新的形式实现了复辟，哲学再一次成了"科学的科学"。

第四章　辩证论：形而上学的复辟

马克思和恩格斯曾把黑格尔哲学看成是从笛卡尔到莱布尼茨的 17 世纪形而上学在德国哲学中的"胜利的和富有内容的复辟"。我们同意马克思的结论，但是，我们则从另外一个角度来理解这一问题。在马克思那里，这种复辟是在作为唯心主义和唯理论的 17 世纪形而上学被法国启蒙运动特别是 18 世纪法国唯物主义和经验论击败之后在德国古典唯心主义哲学中的于辩证法基础上的复辟；而在我们的理解中，这种复辟则是在包含 17 世纪在内的康德之前的全部旧形而上学在被康德新形而上学动摇之后在辩证法基础上的复辟。我们接下来将从这一角度讨论黑格尔的辩证论哲学对于旧形而上学的"富有内容"的复辟。

一、对旧形而上学的批判

在黑格尔复辟旧的意义上的形而上学的问题上，我们也同意马克思的观点，认为黑格尔对旧的意义上的形而上学的复辟是富有内容的复辟。这种"内容"作为一种积极的内容就是他的辩证法思想。黑格尔本人也认为正是这种辩证法才使他的哲学克服了旧形而上学的局限成为关于实体之绝对真理、绝对知识的"科学"的形而上学，成为真正意义上的形而上学。由于他的辩证法与旧形而上学的思维方式正好相反，所以他在自己的哲学中认真分析和批判了旧形而上学的"形而上学"的思维方式。

（一）形而上学或素朴的态度

围绕真理问题，或说围绕主观与客观、思维与存在的对立统一问题，在《小逻辑》中，黑格尔讨论了"思想对客观性的三种态度"，其中，第一种态度说的是"形而上学"的态度，主要指唯理论哲学；第二种态度说的是"经验主义"和"批判哲学"的态度，主要指经验论哲学和康德的哲学；第三种态度说的是"直接知识或直观知识"，指这样一种态度，即：把直接知识和思想绝对地对立起来，认为思想不能把握真理和无限，只有直接知识或直觉才能把握真理和无限，这种态度主要指以德国哲学家耶柯比为代表的一些人的学说。由于唯理论哲学作为典型形而上学是旧形而上学的典型代表，并且黑格尔对康德批判哲学的分析我们已经多次接触，所以，我们这里主要讨论黑格尔所说的"思想对客观性的第一种态度"，由此来分析他对形而上学（旧形而上学，主要是典型形而上学）的批判。

黑格尔认为形而上学的态度是一种"素朴的态度"，这种态度"没有意识到思想自身所包含的矛盾和思想自身与信仰的对立，却相信，只靠反思作用即可认识真理，即可使客观的真实性质呈现在意识前面。有了这种信仰，思想进而直接去把握对象，再造感觉和直观的内容，把它当作思想自身的内容，这样自以为得到真理，而引为满意了。"①黑格尔的这一段话是对形而上学的态度的一种全面概括。根据他的概括：从正面说，旧形而上学认为思想直接就能认识事物（实体）得到真理，甚至认为思维的规定就是事物的规定，所以黑格尔说："康德以前的形而上学认为思维的规定即是事物的基本规定。"②旧形而上学也认为思想直接认识事物依靠的是反思的作用，但它所说的反思只是抽象的理智的反思（外在的反思）。从反面说，旧形而上学没有意识到思想自身所包含的矛盾，正是因为如此，它也没有意识到它的思想与信仰之间的对立，也就是说，没有意识到思想直接认识事物的态度不是思想的认识而仅仅是一种"信仰"。在从总体上指出了形而上学的态度或素朴的态度后，黑格尔从三个方面指出了形而上学

---

① ［德］黑格尔：《小逻辑》，贺麟译，商务印书馆1980年版，第94—95页。
② ［德］黑格尔：《小逻辑》，贺麟译，商务印书馆1980年版，第95页。

的态度（思维方式）的缺陷，并对其进行了批判。

（二）对旧形而上学的批判

1. 有限的思维不能表达无限的真理

形而上学认为仅仅用一些有限因而孤立的思维、概念（谓词）就可以有效地表达真理，得到关于绝对的知识。例如，用"存在"来说明"上帝有存在"，或者用"有限或无限"来说明"世界究竟是有限还是无限"的问题，如此等等。黑格尔对形而上学的这一思维方法进行了批判。他说："须知，一说到思维，我们必须把有限的、单纯理智的思维与无限的理性的思维区别开。"[1] 一切个别的、直接得来的思维规定都是有限的规定，它们都是一些抽象的规定，不能把握无限之物。"……真理本身是无限的，它是不能用有限的范畴所能表达并带进意识的。"[2] 在黑格尔看来，思维本身就是无限的思维。为了理解思维本身的无限性，他从形式上分析了有限之物和无限之物的问题。他说有限之物指有终点之物，它的存在到某种程度为止，也就是说，它在与自己的对方联系起来因而受到对方限制时便告终止存在。但是，黑格尔基于绝对唯心主义的立场认为，思想的对方就是思想自己产生的自我的对方，因此，说有限事物的持存取决于作为它的否定一方的对方，其实就是取决于自己，它自身就是有限事物之"有限"的界限，这正好表明它作为思想（思维）是无限的。这就是说，思想（思维）既是自我也是对象，它自己是自己的否定者，"当思维思维它自己本身时，则思维的对象同时已不是对象了。换言之，此对象的客观外在性已变成被扬弃了的、观念性的东西了。"[3] 因此，思想（思维）是无限的，它既有规定、限制又扬弃规定、限制，所谓有限的事物不过是停留在它的有限的规定、限制之中并把这些规定、限制看成是究竟至极的东西罢了，而不是像通常所想象的那样是抽象的向外延伸和无穷的向外伸张中的限制。然而，"形而上学的思维是有限的思维，因为

---

① ［德］黑格尔：《小逻辑》，贺麟译，商务印书馆 1980 年版，第 96 页。
② ［德］黑格尔：《小逻辑》，贺麟译，商务印书馆 1980 年版，第 96 页。
③ ［德］黑格尔：《小逻辑》，贺麟译，商务印书馆 1980 年版，第 97 页。

它老是活动于有限思维规定的某种界限之内，并把这种界限看成是固定的东西，而不对它再加以否定。"① 黑格尔把形而上学的这种思维称之为"抽象理智的思维"。他指出，形而上学以为"单凭这种思维的抽象规定便能有效地成为表达真理的谓词"的做法显然存在问题。例如，就"上帝有存在吗？"这一命题而言，形而上学在这里把"存在"用作肯定的、究竟至极的、无上完美的上帝的谓词，其实，"存在"只是一个有限的谓词，它只表示一种十分低级的规定，而不足以表达理念和上帝。再如，就"世界是有限或无限的"这一命题而言，形而上学从自己的有限（抽象知性）的思维出发，把有限和无限之间的对立看成是固定的对立，并偏于一面，其实，有限和无限是对立的统一。总之，形而上学在没有考察知性思维、概念（谓词）的内容和价值，以及用这些思维、概念（谓词）出发说明绝对是否妥当的情况下热衷于用这些思维、概念（谓词）去说明绝对，而不知道它们其实是不能表达无限的真理（绝对）的有限的知性思维、概念（谓词）。

2. 主观的表象不能规定理性的全体

形而上学从表象中接受作为"全体"（例如上帝、灵魂、世界）因而属于理性的理念（具体共相）的形而上学对象，把它当作给予的现成题材，并用知性的规定处理它们。对于形而上学的这一做法，黑格尔指出，表面看来，这些关于"全体"对象的表象似乎已给思维提供了坚实的据点，其实不然，因为这些表象中掺杂了特殊的主观的成分，可以有各种异常分歧的意义。此外，形而上学因认为这些对象来自表象，所以，它还以各种主观的表象为标准，来评判哪一些谓词能够通过判断形式恰当、充分地表述理性的对象。但是，黑格尔从他的绝对唯心主义辩证法出发认为，作为"全体"的形而上学对象或真理总是具体的整体而非单个的事物，而判断的形式总是片面的，所以，它"不适于表达具体的和玄思的真理"②。其实，在黑格尔看来，思想作为自由的思想乃是从自身来规定自身的思想，所以，客体是被思想所规定的而非像形而上学以为的那样是现成的

① ［德］黑格尔:《小逻辑》，贺麟译，商务印书馆1980年版，第97页。
② ［德］黑格尔:《小逻辑》，贺麟译，商务印书馆1980年版，第100页。

客体。

3.知性的片面性应让位于理性的全体性

形而上学总是在两个相反的论断中"肯定其一必真，而另一必错"[①]，从而陷入了独断论。黑格尔指出，独断论可以分为广义的和狭义的两种独断论。广义的独断论是古代怀疑论者所指出的独断论，它指的是持有特定学说的哲学，按照这种理解，真正的思辨哲学也能被纳入到独断论的行列之中；而狭义的独断论就是形而上学的唯理论，它"坚执着严格的非此必彼的方式"，"坚执片面的知性规定，而排除其反面"[②]。例如，在它看来，世界不是有限的必是无限的，两者之中，只有一真。黑格尔指出，"片面的东西并不是固定的、独立自存的东西，而是作为被扬弃了的东西包含在全体内。"[③]他比较说："知性形而上学的独断论主要在于坚执孤立的片面的思想规定，反之，玄思哲学的唯心论则具有全体的原则，表明其自身足以统摄抽象的知性规定的片面性。"[④]所以，在这种玄思哲学的唯心主义看来，也就是说，在理性的思维看来，一切对象都是全体，一切都是对立的统一，肯定与否定之间并没有不可逾越的鸿沟。例如，就灵魂来说，灵魂既非有限也非无限，或说，灵魂既是有限也是无限。

（三）逻辑思想的三种形式

在《小逻辑》中，黑格尔花了很多篇幅讨论了逻辑思想就形式而论的三个方面，他关于这三个方面的讨论其实为他批判"思想对客观性的第一种态度亦即形而上学的态度"提供了总纲。他所说的逻辑思想就其形式而言的三个方面是："（1）抽象的或知性（理智）的方面，（2）辩证的或否定的理性的方面，（3）思辨的或肯定的理性的方面"[⑤]。他说："这三方面……是每一逻辑真实体的各环节，一般说来，亦即是每一概念或每一真

---

① ［德］黑格尔：《小逻辑》，贺麟译，商务印书馆1980年版，第101页。
② ［德］黑格尔：《小逻辑》，贺麟译，商务印书馆1980年版，第101页。
③ ［德］黑格尔：《小逻辑》，贺麟译，商务印书馆1980年版，第101页。
④ ［德］黑格尔：《小逻辑》，贺麟译，商务印书馆1980年版，第101页。
⑤ ［德］黑格尔：《小逻辑》，贺麟译，商务印书馆1980年版，第172页。

理的各环节。"①黑格尔指出，知性的思维是感性具体的直接对立面，它从对感性表象所进行的分析中得出肯定的自身同一的抽象规定，坚执各规定的非此即彼的绝对界限，如果思维停留在这个阶段，那就成了形而上学的思维。辩证的理性（否定的理性）则是知性规定的自我否定的结果，它不承认有绝对的非此即彼的界限。但如果停留于这个阶段，那又有可能陷入怀疑主义、相对主义和诡辩论。思辨的理性（肯定的理性）是上述两个阶段的对立面的统一，它扬弃了上述两个环节的片面性。这个阶段仿佛是第一阶段的回复，但实际上它处于更高的阶段，因为第一阶段是抽象的同一，它则是不同规定的统一，具体地包含了对立面的统一。黑格尔哲学所贯彻的就是思辨理性（肯定理性）的思维方式。这样一来，形而上学的"形而上学"的思维方式与黑格尔哲学的思辨理性的思维方式的区别就一目了然了，这也指明了黑格尔批判形而上学的要点所在。正是循着这样的思路以及他在探讨"思想对客观性的第一种态度"时批判形而上学的思路，他在从前述三个方面批判了形而上学的态度之后，先后考察了旧形而上学的本体论、理性心理学、宇宙论和自然的或理性的神学。

黑格尔对康德以前的形而上学的"形而上学"思维方式（方法论）的批判，在西方哲学史上具有重要意义。康德以前的"形而上学"本指一门学科（黑格尔也称它为思想对客观性的一种态度），黑格尔认为这种形而上学在研究、认识自己的对象时所采用的是一种孤立的、片面的、静止的、无矛盾的非此即彼的方法，因而它不能把握具体的真理。后来，在恩格斯那里，"形而上学的思想方式或思维方式"则成了泛指类似黑格尔所批判的那种旧形而上学的思想方法和思维方式②，它使"形而上学"这一概念除了表述作为学科的"形而上学"（旧形而上学）的意义之外，还具有了表述作为方法亦即作为形而上学（旧形而上学）特有的思维方式的"形而上学"的意义，在后一种意义上，它也成了与辩证法的方法论对立的一个方法论概念。黑格尔正是借助了自己的辩证法的方法论来批判形而上学的思维方法才实现了他自己哲学对于形而上学（作为学科的旧形而上

---

① ［德］黑格尔：《小逻辑》，贺麟译，商务印书馆1980年版，第172页。

② 张世英：《黑格尔〈小逻辑〉绎注》，吉林人民出版社1982年版。

学）的复辟。新的方法论的运用既使他复辟了形而上学，也使他的复辟成
了一种富有内容的复辟。

二、何种意义的形而上学的复辟

我们认为，为了更好地理解黑格尔对旧形而上学的复辟究竟是一种什
么样的复辟，换句话说，他究竟要复辟什么样的形而上学，我们必须先行
回顾何谓旧形而上学的意义，以及康德是如何动摇这种意义的旧形而上学
的。回顾前者是为了理解黑格尔要复辟的对象，回顾后者则是为了理解黑
格尔要复辟的动因。

（一）康德的动摇和黑格尔的批判

1.康德对旧形而上学学科的动摇

在本书的"导言"中，我们曾在广义和狭义两种意义上对形而上学
（旧形而上学）进行了定义。我们认为，形而上学就是研究存在的学问，
这种存在既可以从广义上被理解成"世界或说世界整体"，也可以从狭义
上被理解成为现象世界背后的比现象世界更加实在的本质或说本体世界。
因此，我们也这样定义形而上学，即：从广义上说，形而上学就是研究世
界或说世界整体的学问；从狭义上说，形而上学就是研究现象世界背后的
比现象世界更加实在的本质或说本体世界的学问。由于广义的形而上学以
狭义的形而上学为核心并且最终还是会被归结为狭义的形而上学，也就是
说，它最终还是要面对现象世界背后的比现象世界更实在的本质或说本体
世界，所以，狭义的形而上学应是更为严格意义上的形而上学，我们将其
称之为典型的形而上学，并且认为持有狭义形而上学的形而上学哲学家是
典型的形而上学哲学家。因此，在严格或典型的意义上，我们可以这样来
规定形而上学（作为旧形而上学）这一学科：形而上学就是研究现象世界
背后的比现象世界更加实在的本质或本体世界的学问，它的任务就是认识
现象世界背后的比现象世界更加实在的本质或说本体世界，从而获得关于
本质或说本体世界的绝对真理，并把形而上学变成第一科学或说科学的科

学。我们在本书中所说的黑格尔要复辟的形而上学就是这种意义的形而上学，它指的是康德之前的全部旧形而上学，特别是 17 世纪的旧形而上学。尽管黑格尔本人也把以 17 世纪为代表的形而上学称之为"旧"形而上学，但是，他所说的"旧"和我们在本书中所说的"旧"并不相同。他所谓的"旧"是相对于他自己的"辩证法"的"新"而言的，也就是说，他所说的"旧"是指旧形而上学的思维方式的"旧"；而我们在本书中所谓的"旧"则是相对于康德的形而上学的"新"而言的，也就是说，我们所说的"旧"就是我们在这里归纳的旧形而上学所规定的形而上学之"学科"意义的"旧"。

然而，我们曾指出，由于人的认识只能是源自"经验"的认识而旧形而上学的对象却是"超越经验"（或现象）的对象，所以，形而上学（旧形而上学）诞生伊始就面临着"经验的认识"和"超验的实体"（本质或说本体世界）之间的不可克服的内在矛盾。面对这一内在矛盾，形而上学只能在"经验认识"和"超验实体"之间作出"非此即彼"的选择：或者选择"经验认识"从而把形而上学变成经验科学；或者选择"超验实体"从而放弃形而上学的科学性质（将其看成是一门价值学问）。由于旧形而上学不愿放弃"超验实体"（因为它只有凭借"超验实体"这一对象才能把自己定位为形而上学并把自己看成是具有绝对真理的第一科学或说科学的科学），所以，在认识论中，有些哲学家直接放弃经验认识凭借理性或直觉直接把握"超验实体"（唯理论），有些哲学家则从"经验认识"出发最终得出了"超验实体"不可知的结论（经验论），前者最终成了"独断论"，后者则成了"怀疑论"。怀疑论由于否定了认识"超验实体"的可能性因而实际上已否定了旧形而上学的"超验实体"对象，否定了形而上学的科学性质，在它那里，形而上学根本不是科学，更不用说是第一科学或说科学的科学了。休谟是近代怀疑论的最大代表，它彻底否定了形而上学成为科学的可能性。

康德肯定了休谟否定形而上学科学性的理论力量，即：从"经验认识"出发不可能把握"超验实体"。这使他充分重视"经验认识"在认识论中的重要性和必要性，认为认识不可能不从经验出发，但是，他又想在承认认识的经验基础的同时保持形而上学的科学性质。为此，他用自己的新的认识论亦即先验论代替了旧形而上学哲学家的认识论亦即唯理论和经验论。康德的先验论把认识过程看成是人的先天理性与来自后天的经验刺激相互作用的过程。一方面，认识离不开经验刺激，这些经验刺激构成了认识的内容（质料），另一方面，认识离不开人的先天理性，这些先天理性构成了认识的形式（纯粹时空、先验范畴）。这就是说，人只有经由自己的先天理性（纯粹时空、先验范畴）才能接受源自后天经验刺激的经验内容。因此，人的认识过程就是人的先天理性或说人的理性的先天认识形式整理、安排源自后天的经验内容的过程。在他看来，人的先天理性作为人接受源自后天的经验刺激的必要条件而是人的认识过程中的关键因素，所以，批判地考察人的先天理性成为他的认识论的关键任务。他因此把自己探讨认识论的著作称之为《纯粹理性批判》，欲通过批判纯粹理性来探讨人类认识的来源、基础和范围。对于旧形而上学来说，很不幸的是康德通过批判纯粹理性的结果发现：人的先天理性仅仅能作用于源自后天的经验内容，所以，以人的先天理性为条件的认识只能是经验认识，它不可能超越经验的范围之外，由于旧形而上学的对象亦即"超验实体"是经验范围之外的对象，所以，它只是一种不可知的"物自体"。尽管人的先天理性凭借自身的必然性能够把认识变成科学的认识并且获得具有普遍必然性的科学的知识，但是，这种科学的知识只是经验的知识。因此，尽管康德自己认为他通过自己的先验论捍卫了形而上学的科学性，但是，它实际上否定了旧形而上学的对象——"超验实体"，也否定了旧形而上学的绝对真理性，最终否定了旧形而上学成为关于"超验实体"的第一科学或科学之科学的可能性。这就是说，康德通过自己的先验论彻底动摇了旧形而上学意义上的形而上学这一学科。

2. 黑格尔对康德不可知论的批判

黑格尔若要在康德彻底动摇了旧形而上学这一学科的背景下复辟形而上学，就必须消除康德动摇旧形而上学这一学科的关键因素亦即认识必须从经验出发但经验认识无法把握"超验实体"这一结论。

首先，黑格尔在绝对唯心主义辩证法的立场上指出康德先验论的认识论是一种形式主义的认识方法，未能正确处理思维和对象（主观与客观）的关系，从而使得他所谓的思维（范畴）与物自体之间产生了不可逾越的鸿沟，导致了物自体不可知的结论。黑格尔指出，康德先验论哲学的出发点就已经错了。他说："康德的批判哲学的主要观点，即在于教人在进行探究上帝以及事物的本质等问题之前，先对于认识能力本身，作一番考察功夫，看人是否有达到此种认识的能力。"① 但他指出，"……要想执行考察认识的工作，却只有在认识的活动过程中才可进行。考察所谓认识的工具，与对认识加以认识，乃是一回事。但是想要认识于人们进行认识之前，其可笑实无异于某学究的聪明办法，在没有学会游泳以前，切勿冒险下水"。② 在嘲笑了康德欲在认识活动之前考察认识能力的行为之后，黑格尔指出："须知，从出发点看，考察思维形式已是一种认识历程了。"③ 他是从绝对唯心主义的立场出发来肯定思维的形式本身就是认识历程的。在他看来，"……思维形式既是研究的对象，同时又是对象自身的活动。……这乃是思维形式考察思维形式自身，故必须由其自身去规定其自身的限度，并揭示其自身的缺陷"。④ 那么，思维形式为何能够既是研究的对象又是对象自身的活动呢？黑格尔的解释是：思维（思想）的活动本身就是辩证的活动，"这种思想活动便叫作思想的'矛盾发展'……矛盾发展并不是从外面加给思维范畴的，而毋宁是即内在于思维范畴本身内"。⑤ 这就是说，思想自己与自己区别然后推动思想的发展和认识的发展。所以，他反对康德实际考察范畴时只纠缠于范畴是主观的还是客观的并把客观性理解成普遍性和必然性的做法，认为从具有普遍性和必然性（符合思想规律）的角度出发虽也可在某种意义上把范畴看成是客观的，但是就它们为意识先天具有而言，范畴仍是主观的东西，作为主观的东西，它们与物自体有着不可逾越的鸿沟。在黑格尔看来，我们应该把思维看成是一种客观的精神活动，它自己创造对象又克服对象，并且走向自身与对象的统一。

① ［德］黑格尔：《小逻辑》，贺麟译，商务印书馆1980年版，第49—50页。
② ［德］黑格尔：《小逻辑》，贺麟译，商务印书馆1980年版，第50页。
③ ［德］黑格尔：《小逻辑》，贺麟译，商务印书馆1980年版，第118页。
④ ［德］黑格尔：《小逻辑》，贺麟译，商务印书馆1980年版，第118页。
⑤ ［德］黑格尔：《小逻辑》，贺麟译，商务印书馆1980年版，第118页。

正如他自己所说："……思想的真正客观性应该是：思想不仅是我们的思想，同时又是事物的自身，或对象性的东西的本质……"① 可见，黑格尔从绝对唯心主义的"辩证方法"出发反对了康德哲学的"先验方法"所导致的形而上学的不可知论。

其次，黑格尔在绝对唯心主义辩证法的立场上指出康德先验的认识论未能正确处理知性与理性的关系，从而得出了不可知论的结论。黑格尔说，"康德是最早明确地提出知性和理性的区别的人。他明确地指出：知性以有限的和有条件的事物为对象，而理性则以无限的和无条件的事物为对象。他指出只是基于经验的知性知识的有限性，并称其内容为现象，这不能不说是康德哲学之一重大成果。"② 但是，黑格尔又进一步指出，从对象方面说，康德不知道现象（有限事物）和本质（无限事物）的辩证关系，从主体方面说，他也不知道知性能力和理性能力的辩证关系，正是因为如此，他便不知道直接知识（它是关于感官对象即现象的知识）和间接知识（它是关于超感官的对象即本质的知识）之间的关系。根据黑格尔的观点，直接的东西和间接的东西之间从来就没有简单的非此即彼的关系。他在"大逻辑"中谈到哲学或逻辑学的开端时说，哲学或逻辑学的开端只能采取两条线路，"或者以间接的方式作为结果，或者以直接的方式作为固有的开端"③，但是，"……无论在天上、在自然中、在精神中或任何地方，都没有什么东西不同时包含直接性和间接性，所以这两种规定不曾分离过，也不可分离，而它们的对立便什么也不是。"④ 在"小逻辑"中，他再次强调："……直接性与间接性两环节表面上虽有区别，但两者实际上不可缺一，而且有不可分离的联系。"⑤ 正是由于直接性与间接性之间的辩证关系，因此，作为超感官知识的间接知识和作为感官（经验）知识的直接知识之间便不是非此即彼的关系。"所以关于上帝以及其他一切超感官

① ［德］黑格尔：《小逻辑》，贺麟译，商务印书馆 1980 年版，第 120 页。
② ［德］黑格尔：《小逻辑》，贺麟译，商务印书馆 1980 年版，第 126 页。
③ ［德］黑格尔：《逻辑学》上卷，杨一之译，商务印书馆 1982 年版，第 52 页。
④ ［德］黑格尔：《逻辑学》上卷，杨一之译，商务印书馆 1982 年版，第 52 页。
⑤ ［德］黑格尔：《小逻辑》，贺麟译，商务印书馆 1980 年版，第 52 页。

的东西的知识，本质上都包含有对感官的感觉或直观的一种提高。"①超感官的知识作为间接的知识是通过否定经验知识而得到的，我们若是对间接性知识加以片面的着重，那么，"思维对于感官经验也可以说是一样地不知感恩"②。黑格尔指出，康德由于不懂得有限和无限、本质和现象、知性和理性、直接和间接之间是可以相互包含、相互过渡的，所以，他虽然能正确地把旧形而上学"以知性范畴认识无限对象"的做法称为"独断论"，但自己却陷入了不可知论。在他看来："事实上，真正的关系是这样的：我们直接认识的事物并不只是就我们来说是现象，而且即就其本身而言，也只是现象。而且这些有限事物自己特有的命运，它们存在的根据不是在它们自己本身内，而是在一个普遍神圣的理念里。"③当然，黑格尔之所以能够把有限和无限、现象和本质、知性和理性、直接性和间接性、经验和超感官的东西等的关系纳入到辩证的关系之中，乃是在于他认为它们都源自于绝对能动的精神自身。

（二）黑格尔对旧形而上学的复辟

黑格尔批判康德的不可知论的理论目的就是要复辟我们所说的旧形而上学意义上的形而上学。像其他形而上学哲学家一样，黑格尔对形而上学情有独钟。正如我们前面所引述的那样，他认为一个有文化素养的民族没有形而上学就像一座被装饰得富丽堂皇的庙却没有至圣的神一样。所以，他不能容忍康德把"超验实体"推向不可知的领域的做法。但是，他又从康德哲学中看到了希望，因为他看到了康德哲学中的辩证法因素，把它作为自己复辟旧形而上学的基础。正是在此基础上，他通过自己系统的绝对唯心主义的辩证法复辟了我们所说的旧形而上学。

毫无疑问，黑格尔本人若是知道，他一定不会像我们认为的那样把他的形而上学看成是对旧形而上学的复辟，因为如前所说，他也把以17世纪形而上学为代表的形而上学称之为旧形而上学，并且也去批判旧形而上

---

① ［德］黑格尔：《小逻辑》，贺麟译，商务印书馆1980年版，第52页。
② ［德］黑格尔：《小逻辑》，贺麟译，商务印书馆1980年版，第53页。
③ ［德］黑格尔：《小逻辑》，贺麟译，商务印书馆1980年版，第126页。

学。我们之所以认为黑格尔的形而上学是对旧形而上学的复辟，乃是因为我们认为黑格尔对形而上学之学科的理解与旧形而上学对形而上学之学科的理解具有共同之处，即：两种观点都把形而上学看成是关于实体的绝对真理、绝对知识的科学或说科学之科学。黑格尔之所以不会承认他的哲学是对旧形而上学的复辟，乃是因为他"真诚地相信"以 17 世纪形而上学为代表的以往的形而上学因思维方式的局限根本不可能获得关于实体的绝对真理、绝对知识（尽管它们"自称"自己获得了关于实体的绝对真理、绝对知识），所以它们的形而上学并非科学的形而上学，因而也并非真正的形而上学；只有他的形而上学由于引入了辩证法才成了一种关于实体的绝对真理、绝对知识，所以只有他的形而上学才是一种科学（科学之科学）的形而上学，因而也是一种真正的形而上学。他由此出发把自己的形而上学看成是新形而上学，而把他之前的形而上学特别是 17 世纪形而上学看成是旧形而上学。根据以上辨析我们可以作出这样的结论，即：我们是从形而上学的学科对象和学科目的的意义上来区别新旧形而上学的，黑格尔是从形而上学的方法的意义上来区别新旧形而上学的；我们把前一种区别看成是更为根本的区别（因为它涉及了对于学科的定义），但也不完全排斥后一种区别在形而上学发展史上的意义。据此，我们根据前一种区别把黑格尔哲学看成是形而上学的一种复辟，意在指明它在康德的新形而上学动摇了旧形而上学的意义亦即把超验实体逐出形而上学的领域之后重新复辟了旧形而上学；此外，我们还根据后一种区别把黑格尔哲学对于我们所理解的旧形而上学的复辟看成是一种"富有内容"的复辟，意在指明这种复辟的积极基础就是黑格尔的辩证法。

问题在于：黑格尔通过引入辩证法真的使形而上学成了关于世界实体的绝对真理、绝对知识，从而让其成为了科学或科学之科学吗？我们认为，由于形而上学根本无法解决"经验认识"和"超验实体"之间的内在矛盾，哪怕是引入辩证法的方法也是一样，所以，任何形而上学都不可能成为关于世界实体的绝对真理、绝对知识，它们不可能拥有关于世界实体的任何确定的知识，因而也不可能成为科学或说科学之科学。由于这个原因，我们的观点就是把凡是"自称"（相信）自己的哲学是关于实体的绝对真理、绝对知识的科学或说科学之科学的哲学都看成是"旧"形而上学，康德之前的形而上学"自称"自己的哲学是关于实体的绝对真理、绝对知识的科学或科学之科学，它们的哲学是"旧"形而上学（或通常理解的形而上学）；黑格尔也"自称"自己的哲学是关于实体的绝对真理、绝对知识的科学或科学之科学，所以他的哲学也是"旧"形而上学（或通常理解的形而上学）。相比之下，只有康德的哲学才能被看成是"新"形而上学，因为他的哲学已经改变了旧形而上学的学科对象和学科目的。若是我们像旧形而上学一样只把旧形而上学意义上的形而上学称之为"形而上学"的话，那康德的形而上学也就不成其为"形而上学"了。尽管如此，由于康德依然把自己的哲学称之为形而上学并进一步将其看成是"科学"，所以，我们仍旧把它看成是形而上学或传统形而上学的一个部分。

（三）黑格尔对辩证方法的运用

黑格尔在自己的哲学中对辩证法的运用使得他的哲学对形而上学的复辟成了富有内容的复辟，辩证法就是这一复辟中的"富有内容"。追根溯源，辩证法萌芽于古希腊智者学派的辩论艺术，经由苏格拉底、柏拉图等人一路走向西方近代哲学。在黑格尔之前，从康德到谢林，德国古典哲学的唯心主义的系统的辩证法思想逐步形成，黑格尔是最后的集大成者，他在自己的《哲学全书》以及全部相关的著作中，或说他在通过自己的哲学阐述绝对精神的辩证运动中，把德国哲学的唯心主义辩证法发展到极致，使辩证法思想在西方形而上学乃至哲学史上第一次以全新的面貌呈现出来。

1. 辩证法的全新特征

所谓使辩证法思想在西方形而上学乃至哲学史上以全新的面貌呈现出来，我们这里指的是黑格尔辩证法相比于西方形而上学乃至哲学史上以往辩证法思想所拥有的全新特征。由于我们在前面讨论黑格尔的哲学体系时已经充分描述了辩证法在他的哲学中的运用，所以，我们这里主要分析他的辩证法较之于他以往的辩证法的全新特征。这些全新特征包括以下四个方面。

第一，全面性。所谓全面性，指的是黑格尔把他的辩证法渗透到了整个世界领域。尽管黑格尔把辩证法看成是绝对精神（概念）自我运动的辩证法，看成是绝对精神为了"发现"自己、"展示"自己而表现出来的自我展开、自我显示和自我实现的过程，或者说自我发展和自我认识的过程，它表现为绝对精神的自我运动，因而属于精神的辩证法或概念的辩证法，但是，绝对精神作为实体，作为世界的本原和基础，它以及它的辩证本性通过世界上的万事万物表现了出来，它不仅表现在自然中，也表现在人类社会中，不仅表现在客体中，也表现在主体中，不仅表现在纯粹思维中，也表现在人的精神活动及其产物中，如此等等。正如他自己所说："正确地认识辩证法是至关重要的。辩证法是现实世界中一切运动、一切生命、一切事业的推动原则。同样，辩证法又是知识范围内一切真正科学认识的灵魂。"[①]因此，我们若是剥除了黑格尔绝对精神的外衣，那么，他的哲学所阐述的辩证法就是贯穿于整个世界的辩证法，这种贯穿于整个世界的辩证法其实不过是"客观"世界辩证法的主观的反映。

第二，系统性。所谓系统性，指的是黑格尔系统地阐述了辩证法的内容。这种系统性又表现在两个方面：其一，表现在概念（理念）运动的系统性方面。黑格尔的辩证法作为概念运动的辩证法，它是绝对精神（概念）从潜在到现实的整个运动过程以及经由这个过程表现出来的作为概念各个阶段表现的世界万事万物的整个运动过程的辩证法，它把概念的辩证运动以及通过概念的辩证运动表现出来的世界的辩证运动作为一个完整的"系统"表现了出来。根据黑格尔的观点，这个完整的"系统"通过一个大的圆圈展开了自己，也就是说，它通过从精神（纯粹理念）到自然（精神的对立面）再回到精神（人的精神及其产物）的运动表现了出来。因此，这个圆圈也是一个由正题（精神）到反题（自然）再到合题（正题与反题的统一）的过程，还是一个由精神自身到它的对立面再到上述两个环节之综合的对立面统一的过程，并不是一个从肯定（精神）到否定（自然）再到新的肯定（精神）的否定之否定的过程。这就是说，这个圆圈同时是正、反、合的过程，对立统一的过程和否定之否定的过程。在这个大

---

① ［德］黑格尔：《小逻辑》，贺麟译，商务印书馆1980年版，第177页。

圆圈中，包含了概念辩证运动的全部内容或环节，这些内容或环节的发展也是一个又一个的圆圈并且层层包含了更小的一个又一个的圆圈，它们也都同时是正、反、合的过程，对立统一的过程和否定之否定的过程。因此，黑格尔在自己的哲学体系中，系统地表述了绝对精神（概念）运动的完整过程。其二，黑格尔辩证法内容的系统性也表现在他"系统"地阐述了作为一个学科的辩证法的主要内容方面。从马克思主义归纳的辩证法的内容看，黑格尔的辩证法表达了概念以及经由概念表现出来的整个世界的普遍联系和辩证发展，在这种普遍联系和辩证发展中，矛盾规律（对立面统一的规律）是核心的运动规律，它也以否定之否定的规律（正、反、合）的形式表现出来。此外，以矛盾规律为基础，黑格尔还阐述了诸如思维与存在、主体与客体、理论与实践、质与量、必然与偶然、内容与形式、同一与差别、现象与本质、可能与现实、自由与必然等等一系列表现联系和发展的概念之间的矛盾关系，以及人在认识过程中的分析方法与综合方法之间的关系。总起来说，在黑格尔的概念的辩证法中，矛盾不仅是精神发展、概念演进、认识进程的动力（自我否定），而且它的对立面统一也使绝对精神的自我运动、自我发展在道路上表现为否定之否定的形式，在节奏上表现为正、反、合的形式，并且最终表现为一种圆圈式的运动和发展。在黑格尔哲学所阐述的大大小小层层递进的对立面统一、否定之否定、正反合的概念运动和发展（圆圈）之中，向我们展示了一套系统性的唯心主义辩证法。

第三，统一性。所谓统一性，指的是黑格尔哲学所阐述的辩证法表现在一系列的统一性之中。它首先表现为与存在论、认识论和逻辑学处于统一之中。如前所述，这是因为在黑格尔那里，辩证法本身就是作为实体的绝对精神自身运动和发展的辩证法的反映，而绝对精神自身运动的过程既是它自我发展的过程，也是它自我认识的过程，并且，它的自我发展过程和自我认识过程都是辩证的过程。由于绝对精神自我发展过程、自我认识过程和辩证运动的过程都是同一个过程，它们处于统一之中，它们既是绝对精神的"存在"的形式，也是绝对精神的"认识"的形式，还是绝对精神的"运动"的形式，也就是说，它们分别构成了存在论、认识论和方法论的研究对象并且处于统一之中，所以，黑格尔的哲学作为探讨绝对精神自我发展、自我认识的辩证运动形式的哲学，它应该是存在论、认识论和方法论相互统一的哲学。这就是说，黑格尔哲学的辩证法作为方法论与它的存在论和认识论相互之间处于统一之中。同时，由于黑格尔的整个哲学作为阐述绝对精神自我发展、自我认识的辩证运动过程的哲学本身也就是逻辑学（逻辑学和应用逻辑学），所以，在他的哲学中，方法论与逻辑学也相互统一。除了方法论（辩证法）与存在论、认识论和逻辑学的统一外，黑格尔哲学所阐述的辩证法也体现了另外一种统一，那就是历史和逻辑的统一。这就是说，黑格尔哲学作为哲学，它是对绝对精神自我发展、自我认识的辩证运动过程的理论的抽象，它表述了概念运动的逻辑关系，表达了绝对精神自我发展、自我认识的辩证运动过程的内在联系和必然性，也就是说，它是一种理论、逻辑；同时，黑格尔哲学作为一种理论、逻辑，它是从绝对精神自我发展、自我认识的辩证运动的"历史"过程中"抽象"出来的理论或逻辑，它与概念的发展历史、自然的发展历史、精神的发展历史、人类社会的发展历史高度一致，所以，它是与历史统一的理论或逻辑，或说，它是排除了历史偶然性的理论或逻辑。不仅如此，黑格尔还从这种逻辑与历史相统一的原则出发，把他的作为理论或逻辑的哲学与西方哲学史的发展统一起来，认为他的哲学就是西方哲学史（哲学认识史）的逻辑展开，他的哲学作为西方哲学史上发展的最后阶段的哲学也应该是作为绝对真理的哲学。

第四，前进性。所谓前进性，指的是黑格尔哲学所阐述的描述绝对精神运动的辩证法作为圆圈运动并非是简单的循环往复的运动，它是一种"前进性"的或"向前"的运动。"向前"意味着运动是一种由抽象到具体、由简单到复杂、由贫乏到丰富、由低级到高级、由自在到自在自为的运动。黑格尔在自己的哲学中从"存在"这一最抽象、最简单、最贫乏、最低级的自在概念开始，并终止于最具体、最复杂、最丰富、最高级的自在自为的绝对精神这一概念，具体地体现了绝对精神、概念自我辩证运动的"向前"性质；不仅如此，黑格尔还在此过程中进一步阐述了自然界从机械性经由物理性到有机性的由低级到高级的向前演进过程，以及人的精神从内在的个人精神经由体现在外在性（家庭、市民社会、国家）中的精神再到绝对精神的由低级到高级的向前演进过程。这样一来，黑格尔哲学所阐述的绝对精神的自我发展、自我认识的辩证过程就是一个必然的过程，所以他说："对思想的王国，作哲学的阐述，即是说从思维本身的内在活动去阐述它，或说从它的必然发展去阐述它"①。他又说道："辩证法构成科学进展的推动的灵魂。只有通过辩证法原则，科学内容才达到内在联系和必然性。"②绝对精神正是经由了整个内在联系的必然性的发展过程才成了现实的绝对精神，成了绝对真理，并且拥有了现实的自由。

2. 否定、劳动和实践

在对辩证法的运用方面，黑格尔除了在西方形而上学乃至哲学史上第一次让辩证法以全新的面貌呈现出来之外，还特别强调了辩证的否定以及与其相关的劳动、实践的辩证意义。

在黑格尔的辩证法中，否定是一个重要概念，也是绝对精神辩证运动中的关键性环节。尽管黑格尔把矛盾发展作为绝对精神发展的核心，认为辩证法的实质就是"在统一中把握对立，在对立中把握统一"，但是，肯定与否定的关系正好就是矛盾关系，所以他又说：辩证法的实质就是"在肯定中把握否定，在否定中把握肯定"。在他的辩证法所阐述的绝对精神的辩证运动中，正是由于否定环节的出现才使概念产生了自我矛盾，也正是由于否定之否定环节的出现才使概念经由肯定与否定的统一解决自我矛盾，从而推动概念（事物）向前发展。否定既有产生对立面的能力，更有克服、征服对立面而回复到自己从而提升自己走向真理的能力。因此，若是没有否定也就不可能有概念的运动、发展、认识，没有概念的现实化或现实被改造的过程，一句话，若是没有否定就不可能有辩证法，更不可能体现辩证法的革命性。我们曾说黑格尔的辩证法具有"前进性"或说"向前"的特征，他还说道："引导概念自己向前的，就是前述的否定的东西，它是概念自身所具有的；这个否定的东西构成了真正辩证的东西。"③尤其

---

① ［德］黑格尔：《逻辑学》上卷，杨一之译，商务印书馆1982年版，第7页。
② ［德］黑格尔：《小逻辑》，贺麟译，商务印书馆1980年版，第176页。
③ ［德］黑格尔：《逻辑学》上卷，杨一之译，商务印书馆1982年版，第38页。

值得我们注意的是，黑格尔其实高度重视劳动和实践的否定性力量，我们可以认为，他对劳动、实践之否定性力量的充分肯定是他的辩证法思想的重要的内容。

早在《精神现象学》中，黑格尔在讨论自我意识时就分析过"劳动"这一概念。他说，自我意识在实现自己的过程中有一个争取承认的阶段，他在讨论这一个阶段时研究了主人和奴隶之间的同一和差别关系，认为奴隶的劳动促进了意识的发展、人类的进步，造成了真正的自我意识、真正的人。马克思认为黑格尔在《精神现象学》中"抓住了劳动的本质，把对象性的人、现实的因而是真正的人理解为他自己劳动的结果"①。后来，在《法哲学原理》等其他诸多著作之中，他又多次谈到劳动的作用，谈到劳动、实践在主客体统一中的作用。其实，在黑格尔的哲学中，劳动是一个否定性的环节，它通过自己的否定能力提升了自己或者把对象纳入到自己之中。

在《逻辑学》中，黑格尔在分析"认识的理念"时深入分析了实践的环节。黑格尔认为，认识以主体与客体的区别亦即主体把客体当作自身之外的认识对象为前提，认识的目的就是主体与客体的统一，也就是说，主体使客体由自身之外的东西变成自身之内的东西。黑格尔把追求主体与客体的统一的方式分为理论（狭义的认识）和实践两种方式。理论的活动要消灭主观性的片面性，实践的活动则要消灭客观性的片面性。在理论的活动中，主体被动地认识客体，它只能认识客体而不能改变客体；而在实践的活动中，主体能动地改造客体，它通过改造客体的活动让客体与自身统一。这里，实践显然是认识过程中的一个否定环节，它通过自己的否定活动克服它的对立面从而把对立面纳入自身之中，进而达到自己与对立面的统一。正是因为如此，他特别重视实践的现实性资格。在《逻辑学》中，黑格尔把实践称之为"善"。他说："这种包含于概念中的，相等于概念的，把对个别的、外在的现实之要求包含在自身之内的规定性，就是善。"②在《小逻辑》中，他又说道："……善趋向于决定当前的世界，使

---

① 《马克思恩格斯全集》第 42 卷，人民出版社 1957 年版，第 163 页。
② ［德］黑格尔：《逻辑学》下卷，杨一之译，商务印书馆 1982 年版，第 523 页。

其符合于自己的目的。"①根据他对善的规定，善（实践）主要是改造世界（否定和征服对象）让世界符合自己目的东西。所以，黑格尔不满意康德把"善"仅仅看成是道德上的"应当"的做法，认为它是我们必须努力实现而且可以实现的东西，"意志只是自身实现着的善。"②也正因为如此，他才说"善"不仅具有普遍的资格，而且具有绝对现实的资格，意即它不仅能够通向真理，而且能够通过否定对象（客体）而把对象纳入到自己的目的之中，实现自己与对象的统一。马克思在《关于费尔巴哈的提纲》中曾说："从前的一切唯物主义——包括费尔巴哈的唯物主义——的主要缺点是：对事物、现实、感性，只是从实体的或直观的形式去理解，而不是把它们当作人的感性活动，当作实践去理解，不是从主观方面去理解。所以结果竟是这样，和唯物主义相反，唯心主义却发展了能动的方面，但只是抽象地发展了，因为唯心主义当然是不知道真正现实的、感性活动本身的。"③确实，黑格尔只是在抽象的意义上发展了作为"否定"的实践环节，在他那里，实践仅仅是理念运动的一个环节。

黑格尔在总结前人辩证法思想的基础上制定了全面的、系统的、统一的、前进的辩证法，正是借助于这一辩证法系统，他才自信地复辟了旧形而上学意义上的形而上学这一学科，再次把形而上学看成是关于实体的绝对真理、绝对知识体系，看成是作为其他所有科学的基础并把其他所有科学都囊括在内的科学或科学之科学。辩证法使他的形而上学复辟具有了丰富的内容。但是，作为一位绝对唯心主义哲学家，他在绝对精神发展的终点或说在绝对精神达到绝对真理、绝对知识时却终止了绝对精神的辩证运动，认为主体和客体、思维和存在已经达到了绝对的同一。在他那里，只有在绝对精神（概念）的运动发展经过的地方才会有辩证的发展，绝对精神（概念）是充满活力的火，当它经过的时候，一切都生机盎然，但精神经过以后，一切都会失去活力，特别是当精神在自然界发现自己以后，它离开了自然界，自然界便死寂下来，了无生气了。按照本性来说，黑格尔

---

① ［德］黑格尔：《小逻辑》，贺麟译，商务印书馆 1980 年版，第 419 页。
② ［德］黑格尔：《小逻辑》，贺麟译，商务印书馆 1980 年版，第 420 页。
③ 《马克思恩格斯选集》第 1 卷，人民出版社 1972 年版，第 16 页。

的"……辩证哲学推翻了一切关于最终的绝对真理和与之相应的人类绝对状态的想法"①，所以，"黑格尔哲学……真实意义和革命性质，正是在于它永远结束了以为人的思维和行动的一切结果具有最终性质的看法。哲学所应当认识的真理，在黑格尔看来，不再是一堆现成的，一经发现就只要熟读死记的教条了；现在，真理是包含在认识过程本身中，包含在科学的长期的历史发展中。"②但是，黑格尔最终却强行结束了他的哲学对象（绝对精神）的辩证发展，并且认为自己的哲学就是绝对真理。黑格尔这样做的根本原因在于他要满足他构建的绝对唯心主义哲学体系的需要，正如他自己所说："哲学若没有体系，就不能成为科学。"③尽管黑格尔为了构建体系或构建绝对唯心主义体系的需要终止了他的辩证法，但是我们依然不能轻视黑格尔在复辟形而上学时的辩证法内容，它是黑格尔对西方形而上学发展的重要贡献。

三、理性形而上学的集大成者

形而上学自从在古希腊时代的柏拉图、亚里士多德那里诞生以来，经历了风风雨雨，它既经历了"科学女王"时代的辉煌，又经历了作为"受到驱赶和遗弃的老妇"孤苦伶仃地被流放他乡的凄凉，黑格尔通过自己的辩证法在康德以及休谟否定了形而上学是关于实体的绝对真理、绝对知识之后再一次复辟了形而上学。这次复辟不是一般的复辟，它因其富有内容而建构了西方形而上学史上最为庞大的集大成的理性形而上学体系，从而把西方理性形而上学的发展推向了顶峰。

（一）集大成的形而上学体系

1.集大成的两种含义

我们曾说，唯心主义或唯理论是形而上学的典型形式，或许正因为如

---

① 《马克思恩格斯选集》第4卷，人民出版社1972年版，第212—213页。
② 《马克思恩格斯选集》第4卷，人民出版社1972年版，第212—213页。
③ ［德］黑格尔：《小逻辑》，贺麟译，商务印书馆1980年版，第56页。

此，黑格尔在考察思想对客观性的三种态度时只把唯心主义或唯理论作为形而上学的态度与素朴的态度联系起来加以考察。也正因为如此，黑格尔复辟的形而上学基本上还是唯心主义并内在地包含了理性精神的形而上学。我们说黑格尔的形而上学是形而上学的集大成者主要指的是他是典型的形而上学的集大成者，也就是说，在典型形而上学的意义上，黑格尔建构了一个西方形而上学史上"最彻底的"、"逻辑一致的"、"包罗万象的"形而上学体系。此外，根据我们的观点，离异的形而上学（唯物主义或经验论）也是形而上学的一种形式即非典型的形式，黑格尔的形而上学既然是西方形而上学的集大成者，它也应该在一定的程度上纳入离异形而上学的某种内容。黑格尔实际建构形而上学时其实也是这样做的，他在坚持彻底的唯心主义一元论的基础上，用辩证法替代了形而上学的唯理论，并在唯心主义的辩证法中纳入了某种经验的内容。假如说黑格尔在典型形而上学的意义上建构了一个西方形而上学史上"最彻底的"、"逻辑一致的"、"包罗万象的"形而上学体系是他的形而上学"集大成"的一种含义（主要含义）的话，那么，他在建构自己典型形而上学意义上的形而上学体系时容纳一定的离异形而上学的内容应该是他的形而上学"集大成"的另外一种含义（补充含义）。我们可以把第一种含义称之为"典型形而上学意义上的集大成"，并且把第二种含义称之为"离异形而上学意义上的集大成"。

总起来说，黑格尔用唯心主义的辩证法在接受了典型形而上学的唯心主义的同时排除了它的唯理论，并在用唯心主义的辩证法在纳入了离异形而上学的某种经验内容的同时排除了它的唯物论，但要注意的是，他实际上还是承接了唯理论的理性精神。正是因为如此，所以，黑格尔的哲学体系才是一个理性的体系，所以，它作为形而上学的集大成的体系乃是一个理性的集大成的体系。我们这里先来讨论这个体系的集大成问题，把理性问题留待后面去讨论。

2. 典型形而上学意义上的集大成

黑格尔把自己的哲学任务规定为复辟形而上学，让形而上学成为关于实体的绝对真理的科学。但是，黑格尔并不认为哲学认识是达到"永恒的和真理的观念和确定性"的唯一道路。他在《小逻辑》中指出，那种认为哲学认识是达到"永恒的和真理的观念和确定性"的唯一道路的看法，例如认为不懂得上帝存在的形而上学证明就不能信仰上帝存在的看法，乃是混淆了哲学上的反思和其他一般思想的结果。其实，要达到"永恒和真理的观念和确定性"，除哲学认识外，尚有其他的道路，例如宗教，宗教就用表象的方式把握和信仰上帝。然而，尽管如此，黑格尔认为哲学把握"永恒的和真理的观念和确定性"的方式具有独特的优势，因为哲学是以概念、思维的形式来认识真理、把握理念的，这种形式是最适合真理的形式。在他看来，作为实体的绝对精神只有通过哲学的方式才能以最适合自己的形式认识自己，所以，哲学是把握真理的最高形式。在黑格尔这里，哲学以概念、思维的形式来认识真理，把握理念也就是把绝对精神作为实体，把认识看成是绝对精神（概念、思维）在辩证运动（发展）中进行的自我认识。正是基于这样的观点，黑格尔才建构了西方形而上学史上（典型形而上学意义上）的"最彻底的"、"逻辑一致的"、"包罗万象的"形而上学体系。

"彻底"指的是黑格尔的哲学体系能把自己哲学（绝对唯心主义）的原则贯彻到底，也就是说，这种哲学体系能够有效地坚持唯心主义、客观主义和一元主义，或者反过来说，这种哲学体系能够有效地去拒斥一切唯物主义、主观主义（主观唯心主义）和多元主义。我们认为，任何一个哲学体系若要做到这一点都表现为坚持两个原则：其一，它始终坚持自己所主张的一元的作为世界本原和基础的实体。黑格尔在自己的哲学中有效地坚持了这个原则，他始终坚持把他主张的一元的客观的绝对精神作为世界的本原和基础，作为世界的实体；其二，它必须能够容纳全部世界的现实内容。针对唯心主义来说，这一原则应是第一原则的补充。若是一个唯心主义哲学体系想要始终坚持自己所主张的一元的作为世界本原和基础的实体，那么，它就不可能回避丰富多彩的现实世界的存在。其实，不同的唯心主义哲学家都会用这样或那样的方式来把丰富多彩的现实世界纳入自己的哲学体系。但是，相比之下，黑格尔借助辩证法的工具显得更为成功。借助于辩证法的工具，黑格尔通过绝对精神（概念、思维）的自我的辩证发展来表达丰富多彩的现实世界，既比较真实地描绘了现实世界的发展历程，又自圆其说地把现实世界的发展历程解释成为精神能动性的外在表现，认为精神潜藏在现实世界的发展历程中并且起着必然的决定作用。因此，黑格尔在贯彻自己的绝对唯心主义原则方面更为彻底，他的这种彻底恰恰是因为他借助了辩证法的工具。"逻辑一致"指黑格尔的哲学体系能在整体上保持逻辑自洽。毫无疑问，黑格尔哲学在推演（描述）绝对精神辩证运动的过程中包含了诸多牵强附会的内容。他为了迎合自己哲学所谓概念的圆圈式发展的需要，在概念辩证运动的有些环节的推演（描述）中，常常采用生拉硬拽的方式来加以拼凑。尽管如此，从整体上看，若是避开他的哲学的绝对唯心主义前提是否正确不论，那么，他通过把实体与主体统一起来的方式所表达的哲学体系基本上还是能够保持自己自身内部的逻辑自洽性，从而使他庞大的哲学体系表现出了逻辑上的高度严密性。"包罗万象"指黑格尔的哲学体系在当时哲学、自然科学和社会科学所取得的各项成就的基础上能把这些成就统统融入到绝对精神辩证的自我发展和自我认识之中，也就是说，纳入到自己的哲学体系之中，并用自己哲学的基本原则（绝对唯心主义和辩证法）来整理它们，从而建构了西方形而上学史上第一个把思维的发展、自然的发展以及社会历史的发展都有机地融入其中的包罗万象的哲学体系。同时，尽管黑格尔在用自己哲学的基本原则整理当时各类学术成就时也存在着颇多的观点错误和认识错误，但是，他关于整个世界是一个由抽象到具体、由简单到复杂、由低级到高级的辩证发展的整体的思想在当时的历史条件下应该是十分重要的思想。

3. 离异形而上学意义上的集大成

离异形而上学意义上的集大成指的是黑格尔在自己绝对唯心主义或说典型形而上学的基础上，基于自己的辩证法在一定程度上容纳了离异形而上学关于经验的内容。我们之所以也用集大成来称谓它，主要原因是它使黑格尔的哲学（形而上学）成为容纳了更多形而上学内容的哲学。黑格尔的上述思想集中地体现在他关于哲学与经验科学相互关系的看法之中。

像亚里士多德等西方形而上学哲学家一样，黑格尔也认为哲学对其他科学（包括经验科学）具有基础作用，但是，由于他把辩证法有机地运用到了哲学和经验科学以及本质和现象的关系之中，所以，他在此方面的思想也充满了辩证的精神。

首先，他指出了哲学与经验科学的差别。在他看来，哲学作为（具体的）经验科学之基础的学问，有着根本不同于经验科学的特征。在对象上，经验科学的对象是具体确定的有限的对象，哲学（或形而上学）的对象则是宇宙的无限整体或宇宙中多样性的最高统一体，它是"全体"，亦即自由、精神、上帝。因此，经验科学并不研究自己的对象与别的对象或整体宇宙的相互关系，只研究表象中所直接接受的东西、直接呈现于表象中的有限事物；而哲学则进一步研究这些事物的更深刻的根源，研究它们的必然性，证明它们的存在及其规定性。这就是说，经验科学研究的是确定的具体对象，这些对象就是直接呈现于表象中的有限的现象事物；而哲学则进一步研究这些有限的现象事物的相互关系，研究它们与宇宙整体的关系，研究它们的根源，研究现象后面的本体，确定有限现象事物的存在基础。所以，黑格尔说经验科学的对象是"现成的"、"假定的"，因为它们不了解自己所研究的对象的根源和"必然性"；哲学的对象作为"全体"，它是自我展开、显示和实现的东西，所以严格地说，"哲学本身无所谓起点"①。在任务和方法上，经验科学和哲学一样都要通过一定的方法认识自己的对象，但是，由于经验科学的对象是呈现在表象中的对象，所以，它可以直接研究表象，也就是说，它可以采用从"假定"出发的直线式的认识方法认识对象；由于哲学的对象是间接的对象，所以，它只有用思想去把握这样的对象，"……大体上我们可以说，哲学是以思想、范畴，或更确切地说，是以概念去代替表象。"②因此哲学的方法是一种"圆圈式的方法"，它以概念为起点，而起点"在哲学体系发挥的过程中，转变为终点，亦即成为最后的结论。当哲学达到这个终点时，也就是哲学重新达到其起点而回归到它自身之时"③。这就是说，哲学的方法是辩证的方法。在知识形式上，经验的知识虽然也具有某种普遍性，但它的普遍性只是与

---

① ［德］黑格尔：《小逻辑》，贺麟译，商务印书馆1980年版，第59页。
② ［德］黑格尔：《小逻辑》，贺麟译，商务印书馆1980年版，第40页。
③ ［德］黑格尔：《小逻辑》，贺麟译，商务印书馆1980年版，第59页。

特殊性无内在联系的、脱离了特殊性的抽象的普遍性；哲学的知识作为普遍性的知识则是与特殊性有内在联系的、把特殊性包含在自身之内的具体的普遍性。所以，哲学要把经验内容提升为必然性，"使思维从抽象的普遍性与仅仅是可能的满足里超拔出来，进而依靠自身去发展。"① 总之，在黑格尔看来，哲学超越了经验科学的范围和确定界限，它用范围更广、层次更深的范畴来把握对象，所以，哲学（形而上学、思辨哲学）与经验科学的区别主要在于"范畴的变换"。

其次，黑格尔指出了哲学与经验科学的联系。在他那里，既然哲学与具体的经验科学的区别仅仅是范畴的变换，那么，它们之间一定存在着相互联系。它们之间的相互关系从它们的区别便可自然地发现。黑格尔认为，从逻辑上说，哲学的对象先于经验科学的对象，哲学的认识先于经验科学的认识，所以，哲学应该是经验科学的基础和指导，它赋予经验科学以必然性；但从时间上说，即"按照时间的次序，人的意识，对于对象总是先形成表象，后才形成概念，而且唯有通过表象，依靠表象，人的能思心灵才进而达到对于事物的思维地认识和把握"②。因此，"哲学是以经验为出发点的"③。他说："……一方面，哲学的发展实归功于经验科学，另一方面，哲学赋予科学以最主要的成分：思维的自由（思维的先天因素）。哲学又能赋予科学以必然性的保证……"④ 其实，若把黑格尔的哲学看成是一种典型形而上学的话，那么，他所说的经验科学，在某种意义亦即崇尚经验的意义上，也应该包含离异的形而上学。根据这样的理解，在他那里，哲学与经验科学的关系也是某种意义上的他的典型形而上学（思辨哲学）与离异形而上学的关系。对于这种关系，他强调说："思辨科学对于经验科学的内容并不是置之不理，而是加以承认与利用，将经验科学中的普遍原则、规律和分类等加以承认和应用，以充实其自身的内容。"⑤

---

① [德] 黑格尔：《小逻辑》，贺麟译，商务印书馆 1980 年版，第 52 页。
② [德] 黑格尔：《小逻辑》，贺麟译，商务印书馆 1980 年版，第 37 页。
③ [德] 黑格尔：《小逻辑》，贺麟译，商务印书馆 1980 年版，第 52 页。
④ [德] 黑格尔：《小逻辑》，贺麟译，商务印书馆 1980 年版，第 54 页。
⑤ [德] 黑格尔：《小逻辑》，贺麟译，商务印书馆 1980 年版，第 49 页。

（二）理性的形而上学体系

当柏拉图在初步确立形而上学的过程中同时确立了理性在形而上学中的核心地位之后，理性在形而上学中一直具有核心地位，形而上学哲学家们都把自己的形而上学哲学体系看成是理性的哲学体系。理性源自于逻各斯，它与客观性、逻辑性、必然性相关，因此，它也与真理相关，因为真理就是反映了对象的客观必然性的真理，并且以严格的逻辑形式表现出来。所以，当形而上学哲学家要把自己的哲学体系建构成真理或绝对真理的体系时，他们一定会坚持客观性、必然性，并且一定要借助于逻辑学。不过，尽管理性在形而上学中一直具有核心地位，但是，它在西方形而上学史上乃至在西方哲学史上也常常受到各自不同的冲击。它首先遭到了来自英国哲学家休谟的冲击。休谟认为人的理性只能有经验的认识，而从经验出发的认识不可能把握"超越"经验的对象，换句话说，人的理性（经验）不可能像典型形而上学哲学家所认为的那样能够把握经验、现象背后的实体，因此，形而上学不是所谓的"科学"。在休谟之后，虽然康德同意休谟"认识必须是经验认识"的观点，但是，他依然想凭借理性来挽救形而上学，重新把形而上学变成科学。为此，康德高扬理性的地位，认为人的理性是具有先天（认识）原理的理性，它不仅可以作为先天（因而客观）的具有普遍必然性的认识形式让人的认识获得具有普遍必然性的知识，而且可以使人在认识中让自然世界成其为自然世界，也就是说，人可以通过"人为自然立法"让自然成其为自然。然而，康德对于理性的高扬仅仅是在经验世界范围内的高扬，或说，仅仅是在现象世界范围内的高扬，他认为人的理性的先天原理只能应用于经验范围和现象世界，经它所获得的普遍必然性的知识也仅仅是经验的知识，它在认识论中所建构的世界也只能是现象世界，也就是说，人通过"人为自然立法"所形成的自然也仅仅是经验范围内的作为现象的自然。黑格尔要在旧形而上学的意义上复辟形而上学，他也必然要恢复理性在形而上学中的核心地位。

当黑格尔把自己哲学的对象看成是绝对精神（绝对理念、概念、思维）并且是一个在辩证的运动中按照"必然性"自我发展和自我认识的绝对精神的时候，当黑格尔把自己的哲学体系看成是关于绝对精神（实体）的绝对真理、绝对知识的逻辑（逻辑和应用逻辑）体系的时候，他实际上已经宣告了他的哲学的研究对象是一种具有内在必然性的理性的对象，宣告了他的哲学体系是一种理性的体系。正是因为如此，黑格尔才在强调"'理性'是宇宙的实体"①的基础上说（正如我们在前面曾引用过的）："……哲学的最高目的就在于确认思想与经验的一致，并达到自觉的理性与存在于事物中的理性的和解，亦即达到理性与现实的和解。"②这里，思想就是概念、思维（精神、理念），经验就是现实。在他那里，思想与经验的一致就是概念与现实的一致，主体与客体的一致，思维与存在的一致。由于它们的一致就是真理，所以，黑格尔把它们的一致看成是自己哲学的最高目的。那么，它们之间的一致（真理）为何却被黑格尔说成是"自觉的理性与存在于事物中的理性的和解"呢？这是因为：在黑格尔那里，概念是理性的概念、思维是理性的思维，理性就是精神、理念的本质属性，同时，概念、思维（精神、理念）作为实体是世界万事万物的本原和基础，现实、经验不过是概念、思维在自我发展和自我认识过程中的产物和表现，它们的本质就是概念、思维，而概念、思维不过是潜藏在现实和经验中的有待发现的东西，这也是说，现实、经验不过都是以理性为实质的理性的表现，理性潜藏在它们之中；但是，在现实、经验还未意识到自己的本质时，它们却以理性对立面的形式存在着，它们与理性并未达成和解，只有在它们自觉到自己的理性的实质时，它们才意识到自己不过就是理性的表现，不过是理性自我发展、自我认识过程中的诸环节，于是，理性与现实、经验达成了和解，或说，理性与存在于现实、经验中自我（理性）达成了和解。因此，黑格尔哲学的对象其实就是理性，绝对精神的辩证运动，其实就是理性的辩证运动，理性经由自己在辩证运动中的自我发展和自我认识过程，实现了统摄自己的异化对象亦即自然的目的，达到了自然与精神、主体与客体、思维与存在的统一，也就是说，达到了自己和自己的统一，从而建构了"理性的"绝对真理或说绝对知识体系。

---

① ［德］黑格尔：《历史哲学》，王造时译，上海书店出版社 2001 年版，第 9 页。

② ［德］黑格尔：《小逻辑》，贺麟译，商务印书馆 1980 年版，第 43 页。

　　既然黑格尔的哲学是西方形而上学的集大成者，那么，他的哲学体系作为理性的体系也应该是西方形而上学的集大成的理性的体系。我们主要从黑格尔（典型意义上的）形而上学的"最彻底的"、"逻辑一致的"、"包罗万象的"特征表明黑格尔的形而上学体系是集大成的形而上学体系。既然如此，造成黑格尔形而上学体系成为集大成的形而上学体系的主要要素"最彻底的"、"逻辑一致的"和"包罗万象的"也应该是造成黑格尔的形而上学体系是集大成的理性体系的构成要素。"最彻底的"作为绝对唯心主义原则得到最彻底地贯彻的彻底，它也应该是理性原则得到最彻底地贯彻的彻底，它既表明黑格尔有效地坚持了自己哲学的绝对唯心主义原则也表明黑格尔有效地坚持了自己哲学的理性原则，还表明黑格尔在通过绝对精神容纳全部世界的现实内容的同时也让理性原则有效地贯彻到全部世界的现实内容之中。有效地坚持了绝对唯心主义原则或理性原则意味着"严"，也就是说，它要把实体及其表现"严格"地限制在绝对精神和理性的范围之内；容纳全部世界的现实内容则意味着"广"，也就是说，它要把绝对精神或理性渗透到全部世界的现实内容之中。在某种意义上说，"逻辑一致的"和"包罗万象的"不过是这里的"严"和"广"的发挥。"逻辑一致"指黑格尔的哲学体系能在整体上保持逻辑自洽，它体现的正好是"理性之严"，理性的要求就是严格的客观性、必然性，表现在黑格尔的哲学体现中，就是要求黑格尔的哲学体现应该具有严格的逻辑性；"包罗万象"指的是黑格尔的哲学体系有机地容纳了思维的发展、自然的发展以及社会历史的全部发展，它体现的正好是"理性之广"，在黑格尔看来，理性原本就是世界万事万物的本原和基础，所以，从实质上说，世界就是理性的世界。由此可见，正如"最彻底的"、"逻辑一致的"、"包罗万象的"三个要素表明了黑格尔的形而上学体系是（典型形而上学意义上的）集大成的形而上学体系一样，它们也一同表明了黑格尔的形而上学体系是集大成的理性体系。

四、统一伦理知识的科学知识体系

　　真与善的问题，或说实体内涵的真与善以及与其相应的哲学（形而上学）理论的真与善的问题一直是西方形而上学面临的一个重要问题。在西方哲学史上，自从苏格拉底提出美德就是知识这一命题，并在消极的意义上把原因与目的统一起来之后，经由柏拉图把理念看成是现实的现象世界的模型和理想的统一，以及亚里士多德把目的因等同于形式因，西方形而上学哲学家一直把形而上学的实体对象看成是真与善的统一，并且认为善是目的但真是核心，他们还据此把形而上学理论既看成是真理体系，同时也看成是至善体系。但是，自从休谟把关于"是"的判断和关于"应该"的判断区分开来之后，康德进一步以更为系统的方式论证了真与善的差异，甚至把真与善看成是完全不同的两个领域，并且据此把形而上学区分为关于真的思辨形而上学和关于善的实践形而上学。黑格尔既然要复辟康德之前旧形而上学意义上形而上学，那么，他也势必会把形而上学的对象看成是以真为核心的真与善统一的对象，并把自己的哲学（形而上学）体系看成是以真理为核心的真与善统一的哲学体系。这就是说，他势必要在自己的科学知识体系中把伦理体系统一进来。

其实，黑格尔并未系统地关注真与善的统一问题。但是，他的哲学中确实包含了它们相互间的统一问题。在西方大多数典型形而上学哲学家那里，实体虽然都是"真"的实体，但它作为精神性的实体常常或多或少也被赋予某种神的意义，因而也都带有善的意义。这种情况在黑格尔的哲学中也是一样。黑格尔哲学中的实体（绝对精神、绝对理念）作为在自我发展和自我认识过程中既异化为自然又表现为精神的世界本原，它显然像上帝一样，因为上帝也是创造世界的力量。所以，黑格尔在《逻辑学》中谈到概念、理念的纯粹理性王国时说："逻辑需要作为纯粹理性的体系，作为纯粹理性的王国来把握。这个王国就是真理，正如真理本身是毫无蔽障，自在自为的那样。人们因此可以说，这个内容就是上帝的展示，展示出永恒本质中的上帝在创造自然和一个有限的精神以前是怎样的。"①因此，杨祖陶评价说："黑格尔一方面正确地提出了研究概念的本性的任务，另一方面，他的唯心主义体系却使他把这种概念的本性理解为神的本性，

---

① ［德］黑格尔：《逻辑学》上卷，杨一之译，商务印书馆1982年版，第31页。

即上帝的思维本性"①。由于上帝通常不仅被看成是至真的对象，也被看成是至善的对象，所以，当黑格尔把概念、理念看成是上帝，并把概念的内容看成是上帝的展示时，他的概念、理念作为至真的对象，同时也具有了至善的含义了。同时，像上帝在创造世界时把美好的秩序（善）同时给予世界一样，黑格尔的概念、理念在异化为自然并且表现为精神（人的精神以及精神的产物）时也把美好的秩序（善）给予了世界。正是因为如此，当我们把黑格尔的哲学看成是一个关于绝对精神（绝对理念）的绝对真理、绝对知识的科学体系的时候，我们也在某种意义上把它看成是一个内在地包含了善的伦理的体系。除此之外，黑格尔还在自己的哲学体系中在具体的意义上把善纳入了进来。这表现在他把具体的道德、伦理（尽管黑格尔对于伦理有自己的特殊理解）都纳入到了绝对精神的发展过程之中，作为绝对精神发展的一个环节，从而使伦理的知识成为他的"科学"的形而上学知识的一个有机组成部分。

五、科学形而上学的最后挽歌

人所知道的世界只能是与人相关的经验或生活世界，传统形而上学的最大困难就在于它不仅肯定了一个先于人而独立存在因而它的存在（形成）可以与人无关的超验的外在世界，而且还要获得关于这一世界的绝对确定的知识。休谟指出了这种哲学探索方式的独断论本质，他无可辩驳地证明了：人作为生活于经验世界中的人，它不可能认识超验世界的最后原因。康德充分领会了休谟这一思想的真正力量，正如科尔布鲁克所说："根据康德，外在根据确实乃是所有以往形而上学的错误，它简单地从经验世界飞向某种推定的永恒绝对的根据，所有的真理都由这些根据给出。"② 因此，康德通过"哥白尼式革命"改变了哲学的方向，尽管他未否定可能存在着人所不知道的纯粹客观的外在世界，但是，他强调人所知道

① 杨祖陶：《德国古典哲学的逻辑进程》，人民出版社 2016 年版，第 174 页。

② Claire Colebrook, *Philosophy and Post-structuralist Theory: From Kant to Deleuze*, Edinburgh: Edinburgh University Press，1999，p.28.

的世界只能是与人相关的经验世界，并且这个世界只能是"人所知道并且打上人的烙印"的世界亦即现象世界。康德哲学的真正价值在于他充分意识到了旧形而上学作为一门科学面对着无法逾越的困难从而改变了哲学的探索方向，但是，康德之后的德国古典唯心主义却未能充分领会康德哲学（甚至休谟哲学）的深意和真正力量，重新回到了旧形而上学的视野，试图（除费希特的主观唯心主义外）重新肯定一个先于人而独立存在因而它的存在（形成）与人无关的超验外在世界并且还要获得关于这个外在世界的绝对确定的知识。换句话说，他们试图在康德的"哥白尼式革命"之后重新复辟旧形而上学。在德国古典唯心主义哲学中，黑格尔的"复辟"最为新颖和有力，因为他系统引入了一种全新的区别于旧形而上学"非此即彼"方法的辩证法（尽管这种方法的萌芽已经存在于费希特、谢林，甚至康德的哲学之中），并且这一辩证的方法确实是一种十分重要的哲学方法，它使黑格尔对于形而上学的复辟成为一种"富有内容"的复辟，然而，即使是黑格尔也未能解决旧形而上学认识论的内在困难以及由这一内在困难所导致的存在论困难，因为即使借助于辩证法，我们也不可能获得全部外在世界及其本质（实体、世界整体）的绝对确定的绝对真理和绝对知识。黑格尔之所以不能解决旧形而上学的认识论困难及其内在于它的存在论困难，从而把形而上学（正像所有旧形而上学家一致期待的那样）变成关于实体的"科学之科学"，乃是因为形而上学作为以超验实体为对象的学问压根就不可能成为这样的科学。因此，尽管从时间上说，康德哲学早于黑格尔哲学，故而康德被看成是德国古典哲学的创始人，而黑格尔则被看成是德国古典哲学的集大成者；然而，从逻辑上说，我们则可以把黑格尔哲学看成是早于康德哲学的哲学，因为康德放弃了旧形而上学把形而上学作为第一科学的基本要求，根据这一要求：形而上学就是关于超验的外在世界及其本质（实体、世界整体）的绝对真理（绝对确定的知识体系）或科学之科学，而黑格尔则在康德放弃了旧形而上学把形而上学作为第一科学的基本要求之后，再次复辟了旧形而上学基本要求，试图通过提出一种新的哲学方法亦即辩证法再一次把形而上学变为关于超验的外在世界及其本质（实体、世界整体）的绝对真理（绝对确定的知识体系），从而把形而上学变成真正意义上的"科学之科学"。为此，他还建立了一个包罗万象的理性哲学体系。正是因为如此，现代西方哲学主要继承的是康德哲学而非黑格尔哲学。因此，我们把康德形而上学看成是传统形而上学中的"新"形而上学，而把康德之外的传统形而上学都看成是（相对于康德新形而上学而言的）"旧"形而上学。从康德哲学出发，现代西方哲学或者在放弃了超验实体的基础上继续探讨哲学的科学性问题，或者直接放弃了哲学的科学性而在新的非科学的意义上（例如在生存论意义上）探讨存在论问题。因此，当黑格尔的哲学体系作为集大成的形而上学体系在把西方传统形而上学的发展推向顶峰时，形而上学的挽歌已经唱响。

尽管在黑格尔把形而上学的发展推向顶峰时形而上学的挽歌已经唱响，甚至在现代西方哲学中拒斥形而上学成为一种潮流、一种时尚，但是，这丝毫也不等于形而上学在西方哲学史上没有价值，甚至也不等于形而上学永远失去了存在的理由。我们认为，形而上学在西方哲学史上至少有三种不可替代的重要作用：其一，从理论的角度说，形而上学是西方哲学史上涉及哲学家最多并且影响最大的哲学思潮，它从基础理论的角度广泛地影响到了西方哲学各种不同的领域，同时，无论是推崇形而上学的潮流还是拒斥形而上学的潮流，它们都作为西方哲学史上重要的哲学潮流而存在的事实也都直接和间接地证明了形而上学这一学科的重要地位；其二，从现实的角度说，形而上学作为一种探讨世界的本原和基础的世界观理论，无论它能否成为科学，都不妨碍它作为一种价值信念长期地影响着西方人对于世界及其本质的看法，并且这种看法决定着西方人对于人性以及以人性为基础的价值观的看法，因此，它根深蒂固地影响了西方人的世界观、人性观和价值观，不仅推动了西方社会的进步，而且还决定着西方文明成为了不同于世界上其他文明的独特的文明；其三，从人的关切的角度说，形而上学应是涉及人的终结关切的学问，它从各种不同的角度（特别是理性的角度）在终极的意义上引导着人应该如何活着，指导着西方人选择自己的人生并对人生进行价值判断。

就形而上学涉及人的终结关切说，形而上学的重要价值不仅体现在过去，也体现在现在，并且会体现在未来。我们相信，一个根本不关心人的终结关切的社会将是一个急功近利的社会，甚至是一个物欲横流的社会，而任何社会只要关心人的终极关切，它就不能没有形而上学，只是这种形而上学应是一种价值学问而非传统形而上学意义上的那种作为"科学"或"科学之科学"的学问。就此而言，黑格尔之后唱响的形而上学的挽歌，应是那种自诩自己是关于实体之绝对真理、绝对知识的"科学"或"科学之科学"的形而上学的挽歌，至于那种在终极的意义上关切人的应然生活的形而上学，它们似乎从未完全消失，它们总以这样或那样的形式存在于西方哲学的发展之中，试图通过自己的理论在自我理解的意义上引导人类走向美好的生活，并让个人生活得更有尊严。

参考文献

一、经典著作

[1]《列宁全集》第 38 卷，人民出版社 1986 年版。

[2]《马克思恩格斯全集》第 42 卷，人民出版社 2016 年版。

[3]《马克思恩格斯选集》第 1—4 卷，人民出版社 2012 年版。

二、中文著作

[1] 北京大学哲学系编：《古希腊罗马哲学》，商务印书馆 1982 年版。

[2] 北京大学哲学系编：《十八世纪法国哲学》，商务印书馆 1963 年版。

[3] 北京大学哲学系编：《十八世纪末—十九世纪初德国古典哲学》，商务印书馆 1975 年版。

[4] 北京大学哲学系编：《十六—十八世纪西欧各国哲学》，商务印书馆 1975 年版。

[5] 北京大学哲学系编：《西方哲学原著选读》上下，商务印书馆 1982 年版。

[6] 陈修斋主编：《欧洲哲学史上的经验主义和理性主义》，人民出版社 1986 年版。

[7] 邓晓芒：《思辨的张力》，湖南教育出版社 1992 年版。

[8] 段德智：《宗教哲学》，人民出版社 2005 年版。

[9] 黄裕生：《真理与自由——康德哲学的存在论阐释》，江苏人民出版社 2002 年版。

[10] 李震：《人与上帝》第一卷，台湾辅仁大学出版社 1986 年版。

[11] 李震：《人与上帝》第二卷，台湾辅仁大学出版社 1988 年版。

[12] 李震：《人与上帝》第三卷，台湾辅仁大学出版社 1990 年版。

[13] 强以华、唐东哲：《西方形而上学思想史》第一卷，人民出版社 2018 年版。

[14] 强以华:《存在与第一哲学》,武汉大学出版社 2005 年版。

[15] 强以华:《西方哲学普遍性的沦落》,中国人民大学出版社 2018 年版。

[16] 杨祖陶、邓晓芒:《康德〈纯粹理性批判〉指要》,湖南出版社 1996 年版。

[17] 杨祖陶:《德国古典哲学逻辑进程》,武汉大学出版社 1993 年版。

[18] 杨祖陶:《黑格尔〈精神哲学〉指要》,舒远招整理,人民出版社 2018 年版。

[19] 杨祖陶:《康德黑格尔哲学研究》,武汉大学出版社 2001 年版。

[20] 张世英:《黑格尔〈小逻辑〉绎注》,吉林人民出版社 1982 年版。

三、中文译著

[1] [德] 费希特:《全部知识学的基础》,王玖兴译,商务印书馆 1986 年版。

[2] [德] 费希特:《人的使命》,梁志学、沈真译,商务印书馆 1982 年版。

[3] [德] 哈贝马斯:《后形而上学的思想》,曹卫东、付德根译,译林出版社 2001 年版。

[4] [德] 海德格尔:《存在与时间》,陈嘉映、王庆节译,三联书店 1999 年版。

[5] [德] 海德格尔:《海德格尔选集》上卷,孙周兴选编,上海三联书店 1996 年版。

[6] [德] 黑格尔:《黑格尔书信百封》,苗力田译,上海人民出版社 1981 年版。

[7] [德] 黑格尔:《精神现象学》上下,贺麟、王玖兴译,商务印书馆 1981 年版。

[8] [德] 黑格尔:《精神哲学》,杨祖陶译,人民出版社 2006 年版。

[9] [德] 黑格尔:《历史哲学》,王造时译,三联书店 1956 年版。

[10] [德] 黑格尔:《逻辑学》上下,杨一之译,商务印书馆 1982 年版。

[11] [德] 黑格尔:《美学》第一卷,朱光潜译,商务印书馆 1979 年版。

[12] [德] 黑格尔:《小逻辑》,贺麟译,商务印书馆 1980 年版。

[13] [德] 黑格尔:《哲学史讲演录》1—4 卷,贺麟、王太庆译,商务印书馆 1983 年版。

[14] [德] 黑格尔:《自然哲学》,梁志学等译,商务印书馆 1980 年版。

[15] [德] 胡塞尔:《生活世界现象学》,倪梁康等译,上海译文出版社 2005 年版。

[16] [德] 胡塞尔:《现象学的方法》,倪梁康译,上海译文出版社 1994 年版。

[17] [德] 胡塞尔:《现象学的观念》,倪梁康译,夏基松等校,上海译文出版社 1986 年版。

[18] [德] 加勒特·汤姆森:《莱布尼茨》,李素霞、杨福斌译,中华书局 2014 年版。

［19］［德］康德：《纯粹理性批判》，邓晓芒译，杨祖陶校，人民出版社 2004 年版。

［20］［德］康德：《单纯理性限度内的宗教》，李秋零译，中国人民大学出版社 2003 年版。

［21］［德］康德：《道德形而上学的奠基》，李秋零主编：《康德著作全集》第 4 卷，中国人民大学出版社 2013 年版。

［22］［德］康德：《逻辑学讲义》，庞景仁译，商务印书馆 1991 年版。

［23］［德］康德：《判断力批判》，邓晓芒译，杨祖陶校，人民出版社 2002 年版。

［24］［德］康德：《判断力批判》，李秋零主编：《康德著作全集》第 5 卷，中国人民大学出版社 2013 年版。

［25］［德］康德：《任何一种能够作为科学出现的未来形而上学导论》，庞景仁译，商务印书馆 1982 年版。

［26］［德］康德：《实践理性批判》，邓晓芒译，杨祖陶校，人民出版社 2003 年版。

［27］［德］康德：《实用人类学》，邓晓芒译，上海人民出版社 2005 年版。

［28］［德］莱布尼茨：《莱布尼茨早期形而上学文集》，段德智、陈修斋、桑靖宇译，商务印书馆 2017 年版。

［29］［德］莱布尼茨：《人类理智新论》上下，陈修斋译，商务印书馆 1982 年版。

［30］［德］莱布尼茨：《神义论》，朱雁冰译，三联书店 2007 年版。

［31］［德］赖欣巴哈：《科学哲学的兴起》，伯尼译，商务印书馆 1991 年版。

［32］［德］谢林：《先验唯心论体系》，梁志学、石泉译，商务印书馆 1983 年版。

［33］［法］笛卡尔：《第一哲学沉思集》，庞景仁译，商务印书馆 1986 年版。

［34］［法］笛卡尔：《谈谈方法》，王太庆译，商务印书馆 2000 年版。

［35］［法］伏尔泰：《哲学通信》，上海人民出版社 1961 年版。

［36］［法］伽桑狄：《对笛卡尔〈沉思〉的诘难》，庞景仁译，商务印书馆 2012 年版。

［37］［法］卢梭：《论人类不平等的起源和基础》，李常山译，商务印书馆 1997 年版。

［38］［法］卢梭：《社会契约论》，何兆武译，商务印书馆 2005 年版。

［39］［古罗马］奥古斯丁：《论三位一体》，周伟驰译，上海人民出版社 2005 年版。

［40］［荷兰］斯宾诺莎：《理智改进论》，贺麟译，商务印书馆 1986 年版。

［41］［荷兰］斯宾诺莎：《伦理学》，贺麟译，商务印书馆 1983 年版。

［42］［荷兰］斯宾诺莎：《神、人及其幸福简论》，洪汉鼎、孙祖培译，商务印书馆 1987 年版。

[43] [荷兰] 斯宾诺莎:《神学政治论》，温锡增译，商务印书馆 1982 年版。

[44] [美] M. K. 穆尼茨:《当代分析哲学》，吴牟人等译，复旦大学出版社 1986 年版。

[45] [美] 弗兰克·梯利:《西方哲学史》，贾辰阳、谢本远译，光明日报出版社 2014 年版。

[46] [美] 格瑞特·汤姆森:《洛克》，袁银传、蔡艳红译，中华书局 2014 年版。

[47] [美] 罗素:《对莱布尼茨哲学的批评性解释》，段德智、张传有、陈家琪译，商务印书馆 2010 年版。

[48] [美] 罗素:《西方哲学史》上下，何兆武、李约瑟译，商务印书馆 1982 年版。

[49] [苏] 阿尔森·古留加:《黑格尔小传》，刘半九、伯幼译，商务印书馆 1980 年版。

[50] [苏] 阿尔森·古留加:《康德传》，贾泽林等译，商务印书馆 1981 年版。

[51] [英] W.C. 丹皮尔:《科学史》，李珩译，商务印书馆 1975 年版。

[52] [英] 阿尔弗雷德·艾耶尔:《二十世纪哲学》，李步楼等译，上海译文出版社 2005 年版。

[53] [英] 巴克莱:《人类知识原理》，关文运译，商务印书馆 1957 年版。

[54] [英] 洛克:《人类理解论》上下，关文运译，商务印书馆 1983 年版。

[55] [英] 诺曼·康蒲·斯密:《康德〈纯粹理性批判〉解义》，绰然译，商务印书馆 1961 年版。

[56] [英] 培根:《新工具》，许宝骙译，商务印书馆 1984 年版。

[57] [英] 乔治·霍兰·萨拜因:《政治学说史》上下，刘山等译，商务印书馆 1986 年版。

[58] [英] 休谟:《道德原则研究》，曾晓平译，商务印书馆 2001 年版。

[59] [英] 休谟:《人类理解研究》，关文运译，商务印书馆 1981 年版。

[60] [英] 休谟:《人性论》上下，关文运译，商务印书馆 1983 年版。

[61] [英] 伊丽莎白·S.拉德克利夫:《休谟》，胡自信译，中华书局 2014 年版。

四、外文文献

1. 著作

[1] Brian Garrett, *What is This Thing Called Metaphysics?* New York and London: Routledge: Taylor & Francis Group, 2006.

[2] Claire Colebrook, *Philosophy and Post-structuralist Theory: From Kant to*

Deleuze, Edinburgh: Edinburgh University Press, 1999.

[3] Descartes, The Philosophical Works of Descartes, Vol.1, Cambridge: Cambridge University Press, 1981.

[4] Heidegger, *The concept of time*, translated by William McNeill, Cambridge: Blackwell, 1992.

[5] E. J. Lowe, *The Possibility of Metaphysics Substance, Identity, and Time*, Oxford: Clarendon Press, 1998.

[6] Frederick Copleston, *On the History of Philosophy*, London: Search Press, 1979.

[7] Jeanine Grenberg, *Kant and the Ethics of Humility: A Story of Dependence, Corruption, and Virtue*, Cambridgs-New York: Cambridge University Press, 2005.

[8] Jean-Luc Marion, *Cartesian Questions: Method and Metaphysics*, Chicago: University of Chicago Press, 1999.

[9] Myles Burnyeat, *A Map of Metaphysics Zeta*, Pittsburgh: Mathesis Publications, 2001.

[10] Micael J. Loux, *Metaphysics—A Contemporary Introduction* (*third edition*), New York and London: Routledge: Taylor & Francis Group, 2006.

[11] Nicholas Rescher, *Nature and Understanding: The Metaphysics and Method of Science*, Oxford: Clarendon Press, 2000.

[12] Paul Abela, *Kant's Empirical Realism*, Oxford: Clarendon Press, 2002.

[13] Samuel J. Kerstein, *Kant's Search for the Supreme Principle of Morality*, Cambridge: Cambridge University Press, 2002.

[14] Reachard Rorty, *Philosophy as Cultural Politics*, Cambridge: Cambridge University Press, 2007.

2. 论文

[1] Allan Hazlett, *How to Defeat Belief in External World*, Pacific Philosophical Quarterly 87, 2006.

[2] Andreas Dorschel, *The Authority of the Will*, The Philosophical Forum, Vol. XXX Ⅲ, No.4, Winter 2002.

[3] Chong-Hyon Paek, *Kant's Theory of Transcendental Truth as Ontology*, Kant-Studien, 2005.

[4] Dan Kaufman, *God's Immutability and the Necessity of Descartes's Eternal Truths*, Journal of the History of Philosophy, Jan 2005.

[5] Ermanno Bencivenga, *Knowledge vs. Belief*, The Philosophical Forum, Vol. XXX, No.1, March 1999.

[6] Graham Bird, *Trouble with Kant*, Philosophy, Vol.74, No.290, Oct., 1999.

[7] Habermas, *Kant-Studien*; Philosophische Zeitschrift, 2006.

[8] Harold Langsam, *Why I Believe in an External World*, Metaphilosophy, Vol.37, No.5, Oct., 2006.

[9] Jeanine M. Grenberg, *Anthropology from a Metaphysics Point of View*, Journal of the History of Philosophy, Jan 1999.

[10] J. Glenn Gray, *Heidegger's Course. From Human Existence to Nature*, The Journal of Philosophy, Vol.54, No.8, Apr., 1957.

[11] Jonathan Harrison, *Impossibility of Possible Worlds*, Philosophy, Vol.74, No.287, Jan., 1999.

[12] Josh Parsons, *Is Everything a World?* Philosophical Studies, 134, 2007.

[13] Joseph G. Defilippo, *First Philosophy and Kinds of Substance*, Journal of the History of Philosophy, Jan., 1998.

[14] Karl Ameriks, *Hegel's Critique of Kant's Theoretical Philosophy*, Philosophy and Phenomenological Research, Vol.46, No.1. Sep., 1985.

[15] K. Bagchi, *Kant's Transcendental Problem as a Linguistic Problem*, Philosophy, Vol.46, No.178. Oct., 1971.

[16] Lara Denis, *Kant's Ethics and Duties to Oneself*, Pacific Philosophical Quarterly 78, 1997.

[17] Martin Warner, *Literature, Truth and Logic*, Philosophy, Vol.74, No.287, Jan., 1999.

[18] Mary A. McCloskey, *Kant's Kingdom of Ends*, Philosophy, Vol.51, No.198, Oct., 1976.

[19] Mummery, *Deconstructing Rational Respondent, Derrida, Kant, and Duty of Response*, Philosophy Today, Winter 2006.

[20] Nicholas Maxwell, *In Defense of Seeking wisdom*, Metaphilosophy, Vol.35, No.5, Oct., 2004.

[21] Raffoul Francois, *Heidegger and Kant: The Question of Idealism*, Philosophy Today, Winter 1996.

[22] Ribert J. Deltete, *Is Universe Self-Caused*, Philosophy, Vol.75, No.294, Oct.,

2000.

　　[23] Ricoeur, *Paul: From Metaphysics to Moral Philosophy*, Philosophy Today, Winter 1996.

　　[24] Wolfgang Schwarz, *Kant's Categories of Reality and Existence*, Philosophy and Phenomenological Research, Vol.48, No.2, Dec., 1987.

后　记

本书是继《西方形而上学思想史》第一卷之后的第二卷，它是湖北大学高等人文研究院、中华文化发展湖北省协同创新中心系列丛书"思想文化史书系"的一部分，并由湖北大学高等人文研究院、中华文化发展湖北省协同创新中心资助出版。

本书撰写原则与第一卷保持一致，即：突出重点，兼顾全面。这就是说，它既要突出西方形而上学史上的重点哲学家和哲学流派的思想，分析他们在西方形而上学史上的地位，同时也要围绕这些重点哲学家和哲学流派兼顾到其他哲学家和哲学流派的形而上学思想以及他们对于西方形而上学发展史的贡献。这样一来，本书就能在确保通过西方形而上学发展史上的重点哲学家和哲学流派的思想更为清晰地阐述西方形而上学发展的脉络和内在逻辑的同时，确保通过西方形而上学发展史上的其他哲学家和哲学流派的思想更为全面地展示西方形而上学发展的全貌，从而把"论"与"史"有机地结合起来。

本书由我和中国人民大学哲学专业的博士研究生唐东哲共同撰写。像第一卷一样，我提出全书整体框架，构思撰写提纲，并负责全书的修改和通稿，在唐东哲所撰写的部分，我除了框架和方向上的把关之外，主要依赖唐东哲自己的独立思考和创造。由于我负责全书的整体框架和构思，所以，全书若有什么问题应由我负责；由于唐东哲撰写的部分主要依赖唐东哲自己的独立思考和创造，所以，他所撰写的部分主要是他自己的贡献。

在具体的分工上，唐东哲撰写了"第一篇"，我撰写了"第二篇"和"第三篇"，并整理了"参考文献"。尽管我们在思考和撰写的过程中尽了最大努力，但是囿于知识水平的局限，不足之处在所难免。因此，我们真诚地期待同行学者的批评和建议。

本书撰写和出版得到了湖北大学高等人文研究院和中华文化发展湖北省协同创新中心的大力支持，特别是得到了江畅教授的大力支持，也得到了湖北大学哲学学院的大力支持，在此谨表诚挚的谢意！同时，本书在审稿过程中得到了张传有教授的认真校阅，提出了宝贵的意见；本书在出版过程中得到了人民出版社张伟珍先生的大力支持，在此一并表示诚挚的谢意！

强以华

2019 年 8 月

责任编辑：张伟珍
封面设计：吴燕妮

图书在版编目（CIP）数据

西方形而上学思想史 . II / 强以华，唐东哲 著 . —北京：人民出版社，
　2020.10
ISBN 978－7－01－022049－9

I.①西…　　II.①强…②唐…　　III.①形而上学－哲学史－研究－
　西方国家　　IV.① B081.1

中国版本图书馆 CIP 数据核字（2020）第 068107 号

西方形而上学思想史 . II

XIFANG XING'ERSHANGXUE SIXIANGSHI II

强以华　唐东哲　著

人民出版社 出版发行
（100706　北京市东城区隆福寺街 99 号）

北京汇林印务有限公司印刷　新华书店经销

2020 年 10 月第 1 版　2020 年 10 月第 1 次印刷
开本：710 毫米 ×1000 毫米 1/16　印张：26.75
字数：398 千字　印数：0,001－2,000 册

ISBN 978－7－01－022049－9　定价：85.00 元

邮购地址 100706　北京市东城区隆福寺街 99 号
人民东方图书销售中心　电话（010）65250042　65289539